国学新读图文版07

长短经

谋略全本

（唐）赵蕤　著　文慧　编译

湖南文艺出版社
HUNAN LITERATURE AND ART PUBLISHING HOUSE
博集天卷
CS-BOOKY

图书在版编目（CIP）数据

长短经谋略全本／（唐）赵蕤著；文慧编译．—长沙：湖南文艺出版社，2012.3
ISBN 978-7-5404-5049-6

Ⅰ．①长… Ⅱ．①赵… ②文… Ⅲ．①政治-谋略-中国-古代 ②长短经-研究 Ⅳ．①D691

中国版本图书馆 CIP 数据核字（2011）第 137906 号

上架建议：文化经典

长短经谋略全本

作　　者：（唐）赵　蕤
编　　译：文　慧
出 版 人：刘清华
责任编辑：丁丽丹　刘诗哲
监　　制：伍　志
特约编辑：于向勇
封面设计：久品轩工作室
出版发行：湖南文艺出版社
（长沙市雨花区东二环一段 508 号　邮编：410014）
网　　址：www.hnwy.net
印　　刷：北京鹏润伟业印刷有限公司
经　　销：新华书店
开　　本：787mm×1092mm
字　　数：480 千字
印　　张：27
版　　次：2012 年 3 月第 1 版
印　　次：2012 年 3 月第 1 次印刷
书　　号：ISBN 978-7-5404-5049-6
定　　价：36.80 元

前　言

在浩瀚的中国古代文化典籍中，关于谋略的著述占有相当大的比例。其中，有侧重于政治领域的法家谋略，如《韩非子》；有侧重于军事领域的兵家谋略，如《孙子兵法》；有侧重于外交领域的纵横家谋略，如《鬼谷子》。但是能够真正融合这三家所长，集中国古代谋略思想于大成的当推唐时赵蕤所著的《长短经》。

关于赵蕤其人，刘昫的《旧唐书》和欧阳修的《新唐书》中皆未为之立传。北宋孙光宪编著的《北梦琐言》和清代纪晓岚主持编纂的《四库全书总目提要》中曾简单列举了此人的生平和重要事迹。

赵蕤，字太宾，梓州盐亭人（今四川省盐亭县两河镇赵家坝人），大约出生于唐高宗显庆四年（659），卒于唐玄宗天宝元年（742）。赵蕤为人德行高尚，视功名如粪土，朝廷屡次征召，他都不愿做官，而是潜心学问。赵蕤熟读百家之书，“博学韬衿，长于经世”，并且“任侠有气，善为纵横学”，在帝王学方面尤其有独到的见解。著名诗人李白对赵蕤推崇备至，曾经跟随他学习过帝王学和纵横之术，当时人称“赵蕤术数，李白文章”，将此二人视为“蜀中双璧”。

赵蕤对当时的大唐王朝有着极大的影响，据说朝廷中有一大批文臣武将都是出于他的门下。由于熟读典籍，他的思想能够博采各家之长，并且有自己的独到之处。他主张变通，反对因循守旧，“三代不同理，五霸不同法”，“御世理人，罕闻沿袭”。

赵蕤纵观尧舜至隋唐的历史沿革，将活生生的历史事实加以剖析，探究成败得失，深刻地总结了历史经验和前人的智慧，并且扩展开来，总结出了自己的谋略思想，作《长短经》一书。

《长短经》成书于开元四年（716），原为十卷六十三篇，后来第十卷缺失，今存九卷，共六十四篇。《长短经》集儒、道、法、兵、阴阳各家思想为一体，以谋略和历史为主要架构，包括了五大方面的内容：识人用人的真谛、是非反正的论辩、历史画面的展示、人生智慧的杂说、用兵谋略的总结，被历代帝王将相共同推崇，甚至被尊奉为“小《资治通鉴》”。

据说，清朝乾隆皇帝在读过《长短经》之后，曾发出“既是梓州善经济，不应辟召又何焉”的感叹，对赵蕤未能出仕表达了深深的惋惜之情。在兴奋之余，他还欣然作诗，盛赞此书：

鄞县创为救弊论，爱憎殴业匠和函。

向时虽类纵横说，忧末原归理道谈。

宋刊弃自教忠堂，通变称经曰短长。

比及乱时思治乱，不如平日慎行王。

从古至今，人们对《长短经》的评价，都足以证明此书中对谋略的剖析是非常深刻的。我们今天再读《长短经》，依然能够从中学习到深邃且实用的道理，从而“慎察既往，以戒今失”，使自己在为人处世、奉上御下、结盟御敌、公关游说等方面的能力得到一定的提升。

目　录

卷五·霸纪中

卷六·霸纪下

卷七·权议

卷八·杂说

卷九·兵权

自　序

沿乎此者，醇薄继于所遭；牵乎彼者，王霸存于所遇。故古之理者，其政有三：王者之政化之，霸者之政威之，强国之政胁之。各有所施，不可易也。

经典再现

赵子曰：匠，成舆[①]者忧人不贵，作箭者恐人不伤。彼岂有爱憎哉？实伎业驱之然耳。是知当代之士，驰骛[②]之曹，书读纵横，则思诸侯之变；艺长奇正，则念风尘之会。此亦向时之论，必然之理矣。故先师孔子，深探其本，忧其末，遂作《春秋》，大乎王道；制《孝经》，美乎德行。防萌杜渐，预有所抑，斯圣人制作之本意也。然作法于理，其弊必乱。若至于乱，将焉救之？是以御世理人，罕闻沿袭。三代不同礼，五霸不同法。非其相反，盖以救弊也。是故，国容一致，而忠文之道必殊；圣哲同风，而皇王之名或异。岂非随时设教沿乎此，因物成务牵乎彼？沿乎此者，醇薄继于所遭；牵乎彼者，王霸存于所遇。故古之理者，其政有三：王者之政化之，霸者之政威之，强国之政胁之。各有所施，不可易也。管子曰："圣人能辅时，不能违时。智者善谋，不如当时。"邹子曰："政教文质，所以匡救也。当时则用之，过则舍之。"由此观之，当霸者之朝，而行王者之化，则悖矣；当强国之世，而行霸者之威，则乖矣。若时逢狙诈，正道陵夷，欲宪章先王，广陈德化，是犹待越客以拯溺，白大人以救火。善则善矣，岂所谓通于时变欤？夫霸者，驳[③]道也，盖白黑杂合，不纯用德焉。期于有成，不问所以；论于大体，不守小节。虽称仁引义，不及三王；而扶颠定倾，其归一揆。恐儒者溺于所闻，不知王霸殊略，故叙以长短术，以经论通变者。创立题目，总六十有三篇，合为十卷，名曰《长短经》。大旨在乎宁固根蒂，革易时弊。兴亡治乱，具载诸篇。为沿袭之远图，作经济之至道，非欲矫世夸俗，希声慕名。辄露见闻，逗机来哲。凡厥有位，幸望详焉。

迷津指点

①舆：车子。

②骛：纵横奔跑。

③驳：毛色不纯，引申为不纯粹、不单纯。

古文译读

赵蕤说：工匠们中，制作车子的人，总是担心人们不富贵，买不起他的车；制作弓箭的人，总是担心弓箭不够锐利，伤不了人，害怕没有人买他的箭。他们这么做，难道是特意对别人心存爱憎吗？不是的，这只是他们所从事的行业使他们作不同的考虑罢了。由此可以看出，现在那些饱学之士，积极进取之徒，为什么会在读了有关纵横谋略之术的书以后，想的就是诸侯间的攻伐兼并；掌握了兵法战略知识之后，念的就是社会战乱和动荡。这也是符合时事的说法，是人情世故的必然。所以先师孔子深刻探究这一道理的本源，又担忧这种人心世情可能会出现的弊端，于是就写作了《春秋》，用以光大王道；著述了《孝经》，用以褒奖人们的美德。防微杜渐，提前有所防范，这是圣人写作、著述的根本用意。但是，按治世的要求制定方针、政策来治理国家，国家就会出乱子。如果到了出乱子的那个时候，又采取什么方法去救治呢？因此，治理天下，统驭人民，很少听说因循守旧、一成不变的。夏、商、周三个朝代有不同的礼教，春秋五霸各有自己不同的法规。他们彼此间并不是说要有意地标新立异，而是要用不同的方针政策来弥补漏洞，拯救偏颇。因此，各个国家的风貌虽然看起来一样，但是实际治理的方法却一定不相同；各代虽有圣人、先哲的同风化育，但每一代帝王的名号却总是有所区别。这难道不是因时设教沿袭此法、因物制宜承继彼法吗？沿袭此法者，其方法的醇厚或淡薄由所遭遇的时事决定；承继彼法的，其治理方法的王道和霸道同样由时宜的要求决定。所以说，古人治理国家主要有三种方式：王道的统治重教育，霸道的统治重威慑，强国的统治重胁迫。各有各的适用对象，不能够随便更换。管子曾说："圣人能够顺应时势而不能违背时势。聪明的人长于谋划，但是总不如顺应时势更可靠。"邹子曾说："一切政治教化无论是形式还是内容，都是用来匡正时弊、弥补失误的。如果与当时当地的实际情况适合就运用它，如果不符合就要立刻舍弃它。"照这样看来，在应当实行霸道的统治时，却错误地推行了王道的教化，就会适得其反；在应当实行强国的统治时，却错误地施行了霸道的威慑，那么就会错误百出。如果正逢天下大乱，人心诡诈，传统的道德观念受到极大的破坏，你还打算遵从传统，广泛地推行伦理道德教育，就如同是等待识水性的人来救溺水的人，请求那些尊贵的人来救火一样。这样做好是好，可它符合我们所说的"通于时变"吗？所谓霸道，就是杂道，换句话说，它是一种黑白夹杂，不能单纯用道德教育来推行的政治。这样的治国方法只追求成就事业，但是却不问用什么方法成就；只单纯强调总体效果，却不顾及细枝末节方面的弊病。这种政治虽然在仁义道德方面比不上夏禹、商汤、周文王的德育政治，但从扶危定倾这一方面来看，与三王之道可谓殊途同归。我担心普通的儒生会局限于自己的学识，不知晓王道和霸道之间的区别，所以就专门来阐述长短之术，用来分析通变的道理。确立的题目，共有六十三篇，合为十卷，书名为《长短经》。全书的中心思想就是要论述怎样巩固统治的根基，改革弊端。国家的兴亡治乱，朝代的兴衰更迭，都记载于诸篇之中。我谋划长治久安的远图，总结经邦济世的真理，并不是想借此来哗众取宠，博取名声。我之所以要把自己的见解披露出来，是为抛砖引玉，期待后世的明哲俊杰继往开来，展现自己的思想。在位的帝王能够好好地品读这本书，我就感到非常荣幸了。

卷一·大政

本卷共八篇，含《大体》《任长》《品目》《量才》《知人》《察相》《论士》《政体》，主要讲述了识人用人这一亘古常新的话题。从品目到量才，从知人到善任，从上级到下级，从正面到反面，全面地论述了我国古代的人才理论，体现了其博大精深的内涵。

大体第一：知人者，王道也

知人者，王道也；知事者，臣道也；无形者，物之君也；无端者，事之本也。鼓不预五音，而为五音主；有道者不为五官之事，而为理事之主。君守其道，官知其事，有自来矣。

经典再现

臣闻老子[①]曰："以正理国，以奇用兵，以无事取天下。"荀卿[②]曰："人主者，以官人[③]为能者也；匹夫者，以自能为能者也。"傅子[④]曰："士大夫分职而听，诸侯之君分土而守，三公总方而议，则天子拱己而正矣。"

何以明其然耶？当尧之时，舜为司徒，契为司马，禹为司空，后稷为田官，夔为乐正，倕为工师，伯夷为秩宗，皋陶为理官，益掌驱禽。[⑤]尧不能为一焉，奚以为君？而九子者为臣，其故何也？尧知九赋之事，使九子各授其事，皆胜其任以成九功。尧遂乘成功以王天下。

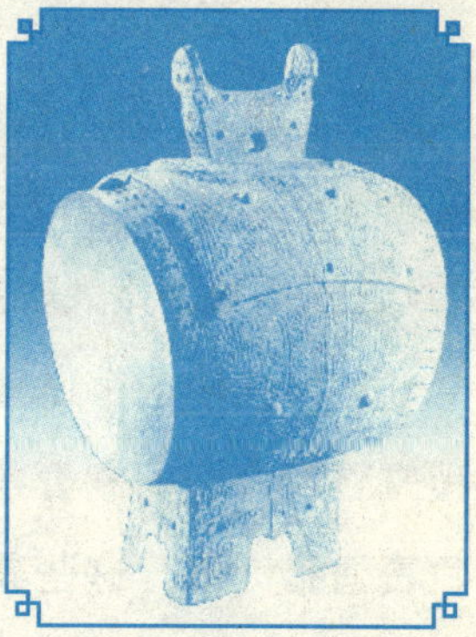

中国古代乐器鼍鼓。《吕氏春秋·古乐篇》记载了鼍鼓的制作过程：五帝之一的颛顼命"鼍"首先奏乐，"鼍"就仰躺着用尾巴敲它的肚子，发出"嘭嘭"的声响。

汉高帝[⑥]曰："夫运筹策于帏幄之中，决胜于千里之外，吾不如子房；镇国家，抚百姓，给饷馈，不绝粮道，吾不如萧何；连百万之军，战必胜，攻必取，吾不如韩信。[⑦]三人者，皆人杰也，吾能用之，此吾所以有天下也。"

故曰，知人者，王道也；知事者，臣道也；无形者，物之君也；无端者，事之本也。鼓不预五音[⑧]，而为五音主；有道者不为五官[⑨]之事，而为理事之主。君守其道，官知其事，有自来矣。先王知其如此也，故用非其有如己有之，通乎君道者也。人主不通主道者则不然：自为之则不能任贤；不能任贤则贤者恶之。此功名之所以伤，国家之所以危。汤武一日而尽有夏商之财，以其地封，而天下莫敢不悦服；以其财赏，而天下皆竞劝。通乎用非其有也。故称设官分职，君之体也；委任责成，君之体也；好谋无倦，君之体也；宽以待众，君之体也；含垢藏疾，君之体也。君有君人之体，其臣畏而爱之，此帝王所以成业也。

迷津指点

①老子：传姓李，名耳，又称老聃，春秋末期哲学家，道家创始人。

②荀卿：名况，号卿，战国时期思想家，著有《荀子》。

③官人：授人职权。

④傅子：傅玄，西晋大臣，著有《傅子》。

⑤尧、舜、禹：传说中的古帝王；契、后稷、夔、倕、伯夷、皋陶、益：古代贤人。

⑥汉高帝：即汉高祖刘邦。

⑦子房、萧何、韩信：帮助刘邦夺取天下的三个主要人物。子房即张良，工于计谋；萧何善于理政；韩信长于用兵。

⑧五音：宫、商、角、徵、羽。

⑨五官：司徒、司空、司马、司士、司寇，此处泛指众官。

古文译读

我听说老子说过："以正道治国，以奇正用兵，以无为取天下。"荀子则说："做帝王的，以知人善任为己任；普通人，以发挥、提高自己能力为己任。"西晋哲学家傅子则说："士大夫忠于职守，服从命令，诸侯国的君主分到土地并治理好它，朝廷三公总揽天下大事并参政、议政，那么天子就可以悠悠然无为而治了。"

如何证明这个道理呢？在尧做帝王时，舜做司徒，契做司马，禹做司空，后稷掌管农业，夔掌管礼乐，倕掌管工匠，伯夷掌管祭祀，皋陶负责司法，益专门负责渔猎之事。这些具体的事，尧一件也做不了，怎么能做帝王？而这九个人又怎么会心甘情愿地做臣子呢？这是因为尧懂得这九种职务的内容，然后量才使用这九个人，使他们各尽其才；而这九人也都能胜任其职并由此成就了一番事业。尧也凭借他们成就的功业称王于天下。

汉高祖说："运筹帷幄之中，决胜千里之外，我不如张良；安国定邦，安抚百姓，供应军需，保证粮道畅通，我不如萧何；统领百万大军，战必胜，攻必克，我不如韩信。这三个人都是人中的精英。但是我会使用他们，这就是我能够夺取天下的原因。"

所以说，知人善任，是为君之道；善于处理具体事务，是为臣之道。无形的东西，才是有形之物的主宰；看不见源头的东西，才是事物的本源。鼓发出的声音不属于五音，却做五音的主导。掌握为君之道的君主不去做文武百官所做的事，却能成为具体理事的人的主导。君主恪守用人之道，百官各司其职，自古以来就是这样的。正因为先王知道这一道理，所以他才会利用不是他自己的东西当做自己所有的一样支配使用，这是君王通晓了为君之道的表现啊。不能通晓做君主的道理的君王却不是这样的。他们往往事必躬亲而不重用有才德的贤人。贤人长期不被重视，就会厌恶他们。这就是君主的事业受到损害，国家、社会出现危机的原因。从前商汤、周武王消灭了夏桀、商纣王后，一下子就拥有了夏、商全国的财产，而把土地赐给功臣，举国上下都欢天喜地、心悦诚服。用亡国者的财产奖赏功臣，整个国家的臣民都相互劝勉，拥护商汤、武王来做天子。这就是商汤、武王明白如何使用自己所不具备、他人所具备的长处的道理所致。所以说设立官位，划分职责是为君之本；委派和任命官员，监督他们完成各自的任务是为君之本；喜欢运筹谋略而不会感到倦怠是为君之本；宽容大度待人，获得众人的拥护是为君之本；包容各种问题是为君之本。做国君的有做国君的素质，他的臣民就会对他既畏惧又爱戴，这就是帝王成就大业的最根本的前提。

前沿诠释

从这部分文字中，我们可以得出这样一种认识：作为一个管理者，必须具备善于识别人才和重用人才的素质。作为管理者，最重要的不是自己凡事亲力亲为，而是如何协调和任用自己的下属，使他们人尽其才，这才是真正高明的管理之道。

知人善任的李嘉诚

香港首富李嘉诚能把长江实业公司（以下简称长实）由一间破旧不堪的山寨厂，发展成庞大的跨国集团公司，正是得益于他的用人之道。

在长实的各个发展阶段，李嘉诚都做到了知人善任。上海人盛颂声、潮州人周千和，都是长实的老臣子。这二人从20世纪50年代初就跟随李嘉诚了。在工作分配上，李嘉诚安排盛颂声负责生产，周千和则主理财务。后来，长实的规模越来越大，业务扩展得越来越广，李嘉诚又让盛颂声负责地产业务，周千和主理股票买卖。在对他们委以重任的同时，李嘉诚也给予他们优厚待遇，提拔他们为董事、副总经理。而盛、李二人则兢兢业业，任劳任怨，尽力辅助李嘉诚。

随着长实的发展，霍建宁、周年茂、洪小莲三人成为集团内新型的“三驾马车”。李嘉诚是这样进行职务安排的：霍建宁擅长理财，负责全集团的财务策划；周年茂负责地产发展；洪小莲负责楼宇销售。此三人的分工，充分体现了李嘉诚的用人观。

毕业于港大又赴美深造后回国的霍建宁，被传媒称为“浑身充满赚钱细胞的人”。他负责或是参与了长实集团大部分的重大投资安排、股票发行、银行贷款、债券兑换等。这些项目，动辄涉及数十亿资金，是亏损还是赢利都在于最终决策，因此主管者的责任十分重大。李嘉诚对于霍建宁的决策一直都是全力支持，充分信任。而长实的投资在霍建宁的管理下，大部分也都取得了良好的收益。对于霍建宁的付出，李嘉诚更是给予了充分回报：在长实，霍建宁的年收入在1000万港元以上。

在英国专修法律专业的周年茂，曾一度被人讽刺为“全仗其父的荫庇”。为什么？因为周年茂的父亲周千和是长实的老臣子。众人都说是李嘉诚念旧，“爱屋及乌”才任用了周年茂。但其实，具有识人之才的李嘉诚是在发现周年茂是个人才后才用心培养他的。周年茂回国后，李嘉诚任命他为副总经理，负责长实的地产发展。而周年茂也不负所托，在茶果岭丽港城、蓝田汇景花园、鸭月利洲海怡半岛、天水围的嘉湖花园等大型住宅屋村发展项目中，充分展露了他的才华，因此得到“雏凤清于老凤声”的好评。如今，李嘉诚已经基本转到幕后，在长实参与政府官地的拍卖上，除非金额过大，否则皆由周年茂一手操办。而周年茂表现出的大将风范，临阵不乱，该弃则弃、该争则争的才干，也证明了李嘉诚的识人之明。

负责楼宇销售的洪小莲，虽是位女性，但其才华和能力都令业内人士佩服。在长实这个超级商业帝国里，相关工作和服务人员数以万计，业务范围也跨越大半个地球。这些大大小小的事务，都在洪小莲这里汇总，也一一得到解决。务实派的洪小莲不管大小事务，都一定落实到底，甚至就连面试一名信差，她都要过问。李嘉诚正是通过洪小莲任命，使得集团上下井井有条，促进了事业的发展。

正是由于李嘉诚放手放权，在各个阶段都选拔、起用了合适的人才，尽管长实的管理层进行了新老交替，但公司仍稳定地向前发展，创造出了辉煌的业绩。

在用人方面，李嘉诚还注意回避东方式的家庭化的企业管理方式，大胆起用“洋人”，通过任命，使得一些有才华的外国人进入自己的事业中心。其中，英国人马世民就是一个不可忽视的例子，他曾对李嘉诚感慨地说：“目前来说，我的经验及能力还有待于边干边学。但香港就是这样，当你拿出真本事做生意时，你就学得很快。”当时，这句话给李嘉诚留下了深刻的印象，他便对马世民这个人也格外关注。1984年，李嘉诚认为任用马世民的时机已经成熟，便收购了马世民的公司，并将当时还没有什么名气的马世民提升为自己旗下和记黄埔的董事兼总经理。而后来马世民的出色表现也充分地回报了李嘉诚的重用。

在总结自己的用人心得时，李嘉诚曾经这样说过：“要想合理地使用人才，就一定要知人善任。一般人都是同时有长处和短处，大象的食量以斗计，而蚂蚁却只要一小勺就足够了，我用人就是这样，各尽所能，各取所需，以量才而用为原则。”

所以说，李嘉诚事业上的成功也是他用人上的成功。长实的不断发展，充分证明了李嘉诚识人、用人的能力，也验证了“知人者，王道也”的道理。

任长第二：任长之道，不可不察

由此观之，使韩信下帷，仲舒当戎，于公驰说，陆贾听讼，必无曩时之勋，而显今日之名也。故任长之道，不可不察。

经典再现

臣闻料[1]才核能，治世之要。自非圣人，谁能兼兹百行，备贯众理乎？故舜合群司，随才授位；汉述功臣，三杰异称。况非此俦而可备责耶？昔伊尹之兴土工也，强脊者使之负土，眇[2]者使之推，伛者使之涂，各有所宜，而人性齐矣。

管仲曰："升降揖让，进退闲习，臣不如隰朋，请立以为大行；辟土聚粟，尽地之利，臣不如宁戚，请立以为司田；平原广牧，车不结辙，士不旋踵，鼓之而三军[3]之士视死如归，臣不如王子城父，请立以为大司马；决狱折中，不杀不辜，不诬不罪，臣不如宾胥无，请立以为大理；犯君颜色，进谏必忠，不避死亡，不挠富贵，臣不如东郭牙，请立以为大谏。君若欲治国强兵，则五子者存焉；若欲霸王，则夷吾在此。"

黄石公[4]曰："使智，使勇，使贪，使愚。智者乐立其功，勇者好行其志，贪者决取其利，愚者不爱其死。因其至情而用之，此军之微权也。"《淮南子》[5]曰："天下之物，莫凶于豨毒，然而良医橐[6]而藏之，有所用也。麋之上山也，大章不能跂；及其下也，牧竖能追之，才有修短也。胡人便于马，越人便于舟，异形殊类，易事则悖矣。"魏武[7]诏曰："进取之士，未必能有行；有行之士，未必能进取。陈平岂笃行，苏秦岂守信耶？而陈平定汉业、苏秦济弱燕，任其长也。"由此观之，使韩信下帷，仲舒当戎，于公[8]驰说[9]，陆贾听讼，必无曩时之勋，而显今日之名也。故任长之道，不可不察。

迷津指点

①料：估计，估量。

②眇：瞎了一只眼，后亦泛指盲人。

③三军：此说法最早起源于春秋战国时期，古代指前、中、后三军，前军主要负责侦察，是先锋军，中军是将帅所在的大军，后军主要负责物资运送等。一般代指军队。

④黄石公：据传是秦末汉初的五大隐士之一。《史记·留侯世家》中记载他曾经赠给张良《太公兵法》。

⑤《淮南子》：又名《淮南鸿烈》《刘安子》，西汉初期淮南王刘安与其宾客编写的，是杂家著作之一。

⑥橐（tuó）：口袋，此处指用口袋装。

⑦魏武：即魏武帝曹操。

⑧于公：秦汉之际东海郯人，汉相于定国的父亲，善于决狱，对待案件认真负责，每件案子的审判结果都能让人心服口服。

⑨驰说：游说。

古文译读

我听说，识别和衡量人的才能，是治理天下的关键。我们并非圣人，又有谁可以通晓各行各业，穷极事物的道理呢？因此舜统管部属，根据每个人的才能而授予不同的职位；汉高祖刘邦在讲论功臣的时候，对张良、萧何、韩信这三人的才干各有不同的评价。何况还有与这些人不同的种种人等，怎么可以求全责备呢？从前伊尹在建设土木工程的时候，让脊力强健的人去背土，让独眼人去推车，让驼背的人去涂抹，使每个人都能做自己适宜做的事，从而使每个人的优点都得以充分发挥。

管仲说："在升降、揖让、进退、起居等各种礼仪方面，我不如隰朋，请让他来做大行吧；在开荒种地，充分发挥地利方面，我不如宁戚，请让他来做司田吧；在广阔的战场上，能指挥战车奔突而不乱，令三军将士勇往直前、视死如归方面，我不如王子城父，请让他来做大司马吧；在处理案件，秉公执法，不滥杀无辜，不冤枉无罪之人方面，我不如宾胥无，请让他来做大理吧；在敢于犯颜直谏，尽职尽忠，不畏死亡，不畏权贵方面，我不如东郭牙，请让他来做大谏吧。君王如果想富国强兵，得到这五个人就够了；若想成就霸业，那就得靠我管仲了。"

黄石公说："应当起用有智谋、有勇力、贪财、愚钝的人。有智慧的人乐于立功，勇敢的人坚持自己的志向，贪婪的人为了利益不顾一切，愚笨的人勇于牺牲。要根据他们每个人的至真性情来使用他们，这就是用兵时最微妙的权谋。"《淮南子》说："天下的东西没有比鸩毒更毒的，但是高明的医生却把它收藏起来，这是因为鸩毒具有独特的药用价值。麋鹿在向山上跑的时候，善于奔驰的大章（传说中的善走之人）都追不上它；它一旦下山，就连牧童也能追得上它，这就是说任何才能都有长短。胡人擅长骑马，越人擅长乘船，二者的形式和种类都不同，一旦换过来做就与事理相悖了。”魏武帝曹操下诏说：“具有进取心的人，未必一定有德行。而有德行的人，却不一定有进取心。汉初的陈平哪有什么忠厚的品德，倡导合纵的苏秦又何曾守过信义？但是陈平却辅佐刘邦奠定了汉王朝的基业，苏秦却拯救了弱小的燕国。这是因为他们都发挥了各自的特长。”由此看来，让韩信去著书立说，让董仲舒带兵打仗，让于公去四处游说，让陆贾去审官司断案，结果只能是谁也不会创立先前那样的功勋，也不会有今天这样的美名。因此“任长”的原则，不能不仔细研究。

前沿诠释

通过这部分内容，我们可以得出这样一种认识，作为一个管理者，要善于发掘每一个人的长处，并且将他的长处发挥到极致。管理者任用人才，重要的不是如何减少人的短处，而是如何发挥人的长处。所以唯才是举、扬长避短才是真正高明的用人与管理之道。

郑裕彤唯才是举“抓木头”

郑裕彤是横跨珠宝和地产两界的香港富商，但他并不是含着金汤匙出生的。早年，他在岳父周至元的周大福金铺做学徒，后来凭着自己的聪明和勤奋成为岳父的得力助手。1956年，郑裕彤从岳父手中接过了周大福金行的生产和管理权，成为周大福金行的老板。1960年，他将周大福金行改成周大福珠宝金行有限公司，凭着出色的经营和管理，他赢得了“珠宝大王”的称号。郑裕彤在商海纵横了50多年，从金铺学徒到香港巨富，这一过程中除了善于以勤补拙的特点外，他在培养和利用人才上也有独到之处。

郑裕彤的人才观比较宽泛，在他的心中，一切可为己所用的人才都应搜罗在自己帐下，为郑氏集团永固服务。因此，他善于从下属中找到千里马，也善于和强手联合，以达到借他人之力为自己服务的目的。

提到他任人唯才，最具代表性的就是他关于郑氏集团的继承人问题作出的决定。按照一般家族企业的习惯，都会选自己的子女做继承人。但郑裕彤的做法却出乎所有人的意料，他选择的是自己的女婿杜惠凯。

郑裕彤有二子二女，但他的两个儿子郑家纯和郑家成却对家族的起家行当——珠宝业毫无兴趣。对此，行内的许多人认为郑裕彤会伤透脑筋，逼迫其中的一个儿子从事珠宝行业。哪知，郑裕彤竟然会将郑氏集团的镇山之石——珠宝、黄金生意交到女婿杜惠凯手中。

无论从影视剧中还是现实生活中，我们都能看到不少豪门恩怨。其中，女婿夺了岳父的家产和公司的事例比比皆是。郑裕彤为什么甘冒这种风险将偌大的家业交给女婿来管理呢？这就是郑裕彤的识人之智和用人气度的高明之处了。

郑裕彤的女婿杜惠凯饱读诗书，先后在加拿大和美国学习。在学成返港后，他与郑裕彤的女儿结婚，并加入郑氏家族。早在青年时期，杜惠凯就对珠宝产生了兴趣。在美国留学期间，他频频出现在各大钻石俱乐部和钻石交易所，多次走访世界著名的珠宝收藏家和鉴赏家，学习珠宝鉴别的相关知识。正是出于对珠宝的情有独钟，他刻苦钻研，努力学习，培养了对珠宝、钻石独到的鉴赏眼光和对珠宝、钻石市场敏锐的洞察力。

加入郑氏集团不久，杜惠凯在珠宝、钻石方面的天分就被郑裕彤发现了。求贤若渴的郑裕彤欣喜若狂。经过几年的考查之后，他最终决定把家族的黄金、珠宝生意留给杜惠凯。在接过郑氏家族的珠宝生意后，杜惠凯不但将郑氏家族的周大福有限公司及万年有限公司经营得非常出色，还开了一家丰盛珠宝有限公司。

此后，杜惠凯又先后到南非及比利时的钻石加工厂深造，不但得以进一步学习关于珠宝的知识，还练就了一手打磨珠宝的绝活，其打磨的钻石与老钻石工的手艺不分上下。如今，杜惠凯已经成为香港第一位赢得国际声誉的钻石专家，在他的管理下，郑氏家族珠宝公司的钻石进口量在香港独占鳌头。

除了任人唯才，在人才的培养和选取上，郑裕彤还不拘小节，注重每个人的一技之长。效力于郑裕彤的商业帝国的众多人才，来自各行各业，这都归功于郑裕彤善于从各个行当中挖掘人才，为己所用。用他自己的话说就是“抓人头”。从政界到娱乐圈，从商场到赌场，他都能慧眼识玉，抓住最得力的干将来构筑他的商业大厦。

此外，用人不疑是郑裕彤在用人上的另一个特点。他一旦看中了某个人，认为对方是一个可造之才，就会放手让他去做，决不多加干涉。即使一时造成公司亏损或经营紧张，他也会帮其顶住来自董事会的压力，一如既往地支持他干下去。正是由于这种宽广的胸襟，才最终使得各路人马汇聚到郑氏大旗之下，成就了他的商业帝国。

郑裕彤的商海成功之道，验证了《长短经》“任长第二”中所说的 “料才核能，治世之要”的道理。

用人所长，做卓有成效的管理者

用人的问题，是许多管理者最关注的问题。一个卓有成效的管理者，首先要懂得的就是如何充分发挥人的一切优势，这其中就包括了如何发挥下属的长处，而不是他们的短处，亦即用人所长。

美国南北战争时期，指挥南方军队的罗伯特·E.李将军就是一个极其善于发挥人的长处的人。

罗伯特·E.李将军是一位卓越的指挥者，也是一个极有涵养的人。他轻易不会发脾气，但有一次，他却大发雷霆，起因就是一个将军不服从命令，打乱了他的作战计划，而且他的这种做法已经不是第一次了。按李将军当时发怒的程度，大家认为那个将军不被枪毙也得被撤职。然而，事过之后，助手问李将军，是不是要撤换这个将军时，罗伯特·E.李吃惊地看着自己的助手，说："撤了他？真是一个荒唐的问题！把他撤了，叫谁去打仗？"

其实，像那位打乱李将军作战部署的将军的人并不少，但李将军本着用人所长的原则包容着手下的将军。那些将军身上都有非常明显的或大或小的缺点，但李将军坚持一个原则：只要这些不足之处无伤大局，都可以包容。

事实证明，包括"石壁"将军杰克逊在内的这些身上有着大大小小缺点的将军，同时也各具所长。在南北战争中，他们一次一次地战胜了北军联军，一次一次地打败了北方那些"完美无缺"的将军。

李将军用人所长的事例说明，作为管理者，在任用一个人时，不能只想回避缺点，否则其下属必定是平庸之辈。要知道，在这个世界上，许多拥有一技之长的人都是极具个性的，而在他们身上，也一定会有或大或小的缺点。那种只有长处没有缺点，具有种种才能的人是不存在的。

因此，卓越的管理者都明白一个道理：只要女主角能吸引看戏的人，那么她爱怎么发脾气都没关系。员工也是这样。在自己的管理舞台上，员工在上面无论怎样表演，只要能使剧院的上座率提高，管理者就要包容他们。

2011年，日本的一场地震深深地震动了世界。那些原本对这个小国不甚了解的人终于发现，日本这个小国一旦发生问题，影响的是全世界的经济命脉。当人们对日本取得的这个成就感到震惊时，不能不去思考一下日本企业的管理制度。

在日本，企业实行的是"终身雇用的就业制度"。这个制度规定，一旦某人上了某个机构的名单，他就可以根据其年龄和服务的期限，在其工作范围内不断得到升迁。举个例子来说，一个人进入企业时只是一名工人，接着他成为了白领雇员或专业人员，然后他又做了行政管理人员，与此同时，他的薪水每隔15年就能够翻一番。在工作期间，他不能辞职，也不能被解聘。这一情况将会延续到这个人45岁，在45岁之后，工作人员之间才稍稍有些差别，其中有极少数人会由于杰出的能力和贡献，被挑选去担当高级行政职务。

光看这种制度，似乎找不到它和日本已经取得的巨大的经济成就之间的关联。然而，这正是日本企业取得巨大成就的原因。因为这种制度迫使企业的管理者不得不有意识地去忽视别人的缺点，努力找到他们的长处。也就是说，他们看人总是着眼于别人的长处。正是这个原因，使得日本的企业很少进行个人评估，正如那些管理者所说，“个人评估的目的倘若只着眼于揭露某人的毛病和短处，那么我们为什么还要搞那种评估呢?恰恰相反，我们对雇员的短处了解得越少，长处了解得越多，知道他能干些什么，那就足够了”。

当然，用人所长并不是毫无原则的，在用人所长的同时，一定要对这个人的工作绩效提出明确的要求。聪明的管理者在用人之前一定要先问自己一个问题：“这个人能干些什么?”否则就会低估别人的实际能力，纵容那些不称职的人。因此，真正“要求严格”的上司总是一开始就能看清某人的长处，了解他能把什么事情做得很好，然后才会严格地要求他去做。这正是《长短经》任长第二中所说的“任长之道，不可不察”的道理。

品目第三：劳聪明于品材，获安逸于任使

夫天下重器，王者大统，莫不劳聪明于品材，获安逸于任使。故孔子曰："人有五仪：有庸人、有士人、有君子、有圣、有贤。审此五者，则治道毕矣。"

经典再现

夫天下重器，王者大统，莫不劳聪明于品材，获安逸于任使。故孔子曰："人有五仪：有庸人、有士人、有君子、有圣、有贤。审此五者，则治道毕矣。"

所谓庸人者，心不存慎终之规，口不吐训格[①]之言，不择贤以托身，不力行以自定，见小暗大而不知所务，从物如流而不知所执。此则庸人也。

所谓士人者，心有所定，计有所守。虽不能尽道术之本，必有率[②]也；虽不能遍百善之美，必有处也。是故智不务多，务审其所知；言不务多，务审其所谓；行不务多，务审其所由。智既知之，言既得之[③]，行既由之，则若性命形骸之不可易也。富贵不足以益，贫贱不足以损。此则士人也。

所谓君子者，言必忠信而心不忌[④]，仁义在身而色不伐，思虑通明而辞不专，笃行信道，自强不息，油然若将可越而终不可及者。此君子也。

所谓贤者，德不逾闲[⑤]，行中规绳，言足法于天下而不伤其身，道足化于百姓而不伤于本。富则天下无菀财，施则天下不病贫。此则贤者也。

所谓圣者，德合天地，变通无方，穷万事之终始，协庶品之自然，敷其大道，而遂成情性，明并日月，化行若神，下民不知其德，睹者不识其邻[⑥]。此圣者也。

《钤经》[⑦]曰："德足以怀远，信足以一异，识足以鉴古，才足以冠世，此则人之英也；法足以成教，行足以修义，仁足以得众，明足以照下，此则人之俊也；身足以为仪表，智足以决嫌疑，操足以厉贪鄙，信足以怀殊俗，此则人之豪也；守节而无挠，处义而不怒，见嫌不苟免，见利不苟得，此则人之杰也。"《家语》[⑧]曰："昔者明王必尽知天下良士之名，既知其名，又知其实，然后用天下之爵以尊之，则天下理也。"此之谓矣。

迷津指点

①格：即法。训格之言即合乎法度或者常理的言论。

②率：犹述也，即观点和主张。

③言既得之：即语言能够得其要，也就是扼要得当。

④忌：怨恨，忌恨。

⑤闲：法度。德不逾闲就是说品德合乎法度。

⑥邻：邻人，比喻界畔。

⑦《钤经》：即《玉钤经》，汉代流传的一本专讲谋略的书籍。

⑧《家语》：即《孔子家语》，是一部记录孔子及孔门弟子思想言行的著作。今传本《孔子家语》共十卷四十四篇，魏王肃注，书后附有王肃所作的序和《后序》。

古文译读

天下好比最珍贵的器物，王者要想完成一统天下的大业，没有不劳心烦神于辨别人才，任贤使能的，只有做到这些，做帝王的人在用人方面才能获得安闲自在。所以孔子说："人可以分成五个层次：庸人、士人、君子、圣人、贤人。如果能清清楚楚地分辨这五类人并妥当运用，那么就能掌握治国安邦的方法了。"

那些被称做庸人的，在内心深处没有坚定慎重的信念，整日里满口胡言。不会结交贤德的高人作为自己的依靠，也不会老老实实地做事做人，踏踏实实地努力以使自己在社会上安身立命。一旦见小利就会忘记大义，不清楚自己应该干什么。沉迷于声色犬马，随波逐流，总是把持不住自己。像这样的人，就是庸人。

那些被称做士人的，胸中有目标，行动有计划。虽然还不能精通大道和人道的根本，但是一向有自己的观点和主张；虽然不能尽善尽美地完成各种善行，但必定有值得称道的地方。因此，他不要求智慧有很多，只要彻底明了他所知道的就好了；言语理论上不要求很多，只要他所主张的一定是中肯简要的就好了；他完成的事业不一定特别多，但每做一件事都要能明白其原因、目的和方法。他的思想已经非常明确，言语已经很扼要得当，做事已经达到有根有据的程度，这些犹如人的性命和形体一样不可动摇。所以他得到富贵之后也看不出对他有何增益，遭遇贫贱之后也不会对他有什么损失。这就是士人。

那些被称做君子的，他们的特征是说话一定诚实守信，心中不会对人存有忌恨，秉性仁义但不对外炫耀，通情达理，明智豁达，说起话来从不武断，行为一贯，信守原则，自强不息。在别人看来，君子显得平平常常的，并没有什么特别出众之处，然而真想要赶上他时却发现很难做到。这才是真正的君子。

那些被称做贤人的，他们的主要特征是品德不会违反法度，行为合于规范，说出的言论足以被天下人奉为道德准则而不会引起人们的诋毁，他们的思想足以教化百姓而不损伤道德的根本。贤人富有了，天下百姓就不需要积累财物；他乐善好施，兼济天下，因而使民众没有什么疾病和贫困。这就是贤人。

那些被称做圣人的，他们自身的品德已经可以与天地的自然法则融为一体，变幻莫测，通达无阻。他们已经彻底参透宇宙万物的起源和终结，与天下的一切生灵和世间万象融洽无间，传布其思想道德从而自然养成民众的和谐性情，圣明的思想可与日月同辉，教化的推行如有神助，芸芸众生永远不能明白他的品德有多么崇高伟大，即使能见到一点，也不能真正了解其德行的涯际在哪里。只有达到这种境界的才是圣人。

《玉钤经》中说："如果一个人的品德足以让远方的人慕名而来，信誉足以把形形色色的人凝聚在一起，见识足以明鉴古人的正误，才能足以雄冠当代，这样的人就可以被称为人中之英；如果一个人的理论规范足以作为教育世人的思想体系，行为足以用来作为人们的道德楷模，仁爱足以博得众人的拥护爱戴，英明足以烛照下属，这样的人就是人中之俊；如果一个人的言行举止足以做大众的表率，智慧足以决断疑难，操行足以警策卑鄙贪婪之人，信义足以将生活习俗彼此不同的人们团结到一起，这样的人就是人中之豪；如果一个人能恪守节操百折不挠，恪守节义而无怨无悔，被人嫌弃而不会苟且求免，见到利益不会无原则地获取，这样的人就是人中之杰。"《孔子家语》中说："从前，贤明的君主一定对天下的名流了如指掌，既要知道他们的名声的好坏，更要知道他们的实际才干，然后授予他们高官厚禄，这样一来，天下就达到大治了。"说的就是这个道理。

前沿诠释

通过这部分内容，我们可以看到，作为一个领导，要善于辨别人才的高下，并且量才使用，才能使事业顺利发展。所以，一个领导没有必要凡事亲力亲为，只要熟悉每个人才的优缺点，再给他们一个合适的位置让他们去努力，自己就可以轻松地只从大方向上进行掌控了。

士光敏夫的适才使用的用人观

在现代企业管理中，适才使用的人才观帮助管理者发现了很多人才，而这些人才也在企业提供的平台上助企业腾飞，从而达到了企业与人才的双赢。日本企业家，号称“经营之神”的士光敏夫在管理中就凭着这种人才观获益颇多。

士光敏夫在68岁高龄时临危受命，挽救了濒临倒闭的东芝公司，使其再次焕发生机。而士光敏夫之所以能够挽救东芝公司，除了其雷厉风行的改革措施外，其推行的重担主义和适才使用的人才观，在其中也起到了相当重要的作用。其中的道理，就是《长短经》“品目第三”中所说的“劳聪明于品材，获安逸于任使”。

1896年，士光敏夫出生于日本冈山县的一个农民家庭。24岁时，他从东京高等工业学校机械系毕业，之后到瑞士留学。学成归国后，士光敏夫到石川岛播磨重工业公司造船厂当了一位机械工程师，后成为该公司的总经理。

士光敏夫具有出色的管理才华，而正是凭着自己的才华，他使石川岛公司起死回生，并促使其成为日本工业企业50强之一。

1965年，昔日辉煌的东芝公司已经处于风雨飘摇之中。此时，东芝公司的利润由上半年的33亿日元降到下半年的10亿日元，股票红利也从1964年的10%下跌为8%、6%。相比于东芝的惨状，同期的日立公司却依然保持着47亿日元的利润和10%的红利。

后经专业人员分析，东芝公司之所以会出现这种局面，一方面是由于公司投资过大，但产品销售渠道不畅，以致产品积压严重，资金运转不灵；另一方面是由于企业内部管理不善，组织纪律散漫，形成奢侈浪费的风气，官僚主义作风盛行。在这里，被很多东芝的职员誉为东芝的“后宫”的东芝总部，就是奢侈浪费的典型代表。东芝总部位于日比谷公园的电话大厦八楼，其内部装潢几乎和皇宫一样舒适、奢华。在总经理室内，不但配有专门的进口浴室，有四个专职秘书为总经理服务，甚至还有专门的厨师为他准备食物。上行下效，从而在公司里形成一种恶劣的风气。面对此情此景，东芝公司要想重生，就需要一个能力挽狂澜的管理者。

1965年4月，东芝公司总部进行了令人震惊的人事调整，董事长石阪泰三主动解除自己的职务，改任公司的顾问，总经理岩下文雄成为毫无实权的董事长，士光敏夫成为其继任者。

就任东芝公司总经理一职后，士光敏夫一眼就发现了该公司的问题所在。而要改变这一切，除了在管理上下工夫之外，还需要人才，因为人才是企业良性发展的命脉。1965年5月初，士光敏夫在东芝公司的就职演说仪式上，号召东芝公司的全体成员为挽救东芝公司共同努力，并强调从他就任的当天开始，总经理室的大门就向所有人敞开。这种民主的管理方式，在一开始就冲击了从前那种专制官僚的管理作风。

此后，士光敏夫不但采取雷霆手段严惩奢侈浪费的行为，厉行节约，还提出了独特的“挑战式经营”方针，要求公司的所有员工与公司荣辱与共。同时，他还重视开发全体员工的智力，其推行的重担主义和适才适所的用人路线，给员工提供了施展的舞台。

他在企业内部实行“内部招聘”，让员工自己申报最能发挥自己专长的职位，公司则以最大的努力满足员工的要求，使员工各得其所。在此基础上，他还要求员工人人挑重担。“谁能拿得起100公斤，就交给他120公斤的东西。”这种方式使员工的智能得到充分释放。

士光敏夫的用人路线在东芝的发展史上发挥了极其重要的作用。其人才管理方式，配合着对营销的调整，使得老牌的东芝重新焕发出活力。从1966年上半年开始，东芝公司的股票不但恢复了8%的红利，其销售额也达到了1200亿日元。两年后，东芝公司的销售额达到2060亿日元，四年后突破了3000亿日元，利润也在1969年激增到102亿日元。

士光敏夫以自己出色的人才管理观念，发掘了大量的人才，让东芝的员工有了展示自己才能的机会，而适才使用也结束了东芝的悲剧时代。为此，东芝的员工尊称士光敏夫为“我们的重建之王”。

量才第四：辅佐左右所欲任使者，存亡之机，得失之要

故同明者相见，同听者相闻，同志者相从，非贤者莫能用贤。故辅佐左右所欲任使者，存亡之机，得失之要。

经典再现

夫人才能参差，大小不同。犹升不可以盛斛，满则弃矣。非其人而使之，安得不殆乎？故伊尹[1]曰："智通于大道，应变而不穷，辨于世物之情，其言足以调阴阳，正四时，节风雨，如是者举以为三公[2]。故三公之事常在于道。不失四时，通于地利，能通不通，能利不利，如是者举以为九卿。故九卿之事常在于德。通于人事，行犹举绳[3]，通于关梁，实于府库，如是者举以为大夫。故大夫之事常在于仁。忠正强谏，而无有奸诈，去私立公，而言有法度，如是者举以为列士。故列士之事常在于义也。故道德仁义定而天下正。"

太公曰："多言多语，恶口恶舌，终日言恶，寝卧不绝，为众所憎，为人所疾。此可使要遮闾巷，察奸伺祸。权数好事，夜卧早起，虽剧不悔，此妻子之将也。先语察事，勸而与食，实长希言，财物平均，此十人之将也。忉忉[4]截截，垂意肃肃，不用谏言，数行刑戮，刑必见血，不避亲戚，此百人之将也。讼辩好胜，嫉贼侵凌，斥人以刑，欲整一众，此千人之将也。外貌怍怍[5]，言语时出，知人饥饱，习人剧易[6]，此万人之将也。战战栗栗，日慎一日，近贤进谋，使人知节，言语不慢，忠心诚毕，此十万人之将也。温良实长，用心无两，见贤进之，行法不枉，此百万人之将也。勋勋纷纷，邻国皆闻，出入豪居，百姓所亲，诚信缓大，明于领世，能效成事，又能救败，上知天文，下知地理，四海之内，皆如妻子，此英雄之率，乃天下之主也。"

经曰："智如源泉，行可以为表仪者，人师也；智可以砥砺，行可以为辅警者，人友也；据法守职而不敢为非者，人吏也；当前快意[7]，一呼再诺者，人隶也。故上主以师为佐，中主以友为佐，下主以吏为佐，危亡之主以隶为佐。"欲观其亡，必由其下。故同明者相见，同听者相闻，同志者相从，非贤者莫能用贤。故辅佐左右所欲任使者，存亡之机，得失之要。孙武曰："主孰有道？将孰有能？吾

以此知胜。”此之谓矣。”

迷津指点

①伊尹：夏末商初的贤相，曾辅佐商汤建立商朝。

②三公：中国古代最高的三个官职的合称。

③绳：规则，法律法规。

④忉忉：忧思之状。

⑤怍怍（zuò）：谦逊。

⑥习人剧易：知道人的艰难劳苦。

⑦当前快意：爽快舒适，指痛快一时。

古文译读

人的才能大小是不同的，就像无法用一升的容器装下一斛容量的东西一样，装不下就会溢出来，溢出来就等于丢弃了。用了不适合的人，怎么能没有危险呢？所以商代贤相伊尹说：“心智与天道相通，就能不断顺应事物的无穷变化临机调整，了解万物发展的原因，言谈足以用来调和阴阳、核准四时，掌握风雨时节的规律，这样的人，要推举他做三公。因此，三公的职责是不懈地研究社会和自然的发展规律。不违背一年四季的农作时令，能够充分利用土地资源，能疏通原本堵塞不通的环节，能把废弃的东西变成财富，这样的人要推举他做九卿。因此说，九卿所做之事要符合道德修养方面的标准。通达人情世故，作风正派，通晓税收钱粮等事务，使国家的府库充实，这样的人要推举他做大夫。因此说，大夫的职责是以仁爱之心对待民众。忠心正直，敢于犯颜直谏，没有奸诈之心，为人做事大公无私，而且言语符合国家法规，这样的人要推举他做列士。因此说，列士的职责是常行仁义。在道、德、仁、义确立之后，天下就大治了。”

姜太公说：“平日多嘴多舌，恶言恶语，整天如此，睡觉时都不停止，被众人讨厌。这种人可以让他管理街区，盘查坏人，预防灾祸；喜弄权术，爱管杂事，晚睡早起，虽然劳累却不会埋怨懊悔，这种人只能管理自己的妻子儿女；有一定先见之明，明察事理，做事勤奋，与下属分享食物，同甘共苦，平时忠实厚道而言语很少，分配财物很平均，这种人可以做十个人的小头目；整天忧心忡忡的，对上恭谨，能言善辩，对下不听劝说，好用刑罚和杀戮，用刑手段残忍，六亲不认，这种人可以统率一百人；诉讼辩论时争强好胜，疾恶如仇，以刑罚治军，整齐部众，这种人可以统率一千人；外表很谦逊，言语适时得体，了解下属的饥饱、劳累情况，这种人可以统率一万人；谨小慎微，如临深渊，如履薄冰，亲近贤能的人，听取其谋略，使用人时有分寸、有节制，说话不傲慢，对君主忠心诚实，这种人可以做十万人的将领；温良敦厚有长者之风，用心专一，经常举荐贤能，依法办事，这种人可以做百万人的将领；功勋卓著，威名远扬，出则仪仗威严，入则豪门大户，但百姓也愿意亲近他，因为他诚信宽容，明了治理天下的道理，能圆满完成既定的任务，也能挽救失败危亡，上知天文，下知地理，厚待普天下的老百姓，就像对自己的妻子儿女一般，这种人是英雄的首领，可做天下的主人。”

经书上说：“智慧有如泉涌一般，行为堪为表率，这种人可做别人的导师；智慧可以磨砺他人，行为可以辅助和警策他人，这种人可做良友；安分守己，奉公守法，不敢做一点出格的事，这种人可以做低级的官吏；如果只想痛快一时，鞍前马后侍奉主人，主人一呼而应，这种人只能做仆从。因此，最好的君主用堪为导师的人来辅佐自己，中等的君主让良友来辅佐自己，下等的君主用低级官吏来辅佐自己，而亡国的君主却会用仆从来辅佐自己。”要想知道一个王国是否会灭亡，只需要看君主重用的人的素质就行了。所以，只有视力相同的人才能看到相同的事物，听力相同的人才能听到相同的声音，志向相同的人才会结为团体，如果君主不是贤德的人，他就不会任用贤能。因此，君主重用什么样的人来辅佐自己，直接关系到政局的得失和国家的危亡啊！孙武说：“（对战双方）哪边的君主有道义？哪边的主将有才能？我凭借这一点就能够知道胜利将属于谁了。”讲的正是这个道理。

前沿诠释

通过这部分内容，我们可以认识到，君主要全面了解自己任用的人才，综合考察人才素质，确定他有没有做某件事情的才智，从而量才而用，不任用不应当用的人。对于这一点，贤德的君主大都能做到，而亡国之君往往只会滥用庸才。所以说，用人者自身的素质和品性对于能否合理用人，能否获得事业的成功，具有非常重要的意义。

量才而用的千古一帝刘彻

说起汉武帝刘彻，人们总是会油然产生敬佩之情。作为西汉的第七位皇帝，刘彻在位54年。在他在位期间，汉朝成为当时世界上最强大的国家，而他本人也因此成为中国历史上最伟大的皇帝之一。虽然秦始皇统一了六国，建立了秦王朝，有“千古一帝”之称，但是秦帝国的版图，不过是汉武帝时代的二分之一。汉武帝毅然抛弃了汉王朝施行近70年的和亲国策，全力出击匈奴，对匈奴作战44年，变和平体制为战争体制，最终使得匈奴称臣。这种大胆举措可谓是前无古人，后无来者。

汉武帝之所以能够成就此伟业，与他善于用人是分不开的。纵观他统治的那段历史，我们会发现这个时代的人才数量之多令人惊讶，像以卫青、霍去病为代表的名帅良将，以主父偃、董仲舒、公孙弘、霍光为代表的谋臣能臣，以张汤、赵禹为代表的严官酷吏，以汲黯、东方朔为代表的谏臣诤臣，等等。这些人无不富有才能，并且大多志虑忠纯。而这些人才都是经汉武帝提拔重用，才得以施展才能的。这些人才中的许多人都出身贫民，汉武帝丝毫没有门第之念，将他们一一收在自己麾下，辅助自己建立功业。

汉武帝像。汉武帝刘彻，庙号汉世宗，雄才大略，开辟了汉朝最广大的疆域。

汉朝的大将卫青出身奴仆，但是善于骑马射箭，力气胜过常人，因此得到了汉武帝的赏识，被选入军中。元光六年（前 129），匈奴又一次兴兵南下，汉武帝任命卫青为车骑将军，迎击匈奴。从此，卫青开始了他的戎马生涯。卫青首次出征就立下了战功，他率兵直捣龙城（匈奴祭扫天地祖先的地方），斩杀700人。虽然这个数字看起来不够多，但是对比同去的另外三路大军，有两路失败，一路无功而还，就可以看出卫青的成绩了。汉武帝看到只有卫青凯旋，便对他非常器重，加封他为关内侯。元光八年（前127），匈奴贵族集结大量兵力，进攻上谷、渔阳地区。汉武帝部署反击，决定采用避实击虚之策，派卫青率大军进攻河南地区，开始了西汉对匈奴的第一次大战役。此战中，卫青不负所托，又一次大获全胜。汉武帝喜出望外，将他封为大将军，并给予了丰厚的奖赏，甚至想将卫青三个还在襁褓中的儿子封为列侯。

或许是“同明者相见，同听者相闻，同志者相从，非贤者莫能用贤”的缘故吧，汉武帝重用的卫青就是一名贤德之人，他面对汉武帝要封自己的儿子为侯的旨意，坚决地推辞说：“微臣有幸待在军中，仰仗陛下的神灵，使得我军获得胜利，这全是将士们拼死奋战的功劳。陛下已加封了我的食邑，我的儿子年纪尚幼，毫无功劳，陛下却分割土地，封他们为侯，这样是不能鼓励将士奋力作战的。所以他们三人不能接受封赏。”汉武帝听从了他的建议，封赏了随从他作战的公孙敖、韩说、公孙贺、李蔡等人。

汉武帝除了量才而用，使得每位人才都能各得其所外，还赏罚分明，即便是对待自己非常宠爱的人也会有过必罚。他执法严格，从不徇私情，不管是宠臣还是皇亲，只要触犯刑律，都要将他们依法治罪。主父偃曾一年内升了四次官，足见汉武帝对他的器重。但是主父偃却私下接受诸侯贿赂，并在负责查处齐王的问题时，挟私报复，最终逼迫齐王自杀。为了对天下人有个交代，汉武帝杀了主父偃并灭其族，这样的惩处不可谓不重。他虽然重视人才，却丝毫不袒护他们，因为他知道任用什么样的人来辅佐自己直接关系到会把天下治理成什么样。汉武帝重视人才，却也会认清人才，调整自己的用人策略，这种具有深厚底蕴的用人之道才能最终有所得。

综观汉武帝的一生，他在各方面的成就不可谓不大，其中他对人才的延揽与任用最为人所津津乐道，也正是因为这样，他才开创了一个后人无法超越的时代！

知人第五：知人识智，则众材得其序，而庶绩之业兴矣

臣闻主将之法，务览英雄之心。然人未易知，知人未易。汉光武，聪听之主也，谬于庞萌；曹孟德，知人之哲也，弊于张邈。何则？夫物类者，世之所惑乱也。

经典再现

臣闻主将之法，务览英雄之心。然人未易知，知人未易。汉光武，聪听之主也，谬于庞萌①；曹孟德，知人之哲也，弊于张邈②。何则？夫物类者，世之所惑乱也。故曰，狙③者类智而非智也，愚者类君子而非君子也，戆④者类勇而非勇也，亡国之主似智，亡国之臣似忠，幽莠之幼似禾，骊牛之黄似虎，白骨疑象，碔砆⑤类玉，此皆似是而非也。孔子曰："凡人心险于山川，难知于天。天犹有春秋冬夏旦暮之期，人者厚貌深情。故有貌愿而益，有长若不肖，有顺怀而达，有坚而缦⑥，有缓而钎⑦。"

太公曰："士有严而不肖者，有温良而为盗者，有外貌恭敬中心欺慢者，有精精而无情者，有威威而无成者，有如敢断而不能断者，有恍恍惚惚而反有忠实者，有倭倭佹佹而有效者，有貌勇狠而内怯者，有梦梦⑧而反易人者。无使不至，无使不遂。天下所贱，圣人所贵，凡人莫知，惟有大明，乃见其际。"此士之外貌而不与中情相应者也。

知此士者而有术⑨焉。微察问之，以观其辞；穷之以辞，以观其变；与之间谋，以观其诚；明白显问，以观其德；远使以财，以观其廉；试之以色，以观其贞；告之以难，以观其勇；醉之以酒，以观其态。《庄子》曰："远使之而观其忠；近使之而观其敬；烦使之而观其能；卒然问焉而观其智；急与之期而观其信，杂之以处而观其色。"《吕氏春秋》曰："通，则观其所礼；贵，则观其所进；富，则观其所养；听，则观其所行；近，则观其所好；习，则观其所言；穷，则观其所不爱；贱，则观其所不为；喜之，以验其守；乐之，以验其僻；怒之，以验其节；哀之，以验其仁；苦之，以验其志。"

经⑩曰："任宠之人，观其不骄奢；疏废之人，观其不背越；荣显之人，观其不矜夸；隐约之人，观其不慑惧；少者，观其恭敬好学而能悌；壮者，观其廉洁务

行而胜其私；老者，观其思慎，强其所不足而不逾；父子之间，观其慈孝；兄弟之间，观其和友；乡党之间，观其信义；君臣之间，观其忠惠。”此之谓观诚。

《人物志》曰：“骨植而柔者，谓之弘毅；弘毅也者，仁之质也。气清而朗者，谓之文理；文理也者，礼之本也。体端而实者，谓之贞固；贞固也者，信之基也。筋劲而精者，谓之勇敢；勇敢也者，义之决也。色平而畅者，谓之通微；通微也者，智之原也。五质恒性，故谓之五常。”故曰，直而不柔则木，劲而不精则力，固而不端则愚，气而不清则越，畅而不平则荡。然则，平陂[11]之质在于神，明暗之实在于精，勇怯之势在于筋，强弱之植在于骨，躁静之决在于气，惨怿[12]之情在于色，衰正之形在于仪，态度之动在于容，缓急之状在于言。若质素平淡，中睿外朗，筋劲植固，声清色怿，仪崇容直，则纯粹之德也。

“夫人有气，气也者，谓诚在其中必见诸外。故心气粗厉者，其声沉散；心气详慎者，其声和节；心气鄙戾者，其声粗犷；心气宽柔者，其声温润。信气中易，义气时舒，和气简略，勇气壮立。”此之谓听气。

又有察色。察色，谓心气内蓄，皆可以色取之。夫诚智必有难尽之色，诚仁必有可尊之色，诚勇必有难慑之色，诚忠必有可观之色，诚洁必有难污之色，诚贞必有可信之色。质色浩然固以安，伪色曼然乱以烦，此之谓察色。

又有考志。考志者，谓方与之言以察其志。其气宽以柔，其色检而不谄，其礼先人，其言后人，每自见其所不足者，是益人也。若好临人以色，高人以气，胜人以言，防其所不足，而废其所不能者，是损人也。其貌直而不侮，其言正而不私，不饰其美，不隐其恶，不防其过者，是质人也。若其貌曲媚，其言谀巧，饰其见物，务其小证，以故自说者，是无质人也。喜怒以物而色不作，烦乱以事而志不惑，深导以利而心不移，临慑以威而气不卑者，是平心固守人也。若喜怒以物而心变易，乱之以事而志不治，示之以利而心迁动，慑之以威而气恇[13]惧者，是鄙心而假气人也。设之以物而数决，惊之以卒而屡应，不文而慧者，是有智思之人。若难设以物，难说以言，守一而不知变，固执而不知改，是愚佷[14]人也。若屏言而勿顾，自私而不护，非是而强之，是诬嫉人也。此之谓考志。

又有测隐。测隐者，若小施而好得，小让而大争，言愿以为质，伪爱以为忠，尊其行以收其名，此隐于仁贤。若问而不对，详而不详，貌示有余，假道自从[15]，困之以物，穷则托深，此隐于艺文也。若高言以为廉，矫厉以为勇，内恐外夸，亟[16]而称说，以诈气临人，此隐于廉勇也。若自事君亲而好以告人，饰其物而不诚于内，发名以君亲，因名以私身，此隐于忠孝也。此谓测隐矣。

夫人言行不类，终始相悖，外内不合，而立假节以感视听者，曰毁志者也。若饮食以亲，货赂以交，损利以合，得其权誉而隐于物者，曰贪鄙者也。若小知而不大解，小能而不大成，规小物而不知大伦。曰华诞者也。

又有揆德[17]。揆德者，其有言忠行夷，秉志无私，施不求反，情忠而察，貌拙而安者，曰仁心者也。有事变而能治，效穷而能达，措身立功而能遂，曰有知者也。有富贵恭俭而能施，威严有礼而不骄，曰有德者也。有隐约而不慑，安乐而不奢，勋劳而不变，喜怒而有度，曰有守者也。有恭敬以事君，恩爱以事亲，情乖而不叛，力竭而无违，曰忠孝者也。此之谓揆德。

夫圣贤之所美，莫美乎聪明；聪明之所贵，莫贵乎知人。知人识智，则众材得其序，而庶绩之业兴矣。是故仲尼训六蔽[18]，以戒偏材之失。思狂狷以通拘抗之材。疾悾悾而无信，以明为似之难保。察其所安，观其所由，以知居止之行。率此道也，人焉庾[19]哉？人焉庾哉？

迷津指点

①庞萌：山阳人，王莽新朝末年起兵，后归降刘秀，又因一时误会起兵反叛刘秀，最后被刘秀杀死。

②张邈：东平寿张（今山东阳谷一带）人，东汉末年起兵讨伐董卓，失败后投奔曹操，曹操对他很信任，但他却背叛曹操追随吕布，后来又投奔刘备。

③狙：狡黠，诡诈。

④戆（gàng）：愣，刚直。

⑤碔砆：像玉一样的石头。

⑥缦：通“慢”，缓慢。

⑦钎（hàn）：急。

⑧梦梦：迷迷糊糊。

⑨术：方法。

⑩经：此处所引文字出自《逸周书·官人》。

⑪平陂（bì）：平正偏斜。

⑫惨怿：悲伤高兴。

⑬恇：怯弱的样子。

⑭佷（hěn）：刚愎，违逆。

⑮自从：自我放纵。

⑯亟：屡次。

⑰揆德：测度德行。

⑱六蔽：《论语·阳货》中说："好仁不好学，其蔽也愚；好知不好学，其蔽也荡；好信不好学，其蔽也贼；好直不好学，其蔽也绞；好勇不好学，其蔽也乱；好刚不好学，其蔽也狂。"

⑲庾：隐藏，藏匿。

古文译读

臣听说驾驭诸将的方法，就是要了解他们的内心世界。然而，人并不容易被了解，要了解别人也不容易。汉光武帝是个善于听取并明辨各种意见的人，还错信了庞萌；曹操是个知人善任的智者，还是被张邈蒙蔽了。这是为什么呢？因为世上的事物表面相似但实质不同，容易惑乱人心。所以说，狡诈的人看起来聪明但并不是真正的聪明，愚昧的人看起来像君子但并不是真正的君子，憨直的人看起来像勇敢的人但并不是真正的勇敢。很多亡国的君主都看似很有智慧，很多亡国的大臣也都像忠臣，莠草的幼苗很像禾苗，带黄色花纹的黑牛皮很像老虎皮，白骨看上去像象牙，有些石头看起来像玉。这些都是似是而非的情况。孔子说过："人心险恶更胜于山川，了解人心的难度比预测天气变化还要大。天气尚且有春夏秋冬和早晚的固定规律，而人却不同。人外表看起来朴实，内心情感却是深藏不露，因此有些看起来和善的人内心却很傲慢，有些人看起来是忠厚的长者，实则是卑鄙小人，有些看起来温顺的人实则内心豁达，有些看起来坚强的人实则内心软弱，有些看起来从容的人内心其实很急躁。"

姜太公说："士人中有的貌似庄重实则很不正经，有的貌似善良实则男盗女娼，有的表面恭敬实则内心骄慢，有的看起来富于情感实则无情无义，有的看起来威严实则一事无成，有的貌似果断实则优柔寡断，有的看起来三心二意，游移不定反而很忠实，有的看起来拖拉不决实则很有效率，有的外表勇悍实则内心怯弱，有的迷迷糊糊反而能赢人。有的人无所不能，无所不通，天下人却看不起他，只有圣人知道他的可贵，普通人不了解的，只有大智慧的人才能看透真相。"这就是士人的外在表象和内里不一致的情况。

想要了解以上这些士人还是有办法的。详细地提出问题，看他如何应对；追问到底，看他如何应变；让他参与谋划，看他是否诚实可靠；开诚布公地询问，观察他的德行；让他到远处管理财货，看他是否廉洁；用美色试探，以观察他的操守；告诉他要面对极大的困难，看他是否勇敢；让他喝醉酒，看他是否会失态。《庄子》中说：“把他派到远处去，观察他是否忠诚；把他安排在身边，观察他是否尽职尽责；给他繁重复杂的任务，考查他的能力；出其不意地提问，考查他的机智；紧急约定会合的时间，看他是否守信；让他与各色各样的人相处，看他的神色变化。”《吕氏春秋》中说：“当他仕途通达时，看他所尊敬的人是谁；当他显贵时，看他所要推荐的是什么样的人；当他富裕时，看他所抚养的是什么人；听他的言辞，看他的行为；近距离接触就看他的爱好，熟悉后就注意他的言谈；看他处于困境时嫌弃什么；看他贫贱时不爱做什么。让他欢喜，以检验他的操守；让他玩乐，以检验他的癖好；使他发怒，以观察他的自制力；使他伤心，以便看他是否仁爱；让他受苦，看他的意志是否坚定。”

经书上说：“对于受宠信的人，要看他是否骄奢；对于不受重用的人，要看他是否有背逆之心；荣华显贵之人，要看他是否自夸自耀；陷入困境的人，要看他是否有所畏惧；对于少年，要看他是否恭敬好学，与兄弟和睦；对于青壮年，要看他是否廉洁务实，大公无私；对老年人，要看他是否谨言慎思，勉强做自己力所难及的事；对于父子之间，要观察他们是否父慈子孝；对于兄弟之间，要观察他们是否相亲相爱；乡里之间，要看他们是否以诚信相待；君臣之间，要看他们是否忠诚礼遇。”这就是用“观诚”来识别人的方法。

《人物志》中说：“骨骼坚直而柔韧，可谓弘毅。弘毅是仁爱的本质体现。气质清朗，可谓文理。文理是礼的本质体现。体貌端庄结实，可谓忠贞坚定。忠贞坚定是信的基础。筋骨强韧精健，可谓勇敢。勇敢是义的关键。神色平和顺畅，称为通晓细微。通晓细微之处是智慧的源头。人的这五种特质是恒定的，所以称之为五常。”因此说，刚直而不柔韧的就会僵直，强劲但不精纯的就是死力，坚固但不端正的就是愚钝，有血性但不够清纯的就会放纵，开朗但不够平和的就是放荡。然而，平正坦荡还是偏斜猥琐主要取决于心神，聪明还是愚昧主要取决于精气，勇敢还是懦弱取决于筋骨，强壮还是柔弱取决于骨骼，暴躁还是沉静取决于血气。高兴还是悲伤可以从面色看出，颓丧还是严正可以从仪表看出，自然还是造作可以从表情看出，缓急的情绪可以从言语中判断。如果性情质朴平淡，内心充满智慧而外表清朗，筋骨强健，精力充沛，声音清雅，神色和悦，仪表庄重，举止端庄，这就是很纯粹的有德之人了。

“人都有精气。所谓精气，如果内心潜藏着真诚的情感，就一定会表现出来。因此，心气粗豪的人，说话的声音就会沉重而散漫；心气周详谨慎的人，说话的声音就平和而有节奏；心中有戾气的人，说话的声音就粗犷；心气宽缓柔和的人，说话的声音就很温润。讲信用的人说话平易，讲义气的人说话从容，和气的人说话随和简略，勇敢的人说话雄壮。”这就是用“听气”来识别人的方法。

还有“察色”的方法。所谓的察色是指，人的内心隐藏的心气都可以通过脸色去判断。真正聪明的人一定会表现出旁人难以理解的神色，真正的仁者的神色一定是令人尊敬的，真正的勇者的神色一定是无畏的，真正忠诚的人的神色一定是坦荡的，真正高洁的人的神色都是不容玷污的，真正忠贞的人的神色都是让人信赖的。能够表现一个人的本质的神色往往充满了浩然正气，具有稳定性；而不能表现一个人的本质的伪装的神色则游移不定，蔓然纷乱，这就是用“察色”来识别人的方法。

还有“考志”的方法。考志就是通过当面交谈的方法观察其心志。语气宽缓柔和，神色恭敬但不谄媚，比别人先施礼，比别人后说话，常常公开自己的不足，这种人能够让别人受益。神色傲慢，盛气凌人，在言语上与别人争胜，掩盖自己的不足和无能，这种人会给人带来损害。外貌刚直而不可欺侮，言语之间正直无私，不夸饰自己的优点，不隐瞒自己的缺点，不掩盖自己的过错，这就是质朴的人。外貌神情谄媚，阿谀奉承，花言巧语，对自己所做的事情多方修饰，从而来表现自己，这就是不具备质朴品德的人。用外物让一个人或喜或怒而他毫不变色，给他烦琐的事情而他的心志并不迷惑，用利益诱导而他的心志不移，面对权威的震慑他并不自卑，这是能平心静气、坚定不移的人。如果用物让他或喜或怒后就改变初衷，交给他繁乱的事他就心烦意乱，看到利益就心动了，用威严震慑他就心生怯意了，这就是心性鄙陋、志气不坚定的人。如果一个人总能够果断地处理事情，沉着地面对突发事件，似没有华丽的文采但是充满了智慧，这就是有思想的人。假如一个人用物象作比喻也难以启发他的智慧，用语言阐述也不能使他明白道理，不能适应各种变化，又不听人劝，墨守成规，不懂变通，这就是愚钝固执的人。如果一个人丝毫不顾及别人的意见，自私自利而不爱护他人，强硬地颠倒黑白，这是诬罔嫉妒他人的人。这就是用“考志”来识别人的方法。

观察人还可以用“测隐”的方法。所谓测隐，可以从以下几个方面来分析：一个人如果施小恩惠而得到大利益，放弃蝇头小利而争取大的利益，信誓旦旦以争取人心，靠假装慈爱以显示忠厚，故作行为高洁以沽名钓誉，这就是隐藏在仁爱贤能外表下的人。不回答提问，详细追问就含糊其辞，貌似很有学问，其实是借着解释道义之名自我发挥，如果碰到难题束手无策，就故作高深，这就是隐藏在学识外衣下的人。用唱高调来显示廉洁，作出雷厉风行的姿态以显示勇敢，内心害怕还虚张声势，总是夸夸其谈，急于取悦于人，硬装出盛气凌人的样子，在众人面前装英雄，这就是隐藏在廉洁勇敢的外表下的人；侍奉君主和双亲时，就向人夸耀自己的忠诚和孝顺，只是做表面文章，而内心不诚，打着侍奉君主和双亲的名号为自己赚取名望，这就是隐藏在忠孝外表下的人。这就是用“测隐”来识别人的方法。

如果一个人言行不一致，前后矛盾，表里不一，弄虚作假地给自己树立名节以迷惑他人，这就是毁志的人。如果靠吃喝交朋友，靠行贿拉关系，相互利用而合作，被物欲蒙蔽，醉心于权力和名誉，这就是贪婪而卑鄙的人。有小聪明而没有大智慧，能办小事却不能成大事，一见到蝇头小利就把人伦大理置之不顾，这就是轻浮浅薄的人。

还有“揆德”的方法。所谓“揆德”，如果一个人的言语诚实，行为端正，意志坚定，大公无私，行善而不求回报，性情忠厚且明察事理，外貌普通但性情安宁，这样的人就是有仁心的人。能够妥善处理突发事情，处境艰难时能奋发向上，走上仕途就能功成名就，这样的人是有智慧的人。富贵后还能谦恭简朴而乐善好施，又礼貌待人，不骄不躁，这就是有德行的人。身处困厄而无所畏惧，身处安乐而不骄奢，功勋卓著而没有异心，喜怒的情绪都有节度，这是有操守的人。对君王恭敬，对亲人仁爱，性情乖戾也不背叛，竭尽全力也始终不渝，这是忠孝的人。这就是用“揆德”来识别人的办法。

圣贤最赞赏的就是聪明，而聪明的最可贵之处就是知人。能知人识才，则人才都会在该在的位置，事无巨细就都会被处理好。所以仲尼传授学生“六蔽”的观点，以告诫有专长的人才可能发生相应的失误。思考狂傲和狷介的偏颇，以教导拘谨或高傲的人才。批评空泛而无信的弊端，明言那些似是而非的人是不可信赖的。考查一个人希望得到什么，安心于什么，观察他所作所为的动机和途径，就可以了解他日常的行为。如果采取这些方法，那么还有什么人是能够隐藏真面目的呢?

前沿诠释

本篇文章指出，事物的外在表象和内在实质往往有不一致的时候，人也不例外。所以“知人”就成为一门极为深奥的学问，而这门学问往往是统治者和领导者的必修课。不“知人”就做不到“善任”，不能“善任”，则各项工作就不能顺利进行，可见“知人”是统治和管理的前提和根基。

表里不一的布朗首相

一名普通政客和一名成功的政治家的区别就在于，政客因为政治而表里不一，政治家则因为表里不一而成为玩弄政治的高手。在瞬息万变的现代社会里，“表里不一”究竟是不是一个贬义词，这还要具体情况具体分析，比如英国前首相布朗就是这样的一个“表里不一”的人，人们对他的评价也是大有不同。

戈登·布朗出生在苏格兰的一个牧师家庭，他从小就对政治有着浓厚的兴趣，12岁的时候就开始和哥哥创办政治报纸。16岁的时候，布朗成为了爱丁堡大学年龄最小的学生。这一年，他因为打橄榄球受伤而使左眼视力下降，后来他的另一只眼的视力也出现了问题。1968年，布朗加入工党，那时他也只有17岁。布朗在24岁的时候发表了对苏格兰经济的分析文章，视角开阔，思考全面，论述也有气势，那时的他就已经在用首相的口吻说话了。1983年，布朗被选为英国工党议员，在1997年工党执政后就开始担任财政大臣。10年后，他正式成为了英国第52任首相。

布朗有时会给人生性率直的印象，他手下的官员曾披露，布朗很难和人吵起来，但是一旦较上劲了，他就像犟牛一样无理。也正因为如此，大家都觉得他心无城府。英国经济历史学家理查德·霍尔特称他为“新的撒切尔夫人”，因为他们一样聪明、孤傲、缺点突出、让人印象深刻。不过，他真的是这样吗？

人们往往自以为能看透布朗其人，但事实并非如此。他的工作方式依旧让人觉得不可捉摸。他经常在最后一刻才发表观点，对于重大的决策也是能晚发布就晚发布。政府部门中喜欢向外界透露消息的人在布朗那里从来都得不到可以炫耀的信息。

戈登·布朗，英国前首相，曾经长期担任财政大臣，在2007年成为英国第52任首相，2010年辞职。

外界对于布朗的评价也是多种多样的：有人说他冷漠，有人说他热情；有人说他机智，有人说他率直；有人觉得他表面强硬而内心却很懦弱。事实上，布朗无疑是一个操纵政党活动的政客，他身为政客的反复无常和表里不一在某种程度上能够帮助他推进工作，使他能够从容地在权力场上周旋，但有时过于沉浸其中，也会造成不好的后果。有一次，布朗去英格兰的一个小镇拉选票。街边卖面包的老太太看到他后非常兴奋，紧握着他的手提出问题："如果你能够连任，怎样处理严重的财政赤字问题？学生的入学贷款问题如何解决？怎么解决养老金发放不及时的问题？"老太太丝毫不觉得问这么多尖锐的问题有什么不妥，还接着抱怨说："我家附近的东欧移民已经干扰了我的生活，你准备采取什么措施去应对日益严重的移民问题？"

老太太这一连串的问题引来了很多围观的人，布朗很快就被人们给围住了。他面带微笑地耐心作答，博得了选民的热烈掌声。临走时，布朗还对老太太一家的支持表示感谢。

然而，走出人群回到车中的布朗马上就变了脸，他大声埋怨身边的人："这是谁的主意，竟让我和这样一个老女人进行对话，这简直就是一场灾难。她的每一个问题都让我觉得她是个偏执狂，竟然还说她家几代人都是工党的支持者，真让我起鸡皮疙瘩。"

布朗一时气愤，这些话脱口而出，等他意识到忘了关闭身上的电视直播麦克时，这些话已经被原原本本地记录下来并即时直播了出去。做跟踪报道的记者听到之后一阵惊愕，然后他们便争先恐后地把布朗对老太太的评价报道了出去。

这个老太太名叫杜菲，在她还不知道这段话的时候，有记者问她："布朗上车后对你有一段评价，你想不想知道？"杜菲轻松地答道："我想，一定是赞扬我的话。"当她知道布朗骂她是偏执狂时，她非常气愤地说："我感到非常难过，我要求首相给我道歉。本来我已经填好了给工党的选票，但现在我决定弃权了，不管布朗是胜还是败，我都不在乎了。"

布朗知道自己的言论被公开后，非常沮丧，他马上让自己的助手给杜菲打电话，并取消所有的行程，特意去她家里道歉，和她进行了长达45分钟的谈话。随后他又进行了公开的道歉，在电台里说："杜菲女士已经原谅了我，如果愿意的话，你们可以称我为悔过的罪人。"

虽然布朗尽力补救，但为时已晚，他自己和工党的形象已经不可挽回了，选民纷纷表示对其很失望。后来在大选中，布朗最终败给了保守党的领袖卡梅伦。

布朗的"表里不一"让他得到了一个教训，不过如果我们站在选民立场上，就会觉得"还好，让我早点认清了这个人"。在当今社会，虽然说追求绝对的表里如一有些苛求，但是太过表里不一也不是一种好现象，扪心自问，我们绝不愿意与一个虚伪的人有过深交往，也不会对其产生信任感；他人对我们也是如此。

所以，如果想真正地拓展事业与人际关系，就需要最大限度地维护好自己的形象，禁得起外界对自身由表及里的考量。

察相第六：富贵在于骨法，喜忧在于容色

夫命之与相，犹声之与响也。声动乎响，穷乎应，必然之理矣。虽云以言信行，失之宰予，以貌度性，失之子羽，然《传》称："无忧而戚，忧必及之；无庆而欢，乐必还之。"此心有先动而神有先知，则色有先见。

经典再现

《左传》①曰："周内史叔服如鲁，公孙敖闻其能相人也，见其二子焉。叔服曰：'谷也食子，难也收子。谷也丰下，必有后于鲁国。'"

《汉书》②曰："高祖立濞为吴王。已拜，上相之曰：'汝面状若有反相，汉后③五十年，东南有乱，岂非汝耶？天下一家，慎无反！'"

由此观之，以相察士，其来尚矣。故曰：富贵在于骨法，喜忧在于容色。

成败在于决断，以此参之，万不失一。

言灵性者存乎容止。斯其大体。

夫相人先视其面。面有五岳四渎④，五官六府⑤，九州八极，七门二仪⑥。

若夫颧骨才起，肤色润泽者，九品之候也。辅骨小见，鼻准微端，八品之候也。辅色成棱，仓、库皆平者，七品之候也。天中丰隆，印堂端正，六品之候也。伏犀明峻、辅角丰秾者，五品之候也。边地高深，福堂广厚者，四品之候也。犀及司空，龙角纤直者，三品之候也。头顶高深，龙、犀成就者，二品之候也。四仓尽满，骨角俱明者，一品之候也。

似龙者为文吏，似虎者为将军，似牛者为宰辅，似马者为武吏，似狗者为清官、为方伯。

天中主贵气，平满者宜官禄也。天庭主上公，大丞相之气。司空主天宫，亦三公之气。中正主群寮之气，平品人物之司也。印堂主天下印绶，掌符印之官也。山根平美，及有奇骨伏起，为婚连帝室，公主婿也。高广主方伯之坐。阳尺主州佐之官。武库主兵甲典库之吏。辅角主远州刺史之官。边地主边州之任。日角主公侯之坐。房心主京辇之任。驿马主急疾之吏。额角主卿寺之位。上卿主帝卿之位。虎眉主大将军。牛角主王之统帅小将。玄角主将军之相。

夫人有六贱：头小身大，为一贱；目无光泽，为二贱；举动不便，为三贱；鼻不成就，准向前低，为四贱；脚长腰短，为五贱；文策不成，唇细横长，为六贱。

此贵贱存乎骨骼者也。

夫木主春，生长之行也。火主夏，丰盛之时也。金主秋，收藏之节也。水主冬，万物伏匿之日也。土主季夏，万物结实之月也。

故曰：凡人美眉目，好指爪者，庶几好施人也。毛发光泽，唇口如朱者，才能学艺人也。鼻孔小缩，准头低曲者，悭吝人也。耳孔小，齿瓣细者，邪谄奸佞人也。耳轮厚大，鼻准圆实，乳头端净，颏颐深广厚大者，忠信谨厚人也。

此性灵存乎容止者也。

夫命之与相，犹声之与响也。声动乎响，穷乎应，必然之理矣。虽云以言信行，失之宰予[5]，以貌度性，失之子羽[6]，然《传》称："无忧而戚，忧必及之，无庆而欢，乐必还之。"此心有先动而神有先知，则色有先见。故扁鹊见桓公，知其将亡；申叔见巫臣，知其窃妻。或跃马膳珍，或飞而食肉，或早隶晚侯，或初刑末王，铜岩无以饱生，玉馔终乎饿死。则彼度表扪骨，指色摘理，不可诬也。故列云尔。

迷津指点

①《左传》：原名《左氏春秋》，汉代改名为《春秋左氏传》，简称《左传》。它是我国重要史籍之一，记录了自鲁隐公元年（前722）起，到鲁悼公十四年（前453）止的春秋历史，是儒家的重要经典之一。

②《汉书》：又称《前汉书》，由东汉历史学家班固编撰，中国第一部纪传体断代史，"二十四史"之一。

③后：后代。

④五岳四渎："五岳"分别形容额头、下颏、鼻子和左右颧骨。"四渎"是用长江、黄河、淮河、济水来分别形容耳、目、口、鼻。

⑤五官六府：保寿官为双眉，监察官为眼，审辨官为鼻，出纳官为口，采听官为耳，总称为"五官"。两辅骨、两颧骨、两颐骨共为"六府"。

⑥七门二仪：闭门为双眉后、额角处，命门为太阳穴下、颧骨后，奸门在双耳下，再加面正中之庭中，共为"七门"。"两仪"为一头一足。

⑦宰予：孔子的弟子，能言善辩。

⑧子羽：孔子的弟子，因相貌和体形都不好看，孔子认为他没有前途。

古文译读

《左传》中说："周内史叔服出使鲁国，公孙敖听说他很会看相，就把自己的儿子谷和难带给他看。叔服看后说：'你的儿子谷会抚养你，难将来会安葬你。谷的下颔很丰满，他的后代会在鲁国兴旺繁衍。'"

《汉书》中说："高祖封刘濞为吴王。册封礼毕，高祖对他说：'看你的面相，有谋反的迹象。以后五十年的时间里，东南方将有乱事，难道会在你身上应验吗？天下是我们刘家的，你一定不能这样做。'"

由上述这些故事来看，看相论人的传统由来已久。所以说，看一个人能否富贵，主要看一个人的骨骼。而看他是喜是愁，主要看他的容色。

看一个人能不能成大事，就看他在关键时刻能否做出决断。依据这些原则，再结合人的相貌，就能做出万无一失的判断。

人的灵气与性格会通过相貌与举止表现出来，大致说的就是这个道理。

看人先看面相。人的相貌分别有五岳四渎、五官六府、九州八极、七门二仪。

要是一个人的颧骨稍稍有点突起，肤色红润有光泽，这是九品官位的征候；辅骨很小、鼻端稍微端正，这是八品官位的征候；辅角有棱角，仓、库都平坦，这是七品官位的征候；天中丰满隆起，印堂端正，这是六品官位的征候；伏犀之骨隐线分明，辅角丰满，这是五品官位的征候；发迹边缘隆起深广、太阳穴处饱满，这是四品官位的征候；伏犀骨到司空，龙角纤直，这是三品官位的征候；额头高广，龙角和犀骨都标准完满，这是二品官位的征候；各种骨相都完善无缺，棱角分明，这是一品官位的征候。

长相有龙的神气的人适合做文官，有虎的神威的人适合做将军，有牛的神韵的人适合做宰辅，气质像马的人适合做武吏，气质像狗的人可以做清官和方伯。

天中主掌贵气，平和圆满的人适合做官；天庭主掌上公，是大丞相的气质；司空主掌天宫，也是官列三公的征兆；中正主掌群僚之气，并司职品评人物；印堂主掌天下印绶，是掌管印绶的官员的征兆。山根平美，而且有奇骨起伏的人将婚连帝皇，有成为公主夫婿的征兆。高广主掌方伯之座。阳尺主掌州佐之官。武库主掌兵甲典库之吏。辅角主掌边州刺史之任。边地主掌边州之任。日角主掌公侯之座。房心主掌京师帝王辇驾之任。驿马主掌邮递斥候之吏。额角主掌卿寺之位。上卿主掌帝王卿相之位。虎眉主掌大将军。牛角主掌小将。玄角主掌将军。

人的面相有六种贱相：头小身大是第一种贱相，目无光泽是第二种贱相，举动不协调是第三种贱相，鼻头不成形，隆准前低是第四种贱相，脚长腰短是第五种贱相，口形不好，唇细且长是第六种贱相。

这里讲的就是贵贱之相在骨骼上的表现。

木主春，是万物生长的时节；火主夏，是万物丰盛的时节；金主秋，是收获收藏的时节；水主冬，是万物休息潜伏的时节；土主季夏，是万物结果的时节。

所以说，凡是眉目美丽，手指漂亮的人，大都是乐善好施的人；头发有光泽，唇色红润的人，是有才能才艺的人；鼻孔小而内缩，鼻梁低而弯曲的人是吝啬的人；耳孔小，齿瓣细小的人是奸邪之人；耳朵厚大，鼻头圆实，乳头端净，下巴深广厚大的人，是忠诚可靠的人。

以上就是内在的灵性存在于面容举止方面的例子。

命运和面貌的关系，就像声音与回音一样。声音发出，回音呼应；声音消失，回音尽。这是必然的道理。虽然说根据言语和外貌评价人就会发生像冤枉宰予和子羽那样的错误，然而《左传》中说："没有烦恼却心中忧郁，那么烦恼就会很快到来；没有喜事却莫名其妙地欢喜，那么喜事就会马上降临。"所以说，人心和神志对即将发生的忧与喜的事会有超前的感应，心神感应到后，就会事先在面容上表现出来。因此扁鹊见到蔡桓公，就知道他死期将近，楚国大夫申叔见到巫臣，就预感到他会偷偷地娶使陈国灭亡又被楚国俘获的夏姬。有的人天生富贵，骑着宝马，吃着美味；有的人游历四方不缺肉食；有的人早年是别人的奴隶，后来却被封侯；有的人当初受刑罚后来却称王；有的人守着铜山却不能温饱，看得到山珍海味最后却饿死。分析一个人的相貌，摸清楚一个人的骨骼构造，研究人的容色，推测其中的道理，这样的方法是不应该被全盘否定的。因此列出这一章。

前沿诠释

面相学就是通过人的外貌来判断人的性格和预测人的命运的学问。中国自古就有"相由心生"这种说法。虽然在当今社会，面相学日渐受到人们的质疑，但人的心性或多或少地都会表现在外在特征上，久而久之就会形成稳定的外貌。所以说，从人的心性来预测他的未来，也是有几分道理的。

大将军面相的白起

白起是战国时期最负盛名的大将，如果没有他，那时的历史将会是另一番景象。他是中国"歼灭战"的始祖，与王翦、廉颇和李牧一起被称为战国四大名将。

对于白起的出身，历来众说纷纭。白居易作的《白氏族谱》中说他是楚国白胜公的后代，另一种说法说他乃虞国公族百里奚的后代，还有一种说法说他是秦武公之子公子白的后人。不管是公族出身还是名门之后，我们都可以确认，白起是在军中从最底层做起，一步步走到大将军之位的，这些经历也为他后来成为绝世名将打下了坚实的基础。白起行伍经验丰富，精通韬略，在秦昭王时被封为大将。由于战功卓著，他后来又被封为武安君。他曾在华阳之战中擒获韩赵魏三国大将，斩敌13万，名动七国。而他能够成为名将，似乎也与他的面相有点关系。

《世说新语》中有一段记载，就是说白起是个典型的有大将军面相的人。公元前260年，秦国派王龁攻打韩国上党，切断了上党和韩国本土的联系。面对强大的秦国军队，韩国在上党的驻军首领冯亭想把上党献给赵国，与赵国联手，进而战胜秦军。于是，冯亭派使者到赵国对孝成王说："韩国已经守不住上党了，韩王想把上党割送给秦国，但是百姓不愿意接受秦国的统治，我们更情愿做赵国的子民，臣愿意把上党十七城献给赵国，希望大王仔细考虑。"赵王很高兴，可是宰相赵豹却说："如果我们接受上党，秦国必定派白起来攻打赵国，弱小的赵国怎能从强秦手中夺得上党呢？"于是赵王就找来平原君赵胜商量，他问道："若接受上党，秦军必然和赵国交战，并以白起为将，谁能抵挡他呢？"赵胜是当时的战国四公子之一，很有才能和威望，他之前在秦赵修好的"渑池之会"上就曾经观察过白起。此时他听了赵孝成王的问话，便说道："白起此人头小下巴尖，双目黑白分明，看东西目不转睛。头小下巴尖，说明这人行动果断；双目黑白分明，说明他见识不凡；看东西目不转睛，说明他意志坚定。这种人只能跟他打持久战，不能与之正面针锋相对。"

赵胜就是由面相推断出白起的性情，由性情进而得出他的能力和作战风格的。他对白起的判断大体上是正确的，所以针对白起领兵之事，他能给出正确的建议，力主廉颇为将：廉颇善于守城，在战略上能够沉静隐忍，之前秦国的猛烈攻势，都因廉颇的以静制动、坚守不出而无功而返。若是赵国能坚持听从平原君的建议，避免跟白起野战，而是用廉颇坚守城池，那么长平之战的结局可能就不是历史上记载的那样了。只可惜赵国中了秦国的反间计，没有听从赵胜的建议，临阵换下了稳重的老将廉颇，派出了年轻气盛的赵括。于是，战国史上最惊心动魄的一场战争——长平之战便拉开了大幕。

赵括自幼熟读兵书，但毕竟年轻，实战经验太少，根本不是成熟老练的白起的对手。赵括一上任就大幅度更改廉颇的部署，改变战略，撤换了大批将领，致使赵国军队的战斗力和向心力都严重减弱。而任命白起为上将军这一消息，秦王却下令严格保密，因此高傲自大的赵括起初都不知道自己要面对的将是大名鼎鼎的白起。

白起面相不凡，作战时也非常有胆略和计谋。见赵括鲁莽轻敌，白起就假装败退，诱敌深入，然后将主力都埋伏在一个纵深的袋形阵地里。赵括不明虚实，轻率出击，进入了白起的埋伏圈，因而使部队首尾分离，粮道被切断，缺乏补给，几十万赵军都陷入了绝境。最终长平之战的结果是：赵括战死，四十多万投降的赵军被白起坑杀，赵国元气大伤，一蹶不振，秦国从此成为七雄之首，白起本人也成为令人闻风丧胆的战场杀神。

白起在长平之战后想乘胜追击，却由于和秦相范雎的嫌隙而被召回，韩、赵割地向秦求和，白起因此心生不满，以至于后来在邯郸之战中拒不出战，称病不起，连秦昭王的面子都不给。没有了白起率领的秦军节节败退，秦昭王大怒，命令白起离开咸阳，后又听信谗言，以为白起对自己不服，于是派人送去宝剑让白起自裁。白起回顾自己戎马一生的经历，想起了被他坑杀的几十万赵国士卒，不禁感慨万千地说："是足以死。"最终白起自杀身亡。虽然战国时期有很多人因白起而死，然而秦国人终究是感激他的，因此白起死后，秦国各地的百姓都祭祀他，与之相反的是，东方六国诸侯则松了一口气，纷纷酌酒相贺。

白起的大将军之气使他得以纵横沙场37年，然而，也正是这股凛然杀伐之气，让他过于刚直，不善政治权谋，与范雎上演了一出"将相不和"的戏码，直接导致他丧命，未能有一个好的结局。

论士第七：得人则兴，失士则崩

世乱则叛逆生，王泽竭则盟誓相罚。德同无以相加，乃揽英雄之心。故曰："得人则兴，失士则崩。"

经典再现

臣闻黄石公曰："昔太平之时，诸侯二师，方伯三师，天子六师。"世乱则叛逆生，王泽竭则盟誓相罚。德同无以相加，乃揽英雄之心。故曰："得人则兴，失士则崩。"何以明之？昔齐桓公见小臣稷，一日三往而不得见，从者止之，桓公曰："士之傲爵禄者，固轻其主；其主傲霸王者，亦轻其士。纵夫子傲爵禄，吾庸敢傲霸王乎？"五往而后得见。

《书》曰："能自得师者王。"何以明之？齐宣王见颜斶曰："斶前。"斶亦曰："王前。"宣王作色曰："王者贵乎？士者贵乎？"对曰："昔秦攻齐，令曰：'有敢去柳下季垄五百步而樵采者，罪死不赦。'令曰：'有能得齐王头者，封万户侯，赐金千镒。'由是言之，生王之头，曾不如死士之垄。"宣王竟师之。

谚曰："浴不必江海，要之去垢；马不必骐骥①，要之善走；士不必贤也，要之知道；女不必贵种，要之贞好。"何以明之？淳于髡②谓齐宣王曰："古者好马，王亦好马；古者好味，王亦好味；古者好色，王亦好色；古者好士，王独不好。"王曰："国无士耳，有则寡人亦悦之。"髡曰："古有骅骝骐骥，今之无有，王选于众，王好马矣；古有豹象之胎，今之无有，王选于众，王好味矣；古有毛嫱、西施，今之无有，王选于众，王好色矣；王必待尧舜禹汤之士，而后好之，则尧舜禹汤之士，亦不好王矣。"

语曰："琼艘瑶楫，无涉川之用；金弧玉弦，无激矢之能。"是以介絜而无政事者，非拨乱之器；儒雅而乏治理者，非翼亮之士。何以明之？魏无知见陈平于汉王，汉王用之，绛、灌等谗平曰："平盗嫂受金。"汉王让魏无知，无知曰："臣之所言者，能也；陛下所闻者，行也。今有尾生、孝已之行，而无益于胜负之数，陛下假用之乎？今楚汉相距，臣进奇谋之士，顾其计诚足以利国家耳。盗嫂受金，又安足疑哉！"汉王曰："善。"

黄石公曰："有清白之士者，不可以爵禄得；守节之士，不可以威刑胁。致清白之士，修其礼；致守节之士，修其道。”何以明之？郭隗[3]说燕昭王曰：“帝者与师处，王者与友处，霸者与臣处，亡国者与厮役处。诎指而事之，北面受学，则百己者至；先趋而后息，先问而后默，则什己者至；人趋己趋，则若己者至；凭几据杖，眄视[4]指使，则厮役之人至；恣睢[5]奋击，响藉叱咄，则徒隶之人至矣。”此乃古之服道致士者也。

黄石公曰：“礼者，士之所归；赏者，士之所死。招其所归，示其所死，则所求者至矣。”何以明之？魏文侯太子击礼田子方，而子方不为礼，太子不悦，谓子方曰：“不识贫贱者骄人乎？富贵者骄人乎？”子方曰：“贫贱者骄人耳，富贵者安敢骄人！人主骄人而亡其国，大夫骄人而亡其家，贫贱者若不得意，纳履而去，安往而不得贫贱乎？”

宋燕相齐，见逐罢归，谓诸大夫曰：“有能与我赴诸侯乎？”皆执杖排班，默而不对。燕曰：“悲乎！何士大夫易得而难用也？”陈饶曰：“非士大夫易得而难用，君不能用也；君不能用，则有不平之心。是失之于己而责诸人也。”燕曰：“其说云何？”对曰：“三升之稷，不足于士，而君雁鹜有余粟，是君之过一也；果园梨栗，后宫妇女以相提挃，而士不曾得一尝，是君之过二也；绫纨绮縠[6]，美丽于堂，从风而弊，士曾不得以为缘，是君之过三也。夫财者，君之所轻；死者，士之所重。君不能行君之所轻，而欲使士致其所重，譬犹铅刀畜之，干将[7]用之，不亦难乎？”宋燕曰：“是燕之过也。”

语曰：“夫人同明者相见，同听者相闻，德合则未见而相亲，声同则处异而相应。”韩子曰：“趣舍同则相是，趣舍异则相非。”何以明之？楚襄王问宋玉曰：“先生其有遗行[8]欤？何士人众庶不誉之甚？”宋玉曰：“夫鸟有凤而鱼有鲸。凤凰上击九万里，翱翔乎窈冥[9]之上；夫蕃篱之鷃，岂能与料天地之高哉？鲸鱼朝发于昆仑之墟，暮宿于孟津；夫尺泽之鲵，岂能与量江海之大哉？故非独鸟有凤而鱼有鲸，士亦有之。夫圣人瑰琦意行，超然独处。夫世俗之民又安知臣之所为哉？”

语曰：“知人未易，人未易知。”何以明之？汗明说春申君，春申君说之。汗明欲谈，春申君曰：“仆已知先生意矣？”汗明曰：“未审[10]君之圣孰与尧？”春申君曰：“臣何足以当尧？”汗明曰：“然则君料臣孰与舜？”春申君曰：“先生即舜也。”汗明曰：“不然。臣请为君审言之。君之贤不如尧，臣之能不及舜。夫以贤舜事圣尧，三年而后乃相知也。今君一时而知臣，是君圣于尧而臣贤于舜也。”

《记》曰：“夫骥惟伯乐独知之，若时无伯乐之知，即不容其为良马也。士亦然矣。”何以明之？孔子厄于陈、蔡，颜回曰：“夫子之德至大，天下莫能容。然夫子推而行之，世不我用，有国者之丑也。夫子何病焉？”《穀梁传》曰：“子既生，不免乎水火，母之罪也；羁贯[13]成童[12]，不就师傅，父之罪也；就师，学问无方，心志不通，身之罪也；心志既通，而名誉不闻，友之罪也；名誉既闻，有司不举，有司之罪也；有司举之，王者不用，王者之过也。”

论曰：“行远道者，假于车马，济江海者，因于舟楫。故贤士之立功成名，因于资而假物者。”何以明之？公输子[13]能因人主之材木，以构宫室台榭，而不能自为专屋狭庐，材不足也。欧冶[14]能因国君之铜铁，以为金炉大钟，而不能自为壶鼎盘盂，无其用也。君子能因人主之政朝，以和百姓、润众庶，而不能自饶其家，势不便也。故舜耕于历山，恩不及州里；太公屠牛于朝歌，利不及于妻子。及其用也，恩流八荒，德溢四海。故舜假之尧，太公因之周文。君子能修身以假道，不能枉道而假财。

语曰：“夫有国之主，不可谓举国无深谋之臣，阖朝无智策之士，在听察所考精与不精，审与不审耳。”何以明之？在昔汉祖，听聪之主也。纳陈恢[15]之谋，则下南阳；不用娄敬[16]之计，则困平城。广武君[17]者，策谋之士也。韩信纳其计，则燕、齐举；陈余不用其谋，则泜水败。由此观之，不可谓事济者有计策之士，覆败者无深谋之臣。虞公不用宫之奇[18]之谋，灭于晋；仇由不听赤章之言，亡于智氏；蹇叔之哭[19]，不能济崤渑之覆；赵括之母[20]，不能救长平之败。此皆人主之听，不精不审耳。天下之国，莫不有忠臣谋士也。黄石公曰：“罗其英雄，则敌国穷。”夫英雄者，国家之干；士民者，国家之半。得其干，收其半，则政行而无怨。知人则哲，唯帝难之，慎哉。

迷津指点

①骐骥：骐，花纹像棋盘的马。骥，千里马。

②淳于髡：齐威王客卿，博学而有辩才。

③郭隗：燕昭王的臣子。

④眄视：目光斜视，形容神态骄傲。

⑤恣睢：放纵暴戾。

⑥縠：纱类丝织品。

⑦干将：春秋时期吴国著名铸剑师，此处指因其而命名的宝剑。

⑧遗行：不检点的行为。

⑨窈冥：遥远的空中。

⑩审：清楚，明白。

⑪羁贯：古代的成童的发式，后来泛指童年。

⑫成童：八岁以上的孩子。

⑬公输子：即鲁班，春秋时期著名的土木建筑工匠、发明家。

⑭欧冶：春秋末期越国铸剑师。

⑮陈恢：秦末南阳太守的舍人。他在刘邦攻打南阳时游说双方，最终避免了一场战争。

⑯娄敬：刘邦的谋士，提出与匈奴和亲，曾出使匈奴。

⑰广武君：即李左车，韩信的谋士。

⑱宫之奇：春秋时期虞国大夫，晋国攻打虢国的时候，曾建议虞公不要借道给晋国。

⑲蹇叔之哭：秦穆公派兵攻打郑国，蹇叔预测到了失败，所以在出师之前大哭。

⑳赵括之母：长平之战中，赵王任命赵括为将前，赵括的母亲曾经加以劝阻。

古文译读

我听黄石公说："从前天下太平的时候，诸侯可以有两支军队，方伯有三支军队，天子有六支军队。"世道混乱时就会出现叛乱，王权衰落，恩泽枯竭，诸侯就结盟、立誓相互征伐。当诸侯的声望、力量不相上下的时候，他们就想要招揽天下英雄。所以说："得到人才国家就会兴盛，失去人才国家就会崩溃。"用什么来说明呢？从前齐桓公要去见一个叫稷的小吏，一天里去了三次也没见到。侍从们劝他不要再去了，齐桓公说："士人中对爵位、俸禄不屑一顾的人，当然也会轻视其君主；君主中轻视霸主之位的人，自然也会轻视人才。然而即使这位先生轻视爵位、俸禄，我又怎敢轻视霸主之位呢？"齐桓公去了五次才终于见到了稷。

《尚书》中说："能主动拜他人为师的人就能称王天下。"怎么证明这种说法呢？齐宣王见到颜斶时说："颜斶，你到我跟前来。"颜斶也说："大王，你到我跟前来。"齐宣王听到颜斶的话就不高兴了，说："到底是君王尊贵呢，还是士人尊贵？"颜斶说道："以前秦国攻打齐国时，曾经下令：'谁要在柳下季坟墓五百步之内打柴的，就要被处死，不予赦免。'还下了个命令说：'谁要是能得到齐王的人头，就可以被封为万户侯，得到千镒的黄金。'由此可以看出，活着的大王的人头还不如一个死去的士子的坟墓。"齐宣王被说服，拜颜斶为老师。

谚语说："洗澡不一定要到江海中去，只要能除尘洗垢就行；骑马不一定非得是骐骥，只要善于奔跑就行；用人不必是贤者，只要懂治国之道就行；娶妻不必出身名门，只要贞洁端庄就行。"怎样来说明呢？淳于髡对齐宣王说："古时的君王喜欢马，大王也喜欢；古时的君王喜欢美味，大王也喜欢；古时的君王喜欢美色，大王也喜欢；古时的君王喜欢名士，大王却不喜欢。"齐宣王说："这是因为国家没有人才啊，有的话我也喜欢。"淳于髡说："古时的好马有骅骝骐骥，今天没有了，大王依然能从众马中挑选好马，可见大王是喜欢马的；古时的美味中有豹子和大象的胎盘，现在没有了，大王依然能从众美味中挑选佳肴，可见大王是喜欢美味的；古时有美女毛嫱、西施，现在没有了，大王依然能从众美女中挑选美人，可见大王喜欢美色。大王一定要等到像尧舜禹汤那样的士人主动聚到大王身边，而后才去爱士，那么像尧舜禹汤那样的士人恐怕还不会喜欢大王呢。"

古语说："玉制的船和桨没有渡江济河的功用，金玉做的弓和弦没有射箭的功能。"所以特立独行、品格纯洁而没有治国之才的人，不是拨乱反正治理国家的人才；风度儒雅但缺乏治军理国才能的人，不是辅佐帝王的人才。怎么证明呢？魏无知向汉王推荐陈平，汉王就起用了他。绛侯、灌婴等人向汉王说陈平的坏话："陈平早年偷自己的嫂子，在军中又收受贿赂。"汉王因此责备魏无知，魏无知说："我所说的有关陈平的，是他的才能；您听到的，是他的个人品行。如果今天有尾生、孝已那样有信义和忠孝的人跟随陛下，却对战争的胜负没有什么帮助，您能任用他吗？如今楚汉相争，我推荐陈平这样的奇谋之士，是考虑他的计谋确实有助于您成就大业。盗嫂受金的行为，在这种情况下又有什么值得大惊小怪的呢！"汉王说："你说得对。"

黄石公说道："品行高洁的士人，不能用高官厚禄来吸引他；有操守的人，不能用刑罚恐吓他。招揽高洁的士人，要对他礼遇有加；招揽有节操的士人，就要赞同他的道义。"用什么来证明呢？郭隗劝燕昭王说："称帝的人对待辅佐重臣如同老师，称王的人对待辅佐重臣如同朋友，称霸的人对待辅佐重臣如同臣子，亡国之君才对待辅佐重臣如同奴仆。如果能屈身侍奉有才能的士人，尊其为师，比自己强百倍的人才都会来归；对待士人不能始终如一，开始很尊敬后来不管不问，才能胜自己十倍的人就会到来；如果士人主动前来，自己才去迎接，这样只能招到同自己才能相当的人；如果凭几而坐，指手画脚，颐指气使，那样只能得到能做仆从的人；暴怒放纵，大呼小叫，那样只能得到能做奴才的人了。"这就是古代以适当的方法招揽士人的道理。

黄石公说："礼，能够使士人依附；赏赐，能让士人赴死。用礼来感召士人，用赏赐来指示效死命的方向，那么，想要的人才就会来到。"用什么来证明呢？魏文侯的太子向田子方行礼，田子方却没有还礼，太子很不高兴，对他说："不知道是贫贱的人可以骄慢呢，还是富贵的人可以骄慢？"田子方答道："当然是贫贱的人可以骄慢了，高贵的人怎么敢骄慢呢！君主骄慢就会使国家灭亡，大夫骄慢就会家破人亡，贫贱的人如果不顺心就穿鞋走人，在哪里还得不到贫贱呢？"

宋燕在齐国做宰相，被罢黜后，对门下的士人说道："谁愿意与我一同投奔其他诸侯？"大家都执杖站立，默不作声。宋燕叹道："悲哀啊！为什么得到士大夫容易而任用起来难呢？"陈饶答道："不是士大夫易得而难用，是你不善于用人呀！你不善于使用他们，士大夫就会感到不平。明明是你有过错，却还责备别人。"宋燕说："这话是什么意思？"陈饶回答说："给士人难以吃饱的三升粮食，而你的鸭鹅所吃的粟米却食用不尽，这是你的一个过错；果园里有那么多果子，后宫女子用果子互相投掷来嬉闹，而士人们却连一个都尝不到，这是你的另一个过错；殿堂里使用的绫罗绸缎做装饰被风一吹就破了，而士大夫却与这些东西无缘，这是你的第三个过错。财物，应该是君王不重视的东西；而以死效命，却是士人所看重的。国君不赏赐自己所轻视的财物，还想要士人为自己舍命，这就好像把士人当做铅刀来收藏，却希望有一天他们能发挥出像干将那样的利剑的威力，这不是很困难吗？"宋燕说："这是我的过错。"

古语说道："眼睛同样明亮的人能看见同样的东西；听觉一样的人能听见同样的声音。同心同德的人即使没见面也能感到亲近；同声同气的人分处两地也能相互呼应。"韩非子说："取舍相同的人会相互赞同，取舍不同的人会相互排斥。"怎么证明呢？楚襄王问宋玉说："先生是不是有什么地方做得不好吗？为什么大家都不对你加以称赞呢？"宋玉答道："鸟中有凤凰，鱼中有鲸鱼。凤凰可以冲上九万里的高空，翱翔在青天之上；笼中的鸟雀怎能知道天之高地之宽？鲸鱼早上从昆仑山出发，晚上就到了孟津；数尺深的小泽里的鲵鱼，又怎么能知道江海有多大？所以不止是鸟中有凤，鱼中有鲸，士人中也有非同寻常之辈。圣明的人思想奇特，超然物外，独来独往，世俗中人又怎能明白我的所作所为呢？"

古语说："了解人不是容易的事，人也不容易被了解。"怎么证明呢？汗明游说春申君，春申君很高兴。汗明刚想谈及自己的想法，春申君却说："我已经知道你的来意了。"汗明问道："不知道您和尧相比，谁更圣明？"春申君回答说："我怎么能和尧相比？"汗明说："那您看我和舜相比怎么样？"春申君说："先生就是舜。”汗明说：“不是这样。请允许我为您把事情说清楚。您不比尧贤明，我也不比舜有才能。然而像舜这样贤能的人侍奉贤明的尧，历时三年才互相了解。如今您一下就觉得自己了解了我，就说明您比尧更圣明，我比舜还要贤能。”

《礼记》中说：“骐骥这样的好马只有伯乐识得，如果当时没有像伯乐一样有相马能力的人，世人就不会把它当做好马，人才也是这样的。”怎么证明呢？孔子在陈、蔡受困，颜回说道：“夫子的德行太伟大了，天下之大，却没有相容之地。然而夫子推广德行，世人不采纳，这是各国国主的耻辱，夫子有什么错呢？”《穀梁传》中说：“孩子出生后，不能免于水火的侵害，是母亲的过错；到了八岁还没有拜师，是父亲的过错；拜师却没长学问，心志没通，是自己的过错；心志畅通，但却没有名望，是朋友的过错；名声已经很大了，有司却不举荐，是有司的过错；有司举荐了，君王却不重用，是君王的过错。”

有论说道：“远行的人要借助于车马，渡江海的人要借助于船只。所以贤士想要出名立功的话，就要借助外在的力量。”怎么证明呢？公输子能用君王的木材建造宫室楼台，却不能为自己建造一间小屋，这是由于建筑材料不足；欧冶子能用君王的铜铁铸成金炉大钟，却不能给自己制造一些生活用具，这是因为没有可以使用的材料；君子能够通过朝廷团结百姓，辅济众民，却不能让自己的家里富裕起来，因为形势不允许。所以舜当初在历山耕种时，并没有给州里带来恩惠；姜太公在朝歌宰牛，也不能给妻子及儿女带来好处。他们一旦被君王起用，就能广施恩惠，造福八方百姓。所以舜的才能的发挥只有借助于尧，姜太公的才能发挥只能借助于周文王。君子只能借助大道来修身养性，而不能图谋财利违背正道。

古语中说：“身为一国之主，不能轻易地说整个国家都没有一位深谋远虑的臣子，整个朝廷都没有一位计策高明的士人，关键在君主考查人才是否精准和审慎。”怎么来说明这个道理呢？从前汉高祖是个能纳谏言的君主，他采纳陈恢的计策，就打下了南阳；而不用娄敬的计谋，就被匈奴困在了平城。广武君是个智谋之士，韩信听了他的建议，就攻下了燕、齐；陈余不听他的话，在泜水之战中就失败了。由此可见，不能说成功的人就是因为有谋士，失败就是因为没有谋士。虞公不听宫之奇的劝告，因而被晋国所灭；仇由不听赤章的话，因而被智氏所灭；蹇叔哭泣，没能挽救秦国在崤渑的失败；赵括的母亲也没能使赵国军队避免在长平之战的失败。这都是掌权者听取意见时的不精密、不审慎所造成的，天下各处都不缺乏忠诚谋士。黄石公说：“网罗对手的英才，则敌国就会陷入困境。”英才就是国家的栋梁骨干；士子和百姓是国家力量的一半。得到了栋梁骨干，受到士子和百姓的拥戴，政策就能畅行无阻，而民无怨言。能够知人才算得上是圣哲，这对于帝王来说是最困难的事，一定要谨慎。

前沿诠释

古之士人中，真正有才华的往往并非许以高官厚禄就可以招致的，人才也有自己的追求，他们希望遇到一位能识人、能容人、有大志的君主，只有跟在这样的人身边才能成就大业。而作为一位君王，礼贤下士不应该只是一种姿态，而应该出自真心，把人才当做知己。尤其是对于一些超卓之士更是应该如此。拥有大智慧的人都常常会有曲高和寡的感受，他们思维独特，行为超然，不为当世人所容。这种人才更需要受到礼遇，更需要得到信任。网罗了人才之后还要善于使用，这对于古代君主和现代领导者来说都是一门必修功课。只有做到善于采纳谏言，虚心听取别人意见，才能更好地成就自己的事业。

纳谏定成败的派克

派克公司作为全球顶级的钢笔生产商，曾经在书写史上留下了很多的经典产品。其创始人乔治·派克早年只是一个收入微薄的学校教员，他利用业余时间帮人推销钢笔，靠做中间商来赚些零花钱。当时的钢笔生产技术非常不完善，经常会有漏墨水和供墨水不稳定的问题，当派克把笔推销给他的学生时，很多人都抱怨笔的技术问题，派克便义务为他们修理钢笔。因此他经常把笔拆开修理，修好后再安装，久而久之，他渐渐熟悉了钢笔的构造。不久之后，派克针对当时的钢笔缺陷设计制造出了自己的钢笔——派克笔。

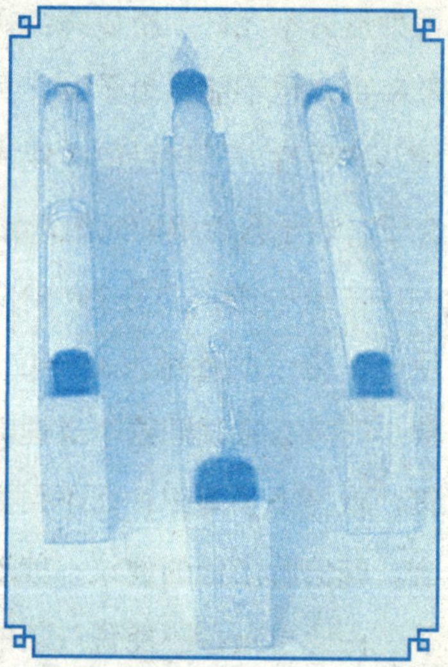

派克钢笔一直被看做品质和身份的象征。

1888年，派克在美国威斯康辛州创立了派克公司。他认为，只有“使产品更臻完善，人们才会购买”。这个经营哲学指导着派克公司先后取得了多项技术突破，还发明了“幸运曲线”，能够有效防止漏水；1898年，派克为其易装易拔的笔套设计申请了专利；在“一战”时期，派克还发明了一种“战壕笔”，使士兵们不出战壕就可以解决墨水问题，因此获得了与美国政府部门合作的机会。派克公司遵守着“使自己的产品更臻完善，人们才会购买”的理念，逐渐发展成为了一家世界闻名的跨国公司，成为了高档钢笔市场的领头羊。

派克笔被誉为笔类中的“宝马”，走的一直都是高端路线，追求高贵和体面的风格。因此在人们看来，拥有一支派克钢笔已经成为了一种身份的象征。就是这种定位，让派克公司多年来都是同类中的佼佼者。然而最初派克笔的定位却不是一帆风顺的。

派克公司成立初期，派克进行了详细的市场调查，觉得应该生产普通的低价位的钢笔。但是公司的很多员工都认为钢笔是长期使用的工具，而且一般人都是随身携带的，所以人们应该更倾向于买好一点的产品。但是在生产初期，派克坚持己见，生产出了一些外观和材质都一般的产品投入市场。过了一段时间后，他发现销量并不理想，于是痛定思痛，把之前提反对意见的人都找了回来，重新起用，对产品的款式和外观进行了精心的设计，以尊贵奢华为目标，材质不计成本，只求舒服耐用，甚至还采用过贵重金属和珍珠等材料制作装饰外壳，采用镂空镶嵌等复杂技术进行加工。这样一来，华丽高贵的派克钢笔一问世就获得了人们的青睐，很快占领了高端钢笔市场。派克在以后的发展中继续坚持着高端笔的定位，到了20世纪20年代，派克笔已经风靡全世界，远销欧洲、澳大利亚、印度和东亚。1921年问世的“世纪系列”笔，更是奠定了派克在钢笔业的王者地位。这个系列极具气派，有绿玉、中国红、石兰、珠光、纯黑等品种，而且结实，耐用，卖出了7美元一支的天价，是当时最昂贵的钢笔。为了证明其坚固性，派克公司派人把钢笔从高空的飞机上扔下来，再当场书写，证明钢笔还可以很好地使用。这一举动让派克笔在钢笔市场上赢得了难以超越的美名。

拥有一百多年历史的派克公司，其产品见证了很多重大的历史时刻：家喻户晓的小说人物福尔摩斯就是柯南道尔用派克笔塑造的；帝国大厦的合约就是富豪亨利用派克笔签下的；麦克阿瑟将军拿着派克笔在日本人的投降书上签了字；在尼克松访华的破冰之旅中，派克笔充当了和平的使者，被尼克松作为礼物送给了中国的领导人，也为派克笔打开了中国市场的大门；布什与叶利钦用派克笔签署了核裁军的条约……派克笔书写了历史的诸多篇章，也积累了深厚的文化内涵，它的发展不可谓不成功。

派克当年因为理智地采纳了走高端路线的建议而一炮走红，然而在几十年后，这条建议却再次被抛弃了。派克以其卓越的品质堪称一个时代的代言人，它长期坚持着质量不好不上市场，价格不高不出售的原则，一直都在维护高档产品的定位上努力。然而进入20世纪80年代以来，派克公司却连年亏损，陷入低迷，其中最主要的原因就是派克公司模糊了对产品的定位。在换了管理者以后，派克又转向了廉价低档笔的市场，使得派克笔的品牌形象一落千丈。新任总经理詹姆斯一心想要争夺低档笔的市场，把当年老员工的劝告扔在脑后，放弃了派克笔一直具有优势的高档笔市场，价格也定在了3美元以下。此时派克笔已经失去了身份象征的意义。由于派克进入低档笔的市场太晚，所以已经很难再有突出的竞争力，不理想的销售额影响了整个公司的销售情况。这种管理者因为刚愎自用采用的扬短弃长的经营策略，把派克公司彻底推进了困境，最终在1986年的时候，派克公司被一家英国的集团公司收购。

但“派克”这个品牌并没有消失，它在新东家手中恢复了高质量书写工具的定位，开始了新的发展。不过，从这经营权易手的教训中，我们也看到了派克帝国的兴衰就维系在派克笔的定位上。经营者善于听从下属的意见，派克笔就获得了成功；当经营者开始刚愎自用时，派克笔的经营就陷入了混乱。这个事例，不能不让我们深思。

政体第八：欲论长短之变，立政道以为经

古之立帝王者，非以奉养其欲也，为天下之人。强掩弱，诈欺愚，故立天子以齐一之。谓一人之明，不能遍照海内，故立三公、九卿以辅翼之。为绝国殊俗，不得被泽，故立诸侯以教诲之。

经典再现

古之立帝王者，非以奉养其欲也，为天下之人。强掩弱，诈欺愚，故立天子以齐一之。谓一人之明，不能遍照海内，故立三公、九卿以辅翼之。为绝国殊俗，不得被泽，故立诸侯以教诲之。夫教诲之政，有自来矣。何以言之？《管子》曰："措[①]国于不倾之地，有德也；积于不涸之仓，务五谷也；藏于不竭之府，养桑麻、育六畜也；下令于流水之源，以顺人心也；使士于不诤之官，使人各为其所长也；明必死之路，严刑罚也；开必得之门，信庆赏也；不为不可成，量人力也；不求不可得，不强人以其所恶也；不处不可久，不偷取一世宜也。知时者，可立以为长；审于时，察于用，而能备官者，可奉以为君。"故曰：明版籍[②]，审什伍[③]，限夫田，定刑名，立君长，急农桑，去末作[④]，敦学教，核才艺，简精悍，修武备，严禁令，信赏罚，纠游戏，察苛克，此十五者，虽圣人复起，必此言也。夫欲论长短之变，故立政道以为经焉。

迷津指点

①措：设置，设立。

②版籍：户口册。

③什伍：古代户籍编制，五户为一伍，十户为一什。

④末作：工商业。

古文译读

古代拥立帝王，不是为了满足帝王们的私欲，而是为了天下的百姓。因为社会上有恃强凌弱、以诈欺愚的现象，所以需要天子来管制社会，统一天下。天子一个人的圣明，不可能把全天下都治理好，所以就设立了三公、九卿来辅佐帝王。偏

远的地方，风俗各不相同，天子的恩泽很难到达这些地区，所以分封诸侯来教化他们。这种分封诸侯广施教化的体制由来已久。为什么这么说呢？《管子》中说：“使国家立于不败之地，是因为实行了德政；粮仓中粮食取之不尽，是因为重视五谷耕种；府库中永远都不枯竭，是因为重视种植桑麻，蓄养六畜；政令通行如从源头奔下的流水，是因为它顺应民心；让士人在自己的职位上毫无争议和怨言，就必须使他们各尽其能；向百姓明示犯罪必死的道路，就要严明刑罚；要想打开成功之门，就要赏罚分明。不勉强人做不可能的事，要量人力而行；不强求得不到的利益，不勉强人做不喜欢的事；不要固守在不能久留的地方，因为不能苟取一时的安宁。懂得把握时机的人，可以任用为一方首领；能够洞察时势，详察用人之道，善于发现储备人才的人，就可以奉为君主了。”所以说：严明户籍管理，村社组织健全，限定每人占有的田地数量，制定刑法，确立行政长官，关注农业，抑制工商业，注重教育，对士人的才能进行考核，简选精兵悍将，加强军备，严明法制，核实赏罚措施，纠正不良风气，严查苛待百姓的官吏，以上十五条，即便是圣人在世，也一定这么说。要论述历史上各朝代的统治时间为何有长有短，就应当把以上立国的为政之道作为标准。

前沿诠释

要想国家长治久安，仅仅靠一个贤明的君主是远远不够的，要有辅佐君主的贤能之人，还要有一个能让明主和贤才发挥作用的管理体制。所以，统治者在选人、用人方面做好了之后，还要完善管理制度。而在制度的制定上要顺时、顺势、顺民心，做决策时要量力而行，而要维护制度的威严，就要做到赏罚分明。另外，精简机构、监督官吏等都是为政之道的基本原则。

自不量力的隋炀帝

隋炀帝杨广是历史上最有名的暴君、昏君之一，几乎和亡了大秦帝国的秦二世胡亥齐名。然而，通过查阅史料我们会发现，其实杨广只是个生不逢时的帝王而已，如果不是当时的经济状况不堪他的折腾，如果不是他自不量力地硬要实现自己的抱负，如果不是他不合时宜、不顺民心地开疆扩土，也许他就能够在史籍上留下一代明君的美名，而非隋朝的亡国君主。

杨广又名杨英，作为隋文帝杨坚的次子，他曾经为隋朝的建立和国家的统一立下过汗马功劳。在杨坚建立隋朝以后，杨广被封为晋王。杨坚鉴于北周的历史教训——没有近臣辅佐而被外人灭掉，竭力培养杨广的治国才能，希望他以后成为隋朝的重要辅政者。杨广因此得到了比常人更多的锻炼机会，也就多了比常人更多的立功机会。589年，刚满20岁的杨广被封为天下兵马大元帅，出兵伐陈并杀了陈后主陈叔宝，完成了王朝的统一大业，结束了中国大地近百年来的分裂割据局面。在征伐过程中，杨广领兵所向披靡，攻城略地，然而对百姓却秋毫无犯，赢得了百姓和各级官员的赞赏。除了伐陈之外，杨广还平定了江南高智慧的叛乱，随后又率军北上，远征突厥，打败了强悍善战的突厥人，成为了一位战功赫赫的皇子。600年，隋文帝改立杨广为太子。604年，杨广正式即位为皇帝，后世称隋炀帝。他在《饮马长城窟行》中写道："肃肃秋风起，悠悠行万里。万里何所行，横漠筑长城。"后人对这首诗的评价为"通首气体强大，颇有魏武之风"。可见杨广此人心志高远。这种人一旦成为帝王，在太平盛世就能一展雄才伟略，但是对于刚刚从乱世中走出的隋朝来说，这种想法就是好大喜功了。再加上杨广急躁暴戾的行事方式，他的抱负很快就变了质。

隋炀帝画像。隋炀帝杨广，是隋朝的第二任皇帝，唐谥炀皇帝，即位之后对于国政有宏大的抱负，数次大兴土木和对外征伐，反而成为暴君。

杨广坐上皇位之后，想一展抱负、建功立业的心情就更加急迫了。他想要一座"王气"更盛的理想都城，便决定迁都。他亲自到洛阳进行了一番考察，觉得旧城不够理想。在把周围的群山大河都看了一遍后，他决定在原洛阳城以西18里的地方营建新城。新城的建造工作由当时的杨素负责，每天单是劳役人员就多达200万，又从各地调运各种奇珍异宝、奇花异草、珍禽野兽到新城，可谓兴师动众，劳民伤财。在耗费了无数的人力物力之后，东都洛阳终于建成。

为了让新洛阳城更加繁华，让它拥有着辐射四方的影响力，另外还为了方便皇帝下江南巡游，杨广于605年下令开凿一条贯通南北的大运河，要把东都洛阳打造成为南北交通的枢纽。这项工程的难度不亚于修建一座新洛阳城，然而杨广却不顾国库空虚的现状，哪怕倾尽全国之力也在所不惜。最终耗费巨大人力物力修成的大运河，连接了南北水路，也连接了南北两个历史最悠久的文明——黄河文明和长江文明。这使得古中国的政治中心和经济中心之间再无天堑阻拦，算得上是一项惠泽千秋万代的工程。然而，就当时的情况来说，天下刚刚安定，百废待兴，田园荒芜，大运河工程的沉重徭役使得农民疲惫不堪，百姓怨声载道，杨广也在一次次的征调民夫的过程中人心尽失，因为修建大运河而产生的一些暴虐行为也让此后的历史学家对他是又爱又恨，后世之人对此举更是毁誉参半。

609年，杨广又萌生了西巡的念头，于是，浩浩荡荡的大军从都城出发，奔赴千里之外的张掖。这次西巡，打破了帝王出巡最远的纪录，远到河西走廊，全程历时半年，沿途设西海、河源、鄯善、且末四郡，使得汉人在西域的统治更加稳固。但是，西域的自然条件却不是那些养尊处优的官员可以承受的，随行官员狼狈不堪，士兵也有大半冻死在了风暴和寒冷中。

如果说迁都、西巡和开凿运河都有其积极的一面的话，那么杨广东征高丽就是纯粹的自不量力了。如果没有这几次东征的话，百姓能够获得一些休养生息的时间，杨广也许会留下个极具魄力的贤明君主的美名。但是他好高骛远，不让百姓喘一口气就紧锣密鼓地开始发动战争，终于撼动了国家的根基。当时的高丽应该算是中国最强大的邻居了，隋军与其正面冲突显然会有很大损耗，再加上长途跋涉更是犯了兵家大忌，导致杨广的东征高丽行为耗费了大量的国库资源，最终却一无所获。在隋炀帝三征高丽的过程中，第一次军粮匮乏，补给不利，只得退兵，途中被伏击，大军仓皇而归，几十万的军队只剩下两三千人；第二次走到半路就传来权臣杨玄感谋反的消息，杨广连忙撤军回转，军粮物资都丢在了半路上，还没开战就已经损失惨重；隋炀帝不死心地第三次征高丽，总算征服了高丽人，但此时臣民已经被隋炀帝的好大喜功和荒淫残暴折磨得苦不堪言，后方的农民起义层出不穷，杨广的统治在失去民心后走向了崩溃。

后人对杨广的自不量力进行了毫不掩饰的讽刺，给了他一个极具贬义色彩的谥号“炀”。唐太宗和隋炀帝，一个被称为明君，一个被称为暴君，他们同样是兴办过许多大工程和进行过许多大军事行动的君主，结果却一兴一衰。其中最重要的原因就是隋炀帝没有顺应民心民情，专横暴虐，令百姓苦于劳役和剥削。

管理有道俞敏洪

“新东方”这个名字在中国几乎家喻户晓，到美国、加拿大留学的人中有一大半都是从这所学校走出去的。它的创始人俞敏洪在2011年以10亿美元的身价进入了福布斯中国内地富豪榜。而在入榜之前，这位中国最有钱的老师刚刚被评为“中国最具魅力校长”。

俞敏洪，现任新东方教育科技集团的董事长兼总裁，被评为20世纪影响中国的25位企业家之一。他是新东方的创始人，在20世纪90年代起就开始为这个学校打拼。俞敏洪为人幽默，是个很有人格魅力的人。他曾经立志成为中国最好的英语词汇老师，背了不下3万个单词。经过不懈努力，他最终成为一名颇负盛名的英语教学专家。

新东方在不到20年的时间里，从1993年一个只有13人的学校，发展成为了中国最大的民营教育公司，在全国各大城市都拥有自己的英语学校和其他培训中心，每年培训的学员将近百万人。2006年，新东方教育集团在纽约证券交易所上市，成为了中国内地第一家在美国上市的教育机构。新东方的发展，毫无疑问可以用“成功”来形容。

新东方的成功，除了俞敏洪的努力和勤奋之外，和他的管理也密不可分。俞敏洪在管理上借鉴了很多古人事例。他最推崇的一本书就是《三国演义》。通过仔细研究书中君主的用人之道、管理思想等，俞敏洪得出一些启示：刘备笼络人偏重人情，一起打天下的就是兄弟，就要结拜；曹操不跟任何人结拜，他用人更多的是靠利益和规矩，而俞敏洪自己则希望能把二人的做法结合起来。所以俞敏洪找到与他一起创业的朋友，给他们每人分了一个发展区域，支出和花销都由自己负责。这样，在创业之初，他就能做到利益和人情兼顾。

俞敏洪早期对新东方的管理就是在利益和人情之间找平衡点，这就是新东方早期诸侯割据式的体制背后的真正意图。然而随着新东方的不断壮大，原有的格局被一一打破，体制的权威也就受到了挑战。俞敏洪意识到新东方需要一个新的组织结构了，而这种新结构要求管理者各归其位，不能再局限在以友情为基础的结构里。于是在2000年，新东方进行了股份制改革，试图改变当时的不利格局。但改革初期并不顺利，俞敏洪还被人们指责为想“杯酒释兵权”，但他还是挺了过来。直到新东方上市，公司可以有更规范的制度来运作，人情和利益的纠葛就显得不重要了。新东方上市之后，徐小平、王强等一干元老级人物都退出了管理层，取而代之的是一个专业的管理团队，没有了兄弟的情谊，制度实行起来反而轻松了许多。俞敏洪不认为元老们退出管理层是个遗憾，他觉得以往让这些人参与管理相当于抛弃他们的教学之长，依靠他们的管理之短，这才是遗憾。如今这些人重返课堂，也是“量人力”“审于时，察于用”的需要。

2003年，新东方提出了第二个“十年战略规划”，将整个公司的眼界放大到了整个教育事业，而不仅仅局限于短期培训。与此同时，新东方的组织结构日益完善，垂直管理体系最终得以建立，分配机制也明确起来，每个人都在适合的位置发挥着不可替代的作用，新东方的内斗也已经随着管理体制的日益完善而自动消弭了。

一个好的管理体制是事业成功的保证。再圣明的君王也无法一个人治理好一个国家，再英明的管理者也无法一个人撑起一个团队。疯狂英语也是国内英语培训的佼佼者，但是它却没有新东方的持久耐力。当人们问到俞敏洪和疯狂英语的创建者李阳的不同之处时，俞敏洪说道：“他是个人英雄主义，我是集体英雄主义。”李阳在对自己的经营模式进行反思的时候说：“新东方有数千全亚洲最顶尖的英语老师，而我只是一个老师，差得太远了！”

新东方已经由原来的三驾马车的团队变成了一个拥有千军万马的公司，它的发展历程启发了其他的商界人士：建立一个好的管理体制，比塑造一个管理者的权威形象更加有用。

卷二·德行

本卷共四篇，含《君德》《臣行》《德表》《理乱》，讲述的也是识人用人的道理，不过侧重于讲述从君德到臣行的方面，论述了君王选才、臣子尽忠等问题，与上一卷相结合，全方位、多角度地阐述了我国古代的人才观。

君德第九：理国之本，刑与德也

王者制人以道，降心服志。设矩备衰，有察察之政、兵甲之备，而无争战血刃之用心。天下太平，君无疑于臣，臣无疑于主。国定主安，臣以义退，亦能美而无害。霸主制士以权，结士以信，使士以赏。信衰，士疏，赏毁，士不为用。

经典再现

夫三皇[1]无言，化流四海，故天下无所归功。帝者，体天则地，有言有令，而天下太平。君臣让功，四海化行，百姓不知其所以然。故使臣不用礼赏功，美而无害。王者制人以道，降心服志。设矩备衰，有察察之政、兵甲之备，而无争战血刃之用心。天下太平，君无疑于臣，臣无疑于主。国定主安，臣以义退，亦能美而无害。霸主制士以权，结士以信，使士以赏。信衰，士疏，赏毁，士不为用。故曰，理国之本，刑与德也。二者相须而行，相待而成也。天以阴阳成岁，人以刑德成治。故虽圣人为政，不能偏用也。故任德多，用刑少者，五帝[2]也；刑德相半者，三王[3]也；仗刑多，任德少者，五霸[4]也；纯用刑，强而亡者，秦也。

或曰："王霸之道，既闻命矣。敢问高光二帝，皆拔起垄亩，芟夷祸难，遂开王业。高祖豁达以大度，光武谨细于条目。各擅其美，龙飞凤翔，故能拨乱庇人，拯斯涂炭。然比大德，方天威，孰为优劣乎？"

曹植曰："昔汉之初兴，高祖因暴秦而起，遂诛强楚，光有天下，功齐汤武，业流后嗣，帝王之元勋，人君之盛事也。然而名不纯德，行不纯道。身没之后，崩亡之际，果令凶妇肆酷虐之心，嬖妾[5]被人彘之刑，赵王幽囚，祸殃骨肉。诸吕专权，社稷几移。凡此诸事，岂非高祖寡计浅虑，以致斯哉？然其枭将画臣，皆古今之所鲜，有历代之希睹[6]。彼能任其才而用之，听其言而察之，故兼天下而有帝位也。

"世祖体乾灵之休德，禀贞和之纯精，蹈黄中[7]之妙理，韬亚圣之懿才。其为德也，聪达而多识，仁智而明恕，重慎而周密，乐施而爱人。值阳九[8]无妄之世，遭炎精[9]厄会之运，殷尔雷发，赫然神举，奋武略以攘暴，兴义兵以扫残，军未出于南京，莽已毙于西都。尔乃庙胜而后动众，计定而后行师，故攻无不陷之垒，战无奔北之卒。宽仁以和众，迈德以来远，故窦融[10]闻声而影附，马援[11]一见而叹息。敦睦九族，有唐虞之称；高尚纯朴，有羲皇之素；谦虚纳下，有吐握之劳；留心庶事，有日昃之勤。是以计功则业殊，比隆则事异，旌德则靡僭，言行则无秽，量事则势微，论辅则臣弱，卒能握乾图之休征，立不刊之遐迹，金石铭其休烈，诗书载其懿勋。故曰，光武其优也。"

或曰："班固称周云成康，汉言文景，斯言当乎？"虞南[12]曰："成康承文武遗迹，以周、召为相，化笃厚之氓，因积仁之德，疾风偃草，未足为喻。至汉祖开基，日不暇给，亡嬴之弊，犹有存者。太宗体兹仁恕，式遵玄默，涤秦、项之酷烈，反轩、昊之淳风，几致刑厝[13]，斯为难矣。若使不溺新垣之说，无取邓通之梦，懔懔乎庶几近于王道。景帝之拟周康，则尚有惭德。"

或曰："汉武帝雄才大略，可方前代何主？"虞南曰："汉武承六世之业，海内殷富。又有高人之资，故能总揽英雄，驾御豪杰，内兴礼乐，外开边境，制度宪章，焕然可述，方于始皇，则为优矣。至于骄奢暴虐，可以相亚。并功有余而德不足。"

昔周成以孺子继统，而有管、蔡四国之变；汉昭幼年即位，亦有燕、盖、上官逆乱之谋。成王不疑周公，汉昭委任霍光。二主孰为先后？

魏文帝曰："周成王体圣考之休气，禀贤妣之胎诲，周、召为保、傅[14]，吕望为太师，口能言则行人称辞，足能履则相者导仪，目厌威容之美，耳饱德义之声，所谓沉渍玄流，而沐浴清风矣。犹有咎悔，聆二叔之谤，使周公东迁，皇天赫怒，显明厥咎，然后乃悟。不亮周公之圣德，而信金滕之教言，岂不暗哉？夫汉昭父非武王，母非邑姜，养惟盖主，相则桀、光，保无仁孝之质，佐无隆平之治，所谓生于深宫之中，长于妇人之手。然而德与性成，行与礼并，在年二七，早知夙达，发燕书之诈，亮霍光之诚。岂将启金滕，信国史，而后乃悟哉？使成、昭钧年而立，易世而化，贸臣而治，换乐而歌，则汉不独少，周不独多也。"

或曰："汉宣帝政事明察，其光武之俦[15]欤？"虞南曰："汉宣帝起自闾阎[16]，知人疾苦，是以留心听政，擢用贤良，原其循名责实，峻法严令，盖流出于申、韩也。古语云：'图王不成，弊犹足霸；图霸不成，弊将如何？'光武仁义，图王之君也；宣帝刑名，图霸之主也，今以相辈，恐非其俦。"

或曰："汉元帝才艺温雅，其守文之良主乎？"虞南曰："夫人君之才，在乎文德武功而已。文则经天纬地，词令典策；武则禁暴戢兵[17]，安人和众。此南面之宏图也。至于鼓瑟吹箫，和声度曲，斯乃伶官之职，岂天子之所务乎？"

或曰："观伪新王莽[18]，谦恭礼让，岂非一代之名士乎？至作相居尊，骄淫暴虐，何先后相背甚乎？"虞南曰："王莽天姿惨酷，诈伪人也。未达之前，徇名求誉；得志之后，矜能傲物。饰情既尽，而本质存焉。愎谏自高，卒不改悟，海内冤酷，为光武之驱除焉。”

夏少康[19]、汉光武皆中兴之君，孰者为最？虞南曰：“此二帝皆兴复先绪，光启王业，其名则同，其实则异。何者？光武之世，藉思乱之民，诛残贼之莽，取乱侮亡，为功差易。至如少康，则夏氏之灭已二代矣。藐然遗体，身在胎孕，母氏逃亡，生于他国，不及过庭之训[20]，曾无强近之亲，遭离乱之难，庇身非所。而能崎岖于丧乱之间，遂成配天之业。中兴之君，斯为称首。”

后汉衰乱，由于桓、灵二主，凶德谁则为甚？虞南曰：“桓帝赫然奋怒，诛灭梁冀，有刚断之节焉。然阉人擅命，党锢事起，中平乱阶，始于桓帝。古语曰：‘天下嗷嗷，新主之资也。’灵帝承疲民之后，易为善政，黎庶倾耳，咸冀中兴。而帝袭彼覆车，毒逾前辈，倾覆宗社，职帝之由，天年厌世，为幸多矣。”

自炎精不竞，宇县分崩，曹孟德挟天子而令诸侯，刘玄德凭蜀汉之阻，孙仲谋负江淮之固，三分天下，鼎足而立。皆肇开王业，光启霸图，三方之君，孰有优劣？

虞南曰：“曹公兵机智算，殆难与敌，故能肇迹开基，居中作相，实有英雄之才矣。然谲诡不常，雄猜多忌。至于杀伏后，鸩荀彧，诛孔融，戮崔琰，娄生毙于一言，桓劭劳于下拜，弃德任刑，其虐已甚，坐论西伯，实非其人。许劭所谓‘治世之能臣，乱世之奸雄’，斯言为当。刘公待刘璋以宾礼，委诸葛而不疑，人君之德，于斯为美。彼孔明者，命世之奇才，伊、吕之俦匹，臣主同心，鱼水为譬。但以国小兵弱，斗绝一隅，支对二方，抗衡上国。若使与曹公易地而处，骋其长算，肆关、张之武，尽诸葛之文，则霸王之业成矣。孙主因厥兄之资，用前朝之佐，介以天险，仅得自存，比于二人，理弗能逮。”

晋宣帝雄谋妙算，诸葛亮冠世奇才，谁为优劣？虞南曰：“宣帝起自书生，参佐帝业，济世危难，克清王道，文武之略，实有可称。而多仗阴谋，弗由仁义，猜忌诡伏，盈诸襟抱。至如示谬言于李胜[21]，委鞠狱于何晏[22]，愧心负理，君子不为。以此伪情，行之万物。若使力均势敌，俱会中原，以仲达之奸谋，当孔明之节制，恐非俦也。”

或曰：“晋景、文兄弟孰贤？”虞南曰：“何晏称：‘惟深也，故能通天下之志，夏侯太初是也；惟几也，故能成天下之务，司马子元是也。’故知王佐之才，著于早日。及诛爽之际，智略已宣。钦、俭称兵，全军独克，此足见其英图也。虽道盛三分，而终身北面，威名振主而臣节不亏，侯服归全，于斯为美。太祖嗣兴，克宁祸乱，南定淮海，西平庸蜀，役不逾时，厥功为重。及高贵篡历，聪明夙智，不能竭忠协赞，拟迹伊周，遂乃伪谤士彦，委罪成济，自贻逆节，终享恶名，斯言之玷，不可磨也。”

东晋自元帝以下，何主为贤？虞南曰：“晋自迁都江左，强臣擅命，垂拱南面，政非己出。王敦[23]以盘石之宗，居上流之要，负才矜地，志怀问鼎，非肃祖之明断，王导之忠诚，则晋祚其移于王氏矣。若使降年永久，仗任群贤，因瀍、涧之遗黎，乘刘、石[24]之衰运，则克复中原，不难图也。”

伪楚桓玄[25]有奇才远略，而遂至灭亡，何也？虞南曰：“夫人君之量，必虚己应物，覆载同于天地，信誓拟于暄寒，然后万姓乐推而不厌也。彼桓玄者，盖有浮狡之小智，而无含宏之大德。值晋末衰乱，威不逮下，故玄得肆其爪牙；以侥幸之余，而逢神武之运，至于夷灭，固其宜也。”

宋祖诛灭桓玄，再兴晋室，梁代裴子野优之于宣、武，其事云何？虞南曰：“魏武，曹腾之孙，累世荣显，濯缨汉室，三十余年。及董卓之乱，乃与山东俱起，诛灭元凶，曾非己力。晋宣历任卿相，位极台鼎，握天下之图，居既安之势，奉明诏而诛逆节，建瓴为譬，未足喻也。宋祖以匹夫提剑，首创大业，旬月之间，重安晋鼎，居半州之地，驱一郡之卒，斩谯纵于庸蜀，禽姚绍于崤函，克慕容超于青部，枭卢循于岭外，戎旗所指，无往不捷。观其豁达，则汉祖之风；制胜胸襟，则光武之匹。惜其祚短，志未可量，此为优矣。”

宋孝武、明帝，二人孰贤？虞南曰：“二人残忍之性，异体同心。诛戮贤良，翦剪枝叶，内无平、勃之相，外阙晋、郑之亲，以斯大宝，委之昏稚，故使齐氏乘衅，宰制天下。未逾岁稔，遂移龟玉。缄縢扃固，适为大盗之资。百虑同失，可为长叹。鼎社倾沦，非不幸也。”

齐建元、永明之间，号为治世，诚有之乎？虞南曰：“齐高创业之主，知稼穑之艰难。且立身俭素，务存简约。武帝则留意后庭，雕饰过度，然能委任王俭，宪章攸出，礼乐之盛，咸称永明。宰相得人，于斯为美。”

宋、齐二代，废主有五，并骄淫狂暴，前后如一。或身被贼杀，或倾坠宗社，岂厥性顽凶，自贻非命，将天之所弃，用亡大业乎？虞南曰：“夫上智下愚，特禀异气；中庸之才，皆由训习。自宋、齐以来，东宫师傅，备员而已。贵贱礼隔，规献无由，多以位升，罕由德进。此五君者，禀凡庸之性，无周、召之师，远益友之箴规，狎宵人之近习，以斯下质，生而楚言，覆国亡身，理数然也。”

梁元帝聪明才学，克平祸乱，而卒致倾覆，何也？虞南曰：“梁元聪明伎艺，才兼文武，仗顺伐逆，克雪家冤，成功遂事，有足称者。但国难之后，伤夷未复，信强寇之甘言，袭褊心于怀楚。蕃屏宗支自为仇敌，孤远悬僻，莫与同忧，身亡祚灭，生人涂炭，举鄢、郢而弃之，良可惜也。”

后齐文宣帝，狂悖之迹，桀纣之所不为。而国富人丰，不至于乱亡，何也？虞南曰：“昔齐桓奢淫亡礼，人伦所弃。假六翮于仲父，遂伯诸侯。宣武帝（疑为“齐宣帝”，参考陆心源《唐文拾遗》卷十三所引虞世南语）鄙秽忍虐，古今无比。委万机于遵彦，保全宗国，以其任用得才，所以社稷犹存者也。”

陈武帝起自草莱，兴创帝业，近代以来，可方何主？虞南曰：“武帝以奇才远略，怀匡复之志，龙跃海隅，豹变岭表，扫重氛于绛阙，复帝座于紫微。西抗周师，北夷齐寇，宏谋长算，动无遗册，实开基之令主，拨乱之雄才。比宋祖则不及，方齐高则优矣。”

隋文帝起自布衣，光有神器，西定庸蜀，南平江表，比于晋武，可为俦乎？虞南曰：“隋文因外戚之重，周室之微，负图作宰，遂膺宝命。留心政治，务从恩泽，故能绥抚新旧，缉宁遐迩，文武制置，皆有可观。及克定江淮，咸同书轨，率土黎献[26]，企伫[27]太平。自金陵灭后，王心奢汰，虽威加四海，而情堕万机，荆璧填于内府，吴姬满于下室。仁寿雕饰，事将倾宫，万姓力殚，中民产竭。加以猜忌心起，巫蛊事兴，戮爱子之妃，离上相之母，纲维已紊，礼教斯亡，牝鸡晨响，皇枝剿绝，废黜不辜，树立所爱，功臣良佐，诛翦无遗。季年之失，多于晋武，卜世不永，岂天亡乎？”

或曰：“王霸之略，请事斯语矣。敢问殁而作谥，及改正朔、易服色，以变人之耳目，其事奚象？”对曰：“古之立谥者，将以戒夫后代。随行受名，君亲无隐。今之臣子不论名实，务在尊崇。斯风替也久矣。”

昔季康子问五帝之德于孔子，孔子曰：“天有五行，木、火、金、水及土，分时替化，育以成物。其神为五帝纬。”古之王者，易代改号，取法五行。五行更王，终始相生，亦象其义。故其生为明王者，而死配五行。是以太皞配木，炎帝配火，少皞配金，颛顼配水，黄帝配土。帝王改号，于五行之德，各有所尚，从其所王之德次焉。夏后氏以金德王而尚黑，殷人以水德王而尚白，周人以木德王而色尚赤，此三代之所以不同也。及汉之初，公孙、贾谊以为汉土德，以五行之传，从所不胜。秦在水德，故谓汉据土而克之。刘向父子以为帝出于震，故庖犧氏始受木德，其后以母传子，终而复始，自神农、黄帝，下历唐虞三代，而汉得火焉。故高祖始起，神母夜号，著赤帝之符，得天统矣。昔共工以水德间于木火，与秦同运，非其次，故皆不永也。以此观之，虽百代可知也。

迷津指点

①三皇：上古传说中的三位帝王，说法不一，其中一说为伏羲、女娲、神农。

②五帝：上古传说中的五位帝王，说法不一，其中一说为黄帝、颛顼、帝喾、唐尧、虞舜。

③三王：上古传说中的三位帝王，说法不一，其中一说为夏禹、商汤、周文王。

④五霸：春秋时先后称霸的五个诸侯，说法不一，其中一说为包含齐桓公、宋襄公、晋义公、秦穆公、楚庄王。

⑤嬖妾：受宠爱的侍妾，这里指戚夫人。

⑥希睹：罕见。

⑦黄中：心脏，指内德。

⑧阳九：指灾难之年或噩运。

⑨炎精：汉家王朝。

⑩窦融：东汉初年大臣，官至大司空，封安丰侯。

⑪马援：东汉初年将军，封新息侯。

⑫虞南：即虞世南，字伯施，初唐四大书法家之一。

⑬刑厝：立刑法而不用。

⑭保、傅：太保，太傅，周朝辅弼国君的官职。

⑮俦：同类。

⑯闾阎：古代里巷的门，此处泛指乡村。

⑰戢兵：息兵，停止兵戈之事。

⑱王莽：西汉末年权臣，字巨君，汉元帝皇后的侄子，公元9年篡位称帝，改国号为“新”。

⑲少康：夏朝的第六代王。他的统治被称为“少康中兴”。

⑳过庭之训：这里指父亲的教诲。

㉑李胜：三国时魏国臣子。

㉒何晏：字平叔，汉大将军何进之孙，三国魏玄学家。

㉓王敦：字处仲，东晋初权臣。

㉔刘、石：刘曜和石勒，北朝十六国时期的国君。

㉕桓玄：东晋将领，桓温之子，公元403年逼晋安帝禅位，改元永安，国号楚。

㉖黎献：黎民百姓中的贤者。

㉗企伫：踮起脚来等待，表示急切盼望。

古文译读

三皇虽然没有留下过修身治国的言论，但他们潜移默化的教化遍布各地，以致后人不知天下大治的功劳是谁的。做帝王的人如果能够顺应自然下达政令，就能使天下太平。君臣都礼让而不争功，四海教化盛行，百姓深受其恩，却不知道恩德是怎么来的。所以任用臣子的时候也不必施行礼法奖赏制度，就能四海升平而人们互不伤害。做君王的要以道制人，征服人心。制定制度规矩以防国家衰败，使政治清明，军力强盛，却没有挑起战乱、涂炭生灵的用心。天下太平，君臣互不猜疑。国家安定，君主安心，臣子遵循礼义的规范而退隐，也可以达到美好而无忧患的景象。霸主的治国方法是以权势来控制士人，以信用来结交士人，以赏赐来使用士人。如果霸主不讲信用，士人就会疏远他；赏罚不公，人才就会不为他所用。所以说，治国的根本就在于刑罚与德化。二者互为依存，相辅相成。就像天通过阴阳二气的交互变化形成一年四季一样，人也要合理使用刑罚与德化这两种策略的合理变化才能达到天下大治的目的。所以即使是圣人执政，也不能只偏用其中一种。因此，运用德化较多，刑罚较少的是五帝；刑罚和德化并重的是三王；运用刑罚较多，实行德化较少的是五霸；纯用刑罚暴力，虽然一时强大而后迅速亡国的就是秦了。

有人问："古代称王称霸的君王的为政之道我已听清楚了。那么请问：汉高祖和光武帝都是以布衣身份崛起于乡里，扫除了天下祸乱，最终开创了帝王大业。汉高祖豁达不拘小节，光武帝处事谨慎细心，各有长处，就好像龙飞凤翔，所以能平定动乱，庇护人们，拯救生灵于涂炭之中。然而就两位帝王的仁德和天威来说，谁优谁劣呢？"

曹植说："过去汉室刚刚兴起时，刘邦因反抗秦朝残暴统治而起事，然后消灭项羽，统一天下，功业可与商汤、周武王比肩，奠定了刘氏王朝的基业。其人堪称帝王中的元勋，所成就的功业更是君主的盛事。然而他的德名不纯，行为不符合纯正的正道，所以在他死去以后，使得凶恶的吕后大发残酷暴虐之心，爱妃戚夫人被弄成人彘；赵王被幽囚毒死，祸害殃及自己的亲生骨肉。吕氏专权，刘氏政权几乎都被篡夺。所有这些事情，难道不是刘邦不能深谋远虑所致吗？然而刘邦手下的猛将谋臣都是古今少有，历代罕见的，刘邦能对他们量才使用，善于采纳他们的意见并仔细考察核实，所以才能拥有天下，成为皇帝。

“汉世祖光武帝能够体验到天地自然的美德，秉承正直平和的纯粹精神，通晓细微妙理，有亚圣的才华。他的德行表现在聪慧明达，博物多识，仁爱智慧，开明宽容，谨慎周密，乐善好施，爱护百姓。正值大旱的灾年，皇家气数已尽之际，他又像一声春雷乍起，声势浩大地举兵起事，组织力量来抗击强暴，率领义军扫除残暴势力，大军还没从南京出发，王莽已经被乱兵杀死在了洛阳。他是谋定而后动，计策准备得当才挥师前进，所以能够攻无不克，战斗中也没有临阵脱逃的士兵。他显示仁德来团结民众，以德行使远方的人才慕名来归。因此，窦融听说了他的名声就去跟随他，马援第一次见面就赞叹他的英明。他敦睦九族，有唐尧虞舜的称誉；高尚淳朴有伏羲的品德；谦虚待人，博采众议，有周公吐哺握发的辛劳；关注大小政务，有夙兴夜寐的勤劳。所以要计算功劳的话，他的业绩非同寻常；论声誉，他的事迹不同凡响；论道德，没有什么可挑剔的瑕疵；论言行，没有不光彩的地方。与当世其他势力相比，论实力，刘秀不算强大，论文武辅臣，他的手下也并不强，但是他最终统一了天下，建立了功勋，让金石铭刻他的伟业，诗书文献记载他的功绩。所以说，光武帝比汉高祖更优秀。”

有人问：“班固说周代帝王中最值得称赞的是成王和康王，汉代帝王中最值得称颂的是文帝和景帝。班固的看法妥当吗？”虞世南说：“周成王和周康王继承周文王、周武王的余业，任命周公、召公为相，教化朴实忠厚的百姓，凭借的是周文王以来积累的仁德，将政令顺畅比作疾风吹草一样，也不为过分。到汉高祖开立汉朝的基业时，日理万机而没有空闲，秦国政治的弊端仍然有所残存。汉文帝以仁慈宽恕为本，遵循道家无为而治的思想，扫除了秦始皇、项羽的酷刑暴政，恢复了轩辕、太昊时温和淳厚的风气，以至于刑罚措置不用，这样治国是不容易的。假如文帝不被新垣平的妖言迷惑，不要理睬邓通推自己上天的梦幻，那么他的政治就非常接近王道了。而把汉景帝和周康王比较，在德行上仍然有自惭不如的地方。”

有人问：“汉武帝雄才大略，可以与前代的哪个皇帝相提并论？”虞世南说：“汉武帝继承祖上六世经营的业绩，国家渐渐富裕，又有超越常人的才智，所以能招揽英雄，驾驭豪杰。对内大兴礼教，对外开疆拓土，典章制度都条理分明，和前代的秦始皇比起来略胜一筹。但是提到骄奢暴虐，他略次于秦始皇。两人都应该算作功劳有余而德行不足的帝王。”

从前周成王幼年继位，而爆发了管、蔡等四国的叛乱；汉昭帝也是幼年继位，也有燕王旦、盖长公主和上官桀的密谋造反。周成王对周公信任不疑，汉昭帝将朝政委任给霍光。二人相比，孰先孰后？

魏文帝说："周成王秉承了武王的美善品质，继承了贤母的优良胎教，又有周公、召公为太保、太傅，吕望为太师。刚会说话的时候就有行人（司仪之官）教他辞令，刚会走路的时候就有相者（礼仪之官）教他步伐仪表。所以他从小就看够了威严壮美的仪容，耳中充满了合乎德义的言论，堪称一直沉浸在玄妙的河流里，沐浴在徐徐的清风中。尽管这样，仍有惭悔之处，听信了管、蔡对周公的诽谤，让周公率兵东征，导致上天发怒以明示成王的过错，成王才翻然悔悟。他不能明察周公的圣德，却只相信金柜里周公的祷告之言，这不是很糊涂吗？而汉昭帝的父亲不像武王那样仁德，母亲也不像邑姜一样贤惠，抚养他的只有盖长公主，辅佐他的是上官桀和霍光。保育他的人没有仁孝的品质，辅佐他的人也没有治国安邦的才能，可以说是在深宫中出生，被妇人养大。然而他却性情仁德，行为合礼，十四岁的时候就表现出智慧，发现燕王诬告书信的虚诈，洞察了霍光的忠诚。哪像成王那样，开启了金柜，看到了史官的记录后才明白呢？假如让周成王和汉昭帝在同样年龄时开始执政，交换朝代和辅佐的臣子，改变彼此的礼乐制度，那么汉祚未必少，周祚也未必多。"

有人说："汉宣帝明察政事，应该算是光武帝那样的明君了吧？"虞世南说："汉宣帝在民间长大，知道百姓疾苦，所以能够对政务用心，选用贤良的人做官，但若要探究他循名责实、严刑峻法的施政风格，主要是出自申不害和韩非子法家一派的主张。古人说过：'图谋以王道治理天下的政策方针即使不成功，用其有弊病的权谋足以图谋称霸；图谋以霸道治理天下的政策方针如果不成功，那霸术有弊病的权谋将会是什么后果呢？'光武帝讲求仁义，是个图谋王道的君主；汉宣帝推崇刑名，是个图谋霸道的君主，把他们相比，恐怕不是一类的人物。"

有人说："汉元帝颇有才艺，温文尔雅，算是个保持文治的好皇帝吗？"虞世南说："君主的才能主要是指文德武功。文的方面的才能表现在经天纬地、制定各项政策法令；武的方面的才能表现在制止暴力，消除战乱，使社会安定。这才是帝王应当追求的治国宏图。至于鼓瑟吹箫，填词谱曲，这是伶官们的事，哪里是天子应该做的事？"

有人说："看新朝的王莽，起初谦恭礼让，难道不算一代名士吗？可到了身居高位，当上皇帝后，就开始骄奢淫逸，暴虐无度，为什么前后判若两人呢？"虞世南说："王莽天生就是个残暴、狡诈、虚伪的人，在没有显达之前就伪装谦恭，沽名钓誉；得志之后就矜夸才能，傲视外物。撕去了昔日的伪装后，本质就显现出来了。他刚愎自用，拒不纳谏，始终未能改悔醒悟，致使冤酷遍海内，最后被光武帝消灭了。”

夏朝的少康、东汉的光武帝，都是中兴的君主，这二人哪个更好些呢？虞世南说：“这两位皇帝都是能将祖先的功业发扬光大的人，名声虽然是相同的，而实际上却不一样。为什么这么说呢？光武帝是借着饱经战乱的人民来讨伐残暴的王莽，这是借思乱的民众来打败即将灭亡的残贼，成功相对来讲比较容易。而少康时，距夏朝灭亡已经过去两代了，而少康只是个遗腹子，母亲孤身一人，在怀着他时就逃亡国外了，他既得不到正常的家庭教育，也没有强有力的亲近保护，身遭离乱之难，而无安身之所。但少康却能在变乱之中奋斗，逐渐成就功业。在所有的中兴君主中，应首推少康。”

东汉末期的衰乱，是由桓、灵二帝造成的，二人谁的政治更腐败些呢？虞世南说：“汉桓帝愤怒之下，诛杀了以梁冀为首的外戚势力，有刚毅果断的一面。但是宦官也因此得权，党锢之祸由此而起，所以东汉的动乱应是始于桓帝。古语说：‘天下哀号，是新即位帝王可以利用的良机。’汉灵帝即位时，正值人民疲惫，正是容易施行善政的好时机，天下百姓都关心国事，盼望着国家中兴。然而他却重蹈桓帝的覆辙，为政比前代更加酷毒，最终使国家灭亡，推察汉灵帝的作为，还能够寿终正寝，实在是太幸运了。”

自从汉朝火德日衰，天下分裂，曹孟德挟天子以令诸侯，刘玄德凭借着蜀中的有利地势，孙权凭借着江淮的险固，三分天下，呈鼎足而立的形势。这三人都开创了帝王的基业，图谋称霸天下。这三位君主，谁优谁劣呢？

虞世南说：“曹操富于智慧，长于筹算，很难有人能敌，所以他能奠定帝业的基础，在朝中做相国，控制汉朝大权，的确是有雄才大略。然而他为人诡诈，多疑好猜忌。所以杀害伏皇后，毒杀荀彧，诛杀孔融，残杀崔琰，娄生因为说错了一句话而被处死，桓劭劳于下拜也不能保命。放弃仁德而专用刑罚，暴虐至极，他平时自比周文王，其实他根本不能和文王相提并论。许邵说他是‘治世的能臣，乱世的奸雄’，是很恰当的评价。刘备对刘璋能以礼相待，对诸葛亮委以重任而毫无怀疑之心，这是最高尚的君主德行了。至于诸葛孔明，是当世奇才，能和伊尹、吕望相媲美，君主和臣子同心，就会像鱼和水一样的和谐，只是国小力薄，位于偏远闭塞的蜀地，还要和两方豪强抗衡。如果让刘备和曹操易地而居，发挥刘备的谋算之长，让关羽、张飞的将才和诸葛亮的智能得以施展，那么刘备一定可以成就霸业。孙权继承兄长的基业，任用前朝的贤臣，凭借着长江天险，仅仅能够维持自存而毫无进取，据此来看，比起曹操、刘备，就远远不如了。”

晋宣帝雄谋深算，诸葛亮才绝当世，谁优谁劣？虞世南说："晋宣帝司马懿书生出身，参与辅佐帝业，拯救危难之世，清理弘扬王道，文才武略，都有可称道的一面。但他好玩弄权术，不讲仁义，猜疑、诡诈之类心思充满心胸。譬如他故意说胡话骗李胜，把何晏等人下狱并严刑拷打，这些都是有违良心，破坏义理的事，非君子所为。司马懿用这种诈伪之术待人接物，倘若魏和蜀势均力敌，到中原去会战，以他的奸谋来对阵孔明用兵的谋略，恐怕就不是对手了。"

有人问："晋景帝司马师和他的弟弟晋文帝司马昭，哪个比较贤明？"虞世南说道："何晏曾说：'唯有思想深邃，才能通晓天下发展的道理，夏侯玄就是这样的人；唯有精细幽妙，才能成就世事功业，司马师就是这样的人。'所以司马师辅佐君王的才能，很早就表现出来了。在司马懿诛灭曹爽的时候，便显示了景帝的智慧谋略。文钦和毌丘俭举兵叛乱的时候，被他打得全军覆没，由此可见他的雄才大略。虽然司马师在谋略上胜人一筹，但最终只能北面称臣；虽然功高震主，但始终坚守臣节，最终以诸侯身份全身而退，这是很值得赞美的。而司马昭执政时，扫平祸乱，安定了南方淮海一带的局势，消灭了西方没落的蜀汉，兵战工役不违农时，这是他最大的功勋。高贵乡公即位后，本来聪明早智，而司马昭不再尽忠辅佐，留下伊尹、周公辅佐天子的名迹，却诋毁文士，把杀天子的罪名推在成济身上，但毕竟自负叛逆之节，落得一个杀害天子的恶名。这些有损声誉的评价，是不容磨灭的。"

东晋自元帝司马睿以后，哪位君主比较贤明？虞世南说："晋朝自迁都建康以后，权臣专权，皇帝形式上垂拱南面，政令刑法却不能由自己决定。王敦凭借宗族的根基，拥兵长江上游，恃才高傲，凭借有利地理形势，一心想反叛当皇帝。要不是晋明帝司马绍审慎明断，王导忠诚不二，晋朝几乎都要改姓王了。倘若司马绍在位时间久一些，倚仗手下的众多贤臣，凭借着洛阳南迁的遗民拥护，乘刘曜和石勒处于衰弱之际，那么收复中原就不是什么难事了。"

伪楚桓玄有才干和长远谋略，而最终遭致灭亡，这是为什么呢？虞世南说："做君主的要有气量，要虚怀若谷，心中能容纳万物，取信于民，然后百姓才会乐于拥戴。可是桓玄这个人，只有一些肤浅的小聪明，却不具备宽宏博大的德行。只因赶上东晋末年动乱，皇室衰微，所以桓玄才得以成为一时豪强，僭越帝号，侥幸之余，又遭到讨伐，灭族亡身，这也是他应得的下场。"

宋武帝刘裕灭了桓玄，让东晋再次中兴。梁武帝时期的裴子野认为他比司马懿、曹操优秀，这有道理吗？虞世南说："魏武帝曹操是曹腾的孙子，显贵已经有好几世了，在汉朝做官达三十多年。到董卓叛乱时，曹操与山东豪雄伺机而起，消灭了叛乱首领董卓，这并不是曹操一个人的力量所致。司马懿历任卿相，地位显赫，掌握大权，处在如此安定稳固的位子上，奉皇帝明诏讨伐逆贼，他的权势地位，用高屋建瓴比喻也不过分。刘裕只是一个寻常百姓，凭战功开创大业，不到一月就平定叛乱，稳定了晋朝的统治，凭借半州之地、一郡之兵，却能攻杀谯纵于巴蜀，于崤函擒获了后秦姚绍，在青部打败了南燕慕容超，在岭外将卢循斩首。他的旌旗所到之处，攻无不克，战无不胜。看其豁达胸襟，有汉高祖的风度；看他运筹帷幄，可与光武帝相匹敌。只可惜他在位时间太短，否则，他的功业无法估量。这就是他比司马懿、曹操优秀的缘故。"

宋孝武帝和宋明帝哪一个更贤明？虞世南说："这两个皇帝的残忍本性是相同的，可谓异体同心。残害忠良，残害骨肉之亲，朝廷中没有像陈平、周勃那样的能臣做丞相，外部没有春秋时期晋国和郑国间那样稳固、强大的姻亲，把国家权柄交给昏庸幼稚的大臣手中，因而导致萧道成能趁机宰制天下。在不到一年的时间里，刘氏的龟玉宝器就移到萧齐手中了。这正如箱子锁得很牢固，正好是为大盗的偷窃提供了方便。千思百虑，全部失败，的确让人感叹！至于社稷的倾覆，这还不是最不幸的。"

南北朝时齐国的建元至永明年间，被称为治世，真是这样吗？虞世南说："萧道成是开创功业的君主，知道百姓生活的艰难，所以自己生活俭朴，起居务求简单朴素。齐武帝萧赜则很重视后宫，对其过度雕饰，生活奢侈，然而他任用了王俭这个贤臣，典章法令都由王俭草撰，礼乐兴盛，人们都称颂永明年间。任用的宰相得力，他这一点是值得称赞的。"

南北朝时期的宋朝和齐朝，被废的君主共有五人，他们都很骄淫狂暴，前后并没有什么不同。这五位被废的君王要么是被逆贼所杀，要么倾坠社稷，丢掉了帝位，难道是他们本性凶顽，自取灭亡，因而被上天抛弃，从而使国家灭亡了吗？虞世南说："极端智慧和愚昧都是天生的，而中庸之人的才能则是通过后天的教导和学习得来的。自宋王朝和齐王朝以来，太子的老师都是形同虚设的备员而已。礼教使得高贵出身和下贱出身的人互相隔离，下级官僚即使发现问题试图劝导规谏，却又碍于贵贱之礼和途径不通而无法做到，官位的晋升由原有的爵位和资格决定，很少根据德才来选拔。这五个被废的君主秉性平庸，既没有周公、召公那样的老师，又听不到良朋益友的规劝，整日与奴仆婢妾宫人厮混，沾染了猥琐小人的恶习，以如此低下的素质，生活在粗俗的环境中，落得个覆国亡身的下场，也是理所当然的。”

梁元帝聪慧博学，能够平定祸乱，但最终还是国破家亡，这是为什么？虞世南说：“梁元帝天资聪颖，文武全才，能够顺应民心讨伐逆贼，雪洗国耻家仇，功成名就，确有可以称道的地方。然而在战乱之后，国家还满目疮痍，尚未恢复，他却轻信强敌的花言巧语，偏安于江汉之地，把宗族成员都打发到偏远的地方，视若仇敌，等于把自己置于悬远荒僻之地，宗族之人不能与他分忧国事。结果身死国亡，生灵涂炭，鄢郢之地弃于敌手，着实让人感到可惜。”

后齐文宣帝，行为疯狂错乱，连夏桀、纣王都难以与之相比。然而文宣之世却能国富人旺，没有灭亡，为什么？虞世南说：“从前齐桓公奢侈淫逸，不守礼法，为人伦道德所不齿，可是他把内政外交全权交给了管仲，结果就成为了诸侯的霸主。文宣帝卑鄙暴虐，古今无人能敌。但他把国事统统交由宰相杨愔等人，得以保全了国家和宗族。这是因为他用人得当，所以社稷得以维持。”

陈武帝出身草莽，开创了帝王大业，他可以与近代哪个皇帝相比？虞世南说：“陈武帝由于才华横溢，有远见卓识，胸怀匡复社稷大志，就像龙跃大海之中，豹腾峻岭之上，他一扫宫廷的威胁，使处于危难中的国君恢复帝王的宝座。他在西部抵挡北周军队，在北方打败了北齐的残余势力，他谋略长远，长于料算，动而必成，万无一失，是一位开创基业的明主，平乱的英雄。虽然还不足以比肩刘裕，但比起齐高帝萧道成，要略胜一筹。”

隋文帝杨坚出身平民，最后登上了皇帝之位，他征服了西边的蜀国和江南的后陈。与晋武帝相提并论是否妥当？虞世南说：“隋文帝是借外戚身份，趁周室衰微，专权朝政，最后取而代之登位称帝。他关心政治，注意施恩，所以能安抚住新旧权贵，使天下都能安定，文治武功都有可观的建树。等到江淮被平定后，他又统一了文字和交通制度，当时天下贤德之人都企盼着太平。可是自从灭了陈国后，隋文帝开始变得奢侈，虽然威加四海，但是不再留心国事了，珍宝堆满了内府，江南美人充斥后宫。为了构建装饰仁寿宫，几乎耗尽了国库，百姓劳役繁重，疲惫不堪，中产阶级也纷纷破产。加之隋文帝杨坚的猜忌心变得越来越重，因为巫蛊之案，杀死了儿子的嫔妃，又关押大臣杨素之母，朝纲紊乱，礼教败坏，甚至听信独孤氏之言，残杀皇室骨肉，废黜太子杨勇，扶持自己宠爱的杨广为太子。功臣良将被诛杀得所剩无几。隋文帝晚年的失误比晋武帝还多。隋朝不能长久，难道不是上天要使它灭亡吗？”

有人说：“关于王道、霸道之韬略的优劣得失，就按你说的理解。但皇帝死后进谥号，以及用新历法，改变衣服颜色，使人耳目一新，这又是为什么？”回答说：“古人进谥号，是用来告诫后代。谥号是根据君主生前言行和政绩确定的，无论是对君主还是对双亲都不能有所隐瞒。现在的臣子们为帝王立谥号时，也不管事实如何，把尊崇死者当做第一要务。这种风气替代古代那种立谥号原则已经很久了。”

从前季康子向孔子请教五帝之德，孔子说：“天有五行，分别是金、木、水、火、土。五行分裂，化育成万物，五行之神即为五帝之行星。”古代帝王改朝换代，变易称号，就都是取法五行更替的道理。按照五行的顺序而变换称王，生生不息，也是仿照五行更替的道理。因此生时为王的，死后要对应五行。因此太皞配木，炎帝配火，少皞配金，颛顼配水，黄帝配土。帝王改号，于五行之德各有不同的崇尚，根据其称王时所崇尚的德来排列次序。夏后氏以金德称王，所以崇尚黑色；殷人以水德称王，所以崇尚白色；周人以木德称王，所以崇尚赤色。这就是三代所崇尚的德和色不同的原因。到了汉代初期，公孙弘、贾谊认为汉应该以土德称王，顺从五行相生相克的道理，就能无往而不胜。秦朝是水德，所以说汉朝是用土德攻克了它。刘向父子则认为汉高祖刘邦出震，所以庖犠氏第一个受的是木德，其后母亲传给儿子，五行周而复始，从神农、黄帝到后来的唐虞三代，到了汉代，按次序该是属火德。所以汉高祖起义之初，神母夜哭，显现其为赤帝的瑞兆，最终得以继天下大统。从前，共工以水德夹在木德、火德之间，命运与秦朝一样，因为不符合五行相生的序列，所以寿命不长。由此推论，按照五行生克的次序来推演，就可以知道百代的兴亡衰败了。

前沿诠释

有人说智慧就等于聪明加上美好的品德。治理一个国家，领导一个团队，需要的不仅有聪明，还要有美好的品德。因而，我们绝不能忽视品德修养。中国传统观念中的人生道路大体是按照“修身，齐家，治国，平天下”的顺序来走的，其中奠定基础的修身，就是指培养自己的德行。德行是做人和立业的根本，一个人有德行，才会有贤能的人跟随他。在古代，一个有德行的君主往往可以使国家长治久安。按照道家思想，一个有仁德的君主能够顺应民心，不过多干涉百姓的生活，能够顺其自然，无为而治，同时还能励精图治，避免让自己沉浸在美色等享受中不可自拔。

以仁德定天下的顺治

在中国古代，中原的汉民族一直都是以正统自居，把少数民族看成蛮夷，所以非汉族的人夺得了江山之后，就会在统治方面遇到很大阻力。这些不是汉人的君主笼络士人、安抚人心的方式可以说是五花八门，但被证明有效的，也被认为是最重要的一点就是以德服人。以德服人表现在政治上，就是中国古代的皇帝所施行的仁政。作为清朝入关后的第一位皇帝，顺治无疑是在实行仁政上下了一番工夫的。

顺治皇帝名爱新觉罗·福临，出生于1638年，是皇太极的第九子，母亲就是大名鼎鼎的孝庄皇后。1643年，皇太极去世，经过皇室内部的一番明争暗斗后，福临在多尔衮的支持下即位，改元顺治。顺治即位的第二年，清军就挥师南下，夺取了明朝江山，他就是清朝进入中原后的第一位皇帝。然而顺治皇帝登基时只有6岁，摄政王多尔衮独掌大权，他在架空了顺治这个皇帝的同时，也完成了以武力统一全国的历史任务。7年后多尔衮去世，顺治这才开始了他拥有决策权的皇帝生涯。

在顺治不主政的这段时间里，清朝军队和汉人发生了诸多难以调和的矛盾，其中就有惨绝人寰的“扬州十日”“嘉定三屠”，还有使得满汉文化产生强烈冲突的“剃发易服”政策。汉族人坚持“身体发肤，受之父母”的信念，而多尔衮却严令剃发，违反者杀无赦，打出了“留头不留发，留发不留头”的口号，激起汉族各阶层人士的不满。在清朝入关初期，武装起义不断，政局长期不稳定，百姓生活在水深火热之中。

顺治对中原文化仰慕已久，他即位后，一心想化解满汉之间的仇恨，实行满汉和睦的政策，却因为朝中守旧大臣的反对而未能如愿。在一片反对汉化的声浪中，顺治虽然有些束手束脚，但他仍着手纠正排斥汉人之风。比如顺治下令废除只有满族臣子可以奏事的规定，但凡有奏章，要由满族和汉族的侍郎共同上奏。

顺治14岁开始亲政，面对着危机四伏、百业待兴的局面，他广开言路，整顿吏治，任用贤能的官员，使官场政治清明。身为一个皇帝，顺治不尚奢华，生活非常节俭，注重减轻人民的负担，曾多次大幅度减免各种苛捐杂税，使百姓负担有所减轻。此外，他还招抚流民，鼓励耕种。这种种措施都巩固了清王朝的统治，为“康乾盛世”的到来奠定了坚实的基础。

作为一代帝王，顺治最可贵的地方就是经常进行自我反省，这对他推行仁政起了一定的推动作用。他在身染重病，自知不起的时候拟定遗诏，除定下继承人和辅政大臣之外，其余内容就是罪己。这份罪己诏言辞恳切，毫不惺惺作态，感人至深。

顺治这份临终前的自责深切的罪己诏，罗列了他给自己定的十四条罪过：第一条，检讨自己的德行不高，却继承大业，于国于百姓都没有太多的贡献。第二、三条，认为自己对父亲和母亲都没有尽到应有的孝道。第四条，认为自己对宗室亲贵照顾不周。第五条，检讨自己在任用满族还是汉族的官员上没有掌握好平衡。第六、七条，检讨自己没有很好地使用人才，没有做到赏罚分明。第八、九条检讨自己的花费过多，没有真正地体谅百姓。第十条说自己不能自制。第十一条检讨自己宠信宦官。第十二条检讨自己懈怠朝政。第十三条检讨自己不能广泛纳言。第十四条检讨自己不能知错就改。

顺治不是第一个颁布罪己诏的皇帝，然而一下子检讨出这么多过错，他可算是古今第一人了。作为一个少年皇帝，顺治的作为得到了后世的普遍赞扬。他虽然是少数民族入主中原的皇帝，却抵制了满族大臣提倡的压制汉人政策，努力对满人汉人一视同仁。这一做法既体现了他在政治上对方向的正确把握，也体现了他对百姓的宽厚态度。顺治虽然没有康熙大帝那样突出的文韬武略，却也为子孙树立了好榜样。

慈善企业家曹德旺

在现代企业发展中，除了效益之外，还有很多企业家需要关注的东西，比如社会责任。真正有所作为的企业家应当是将企业与社会紧密联系，将一颗红心付与大众的“仁”人。

曹德旺是福耀玻璃集团的创始人，现任董事长。他于1946年出生于福建省福清，1987年创立福耀玻璃集团，迄今为止，该集团已经成为世界第二大汽车玻璃制造商。曹德旺除了是一位成功的企业家之外，还是一位热衷慈善的慈善家。他在赚钱发展自己和回报社会之间找到了平衡点，成功地实现了公司和社会的双赢。

曹德旺幼年经历坎坷，在14岁时由于家遭变故而被迫辍学。在家里连吃饱饭都成为问题的情况下，曹德旺依然抓住一切可以学习的机会如饥似渴地自学。那一段岁月让他尝尽了人间冷暖，也锻炼出了他吃苦耐劳的品质。那时的他，最大的愿望就是让家人过上好日子。1983年，曹德旺在一家异形玻璃厂当业务员。在厂里年年亏损的情况下，曹德旺承包了玻璃厂，然后将经营的产品转为汽车玻璃。而在此之前，中国的汽车玻璃市场一直都是外国人的天下。勤劳能干的曹德旺就这样走上了自我创业的道路，他不断推动企业发展，最终使自己的产品占据了大量市场份额。1991年，福耀玻璃得到了公开发行股票的资格，成为了国内第一家上市的民营企业。在企业发展之后，曹德旺还一直保持着爱学习的好习惯，还将不断学习这一理念推广到公司经营管理中。他每年都会派人到国外去学习先进的技术和管理理念，使得福耀集团一次次地登上新的高峰。如今的福耀集团，不仅占有着中国汽车玻璃市场71%的份额，在国际市场中也拥有了一席之地。奔驰、宝马、宾利等国际名牌都是福耀集团的长期客户。在事业获得成功的时候，曹德旺没有得意忘形，他开始用自己的力量回报社会。

2009年，曹德旺获得了安永全球企业家大奖，该奖项从1986年首次评选以来，一直有着“企业界的奥斯卡”的美称，而曹德旺是首位获得此奖的中国区企业家。这一荣誉正是来源于他对慈善事业的大力支持。对于经商和慈善，曹德旺有着自己的认识，他在总结自己成功经验的时候提到，自己最大的经验就是无论做人、做事还是做产品，都始终坚持“以诚为本”，不走私，不偷税，不做投机取巧的事，赚了钱之后就回馈社会。

迄今为止，曹德旺的个人捐款仅现金就已高达18亿人民币。他几乎每年都会拿出钱来回报社会，帮助别人。1998年的特大洪灾，他亲自飞往武汉，个人捐出300万元，还动员公司的员工共同捐款，又筹集到400万元，同年，他向福建灾区捐出200万元，还出资重建受灾地区小学的教学楼；2004年，他前后共捐出1300万元用于修建农村公路；在2008年发生汶川地震之后，他多次亲赴灾区，先后捐款2000万元……

曹德旺的慈善事业越做越大，这也引发了一些争议。很多人都觉得曹德旺的捐款有点“着急”，捐款模式有点“激进”。其中最受非议的，要数“股权捐赠”了。2007年，曹德旺向福建省委打报告，打算捐出福耀集团的股权做慈善基金。这样一来，基金会就有了持续稳定的经济来源。但是由于国内制度法规的不完善，股权捐赠最终没能实现。这一事件曾经被媒体炒得沸沸扬扬，有不少人都认为曹德旺此举是沽名钓誉。而曹德旺却坦言：中国的捐赠体制应该有所突破，自己只是对财富两极分化的趋势感到忧心。为此，很多人都认为他是“瞎着急，瞎操心”。面对众人的不理解，曹德旺依旧坚持自己的想法，他说：“我就算是卖了股份换成钱也是要捐出去的。”经过三年的努力，曹德旺总算如愿以偿，以福耀集团股票为资本的河仁慈善基金会正式成立，这是中国首家靠股份运作的慈善组织。

《长短经》中对施行仁德、有勇有谋的君主推崇备至，而这种思想放到现在，正是对企业家公德的追问。曹德旺曾说：“没有责任感，就不叫企业家，充其量是富豪。”而他的仁德之心，不正是体现了他强烈的社会责任感吗?

臣行第十：求忠臣必于孝子之门

夫人臣萌牙未动，形兆未见，昭然独见存亡之机，得失之要，豫禁乎未然之前，使主超然立乎显荣之处，如此者，圣臣也。

经典再现

夫人臣萌牙未动，形兆未见，昭然独见存亡之机，得失之要，豫禁乎未然之前，使主超然立乎显荣之处，如此者，圣臣也。虚心尽意，日进善道，勉主以礼义，谕主以长策，将顺其美，匡救其恶，如此者，大臣也。夙兴夜寐，进贤不懈，数称往古之行事，以厉主意，如此者，忠臣也。明察成败，早防而救之，塞其间，绝其源，转祸以为福，君终已无忧，如此者，智臣也。依文奉法，任官职事，不受赠遗，食饮节俭，如此者，贞臣也。国家昏乱，所为不谀，敢犯主之严颜，面言主之过失，如此者，直臣也。是谓“六正”。

安官贪禄，不务公事，与世沉浮，左右观望，如此者，具臣也。主所言皆曰善，主所为皆曰可，隐而求主之所好而进之，以快主之耳目，偷合苟容，与主为乐，不顾后害，如此者，谀臣也。中实险诐[①]，外貌小谨，巧言令色，又心疾贤，所欲进则明其美，隐其恶；所欲退则彰其过，匿其美，使主赏罚不当，号令不行，如此者，奸臣也。智足以饰非，辩足以行说，内离骨肉之亲，外妒乱干朝廷，如此者，谗臣也。专权擅势，以轻为重，私门成党，以富其家，擅矫主命，以自显贵，如此者，贼臣也。谄主以佞邪，坠主于不义，朋党比周，以蔽主明，使白黑无别，是非无闻，使主恶布于境内，闻于四邻，如此者，亡国之臣也。是谓“六邪”。

子贡曰：“陈灵公君臣宣淫于朝，泄冶谏而杀之。是与比干同也。可谓仁乎？”子曰：“比干于纣，亲则叔父，官则少师，忠款之心，在于存宗庙而已，故以必死争之，冀身死之后，而纣悔悟，其本情在乎仁也。泄冶位为下大夫，无骨肉之亲，怀宠不去，以区区之一身，欲正一国之淫昏，死而无益，可谓怀矣。《诗》云：‘民之多僻，无自立辟。’其泄冶之谓乎？”

或曰：“叔孙通[②]阿二世意，可乎？”司马迁曰：“夫量主而进，前哲所韪。叔孙生希世度务制礼，进退与时变化，卒为汉家儒宗。古之君子，直而不挺，曲而不挠，大直若诎，道同逶迤，盖谓是也。”

或曰："然则窦武、陈蕃[3]，与宦者同朝廷争衡，终为所诛，为非乎？"范晔曰："桓、灵之世，若陈蕃之徒，咸能树立风声，抗论昏俗，驱驰岨峗之中，而与腐夫[4]争衡，终取灭亡者，彼非不能洁情志，违埃雾也。悯夫世士，以离俗为高，而人伦莫相恤也。以遁世为非义，故屡退而不去；以仁心为己任，虽道远而弥厉。及遭值际会，协策窦武，可谓万代一时也。功虽不终，然其信义足以携持世心矣。"

或曰："臧洪死张超之难，可谓义乎？"范晔曰："雍丘之围，臧洪之感愤，壮矣！相其徒跣且号，束甲请举，诚足怜也。夫豪雄之所趣舍，其与守义之心异乎？若乃缔谋连衡，怀诈算以相尚者，盖惟势利所在而已。况偏城既危，曹、袁方穆，洪徒指外敌之衡，以纾倒悬之会。忿悁之师，兵家所忌。可谓怀哭秦之节，存荆则未闻。"

或曰："季布，壮士。而反摧刚为柔，髡钳逃匿，为是乎？"司马迁曰："以项羽之气，而季布以勇显于楚，身屡典军搴旗者数矣，可谓壮士。然至被刑戮，为人奴而不死，何其下也！彼必自负其材，故受辱而不羞，欲有所用其未足也，故终为汉名将。贤者诚重其死，非夫婢妾贱人，感慨而自杀者，非勇也，其计尽无复之耳。"

或曰："宗悫之贱也，见轻庾业，及其贵也，请业为长史，何如？"裴子野曰："夫贫而无戚，贱而无闷，恬夫天素，宏此大猷，曾、原之德也；降志辱身，俛眉折脊，忍屈庸曹之下，贵骋群雄之上，韩、黥之志也。卑身之事则同，居卑之情已异。若宗元干无怍于草具，有韩、黥之度矣，终弃早恶，长者哉。"

世称郦寄[5]卖交，以其给[6]吕禄也，于理何如？班固曰："夫卖交者，谓见利忘义也。若寄，父为功臣而执劫，虽摧吕禄，以安社稷，义存君亲可也。"

或曰："靳允违亲守城，可谓忠乎？"徐众曰："靳允于曹公，未成君臣。母，至亲也，于义应去。昔王陵母为项羽所拘，母以高祖必得天下，因自杀以固陵志。明心无所系，然后可得事人，尽其死节。卫公子开方[7]仕齐，十年不归。管仲以其不怀其亲，安能爱君，不可以为相。是以求忠臣必于孝子之门。允宜先救至亲。徐庶母为曹公所得，刘备乃遣庶归。欲为天下者，恕人子之情，公又宜遣允也。"

魏文帝问王朗等曰："昔子产治郑，人不能欺；子贱治单父，人不忍欺；西门豹治邺，人不敢欺。三子之才，于君德孰优？"对曰："君任德，则臣感义而不忍欺；君任察，则臣畏觉而不能欺；君任刑，则臣畏罪而不敢欺。任德感义，与夫导德齐礼，有耻且格，等趋者也；任察畏罪，与夫导政齐刑，免而无耻，同归者也。优劣之悬，在于权衡，非徒钧铢之觉也。”

或曰：“季文子、公孙宏，此二人皆折节俭素，而毁誉不同，何也？”范晔称：“夫人利仁者，或借仁以从利；体义者，不期体以合义。季文子妾不衣帛，鲁人以为美谈；公孙宏身服布被，汲黯讥其多诈。事实未殊而毁誉别者，何也？将体之与利之异乎？故前志云：‘仁者安仁，智者利仁，畏罪者强仁。’校其仁者，功无以殊；核其为仁，不得不异。安仁者，性善者也；利仁者，力行者也；强仁者，不得已者也。三仁相比，则安者优矣。”

或曰：“长平之事，白起坑赵卒四十万，可为奇将乎？”何晏曰：“白起之降赵卒，诈而坑其四十万，岂徒酷暴之谓乎？后亦难以重得志矣。向使众人预知降之必死，则张虚拳，犹可畏也，况于四十万被坚执锐哉？天下见降秦之将，头颅似山，归秦之众，骸积成丘，则后日之战，死当死耳，何众肯服，何城可下乎？是为虽能裁四十万之命，而适足以强天下之战；欲以要一朝之功，而乃更坚诸侯之守。故兵进而自伐其势，军胜而还丧其计。何者？设使赵众复合，马服[8]更生，则后日之战，必非前日之对也；况今皆使天下为后日乎？其所以终不敢复加兵于邯郸者，非但忧平原[9]之补缝，患诸侯之救至也。徒讳之而不言耳。且长平之事，秦人十五以上，皆荷戟而向赵矣。夫以秦之强，而十五已上，死伤过半，此为破赵之功小，伤秦之败大也。又何称奇哉？”

或曰：“乐毅不屠二城，遂丧洪业，为非乎？”夏侯玄曰：“观乐生与燕惠王书，其殆乎知机合道，以礼终始者欤？大欲极道德之量，务以天下为心者，岂其局迹当时、止于兼并而已哉？夫兼并者，非乐生之所屑；强燕而废道，又非乐生之所求。不屑苟利，不求小成，斯意兼天下者也。举齐之事，所以运其机而动四海也。围城而害不加于百姓，此仁心著于遐迩矣；迈令德以率列国，则几于汤、武之事矣。乐生方恢大纲，以纵二城；收人明信，以待其弊；将使即墨、莒人，顾仇其上；开宏广之路，以待田单之徒；长容善之风，以伸齐士之志。昭之东海，属之华裔，我泽如春，人应如草，思戴燕主，仰风声，二城必从，则王业隆矣。虽淹留于两邑，乃致速于天下也。不幸之变，势所不图，败于垂成，时变所然。若乃逼之以兵，劫之以威，侈杀伤之残，以示四海之人，虽二城几于可拔，则霸王之事，逝其远矣。乐生岂不知拔二城之速了哉？顾城拔而业乖也；岂不虑不速之致变哉？顾业速与变同也。由是观之，乐生之不屠二城，未可量也。”

或曰：“商鞅起徒步，干孝公，挟三术之略，吞六国之纵，使秦业帝，可为霸者之佐乎？”刘向曰：“夫商君，内急耕战之业，外重战伐之赏，不阿贵宠，不偏疏远。虽《书》云‘无偏无党’，《诗》云‘周道如砥，其直如矢’，《司马法》[10]之厉戎士，周后稷之劝农业，无以易此。此所以并诸侯也。故荀卿曰：‘四世有胜，非幸也，数也。’夫霸君若齐桓、晋文者，桓不倍柯之盟，文不负原之期，而诸侯信之，此管仲、咎犯之谋也。今商君倍公子卬之旧恩，弃交魏之明信，诈取三军之众，故诸侯畏其强而莫亲信也。藉使孝公遇齐桓、晋文，得诸侯之统，将合诸侯之君，驱天下之兵以伐秦，秦则亡矣。天下无桓、文之君，故秦得以兼诸侯也。卫鞅始自以为知王霸之德，原其事，不伦也。昔周、召公施美政，其死也，后世思之。‘蔽芾甘棠’之诗是。尝舍于树下，不忍伐其树，况害于身乎？管仲夺伯氏骈邑三百户，无怨言。今卫鞅内刻刀锯之刑，外深铁钺之诛，身死车裂，其去霸者之佐亦远矣。然孝公杀之，亦非也。可辅而用，使卫鞅施宽平之法，加之以恩，申之以信，庶几霸者之佐乎？”

诸葛亮以马谡败于街亭，杀之。后蒋琬谓亮曰：“昔楚杀得臣[11]，然后文公喜，可知也。天下未定，而戮智计之士，岂不惜哉？”亮流涕曰：“孙武所以能制胜者，用法明也。是以杨干[12]乱法，魏绛戮之。四海分裂，兵交方始，若复废法，何用讨贼耶？”习凿齿[13]曰：“诸葛亮之不能兼上国也，岂不宜哉？夫晋人视林父[14]之后济，故废法而收功；楚成暗得臣之益己，故杀之以重败。今蜀僻陋一方，才少上国，而杀其俊杰，退收驽下之用；明法胜才，不师三败之道，将以成业，不亦难乎？”

代以周勃功大，霍光何如？对曰：“勃本高帝大臣，众所归向，居太尉位，拥兵百万。既有陈平、王陵之力，又有朱虚诸王之援，郦寄游说，以谲诸吕，因众之心，易以济事。若霍光者，以仓卒之际，受寄托之任，辅弼幼主，天下晏然。遇燕王绾之乱，诛除凶逆，以靖王室。废昌邑，立孝宣，任汉家之重，隆中兴之祚，参声伊、周，为汉贤相。推验事效，优劣明矣。”

后汉陈蕃上疏荐徐稚、袁闳、韦著三人。帝问蕃曰：“三人谁为先后？”蕃曰：“闳生公族，闻道渐训；著长于三辅，礼义之俗，所谓不扶自直，不镂自雕；至于稚者，爰自江南卑薄之域，而角立杰出，宜当为先。”

或曰：“谢安石为相，可与何人为比？”虞南曰：“昔顾雍封侯之日，而家人不知，前代称其质重，莫以为偶。夫以东晋衰微，疆场日骇。况永固，六夷英主，亲率百万；苻融俊才名相，执锐先驱，厉虎狼之爪牙，骋长蛇之锋锷，先筑宾馆，以待晋君。强弱而论，鸿毛太山不足为喻，文靖深拒桓冲之援，不喜谢玄之书，则胜败之数，固已存于胸中矣。夫斯人也，岂以区区万户之封，动其方寸者欤？若论其度量，近古已来，未见其匹。”

隋炀帝在东宫，尝谓贺若弼[15]曰：“杨素、韩擒虎、史万岁三人，俱称良将，其间优劣何如？”对曰：“杨素是猛将，非谋将；韩擒虎是斗将，非领将；史万岁是骑将，非大将。”太子曰：“善。”

故自六正至于问将，皆人臣得失之效也。古语曰：“禹以夏王，桀以夏亡；汤以殷王，纣以殷亡。”阖庐以吴战胜，无敌于天下，而夫差以见擒于越；穆公以秦显名尊号，而二世以劫于望夷。其所以君王者同，而功迹不等者，所任异也。是以成王处襁褓而朝诸侯，周公用事也；赵武灵王年五十而饿死于沙丘，任李兑[16]也。故魏有公子无忌，削地复得；赵任蔺相如，秦兵不敢出；楚有申包胥，而昭王反位；齐有田单而襄王得国。因斯而谈，夫有国者，不能陶冶世俗，甄综人物，论邪正之得失，撮霸王之余议，有能立功成名者，未之前闻。

迷津指点

①险诐：阴险不正。

②叔孙通：薛县（今山东滕州）人，秦二世时被任命为博士，在汉高祖时出任太常及太子太傅。

③窦武、陈蕃：东汉晚期官员，定计铲除专权宦官，事败身亡。

④腐夫：宦官。

⑤郦寄：西汉大臣，吕禄好友。周勃、陈平等人谋诛诸吕，劫持郦寄之父郦商，郦寄被迫诱骗吕禄离开大军。

⑥绐：欺骗。

⑦卫公子开方：春秋时期卫国的太子。

⑧马服：赵奢，赵括之父，封马服君，战国时代东方六国的八大名将之一。

⑨平原：即平原君赵胜，赵武灵王之子，赵惠文王之弟，“战国四公子”之一。

⑩《司马法》：我国古代重要兵书之一，约成书于旧中国初期。据《史记》称，此书是由春秋末期齐国人司马穰苴撰写的。

⑪得臣：楚成王时令尹成得臣。

⑫杨干：晋悼公弟弟。

⑬习凿齿：东晋著名文学家、史学家。

⑭林父：荀林父，春秋时期晋国大臣。在晋楚邲之战中失败，上书请死，晋景

公免其死罪，让他官复原职。

⑮贺若弼：字辅伯，隋朝著名将领。

⑯李兑：战国时赵国大臣，赵武灵王让位少子，引起内乱，李兑发兵保赵惠文王，从此独揽大权。

古文译读

臣子能够在事物尚未萌芽，形迹尚未表现出来的时候，走在众人之前，对事物存亡得失的规律洞若观火，并能预先采取防患于未然的措施，使他所辅佐的君主从容处于显耀之处，能够这样做的人就可以算作圣臣了。谦虚谨慎，时常向君主提出好的建议，提醒君主遵守礼义，向君主讲解治国长远之策，帮助君主发扬美德，补救过失，能够这样做的人就可以算作大臣。能够不辞辛劳，早起晚睡，不断为国举荐贤才，时常以古代的经验教训来教育君主，使其保持清醒头脑，能够这样做的人可以算作忠臣。能够看出事情发展的成败之势，事先采取补救措施，堵塞漏洞，根绝祸源，把祸患转变为好事，让君王始终高枕无忧，能够这样做的人可以算作智臣。遵纪守法，尽职尽责，不受别人的赠送的财物，生活节俭，能够这样做的人可以算作贞臣。在国家动荡，君主昏庸的时候，不阿时弊，敢于犯言直谏，指出君主的过失，能够这样做的人可以算作直臣。这六种类型的大臣，总称为“六正”。

安于官位，贪取俸禄，不尽心履行职责，随波逐流，左右逢源，这样的人是具臣。君主的言论都说好的，君主的行为都加以肯定，暗中揣摩君主的喜好然后进献，来满足君主的声色享受，奉承拍马，一味逢迎主上，而不顾会产生的祸害，这样的人是谀臣。内心险恶，外表唯唯诺诺，花言巧语，面露媚色，嫉妒贤能，推荐人就只说好话，隐瞒缺点，想要打击谁就夸大他的过失，隐瞒长处，使君主赏罚不当，号令难以实行，这样的人是奸臣。机智足够掩饰自己的过失，辩才足以说动主上，在家中挑拨离间，使亲人反目成仇，在朝廷使朝臣相互猜忌，造成混乱，这样的人是谗臣。专权弄势，颠倒黑白，结党营私，壮大私人势力，矫诏窃命，居身显位，目中无人，这样的人是贼臣。以佞邪之言谄媚主上，陷君主于不义的境地，结党营私，以堵塞主上听取民声之路，使君主不明真相，不辨是非，让君主的恶名布于境内，传播四邻，这样的人是亡国之臣。这六种类型的大臣，统称为“六邪”。

子贡说：“陈灵公君臣公然在朝中淫乱，泄冶进谏言反而招来杀身之祸。泄冶的行为和比干相同，他的行为是不是符合仁道呢？”孔子说：“比干和纣王的关系，从血亲上讲，比干是纣王的叔父；从官职上讲，他是纣王朝中的少师。比干忠心耿耿只是想要保住社稷而已，所以他宁死也要向纣王进谏，希望自己的死能够让纣王悔悟，这就是真正出于仁爱的表现。泄冶官位是下大夫，和灵公也没有亲戚的关系，希望能受到宠信而不肯离去，妄想以一己之身，纠正一个国家的荒淫风气，死得毫无意义，可谓令人悲伤。《诗经》里说：‘民之多僻，无自立辟。’说的不正是泄冶这种人吗？”

有人问：“叔孙通曲意逢迎秦二世，这是对的吗？”司马迁说：“叔孙通根据君主的不同而决定进退的原则，是从前的智者所认可的。叔孙先生顺应世事，揣度时务，制定礼仪，进退变化与时俱进，最终成为汉代儒家的宗师。古时的君子正直而不执拗，通达权变而不改变志节，大直若屈，其方法灵活多变，就像曲折小路一样，大概说的就是这个道理吧。”

有人问：“既然如此，那么像窦武、陈蕃和宦官们在朝中争衡，最终被害，他们做错了吗？”范晔说：“汉代桓帝、灵帝的时候，像陈蕃这样的人，都是能够树立良好的风气，与朝中的昏政乱俗作斗争的人，就像是在崎岖的山路中驾车一样，和那些宦官斗争，最终败亡，并不是他们被时雾尘埃遮蔽眼睛，不能够洁身自好，做不到明哲保身，而是因为他们怜悯当时的士人，那些人只求远离污浊俗世，自求清高，致使人世间一些互相同情、怜惜的人伦都丧失了。他们觉得归隐是不义之举，所以屡遭贬斥也不肯离去，以恢复仁心为己任，明知任重道远，很难达到，志向反而更加坚定。待峰回路转，重新出任后，陈蕃便出谋献策，和窦武联手扫除宦官，这算是千载难逢的机会。虽然最后没有成功，但他们的精神足以流传后世，激励后人，给他们以心灵的慰藉了。”

有人说：“臧洪死于张超之难，应该是义士了吧？”范晔说：“张超被曹操围在雍丘，臧洪急于救朋友出危难的激愤之情溢于言表。看他奔走呼号，束甲请战的样子，着实令人惊叹。豪杰霸主的行为取舍原则，恐怕与守义之心不同吧？豪强之间或是缔结联盟，或是相互算计，都根据形势于己的利害而变化罢了。而且雍丘危险，曹操和袁绍刚刚讲和，正值友好之时，这时臧洪仍想借助已与敌人连横的袁绍之力来解张超危难。而且他率领忿悁之师，这是兵家的大忌。可以说臧洪怀有申包胥哭秦庭的节义，但没听说这样可以求得生存的。”

有人说：“季布是一位壮士，竟然转变刚猛为柔韧，剃发为奴，四处逃匿，这样做对吗？”司马迁说：“以项羽那样的气概，而季布在那里还能以勇武显名，屡次率军斩将夺旗，可以算做真正的壮士了。然而项羽失败后，季布也被刘邦通缉，他剃发为奴，以免一死，又显得多么下贱啊！那是因为他坚信自己有非凡的才能，所以虽受侮辱也不觉得羞耻，就是为了找机会发挥出自己尚未发挥的才能，所以最终成为汉朝的名将。贤者固然很看重死节，但并不同于愚昧的下人因一时感愤而自杀的死法，这样的自杀并不是真正的勇敢，而是无计可施的表现。”

有人说：“宗悫卑贱之时，遭到了庾业的轻视，等到他发迹了，还请庾业为长史，这样的人怎样呢？”裴子野说：“在贫困的时候不感到悲戚，微贱的时候不感到烦闷，怡然自得，安之若素，如此博大的胸怀，这就是有曾子、原宪那样的品德；能够忍辱负重，低眉折腰，忍心屈居在庸碌的人之下，显贵时能凌驾于群雄之上，这就是有韩信、黥布那样的志向。这两种人卑贱的时候遭遇是相同的，然而卑微背后的心态却不同。像宗悫那样安然享受粗茶淡饭的，很有韩信和黥布那样的度量，而且不念旧恶，这是有长者之风啊！”

后世之人在谈论郦寄时都说他出卖了朋友，认为他欺骗了吕禄，其中的道理是怎样的呢？班固说：“出卖朋友，指的是见利忘义的行为。像郦寄那样，父亲是功臣还被劫持，他虽然出卖了吕禄，但却是为了让社稷安定，应该算是维护君主、保护父亲的正义之举。”

有人问：“靳允不顾亲人的安危而坚持守城，算是忠心吗？”徐众说：“靳允和曹操当时还不算君臣，而母亲却是至亲的人，从道义的角度他应该去救母亲。从前，王陵的母亲被项羽所劫，王母认为刘邦一定能得天下，所以自杀以坚定王陵辅佐刘邦的决心。这说明一个人心中没有牵挂，才能全身心地为别人做事，誓死效忠。卫国的公子开方在齐国做官，十年都没有回家。管仲认为他这种连自己的至亲都不放在心上的人，怎么可能爱他的国君呢，这种人不可以做齐国的相国。所以君主招纳贤臣都是从孝顺的人里挑选。靳允也应该先救他的母亲。徐庶的母亲被曹操抓了起来，刘备就让徐庶赴曹营探母。想要得天下，就应该成全孝子之心，所以曹操应该先让靳允去救他的母亲。”

魏文帝问王朗等人：“从前子产治理郑国的时候，人们都不能欺骗到他；子贱治理单父的时候，人们都不忍心欺骗他；西门豹治理邺时，人们都不敢欺骗他。三个人的才能和德行，以做君王的品德来衡量，谁更好一些呢？”王朗等人回答说：“君主有德行，臣子感受君主的仁义就不忍心欺骗；君主能够明察，臣子怕被察觉，就不能欺骗了；君主重刑罚，臣子惧怕获罪，就不敢欺骗了。推行德政，用仁义来感化，与教导百姓仁德礼义，使他们知道廉耻，从而可以自我约束，二者的效果是一样的。不管是用明察来使官员谨慎，还是用政教刑罚规范他们，百姓虽免于犯罪，却无廉耻之心，任德与任刑是殊途同归的。二者的区别之大好比秤锤与所称物的差别，而不是简单的钧铢、斤两那样的差别。”

有人问：“季文子、公孙宏这两个人都甘心居下，而且生活节俭，但是毁誉却不相同，为什么呢？”范晔说：“想通过仁德之举获利的人，就会利用仁德之名来谋求利益；真正体悟到义的精髓的人，却不会时时处处去考虑何谓义举，但却时时处处合乎信义。季文子的小妾不穿帛做的衣服，鲁国人都当做美谈；公孙宏身穿布衣，汲黯却说他狡诈。同样的行为却得到了不同的评价，为什么呢？这大概是追求朴素本身和追求朴素所带来的名利之间的区别吧？所以《汉书》的《志》上说：‘真正具有仁心的人，以推行仁爱之举为安；狡猾的人却通过仁爱之举来谋取私利；怕犯罪的人则是迫不得已施行仁爱的举动。’比较这些人的仁爱之举，最终的结果没什么区别，但究其本质，就会发现其中的不同。以施行仁爱之举为安的人，是出于本性善良的自觉活动；施行仁爱之举为求利益的人，是尽力而为；勉强施行仁爱之举的人，只是不得已而为之。将三者相比较而言，还是以施行仁爱之举为安的人最可称道。”

有人问：“长平之战，白起坑杀了赵国的降兵四十万，算得上是历史上的奇将了吧？”何晏说：“白起迫使赵军投降后，却背信弃义，坑杀四十万赵军，这难道仅仅是残暴就能形容的吗？从此以后，白起再也难以得志了。假如赵军在投降之前就知道投降还是死，他们就算没有武器，赤手空拳也会抵抗到底，那种威势也是很可畏的，更何况四十万大军都是兵甲齐备呢？天下的人都看见降秦的将领被砍下的头颅堆积如山，归顺秦国的士兵尸骨都堆积为丘，日后如果再与秦国交战，就会抱定必死决心，哪有人还会投降，哪座城还肯归顺？所以白起虽然能坑杀四十万人，却加强了天下抗秦的战斗力。为邀一时之功，反而坚定了其他诸侯抵抗的决心。表面上秦军侵占了别国的土地，实际却削弱了自己的优势，在军事上胜利了，政治上却破坏了吞并六国的全盘计划。为什么这样说呢？假如赵军重新聚合，马服君赵奢重生，日后与秦国的战争再起，就绝非往日之战可比了。更何况秦军今日之举已经使六国抗秦之心更加坚定了。秦国之所以很长一段时间不敢再攻打邯郸，并不仅仅因为平原君赵胜的救国活动，而是害怕各国诸侯联合起来救援。秦国心知肚明，只是忌讳不说罢了。再说为了长平之战，秦国规定凡满十五岁的青少年都要拿起武器上前线和赵国作战。以秦国之强大，十五岁以上的青壮年仍然死伤过半，所以打败赵国的功劳甚小，而秦国大伤元气的败举为大。由此来看，像白起这样的将领，又有什么可称奇的地方呢？”

有人问：“乐毅不屠莒城、即墨二城，最终导致霸业功败垂成，这岂不是重大的失策吗？”夏侯玄说：“看乐毅写给燕惠王的书信，就知道他是通晓大道玄机，能按照礼仪做到善始善终的人吧？但凡坚守道德，胸怀天下百姓的人，他的作为难道会局限于一时一事的得失或者仅仅局限于攻伐兼并吗？以攻伐兼并为目的，是乐毅不屑去做的；以废弃道义的代价来换取燕国的强大，也不是乐毅所追求的。不屑于蝇营狗苟的小利，不着意追求小的成功，他的志向在于兼并天下。攻打齐国，是乐毅要运用谋略来震慑四海。包围二城而不伤害百姓，就使自己的仁心闻名遐迩；再通过恩德来使四方信服，就可以和成汤、周武王的事迹相媲美。乐毅的战略目光远大，放过二城，围而不攻；取信于齐人，然后等待齐国自己出差错，让即墨和莒二城之人怨恨齐国君主。为人明示出宽广出路，等待田单等人归降；对齐国降将大兴宽容善待之风，让齐国的士人可以享受自尊自重的情怀；以此感召东海之滨，属连华夏之裔，使燕王的恩泽如春风，人们响应燕王如同渴盼春风沐浴的小草，人们思念拥戴燕王如仰风声，如此，二城的百姓就会来归，帝王之业就可以兴隆了。虽然在这两座城上花了很长时间，却是为了能快速地夺取天下。不料发生了意外，功败垂成，都是突然的事变所致。如果对二城用强兵威逼，屠杀百姓，即使攻下了二城，那么王霸事业也随之付诸东流了。乐毅难道不明白自己有能力迅速攻拔二城吗？只是顾虑攻下城池的同时也损害了王霸事业。乐毅难道会不知道二城如果不速战速决可能会发生变故吗？只是顾虑迅速强攻和出现变数结果都是一样的。由此可见，乐毅不屠戮二城，其深远的战略意义是不可估量的。

有人说：“商鞅以一介布衣的身份去游说秦孝公，胸怀富国强兵的谋略，最终使秦国吞并了合纵抗秦的山东六国，成就了秦的霸业。他算是称霸者好的辅佐之才吗？”刘向说：“商鞅在秦国对内抓紧发展农业，在军事上重视奖赏军功，不论贵贱，不偏不倚。就像《尚书》所说的‘无偏无党’，《诗经》所说的‘周道如砥，其直如矢’，《司马法》所谈的如何激励将士，周人先祖后稷的劝勉农业，都未必比得上商鞅的作为。这就是秦国后来兼并六国的原因。所以荀子说：‘秦国四代强盛，不是偶然的，而是命数和规律决定的。称霸一时的齐桓公、晋文公等，齐桓公能遵守在柯会盟时的承诺，晋文公不负与原邑百姓的约定，诸侯都相信他们，这是管仲和咎犯进献的谋略。可是商君却背弃了公子卬的旧恩，背弃了与魏国结好的盟约，采用欺诈手段突袭了魏军。因此各诸侯都畏惧秦国的强暴而不再相信秦国。假如秦孝公的对手是齐桓公、晋文公这样的霸主，能够号令诸侯，集结天下诸侯的军队讨伐秦国，秦国恐怕就要灭亡了。只因为当时天下没有齐桓公、晋文公那样的君主，所以秦国才能将各诸侯国逐一兼并。商鞅自以为知晓王霸之道，但看他所做的事，并不是那么一回事。从前，周公、召公实行仁政，虽然他们已经死了，后世的人们还都思念他们。《诗经》中‘蔽芾甘棠’的诗句，讲的就是这个道理。曾经在树下居住的人都不忍心伐树，更不用说曾经是朋友，怎么忍心伤害他的身体呢？管仲曾经剥夺了伯氏骈封邑三百户，而伯氏骈毫无怨言。如今商鞅对内实行严酷的刑罚，对外加紧吞并攻战，最后死于车裂，他和辅佐霸王的良才差得远啊。但是秦孝公杀商鞅也不对，而应当有引导性、选择性地任用他，让他施行宽容平和的法律，施行恩德，发扬信义。这大概可以称为辅佐君王成就霸业的良才吧？”

诸葛亮因为马谡失街亭而将他处死。之后蒋琬对诸葛亮说：“从前楚国杀了得臣，晋文公得知后很高兴，由此可见，楚国的做法是错误的。天下还没安定，你就诛杀了有智谋的才士，岂不可惜？”诸葛亮流着眼泪说：“孙武之所以能取得克敌制胜，在于军法严明。所以杨干违反法纪，魏绛毫不留情地杀了他。如今天下分裂，战乱刚起，如果法纪废弛，怎么能讨伐叛贼呢？”习凿齿说：“诸葛亮最终不能兼并魏国，这个结局不正与诸葛亮的行事相适应吗？从前晋国人认为林父以后必然有助于晋国，所以晋景公未因一时的兵败而杀他，后来他果然立了大功；楚成王没有意识到得臣对自己的重要性，所以杀了他，最后导致又一次失败。而蜀汉处在偏远的西南，人才本来就比魏国少，还要杀死俊杰之士，起用平凡庸碌之辈，这是把军法严明看得比人才还重要。没有总结多次失败的教训，还想成就统一大业，这不是相当困难的事吗？”

历代的人都觉得周勃的功劳很大，那么又该怎样评价霍光呢？被问的人答道：“周勃本是汉高祖的臣子，万众仰慕，官居太尉，手握重兵。又加上陈平、王陵的帮助，朱虚侯等诸侯王的援助，郦寄游说诸吕，施以诈术，做的事又是顺应人心的，所以成功是很容易的。至于霍光，他在仓促之间接受了武帝托孤的重任，辅佐年幼的君主，使天下安然无事。燕王的叛乱爆发之后，他诛除叛贼，安定王室，后来又废昌邑王，改立孝宣皇帝，执掌汉室重权，使得国运中兴，声望可与伊尹、周公相媲美，算是汉代的贤相。仔细比较周勃、霍光的事迹，就可以分出优劣了。”

后汉的陈蕃上书推荐徐稚、袁闳、韦著三人。皇帝问陈蕃：“这三个人谁更优秀一些呢？”陈蕃说：“袁闳出身大族之家，从小受到良好教育，可谓耳濡目染；韦著成长于京畿三辅地区，颇受礼义熏陶，是人们所谓的‘不扶自直，不镂自雕’的那种人；至于徐稚，出生于江南礼义之风卑薄之地，却是卓然不群，应该是最杰出的。”

有人说：“谢安作为宰相，可以和谁相提并论？”虞世南说：“从前顾雍封侯的时候，连他的家人都不知道，前代人说他性格低调稳重，无人可以与之相比。但谢安做宰相时，正值东晋国运衰微，战争形势日益严峻之时。而且少数民族的英主苻坚率领号称百万的军队南下侵略；苻融是有才华的名相，率部作为先锋，披坚执锐，厉如虎狼之爪牙，锐似长蛇之锋锷，连打算安置将成俘虏的晋国君王的行宫都准备好了。当时东晋与前秦的强弱形势，用鸿毛和泰山来作比也不为过，而谢安则大敌当前还能镇定自若，冷静地拒绝桓冲领兵来援的建议，接到谢玄的捷报也没有欣喜若狂，这是因为他早已预料到胜负了。像谢安这样的人，区区万户侯的封赏怎能让他乱了方寸呢？若论度量，近代以来没有能够与他相匹敌的。”

隋炀帝做太子的时候，曾经对贺若弼说：“杨素、韩擒虎、史万岁三人都被称为有名的良将，他们之间谁高谁低呢？” 贺若弼回答道：“杨素是骁勇善战的猛将，不是谋将；韩擒虎是有斗志的将领，不是善于统领兵马的领将；史万岁是骑兵之将，不是统率三军的大将。”杨广说：“你说得很有道理。”

所以说，以上所谈的从“六正”到“问将”，都是臣子的得失的典型事例。古语说：“大禹能够做开创夏朝的王，而桀却使夏朝灭亡；汤能够做开创商朝的王，而纣却让殷商灭亡。”阖庐做吴王的时候使吴国强盛而无敌于天下，夫差做吴王时却使吴国灭亡，做了越国的俘虏；秦穆公做秦王时能使秦国威震四海，而秦二世却使秦国灭亡，被杀死在了望夷宫。这些人虽然都是君王，却拥有截然不同的结果，原因就在于他们重用的人不同。因此，周成王还在襁褓之中的时候，就有四方诸侯来朝，这是周公当政的功劳；赵武灵王一生辉煌，却在五十岁时饿死在了沙丘，这是他错用李兑的结果。所以魏国有了公子无忌，得以收复失地；赵国任用蔺相如为相，秦国就不敢轻易出兵攻打赵国；楚国有申包胥，楚昭王才能够复位；齐国有田单，齐襄王才能复国。由此可见，身为一国之君，如果不能陶冶世俗，挑选人才，清楚正邪之臣的利弊得失，掌握称霸称王的要领，最后还能开创功业，留名青史的，从没有听说过这样的事例。”

前沿诠释

君王要想成就霸业，拥有六种“正臣”就会成为一大优势。而作为臣子，除了智慧和仁德之外，需要的品质还有很多：要能够像叔孙通那样懂得通达权变，灵活处事，才能辅佐君王；要能够像韩信那样忍辱负重，等待机遇的降临，才能不负自己安定天下的才华；要能够像陈蕃那样在乱世中敢于承担，不打着归隐遁世的清高旗帜来逃避责任；不能像臧洪那样因个人恩怨而做事冲动……总之，辅佐君王就要心胸宽广，志向高远，能着眼于大局，不过分计较个人名利，不纠结于个人恩怨，以仁德之心对待天下的人，这样就能够和圣明的君王一样名垂不朽。本节这些内容既可以成为人生指导，也可用来判断所用之人是否优秀，是否能帮助自己成就事业。

千里马杨元庆

1984年，中科院计算机所的几名科技人员凑出20万元人民币，创办了一个名为“联想”的公司。这家公司起初只能算是“倒卖”计算机的，如今，联想集团凭借着技术领先的个人电脑产品，已经登上了中国IT业的最高峰。联想的成功不仅让它的创始人柳传志成为家喻户晓的商界领袖，也将这位伯乐发现的诸多千里马推上了商界的舞台，其中就有联想“少帅”杨元庆。

杨元庆，1964年出生于安徽合肥，1986年毕业于上海交通大学，又在中国科技大学拿到了硕士学位，之后就进入了联想集团工作。三年后，杨元庆成为了计算机辅助设备部的总经理。

柳传志的用人原则就是给有上进心、有悟性的年轻人机会，所以杨元庆能在20多岁时成为联想集团CAD部的总经理。在他上任之后，该部门的销售额迅速增长。又过了三年，杨元庆升任联想电脑公司的总经理。在他的领导下，当年联想的品牌电脑的销售额跻身中国市场前三甲之列。由此，只有29岁的杨元庆被业界称为“销售奇才”，成为IT业的名人。此后，杨元庆担任联想微机事业部的负责人，把研发、生产、销售和财政等大权握于一手。那几年正是PC产业发展的大好时机，身为个人电脑业务负责人的杨元庆成了联想的关键人物。事实证明，柳传志没有选错人，自此以后，联想产品的年销售量一直都稳居国内市场的前三名，联想也成了电脑销售榜单前五名中唯一的一个国产品牌。

杨元庆之于联想的分量，不亚于张良、萧何之于大汉王朝。杨元庆不断地完善自我，联想也在这个过程中演绎了中国电脑走向世界的传奇。1997年，联想集团作为中国的自有品牌，第一次打进了亚太地区的前六强。2000年，杨元庆出任联想电脑公司总裁。那一年，联想的电脑销量取得了亚洲个人电脑销量第一的成绩。同年，柳传志将深蓝色的联想旗帜交到杨元庆手里，这意味着这位联想的第一代领导人正式让位，年轻的杨元庆开始登上联想的历史舞台。

杨元庆接过联想的大旗后，树立的第一个目标就是，把联想打造成为全球化的公司。为此，他提出了当时人们觉得“疯狂”的建议——收购IBM的个人电脑业务。当时联想的资产不过30亿美元，而对方则是资产过百亿的国际电脑巨头，连柳传志都表示这么做有一定的风险。这件事一度成为国内最受瞩目的经济事件，支持者有之，反对者有之。无数双眼睛盯着联想的这次大手笔行动，因为许多人明白，并购后一旦发展失败，联想就可能把自己的本部也搭进去，甚至成为中国企业盲目“走出去”的反面教材。但是在无数争议声中，杨元庆坚持了下来，推动了收购计划的进行。并购来的IBM个人电脑部缩小了联想和世界市场的距离，因此获得了大企业客户市场。为了更好地实现联想的国际化，杨元庆举家搬到了美国总部，这对他的能力再度提出了挑战。新的制度和新的环境给杨元庆带来了不少困难，但他凭借出众的才能都一一克服了。从不懂英语到成为以英语为母语的人的上司，杨元庆只用了一年的时间，可见他的勤奋和刻苦。

如今的联想公司，名气越来越大，品牌也越做越强，而杨元庆也已成为一位知名企业家。在这20年来的发展过程中，是联想成就了杨元庆，杨元庆也成就了联想。杨元庆是一个敢于高举大旗，迎接困难，不屈不挠，奋勇向前的人，是一个“明察成败”，转祸为福，“君终已无忧”的“智臣”，他将继续带领联想不断前进。

德表第十一：立德之本，莫尚乎正心

夫天道极即反，盈则损。故聪明广智，守以愚；多闻博辩，守以俭；武力毅勇，守以畏；富贵广大，守以狭；德施天下，守以让。此五者，先王所以守天下也。

经典再现

孔子曰："性相近也，习相远也。"言嗜欲之本同，而迁染[①]之涂异也。夫刻意则行不肆，牵物[②]则其志流[③]。是以圣人导人理性，裁抑流宕[④]，慎其所与，节其所偏。故《传》曰："审好恶，理情性，而王道毕矣。"治性之道，必审己之所有余，而强其所不足。盖聪明疏通者，戒于太察；寡闻少见者，戒于壅蔽；勇猛刚强者，戒于太暴；任爱温良者，戒于无断；湛静安舒者，戒于后时；广心浩大者，戒于遗忘。

《人物志》曰："厉直刚毅，材在矫正，失在激讦[⑤]；柔顺安恕，美在宽容，失在少决；雄悍桀健，任在胆烈，失在多忌；精良畏慎，善在恭谨，失在多疑；强楷坚劲，用在桢干，失在专固；论辩理绎，能在释结，失在流宕；普博周洽，崇在覆裕，失在溷浊；清介廉洁，节在俭固，失在拘局；休动磊砢[⑥]，业在攀跻，失在疏越；沉静机密，精在元微，失在迟慒；朴露径尽，质在中诚，失在不微；多智韬情，权在谲略，失在依违。此拘亢之材，非中庸之德也。"

《文子》[⑦]曰："凡人之道，心欲小，志欲大，智欲圆，行欲方，能欲多，事欲少。"所谓心小者，虑患未生，戒祸慎微，不敢纵其欲也。志大者，兼包万国，一齐殊俗，是非辐辏[⑧]，中为之毂也。智圆者，终始无端，方流四远，深泉而不竭也。行方者，直立而不挠，素白而不污，穷不易操，达不肆志也。能多者，文武备具，动静中仪也。事少者，执约以治广，处静以待躁也。夫天道极即反，盈则损。故聪明广智，守以愚；多闻博辩，守以俭；武力毅勇，守以畏；富贵广大，守以狭；德施天下，守以让。此五者，先王所以守天下也。《传》曰："无始乱，无怙富，无恃宠，无违同，无傲礼，无骄能，无复怒，无谋非德，无犯非义。"此九言，古人所以立身也。

《玉钤经》曰："夫以明示者浅，有过不自知者弊，迷而不反者流，以言取怨者祸，令与心乖[⑨]者废，后令缪前者毁，怒而无威者犯，好众辱人者殃，戮辱所任者危，慢其所敬者凶，貌合心离者孤，亲佞远忠者亡，信谗弃贤者惛，私人以官者浮，女谒公行者乱，群下外恩者沦，凌下取胜者侵，名不胜实者耗，自厚薄人者弃，薄施厚望者不报，贵而忘贱者不久用，人不得其正者殆，为人择官者失，决于不仁者险，阴谋外泄者败，厚敛薄施者凋。”此自理之大体也。故傅子曰：“立德之本，莫尚乎正心。”心正而后身正，身正而后左右正，左右正而后朝廷正，朝廷正而后国家正，国家正而后天下正。故天下不正，修之家；家不正，修之朝廷；朝廷不正，修之左右；左右不正，修之身；身不正，修之心。所修弥近，所济弥远，禹、汤罪己，其兴也勃[10]焉，正心之谓也。

迷津指点

①迁染：性情为习俗所改变。

②牵物：为外物所牵制。

③流：动摇。

④流宕：放荡不羁。

⑤讦：揭发别人的隐私或攻击别人的短处。

⑥磊砢：才能卓越，壮大貌。

⑦《文子》：道家代表人物老子的弟子文子的代表人，其主要记录了老子的思想。

⑧辐辏：形容人或物聚集，就像车辐集中于车毂一样。

⑨乖：违背。

⑩勃：蓬勃，勃发。

古文译读

孔子说：“性相近也，习相远也。”这说的就是，人的嗜好、欲望从本性上来讲其实是相似的，然而因为生活环境、人生经历、所受教育不同，所以产生了千差万别的个性和志趣。总的来说，对自己严格要求、锐意进取的人，行为就不至于放肆不轨；追求物质享受、易受周边环境影响的人，就会丧失远大的志向。所以圣人在教导人、改造人的性情时，会注意克服、抑制人放浪任性的行为，对与人的交往慎重对待，节制他的偏激嗜好。所以《左传》中说：“审察人的好恶，陶冶人的性情，王者之道就全在于此了。”修身养性的办法，必须要看清自己的长处，克服自己的不足。总的原则就是，性格聪明通透的人，要警惕对事物过于明察，防止钻牛角尖；孤陋寡闻的人，要警惕故步自封，把无知当高明；勇猛刚强的人，要警惕遇事过于暴躁；善良温和的人，要警惕对人对事优柔寡断；恬静从容的人，要警惕贻误办事时机；心胸广阔的人，要警惕对任何事情不太留心，马虎健忘。

《人物志》中说："严厉正直、刚正坚毅的人，他的长处是适合去做矫正失误、整顿治理的工作，不足之处是容易偏激，会出现不留情面地攻击别人、揭发别人的隐私的错误；性情温柔随和、安静宽恕的人，他的优点在于宽容大度，缺点则是缺乏下决心的魄力；英勇剽悍、精力健旺的人，优点在于有胆略，性情刚烈，缺点是容易产生妒忌之心；精明能干、缜密谨慎的人，善于恭恭敬敬、兢兢业业地完成自己的任务，缺点是过于多疑，患得患失；坚强刚劲、干劲冲天的人，他的长处在于能起骨干作用，缺点是固执、刚愎自用；善于论证辩驳、推理分析的人，他的优点在于解惑说理、化解矛盾，而缺点却是容易流于夸夸其谈，不着边际；乐善好施、普济博爱的人，优点是交往广泛，左右逢源，缺点是交往时容易良莠不分，是非混淆；清高耿介、廉洁奉公的人，具有艰苦节约、志向坚定的优点，但是过分拘泥于小节、死板教条；注重行动、才能卓越的人，志在攀登高峰，不断超越，不足之处是好高骛远，根基不稳；冷静老练、机敏周密的人，精通细微奥秘的事情，在遇事的时候却比较迟缓怯懦；质朴坦率、一览无余的人，品质上具有忠诚老实的优点，缺点是没有城府，不够细致机密；足智多谋、胸怀韬略的人，做事老谋深算，诡计多端，缺点是容易模棱两可，主意不定。上面列举的这十二种人，都是有用之才，但是都有各自的不足和缺陷，都不是标准适度、德才兼备的人才。"

《文子》中说："做人的大体目标是：心欲追求小，志欲追求大，智欲追求圆满，品行追求方正，能力追求多，事功追求少。"所谓"心小"，是说在祸患还没有发生的时候，就能考虑到预防的措施，在灾祸刚刚显露出征兆的时候，就能提高警惕，进行防备，不会放纵内心的欲望；所谓"志大"，是说兼并万国，统一风格，万方辐辏，以我为中心；所谓"智圆"，意思是说智慧要圆融无隙，像圆一样找不到起点和终点，但是能够包容四方，又像地底深处的泉水，永远不会枯竭；所谓"行方"，意思是说行为要正直端方、不屈不挠，品行纯洁清白，不被世俗丑恶污染，即使被窘困环境所迫，也决不改变情操，等到飞黄腾达时，又不会被冲昏头脑，为所欲为；所谓"能多"，是说一个人文武兼备，不论是在有所作为还是静寂无为的时候，都能使自己的言行合乎道德规范；所谓"事少"，是说为政处事深得要领，能够以简约的办法来处置纷繁的事情，善于以静制动，以静待躁。天道运行的规律是物极必反，盈满则亏，所以做人要想具有大聪明、大智慧，就必须用愚鲁的方式来固守；要想保持多闻广见、博学明辨的优势，就必须用收敛简约的方式来固守；要想保持武勇刚毅的优势，要以敬畏的方式来固守；要想保持富贵显赫、广有天下的优势，就要以减削节制的方式来固守；要想兼济天下，德泽苍生，就要以谦让的方式来固守。这五条原则，就是从前贤明的君王之所以能守卫天下的秘诀。《左传》中说：“不首先制造混乱，不因富贵荣耀侮辱人，不依仗靠山或是权势胡作非为，不别出心裁，不傲慢无礼，不恃才自傲，不经常发怒，不去谋取不道德的事物，不去做不仁义的事情。”这九条，就是古人赖以立身的原则。

《玉钤经》中说：“一个人动不动就显示自己的本事，只能证明这个人很浅薄；有了过错却不自知，只能证明他的愚昧；执迷不悟、不知悔改的，就会随波逐流；出言不逊、招人怨恨的，只会招致大祸；言行不一、口是心非的，大家肯定要抛弃他；前后不一、掩盖过失的，注定要灭亡；表面愤怒却没有威慑力量的，就会受到侵犯；好在大庭广众下侮辱他人的，一定会遭殃；肆意戮辱部属的，处境就变得危险了；对应该敬重的人轻慢，将会带来凶险；与别人相处却貌合神离、阳奉阴违，将会导致自己处于孤立的境地；亲信奸佞的人，疏远忠实的朋友，这种人必然灭亡；听信谗言、抛弃贤良，只会使自己变得昏庸无知；用封官许愿来笼络人的，他就会失去事业的基础；让女子去拜见官员、办理公事的，一定会造成混乱；部下暗中接受了外人的恩赐，斗志就会沉沦；欺凌弱小而取得胜利，是侵略的举动；有名无实、假报功绩的，实力会逐渐被耗损；厚待自己却克扣下属的，最终要被抛弃；给别人一点微薄的好处就希望人家重重报答的，到头来都会落空；富贵之后就忘记贫贱之时遭遇的，就会好景不长；使用的人不正派，是很危险的；替别人举荐官员，是不明智的行为；让不仁不义的人给自己出谋划策，是非常危险的；密谋的事情泄露，肯定要失败；向人民征收得多，用之于人民的少，只会导致民生凋敝。”以上这些都是进行自我修养时必须警觉的大道理。所以，傅子说：“立德的根本没有比‘正心’更重要的。”只有先心正之后才能做到身正，自己身正而后才能让左右的人正，左右的人正而后才能使朝廷正，朝廷正而后国家才能正，国家正而后天下才能正。所以说，天下不正要从修正国家做起；国家不正要从整顿朝廷做起；朝廷不正要从管理左右做起；左右不正，当皇帝的就要从加强自身修养做起；自身不正要从修正心灵做起。修养的对象越切近，那它带来的影响就会越久远。大禹、成汤能责备自己，所以才国家兴旺，显得生气勃勃，这就是“正心”的缘故。

前沿诠释

中国的传统文化非常注重修身修德，本篇的内容就是要求人们要具有大聪明、大智慧以及高贵的品质。在现实生活中，人们的性情往往有着各种各样的缺陷，世界上并不存在完美的人或者是完美的性格，但是人可以通过纠正性格偏差来完善自己的品行。

对于现代人来说，“德表第十一”可以作为我们纠正自己性格偏差的模板，从而对自己的优缺点有清醒的认识，并不断改进。一个人只有有了好的性情，才能在成功的道路上走得更远、更稳。

性格决定命运：当自恃的孔融遭遇乱世

今天的人之所以会熟悉孔融，是因为我们儿童时期听到的“孔融让梨”的启蒙故事，自此，我们便知道了这个4岁时就已经知道谦让的汉末名人。然而，孔融成人之后，却不再像幼时那样可爱，反而成为乱世中的一个“刺头”。因为他的某些性格缺陷，导致他在这个乱世中难以存身，最终于建安十三年八月，被曹操以“欲规（谋划）不轨”的罪名弃市，妻子儿女也同时遇害。

孔融出身名门，他来自中国最大的世家——孔家。孔子一脉在汉朝已经成为名门，孔融就是孔子的第二十世孙。因为家学渊源，博学多闻，他成为一代名儒。他的勤奋和品行也具有儒家后人的风范。

孔融虽然被当世人认为是有德之人，好似浊世中的清莲，但他的性情并不完美，有着致命的缺陷。这个以至孝至善的美德而闻名于世的儒家嫡系传人，在平常生活中却有着恃才傲物、不谙世事的个性。

孔融位列东汉末年“建安七子”之首，是著名的文学家，在当时以气节著称。在孔融16岁的时候，东汉朝堂正值“党锢之祸”，宦官专权，大肆捕杀正直之士。官员张俭（即那位“望门投止”的名人）因为被通缉，逃到了孔家，投奔孔融的兄长孔褒。不巧孔褒不在家，孔融便将张俭藏了起来。后来事情败露，张俭逃亡，孔家两兄弟被捕。结果兄弟二人争夺罪名，都说是自己窝藏了人犯，与对方无关，他们的母亲也来投案说自己是家长，应该负责，闹得“一门争死”。孔家的孝义因此名传天下，孔融也因此成名。

出仕之后的孔融不改其正直的本色，屡次弹劾奸佞，差点被大将军何进派刺客杀死，后来又与中丞赵舍不和，曾两次辞官。在董卓乱政之时，孔融经常与董卓激烈地辩驳，使得董卓对他怀恨在心。这些事情不但说明了孔融具有不愿同流合污的节操，而且也说明他性情过于刚硬，不会变通，这在权者为王的时代，无异是一种找死行为。

后来，汉献帝被曹操挟持到了许都，孔融再次被朝廷征召，成了曹操的部下。孔融很看不起袁绍和曹操这种地方权臣，曾公开表露出自己的不满。或许这就是孔融后来被曹操杀掉的最主要原因。历史考证说，曹操一开始是比较重用孔融的。为了巩固统治，曹操推行了“唯才是举”的用人方针，选人时只看才干，不避仇怨。陈琳曾经为袁绍写讨伐曹操的檄文，在檄文中将曹操从这一辈到父辈都骂得狗血淋头，然而曹操俘虏陈琳之后照样任用他为官，半点没责怪；徐歙、毛晖二人本为曹操部将，在背叛曹操后被俘，曹操同样既往不咎。所以说，如果不是孔融闹到了一定的程度，曹操是不会杀这样一位名士的。

孔融的“名士之风”着实害人不浅。他一心效忠汉室，自命清高，不愿与人同流合污，表现在行为上就锋芒毕露，行为怪诞，处处与当权者对着干。这种做法无论是从为人处世之法还是从生存智慧上看，都是一种比较愚笨的行为。

孔融结识了当时的一位“狂士”祢衡，他们都恃才傲物、疾恶如仇、不拘礼法，于是两个人惺惺相惜，引为知己。祢衡年纪轻轻却十分狂傲，好侮慢权贵，曾经在曹操设的宴会上脱光衣服击鼓，将曹操的部下尽数辱骂一番，此举使得曹操非常生气。孔融的行为只比祢衡收敛一点点，但同样也是不把别人放在眼里。

孔融在汉末乱世中可以说是一位才子，却很难说是一位能臣，他的建树主要体现在文学和口才方面，而在军事领域和经济领域基本没做出过像样的政绩。曹操本来对孔融很器重，但是在政治军事方面要进行重大决策时，孔融就表现得华而不实，总是提出一些不切实际，甚至迂腐的建议，对于稳定社会形势和开拓霸业毫无用处。因此，曹操对于孔融恶劣脾气的容忍也随着孔融之“才”的消磨而消磨。

孔融、祢衡、杨修等人都属于儒家清流派的领袖人物，在汉末有很高的地位，曹操招揽他们也是出于一定的政治目的。孔融曾经对曹操匡扶汉室有过幻想，但是结果显然他失望了，于是他便开始处处和曹操对着干。当时曹操为了节约粮食，在北方自己的势力范围内颁布禁酒令，而当时刘备一方也在实施禁酒令，孔融却只反对曹操，这明显是在发泄对曹操的不满。

在东汉末年的政治风云中，曹操杀孔融可以说是一件不小的事情，曹操也因此被冠上了心胸狭隘、残暴不仁之名。但是回顾这段历史，人们就会发现，孔融的作为并不符合儒家的中庸之道，而这也恰恰成为他被杀的重要原因。

理乱第十二：明道理乱，匡世辅政

夫能匡世辅政之臣，必先明于盛衰之道，通于成败之数，审于治乱之势，达于用舍之宜，然后临机而不惑，见疑而能断。为王者之佐，未有不由斯者矣。

经典再现

夫明察六主，以观君德；审惟九风，以定[①]国常；探其四乱，核[②]其四危，则理乱可知矣。

何谓六主？荀悦曰："体正性仁，心明志同，动[③]以为人，不以为己，是谓王主；克己恕躬，好问力行，动以从义，不以从情，是谓治主；勤事守业，不敢怠荒，动以先公，不以先私，是谓存主；悖逆交争，公私并行，一得一失，不纯道度，是谓衰主；情过于义，私多于公，制度逾限，政教失常，是谓危主；亲用谗邪，放逐忠贤，纵情逞欲，不顾礼度，出入游放，不拘仪禁，赏赐行私，以越公用，忿怒施罚，以逾法理，遂非文过[④]，而不知改，忠言雍塞，直谏诛戮，是谓亡主。"

何谓九风？君臣亲而有礼，百寮[⑤]和而不同，让而不争，勤而不怨，唯职是司，此礼国之风也；礼俗不一，职位不重，小臣谗疾，庶人作议，此衰国之风也；君臣争明，朝廷争功，大夫争名，庶人争利，此乖国之风也；上多欲，下多端，法不定，政多门，此乱国之风也；以侈为博，以伉[⑥]为高，以滥为通，遵礼谓之拘，守法谓之固，此荒国之风也；以苛为察，以利为公，以割下为能，以附上为忠，此叛国之风也；上下相疏，内外相疑，小臣争宠，大臣争权，此危国之风也；上不访下，下不谏上，妇言用，私政行，此亡国之风。

何谓四乱？管子曰："内有疑妻之妾，此家乱也；庶有疑嫡之子，此宗乱也；朝有疑相之臣，此国乱也；任官无能，此众乱也。"

何谓四危？又曰："卿相不得众，国之危也；大臣不和同，国之危也；兵主不足畏，国之危也；民不怀[⑦]其产，国之危也。"此治乱之形也。

凡为人上者，法术明而赏罚必者，虽无言语而势自治；法术不明而赏罚不必者，虽曰号令，然势自乱。是故势理者，虽委之不乱；势乱者，虽勤之不治。尧、舜拱己无为而有作，势理也；胡亥、王莽驰骛[⑧]而不足，势乱也。故曰，善者求之于势，不责于人。是故明主审法度而布教令，则天下治矣。

论曰：夫能匡世辅政之臣，必先明于盛衰之道，通于成败之数，审于治乱之势，达于用舍之宜，然后临机而不惑，见疑而能断。为王者之佐，未有不由斯者矣。

迷津指点

①定：判定。

②核：核准。

③动：有所作为。

④遂非文过：掩饰错误和过失。

⑤寮：官员。

⑥伉：骄纵，傲慢。

⑦怀：关心。

⑧驰骛：乱跑，奔驰。

古文译读

分辨清楚六种类型的君主，就可以用这些标准去考核许多皇帝的德行如何；审察出九种类型的国家风气，就能判断一个国家的国情；探讨一国的“四乱”“四危”，一国的治乱状况便可一目了然。

什么是“六主”？东汉末的史学家荀悦说：“以身作则，天性仁慈，心智清明，志在天下大同，所作所为都是为了人民，而不是为满足自己的私欲，这是‘王主’；能克制个人私欲，性格宽厚，做事身体力行，勤学好问，办事遵循仁义原则，不感情用事的，这是‘治主’；勤政爱民，守护祖宗基业，丝毫不敢荒疏懈怠，处理事情先公后私，这是‘存主’；做事违背众人的意愿，朝廷里的奸邪争权夺利，公事私事不加区分，做事时常得失相伴，不符合道德和法度，这是‘衰主’；情欲压倒了礼义，私利重于公益，国家制度制定得超过了界限，政治教化失去了常规，这是‘危主’；亲信和任用那些谗害忠良的小人，迫害放逐德才兼备的忠臣，放纵情欲，不顾忌礼教法规，出入游乐不受规章制度的约束，以个人的好恶和私情赏赐亲信，而完全不顾法理，生气时乱加刑罚，从不依据法律，文过饰非，有错不改，不听忠臣的意见，杀害直谏的大臣，这是‘亡主’。”

什么是“九风”呢？君臣之间亲近有礼，文武百官虽有不同政见但能够和睦相处，互相谦让，不争名夺利，办事勤勉而不互相埋怨，一心一意把自己职责范围内的工作做好，这是“礼国之风”；礼教风俗还未统一，当官的不受敬重，基层的官员攻击国家弊病，平民百姓议论纷纷，这是“衰国之风”；君臣之间争荣誉，朝中大臣之间争功劳，士大夫之间争名声，老百姓之间争私利，这是“乖国之风”。做国君的私欲泛滥，做臣下的作恶多端，法规不能稳定，国家权力分散，政令由许多部门发出，这是“乱国之风”；把奢侈无度当做博大，把骄纵当做高贵，把自由散漫当做开明，遵守礼义被认为是顽固拘谨，奉公守法被认为是故步自封，这是“荒国之风”；把苛责当做精明，把获利当做公心，把宰割老百姓当做能耐，把阿谀媚上当做忠诚，这是“叛国之风”；上下隔阂，内外猜疑，小官吏争相讨上司的欢心，做大官的争夺权力，这是“危国之风”；做国君的不深入地方了解情况，做臣下的也不向上反映意见，对妻子的话唯唯诺诺，国法不能执行，却用私法，这是“亡国之风”。

什么是“四乱”呢？管仲说：“家中有疑忌正室的小妾，这是家乱；庶子里面有疑忌嫡子的，这是宗乱；朝廷里有疑忌宰相的大臣，这是国乱；任命的官吏无能，这是众乱。”

什么是“四危”呢？管仲又说：“一是公卿和相国得不到众人拥护，国家就危险了；二是大臣们不能同心协力，国家就危险了；三是统率士兵的主帅不足以让敌人畏惧，国家就危险了；四是人民不关心生产，国家就危险了。”这些就是治与乱的情形。

作为统治者，一定要做到政策、法规严明，赏罚必定兑现，虽然不用多说什么，也能够使局势自然达到大治；如果法令、策略不明，赏罚又不兑现，即使大大发号施令，也必然要大乱。因此，体制合理，顺其自然，即使把事情都交给别人办，国家也不会发生动乱。相反，把事务弄得千头万绪、局势不明的，即使手忙脚乱，勤勉劳作，也不会治理好。尧舜垂拱，无为而治，因为其体制是治理的格局；胡亥、王莽奔驰忙碌，都阻止不了天下大乱，因为其体制就是致乱的格局。因此，我们说，善于治理国家的人往往致力于造就对己有利的态势，对人不求全责备。所以，英明的治国者会反复研究审视法律制度，而后颁布命令，天下就会实现大治。

论者说道：能够匡扶世道人心、辅佐国家大政的权臣，必须首先明白盛衰的道理，精通成败的奥秘，研究会导致大治或大乱的体制根源，通晓官吏任用和罢免的规矩，这样才能在关键问题和突发问题上不迷惑，遇到疑难、棘手的问题能够决断。要想真正成为君王的得力辅佐者，古往今来，没有不首先从这里做起的。

前沿诠释

本篇主要讲述的是如何察觉“乱象”，如何治理这种“乱象”。关于“乱象”，文中提到的有家乱、宗乱、国乱、众乱，但是把重点放在了国乱上面。当一个国家的统治者日益腐化，纲纪废弛，官员百姓开始自由散漫、荒淫无耻的时候，就已经显示出亡国之兆了。同理，无论是一个家族、一个企业还是其他各种组织，都可能会面临一些问题和隐患，从而出现不稳定的情况。为了解决这种问题，就要明察而审慎地处理现实中的一些问题，及时发现隐患，采取合理的措施。在这部分内容中，作者提出了法治的重要性，强调单纯靠“人治”是不行的，因为人有各种能力缺陷，而且可能随着时间和环境的变化而堕落，而法治的效果则更好一些。

王安：神话的崛起与陨落

提起王安，一般人可能多少会有些陌生，然而IT行业的人都知道，他曾创造了一个遗憾衰落的科技神话。他创办的王安电脑公司曾经占据了美国电子行业的重要位置，却在成功经营30多年之后突然陷入危机，无奈破产。探究原因，我们会发现，王安公司的破产与王安的经营存在问题有着非常大的关系。

王安原籍江苏，于1948年获得哈佛大学应用物理学博士学位。他是一个非常有能力、有雄心的人，曾经发明了“磁芯记忆体”，这项发明具有划时代的意义。然而，那个时候，华人在美国的地位不高，王安更是在IBM公司受到过侮辱，这些都激发了他的自强之心，他下定决心要在美国打出一片天下，同时也把IBM作为自己公司的终身敌人。

这样的雄心壮志使得王安在公司起步初期锐意进取。他成立了王安实验室，不断研发新产品，后来这个实验室就成了王安电脑公司的标志，也成了华人科技界的一面旗帜。

在长达30年的辉煌时期，王安创办的电脑公司成为在美国的华人的骄傲，公司的发展在1986年达到了顶峰。在这一年，王安电脑公司在美国《幸福》杂志所排列的全美500家大企业中排名第146位，而王安本人的个人资产也使他成为美国第八大富豪。比尔·盖茨曾经不无遗憾地说过，如果王安电脑公司的神话能够继续下去的话，世界上就没有微软了。

然而，王安电脑公司的管理存在着难以忽视的弊端，这些弊端使得表面风光的王安电脑公司内部存在着严重的危机。作为一个接受过中国传统教育的华人，王安受传统文化的影响很深，虽然他也在公司管理上应用了美国的现代管理模式，但在本质上，他喜欢的却是中国古代的权谋之术。于是，王安在管理自己的公司时，就像曹操一样，用个人权威稳定住了有才华的中层人员，维持着这个公司的秩序。此外，和美国人对着干的心态一直阻碍着王安电脑公司的发展，并在王安本人年老之后酿成了灾难。

20世纪80年代，美国计算机工业发生了一场新变革，个人电脑开始崛起。然而王安对此却不以为然，他放弃了进军个人电脑领域的机会，继续研发新的文字处理机等办公电子产品，而在电脑方面，他则集中人力和财力开发高档计算机。

然而，几年之后，个人电脑市场显示出强大的需求量，并迅速发展壮大起来，包揽了文字处理机的功能，将原本属于办公产品的市场挤占了大半。

一步没有赶上也不必惊慌，还可以奋起直追。王安电脑公司的确这样做了，他们研制出了性能强大的个人电脑，并很快将之推向了市场。然而，王安与老对头IBM公司却在这个时候打起了擂台。王安公司生产的电脑速度是IBM电脑的三倍，本来具有很强的竞争优势。然而，王安却做出了一个与时代潮流反向的决策：宣布王安公司的电脑与其他公司出产的软件不能兼容。于是，当IBM的电脑已经可以装100多种软件时，王安公司的电脑还是只能用本公司的软件。

因为自己曾经在IBM受到过不公正的对待，王安从创业之初就与IBM对着干，他的这种仇视态度也影响了公司以后的发展。等到他年老的时候，因为公司与IBM对立已久，二者之间完全失去了合作的可能。后来，王安采取了围追堵截的方式与IBM竞争，还一度想联合微软对付IBM，可惜没有成功。

王安的个人化情绪使得公司在运行中存在着一个巨大的缺陷，那就是没有同盟。从近年来IT行业爆发的大战中，我们不难看出，一个公司要想在势力纵横交错的竞争中取得胜利，就必须尽可能地排除敌人，与合作者建立同盟关系。但是王安的复仇心理却把王安电脑公司拖向了狭窄的发展境地。

到了晚年，王安的个人意识已经严重到了阻碍公司发展的地步。他曾经傲慢无礼地对待英特尔的CEO格罗夫，导致王安电脑公司与英特尔之间变得水火不容。20世纪70年代初，英特尔公司刚刚成立几年，格罗夫为了促销英特尔公司生产的1兆位磁泡存储器，来到了王安实验室，与他进行会谈。然而，王安对这个新兴公司却表现得不屑一顾。格罗夫问他："王安博士，作为磁芯存储器的发明者，您对磁泡存储器的应用有什么高见?"谁知，王安却说："如果你在这之前问我，可能就不会做出这种东西了。"他对英特尔的产品价值不予丝毫的肯定。在会谈过程中，王安还频频接电话，把格罗夫晾在一边。事后，格罗夫在这次的出差报告中写道："我害怕的是我将被他那深沉的打哈欠声所淹没。"10年之后，英特尔成了微处理器市场的霸主，他们和王安电脑公司的关系极差。

王安注重个人作用的经营态度还表现在对公司人事的安排上，他的权谋哲学与以创新为目标的现代企业制度是相互抵触的。他的判断力日益下降，却依然紧紧抓着公司大权不放，并致力于扶持两个儿子来接班。王安曾经公开宣布："我是公司的创始人，我要保持我对公司的完全控制权，使我的子女能有机会证明他们有没有经营公司的能力。"1986年，王安不顾众多董事和部属的反对，将36岁的儿子王烈送上了公司总裁的宝座。然而，他的儿子并不适合做公司领导者，骨干人员纷纷离职，公司迅速出现危机。然而，王安很快又安排了另一个儿子做副总裁，此举再次激怒了公司上下的员工，高层管理人员纷纷离职。

王安电脑公司发展到后期，公司技术开发人员之间的关系比较僵，对于开发项目迟迟不能达成一致的意见。同时，由于王安执拗的家族观念，有才能的管理人员被排斥在了总裁位置以外。最终，一切的矛盾都在20世纪80年代末90年代初爆发，王安电脑帝国最终在1992年走到了尽头。这个计算机行业的巨人在短短数年之内倒下，令人不胜欷歔。而这一切，与王安个人的行为有着密切的关联。

卷三·权变

本卷共四篇，含《反经》《是非》《适变》《正论》，主要讲述了对是非正反的辨析，虽然着墨不多，却是全书的灵魂所在。《长短经》之所以又被称为《反经》，就是因此卷中有一篇《反经》而得名。

反经第十三：物极必反，明察秋毫

用得其道则天下理，用失其道而天下乱。故知制度者，代非无也，在用之而已。

经典再现

臣闻三代之亡，非法亡也，御[①]法者非其人矣。故知法也者，先王之陈迹，苟非其人，道不虚行。故《尹文子》曰："仁、义、礼、乐、名、法、刑、赏，此八者，五帝三王治世之术。"故仁者，所以博施于物，亦所以生偏私。义者，所以立节行，亦所以成华伪。礼者，所以行敬谨，亦所以生惰慢。乐者，所以和情志，亦所以生淫放。名者，所以正尊卑，亦所以生矜篡。法者，所以齐众异，亦所以乖名分。刑者，所以威不服，亦所以生凌暴。赏者，所以劝忠能，亦所以生鄙争。

《文子》曰："圣人其作书也，以领理百事，愚者以不忘，智者以记事；及其衰也，为奸伪，以解有罪而杀不辜。其作囿[②]也，以奉宗庙之具，简士卒，戒不虞；及其衰也，驰骋弋猎，以夺人时。其上贤也，以平教化，正狱讼，贤者在位，能者在职，泽施于下，万人怀德；至其衰也，朋党比周，各推其与，废公趋私，外内相举，奸人在位，贤者隐处。"

《韩诗外传》曰："夫士有五反：有势尊贵，不以爱人行义理，而反以暴傲；家富厚，不以振穷救不足，而反以侈靡无度；资勇悍，不以卫上攻战，而反以侵凌私斗；心智惠，不以端计教，而反以事奸饰诈；貌美好，不以统朝莅人，而反以蛊女从欲。"

太公曰："明罚则人畏慑，人畏慑则变故出。明察则人扰，人扰则人徙，人徙则不安其处，易以成变。"

晏子曰："臣专其君，谓之不忠；子专其父，谓之不孝；妻专其夫，谓之嫉妒。"韩子曰："儒者以文乱法，侠者以武犯禁。"子路拯溺而受牛谢。孔子曰："鲁国必好救人于患也。"子贡赎人而不受金于府。孔子曰："鲁国不复赎人矣。"子路受而劝德，子贡让而止善。由此观之，廉有所在，而不可公行。

慎子曰："忠未足以救乱代，而适足以重非。"何以识其然耶？曰，父有良子而舜放瞽叟[③]，桀有忠臣而过盈天下。然则孝子不生慈父之家，而忠臣不生圣君之下。故明主之使其臣也，忠不得过职，而职不得过官。

鬼谷子曰："将为胠箧[4]探囊[5]发匮[6]之盗，为之守备，则必摄缄縢[7]，固扃鐍[8]，此世俗之所谓智也。然而巨盗至，则负匮揭箧，担囊而趋，唯恐缄縢扃鐍之不固也。然则向之所谓智者，有不为盗积[9]者乎？其所谓圣者，有不为大盗守者乎？"何以知其然耶？昔者齐国，邻邑相望，鸡狗之音相闻，罔罟[10]之所布，耒耨之所刺，方二千余里。阖四境之内，所以立宗庙社稷，治邑屋州闾乡里者，曷尝不法圣人哉！然而田成子一朝杀齐君而盗其国，所盗者岂独其国耶？并与圣智之法而盗之。故田成子有乎盗贼之名，而身处尧、舜之安，小国不敢非，大国不敢诛，十二代而有齐国。则是不乃窃齐国，并与其圣智之法，以守其盗贼之身乎？

跖之徒问于跖曰："盗亦有道乎？"跖曰："何适而无有道耶？夫妄意室中之藏，圣也；入先，勇也；出后，义也；知可否，智也；分均，仁也。五者不备而能成大盗者，天下未之有也。"

由是观之，善人不得圣人之道不立，盗跖不得圣人之道不行。天下之善人少，而不善人多，则圣人之利天下也少，而害天下也多矣。由是言之，夫仁、义、礼、乐、名、法、刑、赏，忠孝贤智之道，文武明察之端，无隐于人，而常存于代。非自昭于尧汤之时，非故逃于桀纣之朝。用得其道则天下理，用失其道而天下乱。故知制度者，代非无也，在用之而已。

迷津指点

①御，统治，治理。

②囿：古代帝王养禽兽的园林。

③瞽叟：失明的老人。指传说中舜的父亲。

④胠箧（qū qiè）：胠，从旁边打开。箧，竹子做的箱子。这里是指把箱子打开。

⑤探囊：掏摸囊袋。

⑥发匮（guì）：匮，通"柜"，是一种木制的匣子。这里指打开匣子。

⑦摄缄縢：摄，系结，缠绕。缄縢，绳索。这里是指捆紧绳索。

⑧扃鐍（jiōng jué）：扃，门窗、箱柜上的开关。鐍，箱子上加锁的铰纽。这里统指箱子铰钮。

⑨积：收拾清理好物资。

⑩罔罟（gǔ）：渔猎的网具。

古文译读

我听说夏、商、周三个朝代之所以消亡，并不是因为法规制度不当而亡，而是因为执政的人不是合适人选。这说明所谓的法制，也就是执行前代圣君的主张、路线，如果没有遇到合适的人选，正道废弛，就难以真正贯彻实行。所以《尹文子》中说：“仁、义、礼、乐、名、法、刑、赏，这八种措施，是五帝（黄帝、颛顼、帝喾、唐尧、虞舜）和三王（夏禹、商汤、周文王）治理国家的基本策略。”仁爱这种政治主张，本来是要一视同仁地爱护全国百姓，可是在实行的过程中也会生出偏心来鼓励某些人的私欲。树立节义这种品德，本意是要求守节立行，结果成了某些人哗众取宠、背弃大节的借口。礼仪规矩的建立，是为了让人们在言行中注意恭敬严谨，却也会同时产生懒惰和散漫。音乐艺术，本来是陶冶性情，柔和心灵的好东西，但是也会令人淫逸放浪。名位等级的设立，是为了对身份的高低有个明确的划分，但是也会因此产生骄慢、篡夺的野心。制定法律法规，是为了使人们的行为整齐如一，但是也可以使人违背法律，做出大奸大恶的事。刑罚的运用，本来是要威慑不服从法律的人，但是执法的人反而可能会滥用刑罚丧失人性，压榨虐待百姓，制造冤假错案。运用奖赏，本来是为了劝勉人忠心效力，但是也会导致人们之间的纷争。

《文子》中说：“古代有大本领的人创造出文字来，为的是领会、处理天下事，使愚笨的人不会忘记，使聪明的人用以记载史实。但是世道衰败之时，他们却经常把学到的文化知识作为自己为非作歹、作奸犯科的工具，从而为有罪的人开脱罪责，冤杀无辜的人。修建皇家园林，是为了供奉宗庙、祭祀祖宗灵位，检阅训练士卒，以防意外变故。但是到了国力衰落的时候，园林便丧失了原来的意义，变成了王侯贵族驰骋打猎的地方，因此贻误了农时。崇尚、任用贤才，是为了推广教化，使狱讼公正，有道德有觉悟的人能够在位指导，有才能有经验的人管理各行各业，以便使君王的恩泽博施于下层百姓，举国上下就会感怀君主的恩德。但当世道衰微之时，推荐贤才之举，便成为人们结党争权，党同伐异的借口，他们各自推举自己势力中的人，把国家利益置于脑后，经营私人势力，操纵权柄，奸人当上高官，真正贤德的人下野。”

《韩诗外传》中说：“古代的士大夫有五种与其本意相反的情况：有些人在有了势力，地位也尊贵了之后，本应爱护别人，通情达理，实际上却恰恰相反，变得不近情理，残暴不仁。家道富裕以后，本应周济贫困，扶危急难，实际上反而因此骄奢淫逸，挥霍无度。年轻力壮，勇猛剽悍，不是凭借它去保家卫国，而是好勇斗狠，欺凌弱者，聚众斗殴。有发达的智慧，不是致力于治国用兵的良策，反而使奸作诈，颠倒是非。相貌堂堂，风度翩翩，不是在朝中认真做官，为人表率，反而去蛊惑女性，行淫纵欲。”

姜太公说：“刑罚严明，国人就会被弄得战战兢兢，国人战战兢兢反而要出乱子。明察秋毫，人们就会烦躁不安，烦躁不安就容易导致人员流徙。人员流徙就容易导致大家迁移到别处，不再安居原地，这样就容易发生动乱。”

齐国的名相晏婴说：“臣子博得君主的专宠，那就是不忠；儿子获得父亲的偏爱，那就是不孝；做妻子的霸住丈夫独专其房，这就是嫉妒。”韩非子说：“读书人舞文弄墨会扰乱国家的法令；任侠的人常常靠武力解决问题，这是对国家法令的破坏。”孔子的学生子路有一次救了一个溺水的人，接受了人家一头牛的谢礼。孔子知道后就说：“子路做得对，以后鲁国的人都愿意救人于危难之中了。”孔子的另一个学生子贡赎回了在外做奴隶的鲁国人，却没有按照当时的政策接受官府给的赎金。孔子说：“以后鲁国会因此没人肯掏钱赎买奴隶了。”子路做好事收了礼，是鼓励大家都做好事，倡导了好的社会风气，这是劝人为善。子贡不收人家的赎金，反而堵塞了行善的道路。由此看来，讲廉洁谦让也是分场合的，并非可以不分场合、地点等具体情况而广泛推行。

战国时的法家慎子说过：“做个忠臣不足以救乱世，相反，如果是处在一个混乱的时代，忠臣只会加重混乱。”如何理解这个道理呢？舜的父亲很坏，却生了舜这个好儿子。舜的父亲一次次要把亲生儿子舜置于死地，舜每次都逃过了劫难，而且也原谅了父亲。夏朝的朝堂上出了不少忠臣，结果使桀的过错显得格外突出、罪恶滔天。因此孝子不会出在慈父之家，忠臣不会产生在圣君执政的时代。一个英明的君主在懂得这个道理后，就会要求部下在尽忠的同时不能过分，所负的职责不能超越官职范围。

鬼谷子说：“做小偷、扒手一类的盗贼，或是偷翻箱笼，或是掏别人的布袋，或是打开柜子偷盗。为了预防这些小偷，人们会捆紧口袋，牢牢锁住箱子。这种防盗的做法，历来被世俗的人们当做智慧的表现。但是一旦大盗来了，他们会把财物和箱笼一起带走，这时大盗唯恐你捆得不紧，锁得不牢呢。既然这样，那么上面所说的这些聪明的举动，不正是在为大盗储蓄、保管财富吗？世俗所称的圣主贤臣，不是都成了窃国大盗的守护者了吗？”为什么这么说呢？从前，齐在姜太公的治理下，城镇相连，能听到热闹的鸡鸣狗叫声，市场上摆满了新鲜鱼类，田野耕作繁忙，方圆可达两千余里。举国上下，建立宗庙，创立国家典章制度，组织规划城镇乡里，哪一样不是依照他们的开国圣人姜太公的做法去做的呢。然而田成子在一朝之内杀了齐简公，窃据了齐国。田成子到手的难道只是齐国吗？他还把齐国几百年间形成的神圣明晰的政治制度都偷过来了。所以田成子在历史上被称为窃国大盗，但他夺权之后就像尧、舜一样，安安稳稳地做了齐国的国王，小国不敢非议他，大国不敢攻伐他，他的国君宝座传了十二代。由此看来，这难道不是田成子偷了齐国的江山，还偷了姜太公开创的政治制度，而这些法规又反过来保护了这个窃国大盗吗？

强盗头盗跖的手下问他："当强盗也有道吗？"盗跖说："天下什么事能离得了道呢？偷盗前能够估计室中有多少财宝，这就是'圣'；动手的时候，让别人在后面，自己先进去，这就是'勇'；别人撤退完之后自己再走，这就是'义'；判断某处可不可以去抢盗，什么时候去才能成功，这就是'智'；东西到手之后分配平均，这就是'仁'。不具备这五种品质而能够成大盗的，我还从来没有听说过这样的事情。"

由此看来，好人不掌握圣人之道就难以立身处世；盗跖不掌握圣人之道就难以行盗。可是天下到底是好人少，坏人多，所以好人用这些原则做好事，给天下众生带来的利益少，而坏人利用这些原则为祸天下的就多了。综上所述，仁、义、礼、乐、名、法、刑、赏，还有忠、孝、贤、智这些做人的基本原则，文韬武略、审时度势这些世俗才智的运用，可以在各种人身上表现出来，而且是代代都存在的，并不是说在尧、汤这样的圣明君主时代就自动出来，到了夏桀、商纣这样的昏庸君主时代就故意离开社会。关键在于如何使用它：这些原则用得好就天下大治，用得不好就会天下大乱。由此可知，任何制度，每个朝代都有，关键在于使用的方法不同、效果不同而已。

前沿诠释

在"反经第十三"中，作者拿"反"大做文章，论述了许多本应得到良好结果的事物最终却事与愿违。世上的事情没有绝对的好与坏，无论是回顾历史，还是研究现在，政治制度、行为准则、才智韬略、思想哲学等都可能因为不同的形势或背景而产生差异性的后果。如果换个角度来看问题，我们就会发现许多所谓的"标准"可能已经过时，必须及时作出调整。如何根据形势的变化调整做事情的方式，改变自己的思维方式，是每一个人需要思考的内容。

宋襄公，不应当被嘲笑的仁义之君

在现代社会，人们说起迂腐的人，经常会拿春秋时期的宋襄公做例子，说他假仁义、真迂腐，败军身死，最终成为千古笑柄。那么，这个宋襄公到底做了什么事情，使自己得到了这样的评价呢?

宋襄公，子姓，名兹甫，是春秋时期宋国的君主，也是一位比较有作为又非常具有仁义之心的国君，曾经被部分史书列为“春秋五霸”之一。

周襄王九年（前643）十月初七，齐桓公去世。齐桓公生前极为宠信易牙、竖刁、开方三个佞臣，给予他们高官厚禄，结果，这三个人在齐桓公死后没多久就结党作乱，废掉了继位的公子昭。公子昭逃到宋国求助，一向注重仁义的宋襄公想到：齐桓公曾经将这个孩子托付给我，如今对方有难，怎能不帮？而且此时齐国是诸侯中的强国，帮了它对自己以后的霸业的建立有利。于是，宋襄公就向诸侯发布公告，要护送公子昭回齐国去当国君，请诸侯共同出兵以壮声势。然而，宋襄公高估了自己的实力，他的号召得到的回应并不多，只有卫、曹、邾几个比宋国还小的国家派了人马过来。宋襄公就率领着这样的一支人马杀往了齐国。齐国的贵族对公子昭比较有感情，于是就杀了佞臣，迎接公子昭回国当上了国君，是为齐孝公。

在这次“胜利”之后，宋襄公就飘飘然了，认为自己助齐国平定内乱，拥立齐孝公，是非常了不起的，足以代替齐国称霸于诸侯。于是，他就四处会盟诸侯，想像当初的齐桓公那样把自己的霸主地位确定下来。周襄王十一年（前641），宋襄公软硬兼施地拉拢了卫、邾、曹、滑等几个小国，形成了一个小集团。两年之后，宋襄公派使者去楚国和齐国，想让他们支持自己举办会盟。

结果，楚国人拿到使者带来的书信之后感到非常好笑，直接戳穿了宋襄公的羊质虎皮。楚成王觉得宋国明明是个实力一般的国家，居然敢这样不自量力。大夫成得臣说：“宋君好名无实，总是轻信别人，我们不如趁此机会进军中原，一争盟主之位。”

满心欢喜的宋襄公哪里知道应约前来的楚国居然包藏祸心。宋襄公虽然年纪不小，心思却自大得可爱，总觉得自己的地位比楚、齐的国君高，盟主非自己莫属。在出发去齐国的鹿地会盟的时候，大臣们为防不测，建议他多带些兵马，但是他不听，仍然按照规矩前往。到了会盟之地，宋襄公作为会盟的发起者提出要订立盟约，共同协助王室，话题很快就转到了谁当盟主上。宋襄公一听乐了，这就是我来的目的啊，当然是我当了。他装模作样地说：“有功的论功，无功的论爵，这里谁爵位高就让谁当盟主吧。”谁知楚成王以“王”自居，硬是和宋襄公争辩起来。两个人正在吵着，楚国大夫成得臣突然脱下外袍露出盔甲，指挥伪装成家仆和侍者的楚国士兵冲上来，拘押了宋襄公。结果，仁义而又自大的宋襄公当了好几个月的阶下囚。

回国之后，一心想报仇的宋襄公不顾子鱼和其他大臣的劝阻，攻击楚国的盟友郑国，谁知却把楚军引来了。见到楚国攻打本国，宋襄公匆忙命令宋军回国援助。等到回救的宋军在泓水边扎好营盘时，楚国的兵马也来到了对岸。对于这场战斗，宋襄公有着盲目的自信，他的力量来源就是“仁义”二字：“楚国虽然人强马壮，可缺乏仁义；我们虽然兵力单薄，却是仁义之师。不义之兵怎能胜过仁义之师呢？”

就为了“仁义”二字，宋襄公两次放弃战机。开始时，公孙固建议趁楚军渡河渡到一半的时候杀过去，宋襄公认为不义，否决了；过了一会儿，楚军渡河完毕，开始在河岸上布阵，公孙固又劝宋襄公出兵，宋襄公又否决了。不大一会儿工夫，楚军就列好阵冲杀过来，把宋军打得大败，宋襄公也在战斗中受了重伤，第二年就去世了。

宋襄公的“仁义”千百年来一直被人们讽刺，并成为不识时务的典型案例。仁义虽然是人们称颂的美德，但是在战场上却可能因为心慈手软、犹豫不决失去战机。作战过于讲究礼节，只会害了自己国家的士兵。宋襄公就因为坚守仁义，结果两次被楚国欺负，吃了大亏。

然而，宋襄公的“仁义”行为真的就那么不可取吗？因为仁义，宋襄公的部下会为他誓死效命，在打了败仗后掩护国君逃亡；因为仁义，宋襄公在打了败仗、国力衰落之际（前637），仍然热情招待晋国流亡公子重耳。结果，在宋襄公死后五年，楚国攻打宋国，晋文公重耳出兵救宋，在城濮大败不讲仁义的楚国。

宋襄公的故事一直流传到现在，不同的人会对他有不同的解读，宋襄公其人到底是“傻”还是“不傻”，需要用不同的标准来评说。

拿破仑，独裁者还是革命家？

拿破仑，一个曾经让欧洲战栗的名字，欧洲历史上公认的战争之神。在他的领导下，法兰西几乎征服了整个欧洲。对他这个人，史学界的评价历来是众说纷纭。你无法明确指出他是一个暴君还是一个英雄，也无法明断他的所作所为是历史的进步还是倒退。

18世纪后期，法国政坛风云变幻，就在拿破仑离开科西嘉岛的那一年，法国爆发了震惊世界的大革命。法国人民高举“自由”之旗，攻占了巴士底狱，通过了《人权宣言》，将国王路易十六赶下台。之后，法国政坛就如同走马灯一样飞速变换着，各派政治力量穿梭不停地走上前台，又很快被赶下台。从1789年到1799年的10年时间里，法国经历了君主专制——君主立宪——吉伦特派——雅各宾派——督政府等政治派别的统治。除了这些曾经走上领导者地位的政治派别外，法国政坛上还活跃着忿激派、埃贝尔派、保王党、巴黎公社等大大小小的势力。可以说，此时的法国处于真正的乱世时期，每天都有屠杀与攻讦发生。

乱世出英雄，尤其出军事英雄，骁勇善战的拿破仑就在这种环境下迅速崛起，成为军队中最能打仗的军官之一。1793年7月，在雅各宾派专政期间，身为少校的拿破仑带兵攻下了保王党的堡垒土伦，得到了雅各宾派的赏识，被破格升为准将。此时，他只有24岁。一年之后，1794年7月27日，“热月政变”爆发，雅各宾派的统治被推翻，热月党人统治了法国并成立了督政府。这个督政府的统治还算稳定，它清除了罗伯斯庇尔时期的恐怖政策和激进措施，在一定程度上稳定了法国资产阶级的统治秩序。拿破仑因为与罗伯斯庇尔关系密切而一度被免职。但是非凡的军事才华很快就让拿破仑再度引起人们的注意，1795年，他打赢了著名的镇压保王党的战役，一炮而红，升任陆军中将。

1796年，27岁的拿破仑被任命为法兰西共和国意大利方面军总司令。在取得了意大利战役的胜利之后，拿破仑的威信越来越高，他成为一个时代的偶像，饱受外国压迫的法国人期待一个英雄诞生，而拿破仑正好符合了他们的期望。

如果就这样一直下去，拿破仑也许就只是法国的一代名将而已，但是熊熊的野心让他开始积极地参与督政府事务。1799年，拿破仑与督政官西哀耶斯勾结在了一起，发动了政变。

西哀耶斯本想利用拿破仑助自己上台，然而他的如意算盘打错了，没有人可以利用拿破仑，也没有人敢与拿破仑抗衡。1799年的“雾月政变”之后，西哀耶斯下台，30岁的法国英雄拿破仑运用强硬的手段登上了法国政治权力的顶峰。

当上了执政府的第一执政官之后，拿破仑采取了一系列措施，促使法国经济和社会迅速恢复。第一，他为脆弱的人们树立了一个权威。拿破仑控制了参议员和元老院，使它们的人数和构成都按他的需求来定。他不断削减法国的报纸数量，使法国人民只能听到相似的声音在传播讯息。这些办法的确对稳定这个动荡了10年的国家起到了不小的作用。之前各政党在议会中吵来吵去都做不了的事，如今拿破仑一声令下就可以做到了。第二，他恢复了经济生产，建立了稳定的社会秩序。拿破仑进行了多项政治、教育、司法、行政、立法、经济方面的重大改革，并颁布了极为重要的《拿破仑法典》。这些措施对于发展资本主义和实现法国社会近现代化都极为有利。第三，他不断对外扩张，增强了法国人的进取心。自他上台之后，法国就开始了无休止的征战。英气逼人的拿破仑率领法国军队扫荡了半个欧洲，英国、俄国、奥地利、普鲁士等国家数次组织反法同盟，共同对法作战，都被他打退。法国人被战争的胜利冲昏了头脑，将拿破仑视为救世主。

在这种盲目的崇拜之下，拿破仑顺理成章地实现了他的野心——建立了法兰西帝国，当上了皇帝。自1804年拿破仑称帝并击败了反法同盟之后，法国的势力就达到了顶峰，成为了欧洲大陆上的霸主。此时，拿破仑不仅仅是法兰西皇帝，还兼任意大利国王、莱茵联邦的保护者、瑞士联邦的仲裁者。

巨大的野心在吞噬着拿破仑。1812年，他悍然发动侵俄战争，远征俄国。然而这次，他没有取胜。俄国人采取了灵活的战术，不计代价地抵抗，甚至不惜火烧莫斯科，最终将法军打得丢盔卸甲。在这次大败之后，拿破仑开始走下坡路，两年之后他被再次组成的反法同盟打垮，被迫下台——法国人的神奇时代结束了。

在执政的这段时间里，拿破仑不断通过各种手段树立独裁权威，让人们公推他为“终身执政官”，并最终登上了帝位。这种变共和为帝制的行为在今天的史学家看来并不能简单地用“反动”二字来概括。因为在当时的时代里，法国人是期待一个独裁者出现的。强势的拿破仑的出现，给人们带来了法兰西雄性的魄力，给人们造成了“重整乾坤”的震撼。

正如《长短经》中所说，事物的性质并不是那么好判断的。历史的发生有其必然性，即使没有拿破仑存在，那个时代也会有别人站在相应的位置上。

是非第十四：是非难断，唯心而已

夫损益殊涂，质文异政。或尚权以经纬，或敦道以镇俗。是故前志垂教，今皆可以理违。何以明之？

经典再现

夫损益殊涂，质文异政。或尚权以经纬，或敦道以镇俗。是故前志垂教，今皆可以理违。何以明之？《大雅》云：“既明且哲，以保其身。”《易》曰：“天地之大德曰生。”《语》曰：“士见危致命[①]。”又曰：“君子有杀身以成仁，无求生以害仁。”

《管子》曰：“疑今者察之古，不知来者视之往。”古语曰：“与死人同病者，不可生也；与亡国同行者，不可存也。”《吕氏春秋》曰：“夫人以食死者，欲禁天下之食，悖矣；有以乘舟死者，欲禁天下之船，悖矣；有以用兵丧其国者，欲偃[②]天下之兵，悖矣。”杜恕曰：“夫奸臣贼子，自古及今，未尝不有。百岁一人，是为继踵；千里一人，是为比肩。而举以为戒，是犹一噎而禁人食也，噎者虽少，饿者必多。”

孔子曰：“恶讦恶以为直。”《管子》曰：“恶隐恶以为仁者。”魏曹羲曰：“夫代人所谓掩恶扬善者，君子之大义；保明同好者，朋友之至交。斯言之作，盖闾阎之白谈。所以收爱憎之相谤，非笃正之至理，折中之公议也。世士不料其数而系其言，故善恶不分，以覆过为宏也；朋友忽[③]义，以雷同为美也。善恶不分，乱实由之；朋友雷同，败必从焉。谈论以当实为情，不以过难为贵；相知以等分为交，不以雷同为固。是以达者存其义，不察于文；识其心，不求于言。”

《越绝书》曰：“炫[④]女不贞，炫士不信。”《汉书》曰：“大行不细谨，大礼不让辞。”

黄石公曰：“务广地者荒，务广德者强。有其有者安，贪人有者残。残灭之政，虽成必败。”司马错曰：“欲富国者，务广其地；欲强兵者，务富其人；欲王者，务博其德。三资者备，而后王业随之。”

《传》曰：“心苟无瑕，何恤乎无家？”语曰：“礼义之不僭，何恤乎人言。”语曰：“积毁销金，积谗磨骨，众羽溺舟，群轻折轴。”

孔子曰："君子不器[⑤]，圣人智周万物。"列子曰："天地无全功，圣人无全能，万物无全用。故天职生覆，地职载形，圣职教化。"

孔子曰："君子坦荡荡，小人长戚戚。"孔子曰："晋重耳之有霸心也，生于曹卫；越勾践之有霸心也，生于会稽。故居下而无忧者，则思不远；覆身而常逸者，则志不广。"

韩子曰："古之人，目短于自见，故以镜观面；智疑于自知，故以道正己。"老子曰："反听之谓聪，内视之谓明，自胜之谓强。"

唐且曰："专诸怀锥刀而天下皆谓之勇，西施被短褐而天下称美。"慎子曰："毛嫱、西施，天下之至姣也，衣之以皮倛，则见者皆走；易之以元緆，则行者皆止。由是观之，则元緆色之助也，姣者辞之，则色厌矣。"

项梁曰："先起者制服于人，后起者受制于人。"《军志》曰："先人有夺人之心。"史佚有言曰："无始祸。"又曰："始祸者死。"语曰："不为祸始，不为福先。"

慎子曰："夫贤而屈于不肖者，权轻也；不肖而服于贤者，位尊也。尧为匹夫，不能使其邻家，及至南面而王，则令行禁止。由此观之，贤不足以服物，而势位足以屈贤矣。"贾子曰："自古至今，与民为仇者，有迟有速耳，而民必胜之矣。故纣自谓天王也，而桀自谓天父也，已灭之后，民亦骂之也。以此观之，则位不足以为尊，而号不足以为荣矣。"

汉景帝时，辕固与黄生争论于上前。黄生曰："汤、武非受命，乃杀也。"固曰："不然。夫桀、纣荒乱，天下之心，皆归汤、武。汤、武与天下之心而诛桀、纣。桀、纣之人，弗为使而归汤、武，汤、武不得已而立，非受命而何？"黄生曰："冠虽敝，必加于首；履虽新，必贯于足。何者？上下之分也。今桀、纣虽失道，然君上也；汤、武虽圣，臣下也。夫君有失行，臣不正言匡过，以尊天子，反因过而诛之，代立南面，非杀而何？"

太公曰："明罚则人畏慑，人畏慑则变故出；明赏则不足，不足则怨长。故明王之理人，不知所好，不知所恶。"文子曰："罚无度则戮而无威，赏无度则费而无恩。"故诸葛亮曰："威之以法，法行则知恩；限之以爵，爵加则知荣。"

文子曰："人之化上，不从其言，从其行也。故人君好勇，而国家多难；人君好色，而国家昏乱。"秦王曰："吾闻楚之铁剑利而倡优拙。夫铁剑利则士勇，倡优拙则思虑远。以远思虑御勇士，吾恐楚之图秦也。"

墨子曰："虽有贤君，不爱无功之臣；虽有慈父，不爱无益之子。"曹子建曰："舍罪责功者，明君之举也；矜愚爱能者，慈父之恩也。"《三略》曰："含气之类[6]，皆愿得申其志。是以明君贤臣，屈己申人。"

《传》曰："人心不同，其犹面也。"曹子建曰："人各有好尚，兰芷荪蕙之芳，众人所好，而海畔有逐臭之夫；'咸池'六英之发，众人所乐，而墨子有非之之论，岂可同哉？"语曰："以心度心，间不容针。"孔子曰："其恕乎！己所不欲，勿施于人。"

管子曰："仓廪实知礼节，衣食足知荣辱。"古语曰："贵不与骄期而骄自至，富不与侈期而侈自来。"

语曰："忠无不报。"《左传》曰："乱代则谗胜直。"

韩子曰："凡人之大体，取舍同则相是，取舍异则相非也。"《易》曰："同声相应，同气相求，水流湿，火就[7]燥，云从龙，风从虎。"《易》曰："二女同居，其志不同。"语曰："一栖不两雄，一泉无二蛟。"又曰："凡人情以同相妒。故曰，同美相妒，同贵相害，同利相忌。"

韩子曰："释法术而以心理，尧、舜不能正一国；去规矩而以意度，奚仲不能成一轮。使中主守法术，拙匠执规矩，则万不失矣。"《淮南子》曰："夫矢之所以射远贯坚者，弓弩力也；其所以中的剖微者，人心也。赏善罚暴者，政令也；其所以行者，精诚也。故弩虽强，不能独中；令虽明，不能独行。"杜恕曰："世有乱人，而无乱法。若使法可专任，则唐、虞不须稷、契之佐，殷、周无贵伊、吕之辅矣。"

虑不先定，不可以应卒[8]；兵不先办，不可以应敌。《左传》曰："豫备不虞，古之善政。"《左传》曰："士蒍谓晋侯曰：'臣闻之，无丧而戚，忧必仇之；无戎而城，仇必保焉。'"《春秋外传》曰："周景王将铸钱，单穆公曰：'不可。古者天灾降戾，于是乎量资币，权轻重，以振救人。夫备预，有未至而设之，有至而后救之，是不相入也。可先而不备，谓之怠；可后而先之，谓之召灾。周固羸[9]国也，天未厌祸焉，而又离人以佐灾，无乃不可乎？'"

《左传》曰："古人有言，一日纵敌，数代之患也。"晋、楚遇于鄢，范文子不欲战，曰："吾先君之亟[10]战也有故。秦、狄、齐、楚皆强，不尽力，子孙将弱。今三强服矣，敌，楚而已。惟圣人能内外无患。自非圣人，外宁必有内忧，盍释楚以为外惧乎？"

《三略》曰："无使仁者主财，为其多恩施而附于下。"陶朱公中男杀人，囚于楚。朱公欲使其少子，装黄金千镒，往视之。其长男固请，乃使行。楚杀其弟。

朱公曰："吾固知必杀其弟。是长与我俱见苦为生之难，故重其财。如少弟生见我富，乘坚驱良，逐狡兔，岂知财所从来，固轻弃之。今长者果杀其弟，事理然也。无足悲。"

语曰："禄薄者不可与入乱，赏轻者不可与入难。"慎子曰："先王见不受禄者不臣，禄不厚者，不与入难。"田单将攻狄，见鲁仲子，仲子曰："将军攻狄，弗能下也。何者？昔将军之在即墨，坐而织蒉[11]，立而杖插，为士卒倡，此所以破燕。今将军东有掖邑之奉，西有菑上之娱，黄金横带，而驰乎淄、渑之间，有生之乐，无死之心，所以不胜也。"后果然。

语曰："贫贱之交不可忘，糟糠之妻不下堂。"语曰："交接广而信衰于友，爵禄厚而忠衰于君。"

《春秋后语》曰：楚春申君使孙子为宰。客有说春申君曰："汤以亳，武王以鄗，皆不过百里，以有天下。今孙子，贤人也，而君藉之百里之势，臣窃为君危之。"春申君曰："善。"于是使人谢孙子。孙子去之赵。赵以为上卿。客又说春申君曰："昔伊尹去夏入殷，殷王而夏亡；管仲去鲁入齐，鲁弱而齐强。夫贤者之所在，其君未尝不尊，其国未尝不荣也。今孙子，贤人也，君何为辞之？"春申君又曰："善。"复使人请孙子。

韩宣王谓摎留曰："吾两[12]欲用公仲、公叔，其可乎？"对曰："不可。晋用六卿而国分，简公用田成、阚止而简公弑，魏两用犀首、张仪，而西河之外亡。今王两用之，其多力者，内树其党；其寡力者，又藉于外权。群臣或内树其党，以擅主命；或外为势交，以裂其地，则王之国危矣。"又曰："公孙衍为魏将，与其相田儒不善。季文子为衍说魏王曰：'王独不见夫服牛骖骥乎？不可百步。今王以衍为可使将，固用之也，而听相之计，是服牛骖骥之道，牛马俱死而不成其功，则王之国伤矣。愿王察之。'"

傅子曰："天地至神，不能同道而生万物；圣人至明，不能一捡而治百姓。故以异致同者，天地之道也；因物制宜者，圣人之治也。既得其道，虽有相害之物，不伤乎治体矣。水火之性，相灭也。善用之者，陈鼎釜乎其间，爨之煮之，而能两尽其用，不相害也。天下之物，为水火者多矣，何忧乎相害？何患乎不尽其用耶？《易》曰：'天地睽[13]而其事同也，男女睽而其志通也，五物睽而其事类也。'"

陈登为吕布说曹公曰："养吕布，譬如养虎，常须饱其肉，不饱则噬人。"曹公曰："不似卿言。譬如养鹰，饥则为人用，饱则扬去。"

刘备来奔曹公，以为豫州牧。或谓曹公曰："备有雄志，今不早图，后必为患。”曹公以问郭嘉，嘉曰：“有是。然公提剑起义兵，为百姓除暴，推诚仗信，以召俊杰，犹惧其未来也。今备有英雄之名，以穷归己而害之，以害贤为名，则智士将自疑，回心[14]择主，公谁与定天下者？夫除一人之患，以沮四海之望，安危之机，不可不察。”曹公曰：“善。”

傅子称：郭嘉言于太祖曰：“备有雄志而甚得众心，关羽、张飞，皆万人之敌也，为之死用。以嘉观之，其谋未可测也。古人有言曰：‘一日纵敌，数世之患。’宜早为之所。”曹公方招怀英雄，以明大信，未得从嘉谋。

《家语》曰：“子路问孔子曰：‘请释古之道，而行由之意，可乎？’子曰：‘不可也。昔东夷慕诸夏之礼，有女而寡，为内私婿，终身不嫁。不嫁则不嫁矣，然非贞节之义矣。仓吾娆取妻而美，让与其兄。让则让矣，非礼让之让也。今子欲舍古之道而行子之意，庸知子意以非为是乎？’”语曰：“变古乱常，不死则亡。”《书》云：“事弗师古，以克永代，匪说攸闻。”

赵武灵王欲胡服，公子成不悦。灵王曰：“夫服者所以便[15]用，礼者所以便事。圣人观乡而顺宜，因事而制礼，所以利其人而厚其国。夫翦发文身，错臂左衽，瓯越之人也。黑齿雕题，鳀冠秫缝，犬戎之国也。故礼服莫同，而其便一也。乡异而用变，事异而礼易。是以圣人谋可以利其国，不一其用；谋可以便其礼，不法其故。儒者一师而俗异，中国同礼而离教，况于山谷之便乎？故去就之变，智者不能一；远迩之服，贤圣莫能同。穷乡多异俗，曲学多殊辩。今叔父之言，俗也；吾之所言，以制俗也。叔父恶变服之名，以忘效事之实，非寡人之所望也。”公子成遂胡服。

移风易俗，莫善于乐。孟子曰：“天道因则大，化则细。因也者，因人之情也。”

李寻曰：“夫以喜怒赏诛，而不顾时禁，虽有尧、舜之心，犹不能致和平。善言古者，必有效于今；善言天者，必有徵于人。设上农夫欲令冬田，虽肉袒深耕，汗出种之，犹不生者，非人心不至，天时不得也。《易》曰：‘时止则止，时行则行，动静不失于时，其道光明。’《书》曰：‘敬授人时。’故古之王者，尊天地，重阴阳，敬四时月令，顺之以善政，则和气可以立致，犹枹鼓之相应也。”

太公谓武王曰：“天无益于兵。不胜而众将所居者九，曰：法令不行而任侵诛，无德厚而用日月之数，不顺敌之强弱而幸于天，无智虑而候氛气，少勇力而望天福，不知地形而归过于时，敌人怯弱，不敢击而信龟策[16]，士卒不勇而法鬼神，设伏不巧而任背向之道。凡天地鬼神，视之不见，听之不闻，不可以决胜败，故明将不法。”司马迁曰：“阴阳之家使人拘而多忌。”范晔曰：“阴阳之道，其弊也巫。”

翼奉曰：“治道之要，在知下之邪正。人诚向正，虽愚为用；若其怀邪，智益为害。”夫人主莫不爱己也；莫知爱己者，不足爱也。故桓子曰：“捕猛兽者，不令美人举手；钓巨鱼者，不使稚子轻预。”非不亲也，力不堪也。奈何万乘之主，而不择人哉？故曰，夫犬之为猛，有非则鸣吠，而不遑于夙夜，此自效之至也。昔宋人有沽酒者，酒酸而不售，何也？以有猛犬之故。夫犬知爱其主，而不能为其主虑酒酸之患者，智不足也。

语曰：“巧诈不如拙诚。”晋惠帝为太子，和峤谏武帝曰：“季世多伪，而太子尚信，非四海之主，忧不了陛下家事。”武帝不从。后惠帝果败。

《左传》曰：孔子叹子产曰：“言以足志，文以足言，不言谁知其志？言之无文，行而不远。晋为伯，郑入陈，非文辞不为功。慎辞也哉。”《论语》曰：“诵诗三百，授之以政，不达；使于四方，不能专对，虽多，亦奚以为？”

汉文帝登虎圈，美啬夫口辩，拜为上林令。张释之[17]前曰：“陛下以绛侯周勃，何如人也？”上曰：“长者。”又问曰：“东阳侯张相如，何如人也？”上复曰：“长者。”释之曰：“此两人言事，曾不能出口，岂效此啬夫，喋喋利口捷给哉！且秦以任刀笔之吏，争以亟疾苛察相高。然其弊，徒文具耳，亡恻隐之实，以故不闻其过，陵迟至于二世，天下土崩。今陛下以啬夫口辞而超迁之，臣恐天下随风而靡，争口辩，无其实，且下之化上，疾于影响，举错之间，不可不审。”帝乃止。

太史公[18]曰：“《春秋》推见至隐，《易》本隐以之显。《大雅》言王公大人，而德逮黎庶，《小雅》讥己之得失，其流及上。所言虽殊，其合德一也。相如虽虚辞滥[19]说，然其要归，引之节俭，此与诗之讽谏何异？”

扬雄以为，赋者，将以讽也。必推类而言，极丽靡之辞，闳侈钜衍，竞于使人不能加也，既乃归之于正。然览者已过矣。往时武帝好神仙，相如上《大人赋》，欲以讽帝。帝反缥缥有凌云之志。由是言之，赋劝而不止，明矣。又颇类俳优，非法度所存。贤人君子，诗赋之正也。

《淮南子》曰：“东海之鱼名鲽，比目而行；北方有兽，名曰娄，更食，更候；南方有鸟，名曰鹣，比翼而飞。夫鸟兽鱼鲽，犹知假[20]力，而况万乘之主乎？独不知假天下之英雄俊士，与之为伍，岂不痛哉！”狐卷子曰：“父贤不过尧而丹朱放；兄贤不过周公而管、蔡诛；臣贤不过汤、武而桀、纣伐。况君之欲治，亦须从身始，人何可恃乎？”

孔子曰："不患无位，患己不立。"孔子厄于陈、蔡，子路愠见曰："昔闻诸夫子，积善者，天报以福。今夫子积义怀仁久矣，奚居之穷也？"子曰："由，未之识也，吾语汝。汝以仁者为必信耶？则伯夷、叔齐为不饿首阳；汝以智者为必用耶？则王子比干不见剖心；汝以忠者为必报耶？则关龙逄不见刑；汝以谏者为必听耶？则伍子胥不见杀。夫遇不遇者，时也；贤不肖者，才也。君子博学深谋而不遇时者众矣，何独丘哉？"

神农形悴，唐尧瘦癯，舜黎黑，禹胼胝，伊尹负鼎而干汤，吕望鼓刀而入周，墨翟无黔突，孔子无暖席。非以贪禄位，将欲起天下之利，除万人之害。

李斯以书对秦二世云："申子曰：'有天下而不恣睢，命之曰以天下桎。'若尧禹然，故谓之'桎'也。夫以人徇己，则己贵而人贱；以己徇人，则己贱而人贵。故徇人者贱，而所徇者贵。自古及今，未有不然。夫尧、禹以身徇天下，谓之'桎'者，不亦宜乎？"

《论语》曰："举逸人，天下之人归心焉。"魏文侯受艺于子夏，敬段干木，过其庐，未尝不式。于是秦欲伐魏，或曰："魏君贤，国人称仁，上下和洽，未可图也。"秦王乃止。由此得誉于诸侯。

韩子曰："夫马似鹿，此马直千金。今有千金之马，而无一金之鹿者，何也？马为人用而鹿不为人用。今处士不为人用，鹿类也。所以太公至齐而斩华士，孔子为司寇而诛少正卯。"

赵主父使李疵视中山可攻否。还报曰："可攻也。其君好见严穴之士、布衣之人。"主父曰："如子之言，是贤君也，安可攻？"李疵曰："不然。夫上尊严穴之士，则战士殆；上尊学者，则农夫惰。农夫惰则国贫，战士殆则兵弱。兵弱于外，国贫于内，不亡何待？"主父曰："善。"遂灭中山。

《汉书》曰："陈平云：'吾多阴谋，道家所禁。吾世即废亡。已矣，终不能复起，以吾多阴祸也。'其后玄孙坐酎金失侯。"后汉范晔论耿弇曰："三代为将，道家所忌，而耿氏累世以功名自终。将其用兵，欲以杀止杀乎？何其独能崇也！"

《易》曰："崇高莫大于富贵。"又曰："圣人之大宝曰位。"孙子为书谢春申君曰："鄙谚曰'厉[21]人怜王'。此不恭之言也。虽然，古无虚谚，不可不审察也。此为劫杀死亡之主言也。夫人主年少而矜材，无法术以知奸，则大臣主断图私，以禁诛于己也。故杀贤长而立幼弱，废正嫡而立不义。《春秋》戒之曰：楚王子围聘于郑，未出境，闻王病，反问病，遂以冠缨绞王杀之，因自立也。

齐崔杼之妻美，庄公通之。崔杼率其党而攻庄公，庄公走出，逾于外墙。射中其股，遂杀之而立其弟。近代李兑用赵，饿主父于沙丘，百日而杀之。淖齿用齐，擢闵王之筋，悬于庙梁，宿昔而死。夫厉虽肿胞之疾，上比前代，未至绞缨、射股也；下比近代，未至擢筋、饿死也。夫劫杀死亡之主，心之忧劳，形之困苦，必甚于厉矣，由此观之，厉虽怜王，可也。"

《易》曰："备物致用，立成器以为天下利者，莫大于圣人。"《庄子》曰："圣人不死，大盗不止。虽重圣人而治天下，则是重利盗跖也。为之斗斛以量之，则并与斗斛而窃之；为之权衡以称之，则并与权衡而窃之；为之符玺以信之，则并与符玺而窃之；为之仁义以教之，则并与仁义而窃之。何以知其然耶？彼窃钩者诛，窃国者为诸侯。诸侯之门，而仁义存焉，则是非窃仁义圣智耶？故逐于大道，揭诸侯，窃仁义，并斗斛、权衡、符玺之利，虽有轩冕之赏弗能劝；斧钺之威弗能禁。此重利盗跖，而使不可禁者，是乃圣人之过也。故曰：国之利器，不可以示人。彼圣人者，天下之利器也，非所以明天下也。"

《论语》曰："君子固穷，小人穷，斯滥矣。"《易》曰："穷则变，通则久。是以自天佑之，吉无不利。"太史公曰："鄙人有言：'何知仁义？已飨其利者为有德。'故伯夷丑周，饿死首阳山，而文武不以其故贬王。跖、蹻暴戾，其徒诵义无穷。由此观之，'窃钩者诛，窃国者为诸侯。诸侯之门，仁义存焉'。非虚言也。今拘学或抱咫尺之义，久孤于代，岂若卑论侪俗，与代沉浮而取荣名哉？"

东平王苍曰："为善最乐。"语曰："时不与善，己独由之，故曰，非妖则妄。"

庞统好人伦，勤于长养，每所称述，多过于才。时人怪而问之，统曰："当今天下大乱，正道凌迟，善人少而恶人多。方欲兴风俗，长道业，不美其谈，则声名不足慕也；不足慕企，而为善者少矣。今拔十失五，犹得其半，而可以崇迈代教，使有志者自励，不亦可乎？"

《人物志》曰："君子知自损之为益，故功一而美二。小人不知自益之为损，故伐一而并失。由此论之，则不伐者，伐之也；不争者，争之也；让敌者，胜之也。是故郤至上人，而抑下滋甚；王叔好争，而终于出奔；蔺相如以回车取胜于廉颇；寇恂以不斗取贤于贾复。物势之反，乃君子所谓道也。"

《孝经》曰："居家理，治可移于官。"郦生落魄，无以为衣食业。陈蕃云："大丈夫当扫天下，谁能扫一室！"

公孙弘曰："力行近乎仁，好问近乎智，知耻近乎勇。知此三者，知所自理；

知所以自理，然后知所以理人。天下未有不能自理而能理人者也。此百代不移之道。”《淮南子》曰：“夫审于毫厘之计者，必遗天下之数；不失小物之选者，惑于大事之举。今人才有欲平九州，存危国，而乃责之以闺阁之礼，修乡曲之俗，是犹以斧剪毛，以刀伐木，皆失其宜矣。”

商鞅谓赵良曰：“子之观我理秦，孰与五羖大夫贤乎？”赵良曰：“夫五羖大夫，荆之鄙人也。闻缪公之贤，而愿望见。行而无资，自鬻[22]于秦客，被褐饭牛。缪公知之，举之牛口之下，而加之百姓之上，秦国莫敢望焉。今君之见秦王也，因嬖人景监以为主，非所以为名也。”

《史记》曰：“蔺相如因宦者缪贤见赵王。”又曰：“邹衍作《谈天论》，其语闳大不经，然王公大人尊礼之。适梁，梁惠王郊迎，执宾主之礼；如燕，昭王拥篲先驱。岂与仲尼菜色陈蔡、孟轲困于齐梁同乎哉？”

卫灵公问阵于孔子，孔子不答。梁惠王谋攻赵，孟轲称大王去邠。持方柄欲纳圆凿，其能入乎？或曰：伊尹负鼎而辅汤以王，百里奚饭[23]牛，缪公用霸。作先合，然后引之大道。邹衍其言虽不轨，亦将有牛鼎之意乎？

陈仲举体气高烈，有王臣之节；李元礼忠平正直，有社稷之能。陈留蔡伯喈以仲举强于犯上，元礼长于接下。犯上为难，接下为易，宜先仲举而后元礼。姚信云：“夫皋陶戒舜，犯上之征也；舜理百揆，接下之效也。故陈平谓王陵言：‘面折庭诤，我不如公，至安刘氏，公不如我。’若犯上为优，是王陵当高于良、平，朱云当胜于吴、邓乎？”

《史记》曰：“韩子称‘儒者以文乱法，而侠士以武犯禁’。二者皆讥，而学士多称于世。至如以术取宰相、卿大夫，辅翼其世主，固无可言者。及若季次、原宪，读书怀独行，议不苟合当世，当世亦笑之。今游侠，其行虽不轨于正义，然其言必信，其行必果，已诺必诚，不爱其躯赴士之阨困，羞伐其德，盖亦有足多者。且缓急，人之所时有也。虞舜窘于井廪，伊尹负鼎俎，傅说匿于傅岩，吕尚困于棘津，夷吾桎梏，百里奚饭牛，仲尼厄匡，菜色陈、蔡，此皆学士所谓有道仁人也，犹遭此灾，况以中材而涉近代之末流乎？其遇害何可胜道哉！而布衣之徒，设取予然诺，千里诵义，故士穷窘而得委命，此岂非人之所谓贤豪者耶？诚使乡曲之侠，与季次、原宪比权量力，效功于当代，不同日而论矣。曷足小哉！”

《汉书》曰：“天子建国，诸侯立家，自卿大夫以至庶人，各有等差，是以人服事其上，而下无觊觎。孔子曰：‘天子有道，政不在大夫。’百官有司，奉法承令，以修所职，越职有诛，侵官有罚。故上下相顺，而庶事理焉。周室既微，礼乐征伐，出自诸侯，桓、文之后，大夫世权，陪臣执命，陵夷至于战国，合纵连横，力政争强。由是列国公子，魏有信陵，赵有平原，齐有孟尝，楚有春申，皆藉王公之势，竞为游侠，鸡鸣狗盗，无不宾礼。而赵相虞卿，弃国捐君，以固穷交魏齐之厄；信陵无忌，窃符矫命，杀将专师，以赴平原之急。皆以取重诸侯，彰名天下。扼腕而游谈者，以四豪为称首。于是背公死党之议成，守职奉上之义废矣。及至汉兴，禁纲疏阔，未之匡改也。魏其、武安之属，竞逐于京师；郭解、剧孟之徒，驰骛于闾阎。权行州域，力折公侯。众庶荣其名迹，觊而慕之。虽陷刑辟，自与杀身成名，若季、路、仇牧，死而不悔也。曾子曰：'上失其道，人散久矣。'非明王在上，示之好恶，齐之以礼法，人曷由知禁而反正乎？古之正法，五伯，三王之罪人也；而六国，五伯之罪人也；夫四豪者，六国之罪人也。况于郭解之伦，以匹夫之细微，窃杀生之权，其罪也，不容于诛矣！"

《尸子》曰："人臣者，以进贤为功；人主者，以用贤为功也。"《史记》曰："鲍叔举管仲，天下不多管仲子贤，而多鲍叔，能知人也。"

苏建常责大将军青曰："至尊重，而天下之贤士大夫毋称焉，愿观古今名将所招选择贤者。"大将军谢曰："自魏其、武安之厚宾客，天子尝切齿，彼亲附士大夫、招贤黜不肖者，人主之柄也。人臣奉法遵职而已，何与招士？"其为将如此。

班固云："昔王道既微，诸侯力政。时君世主，好恶殊方。是以诸家之术，蜂起并作，各引一端，崇其所善，以此驰说，取合诸侯。其方虽殊，譬犹火水相灭，亦能相生也。仁之与义，敬之与和，事虽相反，而皆相成也。"《易》曰："天下同归而殊途，一致而百虑。"此之谓也。

迷津指点

①致命：捐躯，献出生命。

②偃：停止。

③忽：不重视。

④炫：夸耀。

⑤器：器具。

⑥含气之类：指胸怀志气的人。

⑦就：靠近。

⑧卒：通"猝"，突然发生的意外。

⑨羸：羸弱、弱小。

⑩亟：急于。

⑪蒉：草编的筐子。

⑫两：同时用两个。

⑬睽：不合，分离，隔离。

⑭回心：回心转意，改变想法。

⑮便：便利。

⑯龟策：用龟壳占卜，泛指占卜。

⑰张释之：字季，西汉的名臣，曾仕汉文帝、汉景帝两朝，官至廷尉，以刚正不阿闻名。

⑱太史公：司马迁，西汉时期人，我国古代伟大的史学家、思想家、文学家，被称为“史圣”，曾遭宫刑，著有《史记》一书。

⑲滥：不合实际。

⑳假：借助。

㉑厉：通“癞”，恶疮。

㉒鬻：卖。

㉓饭：喂养。

古文译读

“损”和“益”是变革法令制度的两种不同方法，“质”和“文”是进行统治的两种不同的施政方针。有的人崇尚用权力谋略来治理国家，有的人主张用道德教化来安定百姓。因此，前代众多先贤们留下的理论观念，今天我们都可以从中找出一正一反的论据，予以反驳。如何证明这一点呢？《诗经·大雅》中说：“用聪明智慧的方法来保护自己。”《周易》中也说：“天地之间最大的德行就是爱护生命。”但是《论语》中却说：“有教养的人遇到危险应当舍身赴难，见义勇为。”又说：“君子有勇于牺牲生命以成仁的道理，而没有因贪生怕死而危害仁的道理。”

《管子》中说：“如果对今天的事情感到困惑，就应去考察古代；不知道将来走向何处，就应阅读历史。”古语说：“与死去的人患同样的病，是不可能活命的；与灭亡的国家施行同样的统治政策，是不可能不亡国的。”

《吕氏春秋》中说：“见到有人因吃东西噎死了，就禁止天下所有人吃东西，这太荒谬了；见到有人因乘船而溺水而死，就禁止天下的人乘船，这太荒谬了；见到有的国家因战败而灭亡，就要在全天下消弭战争，这太荒谬了。”三国时魏国的名臣杜恕说：“奸臣贼子，从古到今，不是没有过。即使百年才出一个，也会认为是接踵而来；千里之内遇上一个，也会被认为是并肩同行，如果以此作为举荐人才的戒条，就如同因为有人噎死就禁止大家吃东西一样。这样一来，噎死的人虽然不多了，但是饿死的人就多了。”

孔子说：“憎恨那些攻击别人而标榜自己正直无私的人。”《管子》中却说：“憎恨那些以隐瞒别人的恶为仁爱之举的人。”三国时魏国大臣曹羲说：“世人所说的替别人掩盖恶行、显扬善举，是君子的最高行为准则；保护与自己志同道合、关系亲善的人，是朋友之间最至真的情谊。这种言论，不过是市井俗人胡说的罢了。它们助长了爱憎相诽谤的趋势，非难了笃实正确的道理，弄混了公理与谬误的界限。世上的读书人不琢磨其中的道理，仅仅根据只言片语就下结论，因此善恶不分，以掩盖过失为崇高。朋友之间不重视义理，把意见相同当做美德。不分是非，无论什么事都一味地随声附和，是造成混乱的原因。朋友之间毫无原则地相互认同，失败也会接着出现了。不管是发表看法，还是评论得失，都应当以求实的精神为准则，不把相互苛责作为谈论的必要。相知的朋友要以平等不欺的态度作为交往的前提，不能以是非不分、随声附和来巩固友情。因此，豁达明智的人，只要求在大的原则上一致，并不追求文辞上的细节；只要认识人的真实心理就可以，并不在乎言语的一致。”

《越绝书》中说：“卖弄姿色的女子不贞洁，夸耀自我的士子不守信。”但是《汉书》中却说：“成大事的人不必拘泥于小节，有大礼节的人不必拘泥于谦让之词。”

黄石公说：“一味贪图土地广大，无法全部耕种就会荒芜。追求仁德广施于天下，国家才会强大。珍惜属于自己的东西就能使人安分守己，而贪图别人有的东西，则会导致出现残暴的行为。残暴的政治统治，虽然能成功一时，但必将会失败。”战国时秦国大将司马错说：“要想使国家富强，必须扩张领土；要想使军队强大，必须先使人民富有；要想称王统治天下，必须广泛推行德政。这三个条件具备了，称王大业也就能随之出现。”

《左传》中则说：“假如心里纯洁无邪，又何必担忧没有归宿呢？”古语也说：“只要礼义上不出差错，又何必害怕别人说三道四。”古语还有一句话叫做：“诽谤不实之词太多就会连金子也熔化掉，诬谄不实之词太多就能把人的骨头磨损，轻飘飘的羽毛积累多了也能把船压沉，轻的东西数量多了也同样能把车轴压断。”

孔子说：“君子不像一件器皿一样只有一种用途，而圣人运用智慧可以应付万事万物。”列子却说：“天地不是万能的，所谓的圣人也不是无所不知的，世间万事万物也不是什么都有用的。因此天的职能是普育众生，地的职能是承载万物，至于圣人的职责则是教化民众。”

孔子说：“君子心胸坦荡，小人经常忧愁。”同时孔子又说：“晋国公子重耳有称霸的雄心，是在流亡时路过曹国和卫国遭受不公正的待遇和污辱后才萌生的；越国国王勾践有称霸的雄心，是在会稽被吴王夫差打得大败后萌生的。所以居于屈辱的地位却没有产生忧患意识的人，说明他思虑得不够长远；身在困厄中反而得过且过、苟且偷安的人，只能说明他志向不够远大。”

韩非子说：“古人感到自己的眼睛看不到自己的面容，因此借助镜子来观照自己的相貌；感到自己的智慧还不足以有自知之明，所以用真理来修正自己。”老子说：“不听而晓叫做聪，能够自我观照叫做明，能够战胜自己叫做强。”

战国时魏人唐且说：“吴国刺客专诸怀中藏着锥刀刺杀吴王僚，天下的人都称道他的勇敢；越国的美女西施就算穿着粗布短衣，天下的人也仍然称赞她漂亮。”慎子说：“毛嫱、西施，是天下最美丽的女子，但是如果让她们穿上难看的兽皮衣服，人们见了也会吓跑；如果让她们换上好看的细麻布衣服，过路的人都会停下来欣赏。由此看来，好衣服可以衬托出她们的美色。美女虽美，但是不穿漂亮的衣服，姿色就会大减。”

秦末的将领项梁说：“先下手的制伏别人，后下手的受制于人。”《军志》中也这样说：“先下手的人有夺取人心的优势。”周朝史官史佚却说：“不要首先去发难。”又说：“首先发难的人一定会死。”占语也说过同样的话：“不要做带头发难的人，也不要做带头享福的人。”

慎子说：“贤能的人之所以屈从于缺德少才之辈，是因为权力太小；缺德少才者服从于有贤能的人，则是因为后者的地位尊贵。唐尧在还是平民的时候，连他的邻居都指使不动，等到他做了大王，就能做到令必行，禁必止。由此看来，贤德这种品质不足以制伏任何事物，而权势和地位却能使贤人屈从。”西汉政论家贾谊说：“从古到今，与老百姓结仇的帝王，无论横行时间长短，都迟早会灭亡，而老百姓必定会胜利。尽管商纣自称天王，夏桀自称天父，但是他们灭亡之后，老百姓照样唾骂他们。由此看来，占据较高的地位不一定就尊贵，戴上较高的名号也未必就光荣。”

长短经谋略全本

汉景帝时期，辕固与黄生曾在皇帝面前争论。黄生说："成汤和武王都不是受天命而称王，而是通过杀害夏桀和商纣得到王位的。"辕固说："不是这样。桀、纣荒淫无道，才使民心归向汤、武。汤、武顺应民心去讨伐桀、纣，桀、纣的臣民不愿再为桀、纣效劳，倒戈投向汤、武，汤、武不得已而为王，这难道不是受天命而称王吗？"黄生说："再破旧的帽子也是往头上戴的，再新的鞋子也只能踩在脚下。这是为什么呢？因为万事万物都有上下之分。桀、纣虽然无道，但他们毕竟是国君；汤、武虽然英明，却毕竟是人家的臣子。国君纵然有过失，做臣子的不去劝谏、纠正使之尊荣，反而趁机讨伐，甚至取而代之，这不是弑君篡位又是什么？"

姜太公说："刑罚严明，国人就会被弄得战战兢兢，国人战战兢兢反而要出乱子；奖赏分明，就会激起人的贪心，在得不到满足之后就会产生怨恨。所以贤明的君王在治理天下的时候，不会让人看出他喜好什么，厌恶什么。"文子说："惩罚没有尺度，即使杀人再多也没有震慑作用；奖赏没有分寸，就算花费再多也没人领情。"因此诸葛亮说："用法律树立威严，执法严明，人们就会知恩图报；要限制滥封爵位，这样，一旦把爵位赐给人，人就会感到荣耀。"

文子说："人民对待统治者的教化，不是听到他的号令就执行，而是上行下效。所以人君好勇，国人就逞强斗狠，社会就多灾多难；人君好色，国家就会昏乱。"秦王说："我听说楚国的刀剑锋利无比，但歌舞音乐却很差劲。刀剑锋利就说明楚国的士兵非常英勇，歌舞音乐差就说明君臣的图谋久远。楚国用长远的谋略来驾驭英勇的兵士，我担心楚国是在图谋我们秦国呀。"

墨子说："国君即使非常贤明，也不喜欢没有立过功勋的大臣；父亲即使非常慈祥，也不喜欢没用的儿子。"曹植说："宽恕有罪的人，严格要求有功的人，这才是贤明的君主所应采取的措施；可怜愚笨的儿子，也喜欢聪明的儿子，这才是仁慈的父亲应有的恩德。"《三略》中则说："胸怀大志的人，都希望能够一展宏图。因此，明君和贤臣都能够牺牲自己成全别人，为他们创造发展的机会。"

《左传》中说："人心是不同的，有如人的面孔不同一样。"曹植说："人各有所好，像是兰、芷、荪、蕙芳香的花草，人人都喜欢，但是海边的渔夫偏偏爱闻鱼腥味；《咸池》《六英》这样的乐曲，人人都爱听，然而墨子却否定它们。天下人怎么能喜好相同的东西呢？"古语说："将心比心，其间的差别之小，还不及针尖那样大。"孔子说："'恕'的意思，就是凡是自己不喜欢的东西也不要强加给别人。"

管子说："物资丰富之后，人民才知道讲究礼节；丰衣足食之后，人民才懂得荣誉和廉耻。”古语说：“人一旦成为权贵，即使事先并不想骄傲，骄傲也会不请自到；人一旦发了财，就算事先并不想奢侈，奢侈也会不请自到。”

古语说：“忠诚没有不得到回报的。”《左传》中说：“生逢乱世，谗言诽谤、邪恶奸诈就会压倒忠诚正直。”

韩非子则说：“大体说来，取舍相同、观点一致的人，就能互相认可；而取舍不同、观点矛盾的人，就往往互相排斥。”《周易》中说：“同声相应，同气相求。水向潮湿的低洼地带流，火向干燥的东西靠近。云跟着龙涌动，风伴着虎咆哮。”但是《周易》中又这样说：“两个女子就算生活在一起，她们的志向也不会相同。”古语说：“一个窝里容不下两个雄性动物，一眼泉水容不下两条蛟龙。”又说：“因为同类间相妒是人之常情。所以说，两个人同样貌美就会互相嫉妒，同样尊贵就会互相谋害，同样得利就会互相忌恨。”

韩非子说：“如果抛开法术而靠心灵感化去治国，即使尧、舜再世也不可能把一个国家治理好；舍弃圆规和直尺，忘掉标准的度量，而先凭感觉经验来揣度，那么即使奚仲这样有名的工匠也造不出一个车轮来。但是如果让一个只有中等才能的国君墨守法规治国，让笨拙的工匠用圆规和直尺造车轮，他们也都必然会成功。”《淮南子》中说：“箭头之所以能射往远方并穿透坚硬的目标，是因为借助了弓弩的力量，但是它之所以射中目标并使之四分五裂，根本原因还在于人的心念。奖善罚恶，要凭借政令的力量，而政令之所以能够得以贯彻执行，根本原因在于人的精诚。所以说，弓弩虽然强大有力，如果没有人的参与，它也不可能单独射中目标；政令虽然严明，如果没有人的参与，也不可能自行生效。”杜恕说：“世上有犯上作乱的人，但没有杂乱无序的法律。如果法律单靠法令就能治理天下，那么唐尧和虞舜就不需要稷和契这样的良臣辅佐了，商朝和周朝也不会因为有伊尹和吕望这样的宰辅之才而感到可贵了。”

事先没有充分准备，就没办法应付突发事件；军队不预先武装起来，就不可以对付来犯的敌人。《左传》中说：“善于防患于未然，是上古时代好的政治传统。”《左传》中说：“晋国大夫士蔿对晋侯说：‘我听说没有丧事却突然感到悲伤，那很快就会出现令人忧愁的事情；没有兵患而去筑城，那就为国内的敌人提供了据守的场所。’”《春秋外传》（即《国语》）中说过这样一件事：“周景王打算铸造大钱。单穆公说：‘不行。在古代，天灾降临时，朝廷才会根据灾情增加钱币的发行量，权衡轻重，用来救灾。预防不测，有备无患有时是还没有发生灾祸就做好了准备；有时是等到灾祸发生之后，再组织救助。这两种方法各有各的作用，不能混为一谈。可以预先准备却不去做，这是懈怠；可以事后进行救助却提前做了准备的，这是招灾的行为。周国本来是弱国，老天降灾还没有穷尽，现在又要让老百姓离心来加重灾祸，恐怕不能这么做吧？’”

《左传》中说：“古人有句话，一旦放过了敌人，就会造成数代人的祸患。”晋军和楚军曾经在鄢陵相遇，范文子不想作战，他说道：“我们的先君之所以屡次争战是有原因的。秦、狄、齐、楚几国都很强大，如果晋国不全力拼搏，子孙将会被削弱。现在齐、秦和狄这三个强敌已经被降服，敌人只剩下楚国。只有圣人才能做到既无内患又无外患。我们不是圣人，一旦外部安定了，内部就必然要产生隐患。我们何不放弃攻打楚国，把它作为转移内部矛盾的外患呢？”

《三略》中说：“不要让仁义的人管理资财，因为他会过多地向下属施恩惠，用来收买人心。”范蠡的次子杀了人，被逮捕囚禁在楚国。范蠡本想让小儿子带上一千镒黄金去楚国营救其兄长，但是长子坚决要去救他弟弟，范蠡只好答应。结果楚国还是把他弟弟给杀了。范蠡说：“我本来就预料到他的弟弟必定死在他手中。因为长子与我一起经历过生活的磨难，对钱财太看重，舍不得花。而他的小弟一生下来就见到我的富有情况，乘好车，驾骏马，驰骋捕猎，好不威风，哪里会注意钱财从哪里来的呢，所以他不以钱财为意。如果他去楚国，一定会非常爽快地把钱财花出去。如今大儿子事情没办成，弟弟果然被杀了，也是在情理之中的，不值得为这件事悲伤。”

古语说：“不能与俸禄少的人共度乱世，也不能与受赏赐不厚的人共赴危难。”慎子说：“古代帝王不愿意起用不肯接受俸禄的人，那些俸禄不优厚的人，也不与他共赴危难。”在田单即将攻打狄国的时候，他去拜见鲁仲子。鲁仲子说：“将军这次去攻打狄国不可能胜利。为什么这样说呢？以前将军在即墨时，坐下与士卒一同编筐，站起与士卒一同铲土，处处以身作则，带动士兵，所以才打败了燕国。现在的将军东有掖邑的贡奉，西有菑上的玩乐，黄金腰带横挂，乘坐高车大马驰骋在淄、渑之间，只想享受人生的欢乐，已经失去了拼死的决心，所以说你不会取胜。”后来，田单果然像他说的那样兵败了。

古语说：“贫贱之交不可忘，糟糠之妻不下堂。”古语又说：“如果一个人交往太过广泛，对朋友的信用就会逐渐丧失；拿的俸禄太过优厚，对国君的忠诚就会逐渐衰退。”

《春秋后语》中记载了一件事：楚国春申君任命孙子当邑宰。门客中有人劝春申君：“成汤以亳为根据地，周武王以鄗为根据地，方圆都没有超过一百里，但是后来都取得天下。孙子是个很贤明的人，你把方圆一百里的地方交给他管理，我私下担心您这样做的危险性啊！”春申君说：“对啊。”于是派人辞退了孙子。孙子只好离开楚国去赵国，赵王任命他为上卿。过了不久，春申君的另一个门客来对他说：“以前，伊尹离开夏去投奔殷商，得到重用，结果商得到天下而夏灭亡；管仲离开鲁国去齐国，结果鲁国因此衰弱而齐国称霸。可见贤明的人在哪个国家，哪个国家的国君未尝不尊贵，国家也未尝不因此而荣耀。对待孙子这样贤明的人，您为什么要辞退他呢？”春申君又说：“你说得对啊。”便又派人把孙子请了回来。

韩宣王问摎留：“我想同时重用公仲和公叔这两个人，这样做可以吗？”摎留回答说：“不可以。以前，晋国由于同时重用六卿，结果导致国家分裂；齐简公同时重用田成子和阚止，结果自己却被杀死；魏王同时重用犀首和张仪，结果把河西的领土全部丢失了。现在你要是同时重用这两人，那么这两个人之中，势力大的那个必然会在朝廷内结党营私；势力小的那个就必定要借助敌国的势力。大臣们有的会在朝内树立党羽，以国王的名义号令臣民；有的则会与别的国家私下结交，企图分裂国土。这样一来，你的国家就危险了。”摎留又对他说：“公孙衍在当魏国大将时，与宰相田儒关系不好。季文子替公孙衍向魏王辩解说：‘大王你见过把牛和马套在一起拉车的情形吗？牛和马同拉一辆车就连一百步都走不了。现在大王任命公孙衍为大将，就应当放手使用他。但你偏要听从宰相田儒的计策，这就和用牛驾辕同时用马拉车的道理一样，就算把牛和马都累死，事情也办不成。这样使用人才，国家就会受到损失。希望大王明察。’”

傅玄说：“天和地最为神妙，但是如果它们彼此的作用相同，就无法化育万物；圣人最英明，但他们也不能用同一种方法去管理天下百姓。因此，殊途同归是大自然化育万物的普遍规律；因物制宜是圣人用来治理天下的共同原则。只要懂得了这个道理，就算有互不相容甚至彼此相害的事物，也不妨碍我们从大局上统筹治理。例如，水与火在本质上是互不相容的，但是善用水和火的人，在中间吊起锅，下面烧火，上面煮水，使水与火各尽其用，彼此并不相侵害。天下的事物，像水和火一样在性质上相互侵害的，很多很多，但只要懂得因物致用的道理，又何必为事物间的相互侵害而担忧呢？又何患它们不能各尽其用呢？”《周易》中说：“天高地卑，形象不同，但是它们化育万物的功能是相同的；男女的体质不同，但是彼此之间的情志可以沟通；万事万物的形体、性质各有不同，但它们的作用恰恰是不可以相互替代的。”

广陵太守陈登为吕布游说曹操：“养吕布就如同养一只老虎，需要天天给它吃饱肉，哪一天吃不饱它就要吃人。”曹操说：“并不像你所说的那样。我觉得养吕布就像饲喂老鹰一样，饿了之后它才能被人使用，吃饱了便会振翅高飞。”

刘备来投奔曹操，曹操任命他为豫州牧。有人对曹操说：“刘备胸怀大志，如果现在不早点儿除掉他，将来一定会成为后患。”曹操就此事向谋臣郭嘉请教，郭嘉说：“那人说得有道理。然而您现在之所以起兵，是为百姓铲除残暴的邪恶势力，要用真诚和信誉来号召天下豪杰帮助自己建功立业，还非常担心别人不来投奔呢。现在刘备已经有英雄之名，因为走投无路才来投靠你，假如谋害他，那您就会背上谋害贤能的罪名，那么有智谋有才能的人就会因此怀疑自己找错了效忠对象，掉头去重新选择主人，到那时您和谁去平定天下呢？因为害怕一个人变成后患就把他除掉，结果让普天下的人才都失望，值此安危之际，您不能不考虑其利弊得失啊。”曹操说：“讲得好！”

傅玄说：郭嘉曾对曹操说：“刘备有雄才大略又非常得人心，他手下的关羽和张飞两位大将都有万夫不当之勇，都甘愿为他尽忠效命。依我看，刘备的谋略深不可测。古人说：‘一日纵敌，数代之患。’应当尽快把他杀了。”但是曹操当时正在招揽天下英雄，一心想让天下人把他当做最讲信义的人，所以没有听从郭嘉的建议。

《孔子家语》中记载：“子路问孔子：‘如果抛弃古人的伦理道德，依据自己的意愿去随心所欲地行事，这样可以吗？’孔子说：‘不可以。以前东方少数部族的人仰慕华夏的礼仪制度，有的女子在成为寡妇之后，别人就会为她暗中招个夫婿，但是终身不让改嫁。不改嫁倒是确实不改嫁了，但是这种做法并不符合贞节的真正含义。仓吾娆娶了个美丽的妻子，他就把妻子让给了自己的兄长。让倒是让了，但是这种做法并不是出于礼义的谦让。现在你想抛开古人的伦理规范，随心所欲地做事，哪里能够确定你是不是在把错误的当做正确的来推行呢？’”古语说：“改变古人的礼义，搅乱代代相传的常规，结果不是死就是亡。”《尚书》中说：“行事不师法古人，却想使国家世代相传的，这种事从来没有听说过。”

赵武灵王想改穿胡人服饰，他的叔父公子成对此很不高兴。赵武灵王就说：“衣服穿戴是为了生活方便，礼仪法规是为了让办事方便。圣人入乡随俗，随遇而安，从实际情况出发来制定礼仪法规，因此能够给人民带来利益，使国家富裕强大。剪发文身，衣襟向左开，这些都是瓯越人的风俗；染黑牙齿，在额头上涂上花纹，戴着用鱼皮粗劣地缝制成的帽子，这些是犬戎人的风俗。礼仪服饰虽然有所不同，但是都是为了方便。地方不一样，使用的东西自然也有异，事情在变化，礼尚也自然会随之变化。因此，圣人只追求能使国家便利的总体策略，却不会去统一达成目标的方法；只追求怎样使其礼仪法规执行起来更方便，却不会食古不化。儒家虽然师承一样，但各地风俗却迥然不同。中原地区的国家在礼仪制度相同的情况下，文化习俗尚且不同，更何况我们是为了在山谷行走的方便呢？所以，到底是舍弃还是保留，即使是智者也不能强求；远近地域服饰的差异，圣贤也不能统一。穷乡僻壤的民情风俗大多千奇百怪，邪辟玄妙的学说大多也非常特殊，雄辩谲异。现在叔父您所谈的是旧有的习俗，而我所说的，却是想改变旧有的习俗。叔父讨厌改变服装的样式，但是却忘了有利于办事效果这一事实。这可不是我所希望的啊。”赵武灵王的一席话说服了公子成，于是他也穿起了胡服。

移风易俗，没有比音乐更有效的了。孟子说：“天地自然的法则是因袭传统则强大，变化传统则弱小。所谓‘因’，就是遵循人的情志。”

李寻说：“假如只凭一时的高兴或是恼怒，而不是根据形势来进行奖赏或是惩罚，即使有尧、舜的智慧和仁爱，也不能保证天下和平安宁。善于谈论历史的人，必定是对现实有所裨益；善于谈论天道的人，必定是使它们对人事有所启迪。假如一个高明的农夫想在严冬季节去耕种田地，那样即使他光着膀子精耕，汗流浃背地播种，地里也不会长出庄稼。这不是没有用心，而是违背了节令。《周易》中说：‘天时需要我的事情停止的时候我就停止，天时有助于我的事情实行的时候我就实行，一静一动都不失时机，就能走上光明大道。’《尚书》中说：‘谨慎准确掌握人事的时机。’因此，古代的帝王尊重天地和阴阳的变化，遵守四季节气，再用良好的统治政策去顺应它，因此和气兴旺的景象马上就能实现，这就像用鼓槌敲鼓，一敲就会响一样。”

姜太公对武王说：“上天对用兵打仗不会有多大帮助。在战争中打了败仗，将领所犯的失误有九种情况：法令执行不下去，反而随意杀戮无辜；不用宽厚的德行待人，而是一味依赖阴阳术数；用兵不依据敌人的实力强弱，而是寄希望于天命；不靠智谋取胜，而是试图依据天象来决定行动；不用心鼓舞士气，而是寄希望于上天赐福；不了解地形，失败了就只知道埋怨天时不利；敌军畏怯，却不敢趁此机会进击，反而去占卜是凶是吉；发现士卒不勇敢，不知道采取有效的解决措施，而是去拜祭鬼神；埋伏不巧妙而将伏击圈设在敌人不经过的地方。一切天地鬼神，看不见，听不到，不能用来决定胜败，所以英明的将领从不效法它们。”司马迁说：“阴阳家容易使人束手束脚，瞻前顾后，出现很多忌讳。”范晔说：“阴阳之道，其弊端在于其中有不少巫术的成分。”

西汉人翼奉说：“治国之道的要害在于了解臣下的邪正。人如果诚实正派，即使有点愚笨也可以任用他；如果心术不正，人越聪明反而越会坏事。”凡是人主没有不爱自己的；那些不了解自己的人，不值得去爱。因此桓玄说：“捕猛兽的事，不能让美人去干；钓大鱼的事，不能让小孩去做。”不是不相信他们，而是因为他们的能力有限，不能胜任。何况是一国之君，怎么能不择人而用呢？所以说，猛犬之所以厉害，是因为它不管是在白天还是在夜晚，发现非常情况便狂吠不已。它对主人的忠心，可以说是达到了无以复加的地步。以前宋国有家卖酒的，酒都放酸了也卖不出去，这是什么原因呢？原来是因为他家养的狗太厉害。那只狗只知道爱护主人，但它却不能替它的主人排解酒酸滞销的忧患，因为它的智力有限。

古语说：“做人乖巧狡诈不如笨拙诚实。”晋惠帝在被立为太子时，中书令和峤就曾经向晋武帝进谏：“末世人情颇多伪诈，而太子过于诚实，易轻信，不是做天下之主的材料，我担心他难以继承陛下的帝王大业。”晋武帝没有采纳和峤的建议，结果后来晋惠帝果然使国家走上了毁灭的道路。

《左传》中记载，孔子曾感叹子产：“他的语言足以表达他的心态，他的文辞足以表达他想说的话。没有语言的表达，别人怎么能知道他的志向？善于语言表达而不善于文辞，就不能传播到遥远的地方。晋国能成为霸主，郑国人到晋国去办外交，离开文辞强辩就难以成事。文辞必须谨慎啊！”《论语》中说：“熟读诗三百篇的人，让他主持政事，却不能胜任；再派他出使各国，他又不能灵活运用诗三百篇中的句子作答，这样的熟读虽然很多，又有什么用呢？”

汉文帝到上林苑的虎圈去看虎，他对啬夫的口才很赏识，想提拔他为负责上林苑的长官，张释之上前劝阻说：“陛下认为绛侯周勃这人如何？”文帝说：“有长者之风。”张释之又问：“东阳侯张相如如何？”文帝又说：“有长者之风。”张释之说：“这两位长者说话时经常结结巴巴，表达不清，哪像这个人一张口就喋喋不休、能说会道呢！况且秦朝任用的刀笔吏，他们都是争相比赛看谁办事更快捷、对人更苛刻，然而其弊病是只有空头文章而没有真诚关心国家命运的心肠，因此国君很难听到指摘自己的过失的谏言，这种坏风气一直延续到了秦二世，结果国家土崩瓦解。如今陛下仅仅因这个啬夫口齿伶俐就破格提拔他，臣恐怕天下会从此追随这种风气，争相逞口舌之能而忽视了实际行动。况且下边的人受上边的影响，陛下您开风气之先，影响迅疾，因此陛下的一举一动一定要慎重啊！”于是文帝就打消了升迁啬夫的念头。

太史公说："《春秋》把明显的事理推至隐晦，而《周易》是要把隐晦幽微的事理加以阐释和明显，《诗经·大雅》所说的是王公大人的事情，但它的旨意却在于用行性来教化百姓，《诗经·小雅》是通过讥刺个人的利弊得失，而使它波及上层统治者。它们所说的内容虽然不同，却都合乎仁德的宗旨。司马相如虽然文采浮华、铺排夸张，然而他的目的还是想归结到引领节约俭朴上面，这些与《诗经》的讽谏用意有什么区别呢？"

扬雄认为，赋的作用就是用于讽谏，一定要用按类铺排的方式，用最华丽的辞藻写就，铺陈繁富，气势宏大，令人叹为观止，然后才能言归正题。但是这对读者来说则嫌过分，达不到作赋的真正目的。以前，汉武帝好神仙之事，司马相如就献上《大人赋》来讽谏皇帝。结果汉武帝读罢，反而飘飘然如有凌云之志。由此看来，赋这种文学形式只能起勉励效果，根本起不到制止的作用，这是无可争辩的事实。他的赋很像滑稽剧，没有法度。而贤人君子的诗赋，却是很正统的。

《淮南子》中说："在东海有一种鱼叫鲽，总是双双并排而游；在北方有一种兽叫娄，总是轮流行动，一个捕食，一个就守在窝边；南方有一种鸟叫鹣，永远比翼双飞。连这些鸟兽鱼类都知道要互相扶助，更何况万乘之主呢？如果万乘之主不懂得借助天下英雄豪杰的力量，与他们同心协力来治理天下，那岂不是令人痛心吗！"狐卷子说："做父亲的再没有比尧更贤明的了，然而他的儿子丹朱却被流放；做兄长的再没有比周公更贤明的了，然而他的两个弟弟管叔和蔡叔都因为谋逆而被杀；做臣子的再没有比成汤和武王更贤明的了，然而他们的君主夏桀和纣王却被他们讨伐灭国。所以，皇帝要想治理天下，就必须事必躬亲，其他人又怎么能靠得住呢？"

孔子说："不需要担心自己没有地位，只要担心自己没有安身立命的本领。"孔子被困在陈国和蔡国时，子路很不高兴，对孔子说："我以前老是听先生说，为人只要多做好事，上天就会用幸福来报答你。如今夫子积义举怀仁心好久了，为什么反而落到如此境地呢？"孔子回答说："子路啊，你还不明白其中的道理，让我来告诉你。你以为仁义的人就一定会受到信任吗？如果真是这样，伯夷和叔齐就不会饿死在首阳山上。你以为智慧的人就一定能被重用吗？如果真是这样，那么王子比干就不会被纣王剖心而亡了。你以为忠实的人就一定会得到回报吗？如果真是这样，夏桀时期的忠臣关龙逄就不会遭受刑罚之苦了。你以为进谏就一定会有人听吗？如果真是这样，吴国的伍子胥就不会被夫差杀害了。知遇与否，这是由天时决定的；贤明与不贤明，是由个人的才能决定的。学识渊博而又深谋远虑的君子，因为没有机遇而被终生埋没的太多了，何止我一人呢？”

神农面容憔悴，唐尧瘦弱不堪，虞舜皮肤黝黑，夏禹的手足都被磨出老茧，伊尹背负锅鼎拜见成汤，吕望手持牛刀去见周文王，墨翟家里的烟囱没有被熏黑，孔子的炕席都没有暖热过。他们这些人如此劳心劳力，并非是为了贪图俸禄权位，而是为了天下之利，除天下之害。

李斯上书对秦二世说：“申不害说过：‘拥有天下而不肆意横行，这叫做以天下为桎梏。’像唐尧和夏禹那样，就是使天下成为自己的‘桎梏’。如果让别人为你牺牲，是因为自己尊贵而别人低贱；自己不得已而顺从别人，是因为自己低贱而别人尊贵。所以说顺从别人的人是低贱的人，令别人顺从的人是尊贵的人。这种情况自古以来就是如此。唐尧和夏禹拿自身去顺从服务于天下，把天下作为自身的桎梏，这种观点不是很恰如其分吗？”

《论语》中说：“推举那些隐逸超拔的人才，天下百姓就会诚心归服。”魏文侯曾受教于孔子的学生子夏，他很尊敬孔子的另一个学生段干木，当他坐车路过段干木的房屋时，没有一次不下车扶着车把走。秦国想讨伐魏国，有人说：“魏国君主很贤明，国人都称赞他的仁德，朝堂里上下级官员的关系也很融洽，不可谋伐魏国。”于是秦王就打消了伐魏的念头，魏文侯因此在诸侯中变得非常有名气。

韩非子说：“马的形体如果长得像鹿，此马一定会价值千金。如今有价值千金的马，却没有值一金的鹿，这是什么原因呢？因为马能被人使用，而鹿却不能。今天所谓的隐士不能被君王使用，他们就像鹿一样了。因此姜太公一到齐国，首先斩了不肯同他合作的华士，孔子当司寇后首先杀了少正卯。”

赵武灵王曾经派李疵去中山国侦察看是否可以攻打它。李疵回来报告说：“可以打，因为中山国的君王喜欢召见住在岩洞中的隐士和平民。”赵武灵王说：“照你所说，中山君应该是位贤君，怎么可以攻打呢？”李疵说：“不是这样。君主尊敬隐士，战士就会不肯冲锋陷阵；君主尊崇学者，农夫就会变得懒惰。农夫懒惰，国家就贫困；战士不肯冲锋陷阵，军队的力量就削弱。兵弱于外，国贫于内，他们不亡国还等什么呢？”赵武灵王说：“好。”于是就出兵把中山国给灭了。

《汉书》中记载：“陈平说：‘我有很多阴险的权谋都是道家禁止使用的。在我这一代就要破废衰亡了。尊贵和荣耀从此结束了，再也没有重新崛起的希望了，因为我所积累的阴祸太多了。’后来他的玄孙因为上贡的金子不合皇室宗庙祭祀的规制而被除了侯位。”范晔在《后汉书》中提到耿弇时说道：“三代为将，这是道家所忌讳的，但是耿氏家族却历代以功绩卓著而善始善终。难道说耿家带兵打仗，都是要以暴易暴、用杀戮来制约杀戮的吗？为什么唯独他的家族能世世代代受此尊荣呢？”

《周易》中说：“崇高没有大于富贵的。”又说：“圣人最大的法宝就是权位。”

孙子上书给春申君说：“民谚有句话叫做：‘做君王的人比得了癞疥病的人还要可怜。’这话虽然说得不恭敬，但是自古以来，没有凭空捏造出来的谚语，不能不好好想一想啊！这句话中的‘王’是专门针对那些被人杀害的亡国之君而言的。人主年纪轻轻却恃才自傲，又没有权术和办法识别奸人，这样大臣就会专擅大权，图谋私利，以防备自己遭受杀身之祸。为此他们杀害贤明的长子而另立幼弱之子，废掉正嫡而另立庶出。《春秋》中曾就此劝诫人们：‘楚王子围要到郑国访问，还没走出国境就听说楚王病了，于是立刻返回去探问病情，乘机用帽子上的带子把楚王勒死，自立为国王。齐国崔杼的妻子很美，齐庄公与她私通，崔杼就率领部下来攻打齐庄公，庄公翻墙逃跑时被飞来的箭射中大腿，因此崔杼借机杀了齐庄公，另立庄公的弟弟为王。李兑在赵国当政时，把赵武灵王围在沙丘宫，百日后武灵王被活活饿死。淖齿在齐国当政，将齐闵王抽了筋，悬挂在庙梁上，过了一晚上齐闵王就死了。患癞疥的人虽然是得了可怕的皮肤病，但上比前代，还不至于像被帽带勒死、箭矢穿股那样惨；下比近代，还不至于像抽筋、饿死那样惨。而那些被残杀的君王，心里所承受的忧思与劳苦，身体所遭受的摧残，要比癞病患者所受的痛苦厉害多了。由此看来，说做君王的人比患了癞疥病的人可怜，是有道理的。”

《周易》中说：“能够为人民准备必需的物资，设置完备的器物来谋求天下福利的，其功劳之大，没有比圣人更伟大的了。”《庄子》中说：“如果圣人不死，大盗就不可能停止。虽然是借重圣人治天下受到人们普遍的推崇，但其实是给盗跖这种大盗提供了最大的便利。有人制造了斗斛以便称量，结果连斗斛一起都被偷了；有人制造了秤锤和秤杆以便称量，结果连秤锤和秤杆也一起都被偷了；有人制造兵符玺以便让人守信用，结果连兵符和玉玺一起都被偷了；有人为教育民众创造出仁义礼制，结果连仁义也被窃取走了。怎么知道其中的缘故呢？盗窃帘钩的人被杀掉，而窃取国家的人却成了诸侯。在诸侯之门里，才有仁义之类的说教，这不是偷窃了仁义和贤明、智慧吗？所以人人争着做大盗，争着当诸侯，纷纷去盗窃仁义，以及斗斛、秤锤和秤杆以及符玺等利益。为此，即使有高官厚禄的诱惑也不能劝勉他们，有刀钺斧锯加身的危险，仍旧不能禁止他们。这些为盗跖带来重大利益，而又难以禁止的行为，都是圣人的罪过。所以说，国家最厉害的武器是不能被人看到的。真正的圣贤是天下最厉害的武器，不能把他暴露给天下人。”

《论语》中说：“君子再穷也会坚持节操，而小人处境一艰难就会无所不为了。”《周易》中说：“穷则思变，变革才能通达，通达就能保持长久，因此上天自然会保佑他们，使他们吉祥而无往不利。”太史公说：“普通老百姓有句俗语是这样说的：‘怎样来知晓仁义呢？那些对自己有利的就是有德。’因此，伯夷反对周王伐纣，饿死在首阳山，但文王、武王并不因为此事就被贬低了王道的声誉；跖、跻暴戾无道，但他们手下的门徒却历代传颂着他们的侠义之行。由此看来，‘盗窃帘钩的人被杀掉，而窃取国家的人却成了诸侯。在诸侯之门里，才有仁义之类的说教’这些并不是空话。现在有的人死抱住学问不放，固守着个人的小仁小义，长期独立于世外，落后于时代，怎么能比得上与世沉浮、顺应时代的变化求取功名富贵实惠呢？”

东汉时期的东平王刘苍说：“行善是最令人愉快的事。”但是又有古语说：“时代不好善行，而自己独行善，不行妖行惑众，就是神经错乱。”

三国时期的庞统很喜欢品评人伦高下，又勤于培养新人，他称许和推荐的那些人，多数都是名声超过才能的人。当时的人对此很奇怪，就问他为什么要这样做，庞统说：“当今天下大乱，正道衰微，善人少而恶人多。若想振兴固有的风俗，助长王道大业，如果不大力宣扬他们的美名，他们的名声就不足以引起人们的羡慕。不足以令人企盼和倾慕，那么做善事的人就更少了。如今我提拔十人，即使只有五个够格，但仍然得到了一半的人才，他们担负起弘扬正义、传播教化的重任，使有志向的人能自我勉励，这样不也是件好事吗？”

《人物志》中说：“有才德的人知道吃亏受损实际上能够带来好处，因此有一份功劳却可以得到双份的美誉；见识浅薄的小人不知道自我颂扬实际上反而是于己有损，因此他们自夸其功，结果功劳和名誉一起损失了。由此看来，不自我颂扬的，反而会得到他人的颂扬；不争名夺利的，实际上会名利双收；对敌方有所让步，其实是真正地战胜了对方。正是由于这个道理，春秋时的郤至表面上善于抬举别人，实际上却压倒了别人；王叔爱争高低，最终被迫出逃他国；蔺相如用引车回避的办法战胜了廉颇；寇恂因为不与贾复争斗，从而得到了比贾复贤明的美誉。善于利用事物向相反方向转化的道理，这就是君子常说的‘道’。”

《孝经》中说：“一个人如果居家过日子，能治理得井井有条，那么他的治家之道同样可以用到为官之道上。”郦食其在落魄的时候没有吃饭穿衣的门路。东汉名臣陈蕃说：“大丈夫应当扫除天下，怎能只留心打扫屋子这些琐事呢？”

西汉大臣公孙弘说：“身体力行近于仁义，勤学好问近于智慧，能知廉耻近于勇敢。明白了这三条原则，就会懂得怎样修身自律了。知道如何修身自律之后，就会知道怎样去管理别人。天下还没有不能管理自己反而能管理别人的人。这是百世不易的真理。”《淮南子》中说：“能把毫厘之差算得一清二楚的人，必然会忽略对天下形势的了解；对小件器物倍感兴趣的人，面对大事就会感到手足无措。如果现在有人胸怀平九州、救危国的大志，用人者不去让他成就大事，反而拿类似女子三从四德的礼仪来要求他，非让他学习遵守民情风俗，这就好比用斧头剪毛，用小刀伐树木，都未能尽物之用，是不恰当的做法。”

商鞅问赵良：“你看我治理秦国的成就，与百里奚相比，谁更加贤明？”赵良回答道：“百里奚是荆楚地区的普通百姓，他听说秦穆公贤明，就想去拜见，但是又没有路费，就把自己卖身给秦国的客商当奴隶，穿着破衣烂衫给人家喂牛。秦穆公发现他是一位很难得的人才，就把他从牛口之下提拔到万人之上，秦国人都不敢仰视他。现在你被秦王任用，是得力于秦王的侍从景监，并不是靠你自己的名声。”

《史记》中说：“蔺相如是由于有宦官缪贤的推荐才被赵王提拔的。”又说：“邹衍作了一篇《谈天论》的文章，夸大其辞，荒诞不经，但是王公大臣们照样尊重他。邹衍 到魏都大梁，魏惠王就到郊外迎接他，以宾主之礼款待他；而他到了燕国，燕昭王也亲自打扫道路欢迎他。这与孔丘受困在陈、蔡地区，面带饥色，孟轲受困在齐、梁地区，怎么能相比呢？”

卫灵公曾经向孔子请教兵法，孔子却不予回答；梁惠王准备攻打赵国，孟子却称颂周先王主动将自己居住的邠地让给狄人的行为。他们的做法就好比把方木棒打入圆榫眼，怎么能塞进去呢？有人论道：“伊尹背负锅鼎去拜见商汤，后来他辅佐商汤称王天下。百里奚曾给人喂牛，秦穆公起用他后成就了霸业。他们都是先用自己的作为引起君王的兴趣，然后才得以成就大事业。邹衍的言论这样宏阔不轨，难道也有像百里奚放牛、伊尹负鼎那样，以引起君王注意的意思吗？”

东汉时期的陈蕃性格高傲刚烈，具有帝王臣子的节操；李元礼忠诚正直，拥有治理天下的才能。蔡邕认为陈蕃敢于冒犯龙颜，而李元礼对待下属平易近人。其实冒犯上层最难，善于对待下层则较容易，因此陈蕃应当排名在先，李元礼排名在后。晋国人姚信说："皋陶劝告虞舜，就是冒犯国君的表现；而虞舜善于总理百官，则是平易待下的表现。所以汉朝的丞相陈平对王陵说：'在君王面前直言敢谏、据理力争这方面，我比不上你；但是要说到巩固刘氏政权，你就比不上我了。'如果认为敢于犯上最高，那么王陵当然要高于张良、陈平，东汉光武帝刘秀的直臣朱云也要胜过吴汉和邓禹了吗？"

《史记》中说："韩非子认为'读书人以舞文弄墨来扰乱法度，侠士凭借武力而触犯禁令'，这两种人都被韩非子大加批评，但是有学识的人却常常称赞他们。至于那些靠自己的才能和权术来谋取宰相、卿大夫之位的人，他们辅佐了他们那个时代的君王，其事迹都已记载在史书里，自然没有什么好说的了。而像孔子的弟子季次和原宪，治学勤奋，胸怀超卓的德行，但思想却不合于当世，时人经常讥笑他们。当代的游侠之士，他们的行为虽然与传统的法治观念相抵触，但是他们言必信，行必果，一旦答应别人就说一不二，就算牺牲自己的性命，也要与朋友士人共赴危难，办了好事之后却羞于炫示自己的恩德，他们的行为确实也有值得赞美的地方啊！缓急之事是人们时常遇到的，虞舜曾经被困于井底和仓房顶上，商朝的伊尹曾背着做饭用的鼎求仕，傅说曾在傅岩藏匿，姜太公曾经被困在壁高林深的泉边，管仲曾经是阶下之囚，百里奚曾给人家喂牛，孔子在匡地被困，在陈、蔡两国挨过饿。他们这些人都是读书人所称道的有道德、有修养的仁人志士，尚且免不了遭受苦难，更何况中等之才而又处在这种乱世的人呢？他们所遇到的灾难真是一言难尽啊！那些布衣百姓，如果做事信守诺言，其义名流播千里，因此，每当善良正直的人们走投无路的时候，就希望得到他们的帮助，而他们也不惜舍身赴难去帮助人，这样人难道不是人们所称颂的圣贤豪杰吗？若真的使这些乡间村俚的普通侠义之人，具有像季次、原宪这样的地位和才能，同时效功于当代，是不能够同日而语的。怎么可以轻视他们呢！"

《汉书》中说："天子建国，诸侯立家，从卿大夫到老百姓，自上而下都有等级差别。所以，人们都应驯顺地忠心敬上，下层的人也不能有非分之想。孔子说：'天子统治有道，天下太平，这样一来国家的政权就不会落在士大夫手中。'百官各司其职，守法听令，尽自己的职责，超过权限就会被惩罚。这样才能上下和顺，把事情办好。周王室衰微之后，礼乐制度和征伐叛逆的决策权就落在了诸侯手里。在齐桓公、晋文公之后，大夫的权位世袭，臣僚执掌大权。这种衰败的情况流传到战国时代之后，又是合纵，又是连横的，诸侯各国竞相用强权和武力征伐，均有一统天下之志。于是各国的著名公子——魏国的信陵君、赵国的平原君、齐国的孟尝君、楚国的春申君，都借着王公的势力，收罗游侠，对鸡鸣狗盗之徒也待若上宾。赵国的丞相虞卿宁肯弃国捐君，不顾法度去救他的患难之交魏齐；信陵君魏无忌窃取虎符，假传魏王的命令，杀死大将鄙，夺取军权，就是为了去解救被围困的赵国。他们就是用这种方式得到诸侯的器重，扬名天下的。那些扼腕而游的侠士，均把信陵君、平原君、孟尝君、春申君这四个人推崇为首领。这样一来，就出现了背弃国家、结党营私的局面，而忠守职责、为国效力的大义就因此被破坏了。等到汉代统一天下后，纲纪宽松，这种不良风气也没有得到彻底纠正。魏其侯窦婴和武安侯田蚡这些人，经常在京城中攀比；郭解、剧孟这些人，在街头巷尾横冲直闯，他们的势力能够达到州域，公侯王子见到他们都得卑躬屈膝。许多老百姓把他们当做大英雄，羡慕不已。这些人就算身犯国法，锒铛入狱，还自以为能够因此而扬名后世，有如季布、子路或仇牧一类的勇士那样死而无悔。曾子说：'国君丧失治理天下的总则，那么人民就会人心涣散。'如果没有圣明的君王当政，向全国人民阐明好坏的标准，然后用礼法来统一人们的思想和行动，那人们哪能知道国家禁止的是什么，并因此走上正道呢？按照古代正统的王法而言：对于尧、舜和文王，春秋五霸就是罪人，而六国是五霸的罪人，信陵君等四豪就是六国的罪人。何况像郭解这一类游侠，以一介卑微的匹夫，窃取了生杀大权，他们的罪过，可谓罪不容诛了！"

《尸子》中说："做臣子的以推荐贤者为有功；做君王的，以任用贤者为有功。"《史记》中说："鲍叔牙举荐管仲，天下人没有更多地赞美管仲有才能，而是更加称赞鲍叔牙有知人的才能。"

苏建曾经责备大将军卫青说："一个人过于自尊，天下的贤士大夫都不称颂他，希望你效仿善于招揽、选拔贤才的古今名将。"大将军卫青辞谢说："自从魏其侯、武安侯大宴宾客，招贤纳士以后，我朝天子对这些事常怀切齿之怒。他们所做的，如亲近士大夫，招揽贤士，罢黜不肖之人，那些应当是君王才有资格做的事情；我作为人臣，只要依法履行好自己的职责就行了，何必要做招贤纳士的事呢？"他为将就是这么谨慎。

班固说："以前王道衰微，诸侯各国竞相巩固自己的政权，由于当时各国的君主好恶趣味各不相同，因而使诸子百家的学说蜂拥而起。他们各执己见，大力宣扬自己的理论观点，并且到处游说，争取让诸侯采纳。他们的学说虽然各不相同，但是就像水与火的关系一样，相灭而又能相生。仁和义，敬与和，虽然它们是相反的，却都能相辅相成。"《周易》中说："天下人们的目标是一致的，不过达到共同目标的途径却是各种各样的；天下的真理是同一的，而人们思考、推究真理的思维方式和表述方式却千差万别。”说的正是这个意思。

前沿诠释

这部分内容非常有意思，它从唐以前的经史典籍中撷取、列举了53对正反命题，互相辩驳，“参加”辩论的都是自尧舜至隋唐的名流大家、帝王将相，他们展开了一场别开生面的“辩论”。从这些辩论的内容里面，我们能够看出很多两难之处，例如讲究气节与做大事者不拘小节的对撞，先下手为强与办事不为首的对立……从这些论断中，我们可以看出，为人处事的原则是灵活多变的，从不同角度看，很多行为会得到不同的诠释，产生不同的效果。

李彦宏：细节带来的胜利

中国人的处世原则从来都是模棱两可的，一方面说“成大事者不拘小节”，一方面又会说“细节决定成败”。东汉陈蕃说：“大丈夫当扫天下，谁能扫一室！”但是站在他对面的薛勤却说：“一屋不扫，何以扫天下？”

百度老总李彦宏在关于细节这一问题上，也有不同于他人的看法，他会坚定地告诉你，百度在搜索市场的胜利主要就是来自于对细节的关心。在他的经营管理过程中，一直都对细节问题十分重视，而这种重视也成就了他的成功。

现在的百度已经成为中文搜索引擎的霸主，每天要响应来自138个国家数亿次的搜索请求，中文网页数据库积累超过了10亿。人们已经习惯有问题就“百度一下”。李彦宏制造出的“百度”这个庞然大物，如今在中文搜索引擎、网络音乐下载、贴吧社区、地图搜索等领域，都占据着数一数二的位置。

李彦宏在中国的网络界是一个传奇人物，他和创业伙伴带着120万元的原始资金回国创业，进入搜索引擎领域，并用极富有中国色彩的“百度”一词（源自“众里寻他千百度”一句）给自己的这款搜索引擎命名。随后，李彦宏将百度越做越大，开始了自己的财富人生。

李彦宏善于在细微处动脑筋。百度的页面就充分展现了细节的力量。虽然我们打开百度主页，看到的只是一个简易的、被大片空白占据的页面，但是，“用最简单直接的方式表达自己想要传递的信息”，这就是百度主页的设计要求。百度的首页页面的大小只有4KB，使用者可以一眼就看到百度公司的服务产品：新闻、网页、贴吧、知道、MP3、空间、百科……只要在搜索框中键入想要找的内容，就可以得到数以万计乃至百万计的浏览结果。为了使使用者得到最好的体验，百度的主页页面还不断在细微之处进行改进，例如原来是在搜索框中输入关键字之后要点击“百度搜索”键，才能在出现的页面中点链接按钮切换到百度贴吧、百度百科或者百度知道等其他产品的页面当中，后来为了精简这个操作步骤，百度公司对其进行了改进，变成现在只需要直接点击搜索框上的链接按钮就可以切换。经过10年的发展，百度的页面一再改进，尽管表面看来还是那么简约，但使用时的方便程度已经今非昔比了。

李彦宏深信，细微处往往更能抓住别人的心。就如同百度主页页面采用的“12秒原则”，也就是说让人们在看到主页的12秒内就可以找到自己需要的信息。这一人性化的原则博得人们的赞赏。

百度对于细节的把握也体现在了竞争中。在相当长的时间内，百度和Google一直在相互竞争。Google是公认的全球规模最大的搜索引擎，它提供了简单易用的免费服务，用户可以在瞬间得到相关的搜索结果。一直以来，Google都是搜索引擎界的霸主，其地位难以撼动，百度想在中国这个大市场占据有利地位，就必须与Google展开激烈的争夺。在产品功能上，百度很快就战胜了Google。美国《洛杉矶时报》曾经发表了道恩·凯米尔勒夫斯基的一篇文章，文中将Google在中国市场上不敌百度的原因归结为“百度以文化优势战胜了Google”。具体而言，就是百度运用了细节的力量，按照中国人的网络搜索习惯设计了搜索引擎，使被点击的搜索结果在新的窗口中打开，另外又提供了mp3音乐搜索下载等服务，使网民深深感受到了使用百度网站的方便性，而一旦使用习惯之后，他们就不会再选择Google了。

在推广方面，百度也有自己的独特之处。百度宣传的不是搜索引擎功能，不是品牌实力和覆盖范围，而是它的“中国风”。百度在推广时没有使用传统的广告方式，而是采用了“病毒式传播”。李彦宏和他的团队制作了“精准”“百度流量就是大”“你知道我不知道”等网民们喜闻乐见的喜剧视频。这些幽默中带有调侃意味的视频在网络上迅速传播，也将百度在中文方面更专业的理念传达给了使用者。当唐伯虎与外国佬斗说绕口令把外国佬说得吐血时，网民们都能会心一笑，知道其中影射的是什么。

最妙的还是百度的招股说明书目录，当打开其中一页时，很多人都会感叹一声，甚至试着数上面有多少个字——因为这张说明书上印有的中文字的意思全部都表示“我”。百度在其他企业优势方面做了阐述之后，在说明书中就非常别致地添加了这个小细节，让人一目了然，说明了中文搜索引擎对于“中文”这个关键字的看重，“在中文中至少有38种表达‘我’的方式”——百度是这样说的。这是一种炫耀，也是挑衅，它告诉外界这样一个信息：来自美国的Google尽管可以在世界上其他国家称雄，但是中国市场却是特殊的。有一个对中文使用者的需求研究甚深的百度在这里，Google不得不放缓进入中国市场的脚步。一个小小的“我”字就能够反映出巨大的产业现状：不懂中文的美国人在推广Google时将要面临严峻的挑战。

在李彦宏看来，对运营细节成功把握的企业才能真正走向国际化。很多企业的成功都是由细节上的成功促成的。对于一家依靠网络资源的企业来说，百度对于创新的依赖性不可谓不高，李彦宏需要不断组织员工研发出新的产品和服务，才能使百度不被日益涌现的众多搜索引擎淹没。但是，比起创新，李彦宏更加专注于细节方面的管理。他曾经这样说：通过创新，不同企业会获得领先的时间段，但是这种领先很难长期持续下去。只有把握细节，在运营上集中精力把自己擅长的事情做好，才能形成真正的核心竞争力。这就是李彦宏“扫一屋”的细节战略取胜的原因吧。

适变第十五：继往开来，遇变则通

故圣人之理国也，不法古，不修今，当时而立功，在难而能免。

经典再现

昔先王当时而立法度，临务而制事。法宜其时则理，事适其务故有功。今时移而法不变，务易而事以古。是则法与时诡[①]，而时与务易。是以法立而时益乱，务为而事益废。故圣人之理国也，不法古，不修今，当时而立功，在难而能免。由是言之，故知若人者，各因[②]其时而建功立德焉。何以知其然耶？桓子曰：“三皇以道治，五帝用德化；三王由仁义，五霸用权智。”五帝以上，久远，经传无事，惟王、霸二盛之美，以定古今之理焉。夫王道之治，先除人害，而足其衣食，然后教以礼仪，而威以刑诛，使知好恶去就。是故大化四凑，天下安乐，此王者之术。霸功之大者，尊君卑臣，权统由一，政不二门，赏罚必信，法令著明，百官修理，威令必行，此霸者之术。

《道德经》曰：“我无为而人自化。”文子曰：“所谓无为者，非谓引之不来，推之不往。谓其循理而举事，因资而立功，推自然之势也。”故曰，汤、武，圣主也，而不能与越人乘舲舟，泛江湖；伊尹，贤相也，而不能与胡人骑原马、服駒駼；孔、墨，博通也，而不能与山居者入榛薄，出险阻。由是观之，人智之于物，浅[③]矣。而欲以炤海内，存万方，不因道里之数，而专己之能，则其穷不远。故智不足以为理，勇不足以为强，明矣。然而君人者，在庙堂之上，而知四海之外者，因物以识物，因人以知人也。夫冬日之阳，夏日之阴，万物归之，而莫之使至。至精之感，弗召自来。待目而昭[④]见，待言而使令，其于理难矣。皋陶喑而为大理，天下无虐刑；师旷瞽而为太宰，晋国无乱政。不言之令，不视之见，圣人所以为师，此黄老之术也。

孔子闲居，谓曾参曰：“昔者明王内修七教，外行三至。七教修而可以守，三至行而可以征。明王之守也，则必折冲千里之外；其征也，还师衽席[⑤]之上。”曾子曰：“敢问七教？”孔子曰：“上敬老则下益孝，上敬齿则下益悌，上乐施则下益亮，上亲贤则下择交，上好德则下无隐，上恶贪则下耻争，上廉让则下知节，此之谓七教也。”昔明王之治人也，必裂而封之，分属而理之，使有司月省而时考之，进贤良，退不肖，哀鳏寡，养孤独，恤贫穷，诱孝悌，选才能，此七者修，则四海之内，无刑人矣。上之亲下也如腹心，则下之亲上也，如幼子之于慈母矣。其于信也如四时，而人信之也，如寒暑之必验。故视远若迩，非道迩也，见明德也。是以兵革不动而威，用利不施而亲。此之谓“明王之守，折冲千里之外”。

曾子曰：“何谓三至？”孔子曰：“至礼不让，而天下理；至赏不费，而天下之士悦；至乐无声，而天下之人和。”何则？昔者明王必尽知天下良士之名。既知其名，又知其实。既知其实，然后因天下之爵以尊之。此谓“至礼不让而天下治”。因天下之禄以富天下之士，此之谓“至赏不费而天下之士悦”。如此，则天下之明誉兴焉，此之谓“至乐无声而天下之人和”。故仁者莫大于爱人，智者莫大于知贤，政者莫大于能官。有德之君，修此三者，则四海之内，供命而已矣。此之谓“折冲千里之外”。故曰，明王之征，犹时雨之降，至则悦矣，此之谓“还师衽席之上”。故扬雄曰：“六经之理，贵于未乱；兵家之胜，贵于未战。”此孔氏之术也。

墨子曰：“古之人未知为宫，就陵阜⑥而居，穴而处。故圣王作，为宫室。为宫室之法：高足以避润湿，边足以圉风寒，宫墙之高，足以别男女之礼。谨此则止，不以为观乐也。故天下之人，财用可得而足也。当今之王为宫室，则与此异矣。必厚敛于百姓，以为宫室台榭曲直之望，青黄刻镂之饰。为宫室若此，故左右皆法而象⑦之。是以其财不足以待凶饥，振孤寡，故国贫而难理也。为宫室不可不节。

“古之人未知为衣服，时衣皮带茭，冬则不轻而暖，夏则不轻而清。圣王以为不中人之情，故圣人作。诲妇人，以为人衣。为衣服之法：冬则练帛，足以为轻暖；夏则絺绤，足以为轻清。谨此则止，非以荣耳目，观于人也。是以其人用俭约而易治，其君用财节而易赡⑧也。当今之王，其为衣服，则与此异矣。必厚敛于百姓，以为文彩靡曼之衣，铸金以为钩，珠玉以为佩。由此观之，其为衣服，非为身体，皆为观好也。是以其人淫僻而难治，其君奢侈而难谏。夫以奢侈之君，御淫僻之人，欲国无乱，不可得也。为衣服不可不节。”此墨翟之术也。

商子曰：“法令者，人之命也，为治之本。一兔走，百人逐之，非以兔可分为百，由名分之未定也。卖兔满市，盗不敢取者，由名分之定也。故名分未定，虽尧、舜、禹、汤，且皆加务而逐之；名分已定，则贫、盗不敢取。故圣人之为法令也，置官也，置吏也，所以定分也。名分定则大诈贞信，巨盗愿悫⑨而各自治也。”

申子曰：“君如身，臣如手，君设其本，臣操其末。为人君者，操契以责其名。名者，天地之网，圣人之符。张天地之网，用圣人之符，则万物无所逃矣。”动者摇，静者安，名自名也，事自定也。是以有道者，因名而正之，随事而定之。昔者尧之治天下也，以名，其名正则天下治；桀之治天下也，亦以名，其名倚而天下乱。是以圣人贵名之正也。

李斯书曰：“韩子称‘慈母有败子，而严家无格虏[10]’者，何也？则罚之加焉必也。故商君之法，刑弃灰于道者。夫弃灰薄罪也，而被刑重罚也。夫轻罪且督，而况有重罪乎？故人弗敢犯矣。今不务所以不犯，而事慈母之所以败子，则亦不察于圣人之论矣。”此商鞅、申、韩之术也。

由是观之，故知治天下者，有王霸焉，有黄老焉，有孔墨焉，有申商焉，此其所以异也。虽经纬殊致，救弊不同，然康济群生，皆有以矣。今议者或引长代之法，诘救弊之言；或引帝王之风，讥霸者之政，不论时变，而务以饰说。故是非之论，纷然作矣。言伪而辩，顺非而泽，此罪人也。故君子禁之。

迷津指点

①诡：违背。

②因：按照。

③浅：浅薄。

④昭：明显、显著。

⑤衽席：睡觉用的席子，代指寝处之所。

⑥陵阜：山陵，土山。

⑦象：仿效样子。

⑧赡：供养。

⑨悫：朴实，谨慎。

⑩格虏：强悍不驯的奴仆。

古文译读

从前，先王根据所处时代的实际情况来建立相应的法律制度，根据时务的要求来决定要做的事。法令符合社会发展的要求就可以得到贯彻执行，所做的事情符合时务的要求就能够取得较好的效果。如今形势变了，而法律却没有随之变化，时局变化了，而做的事情却未能满足时局的要求。这样就会导致法律制度与时代发展相背离，时局的要求与所做的事情脱节，这样一来，制定的法律越多，社会就会越混乱；投入到事情上的精力越多，事情就越是糟糕。因此，圣人治国，不效法古人，也不迷信今人，按照时局变革法度，只求实效，即使陷入困境也能转危为安。由此可见，通晓这一道理的人都会根据自身所处的环境而建功立业，树立德行。怎么证明这一道理呢？桓范说：“三皇（神农、伏羲、黄帝）时代是用道治理天下，而五帝（黄帝、颛顼、帝喾、唐尧、虞舜）时代则是用德化育天下，到了三王（大禹、后稷、文王）时代是用仁义教导人民，春秋五霸时代是用权术和智谋治理国家。”五帝以前的事已经太过久远，经传上也没有记载，唯有称王道和称霸道两种盛事留作了我们衡量古今治道盛衰的标准。所谓称王天下的治理方法，应当先铲除祸害人民的恶势力，让人民丰衣足食，之后再用礼仪对他们进行教育，然后再建立法规、刑罚来威慑不轨之徒，使人们分清善恶，明白何去何从。由此，人民普遍得到教化，举国上下同心协力，使得普天下呈现一片安乐平和的景象，这就是王者的治国之道。成就伟大霸业的君主，他们能够做到君尊臣卑，把权力握在霸主一人手里，政策法令不出二门，赏罚必信，法令严明，百官做到各司其职，有法必依，这就是霸主的治国之术。

《道德经》中说：“做君王的如果能够清静无为，百姓自然而然就能够得到教化。”文子则说：“所谓无为的做法，并不是引导他不来，推他不去，什么事也不做。而是根据事物本身的道理去做事，借助既有的基础和一定的条件去获得成功，也就是说，一切都要顺其自然。”所以说，商汤和周武王虽是圣主，但是他们却不能像越人一样乘船泛游江湖；伊尹是贤相，却不能像胡人那样驾驭驯服野马在外驰骋；孔子、墨子他们虽然都是博学的通人，却不能像山里人那样穿荆棘，过险阻。由此可以看出，人的智慧和能力相对于世间广博无限的事物而言都是有限的。如果想要照耀四海，感召万方，却不研究并充分利用其规律和方法，仅仅靠自己有限的本领，那么他很快就会走入穷途末路。所以说，一个人的智慧，不能穷尽全部真理；一个人的勇敢，不能天下无敌。这是非常明显的道理。然而，作为一个国家的君主，当他坐在高堂上时，就能对天下形势了如指掌，其中的奥妙就在于他能够因物知物，因人知人，触类旁通。天下万物都自觉向往冬天的太阳、夏天的阴凉，实际上并没有什么人要求它们这样做啊！但是在精诚的感召下，万物都会不叫自来。如果都等目光来示意才能明白真相，等号令来指挥，它们才去这样做，通过这样的方式就很难达到自然而治的境界。皋陶虽然是哑巴，但他当大禹的大理时，天下没有酷刑；师旷虽然是个瞎子，但他当上宰相之后，晋国没有乱政。像这样不言语就发出了命令，不四处观望却能够无所不见，就是圣人之所以能为大众之师的根本条件，这些就是所谓的黄老之术。

孔子闲居的时候对曾参说：“以前，英明的帝王内修七教，外行三至。做到七教，就能够使内政得以巩固，并使国家具备较强的防御外部侵犯的能力；做到三至，才能够对外征伐。明主的防守，对千里之外的敌军都会产生冲击力量；一旦率军出击，就一定能够凯旋。”曾子问：“先生，什么是七教啊？”孔子说：“在上的君王能够尊敬老人，在下的臣民就会对老人更加孝顺；在上的君王能够尊重年长的人，在下的臣民就会对年长的人更加敬爱；在上的君王能够乐善好施，在下的臣民才会更加忠诚守信；在上的君王能够亲近贤人，在下的臣民就会选择有道德的人结交；在上的君王能够喜好德政，在下的臣民就没有隐瞒；在上的君王能够厌恶贪婪，在下的臣民就会耻于争名夺利；在上的君王能够廉洁礼让，在下的臣民就会有节操，这就是所说的七教。”从前，英明的帝王治理天下，一定会划分土地给诸侯统治，设立不同的机构管理不同的事物，然后让相关机构按月检查，按时考核，推荐贤德之人，辞退一些不良之辈，同情抚恤鳏夫寡妇，抚养孤儿，救济穷人，奖勉孝顺父母、敬重兄长的行为，选拔人才，把这七项工作做好了，四海之内就不会有人犯法。君王爱臣民就好像爱自己的腹心一样，臣民爱君王才会像幼儿爱慈母一样。君王守信如同一年四季一样准确无误，百姓的守信才会如同寒暑一样灵验。因此，君王看远方能像看近处一样清楚，这并非因为事物就在近处，而是因为英明的德行。因此，兵革未动就显出威力，不施利害就让人自动亲近。这就是“明君防御能够使千里之外的敌人闻风丧胆”。

曾子又问：“什么是三至呢？”孔子说：“掌握礼的精髓，虽不谦让，却会天下大治；掌握至高的赏赐原则，虽不耗费财物，却能使天下士人喜悦；音乐的最高境界是无声的音乐，却能使天下的人相和睦。”为什么这样说呢？以前，英明的帝王对全国的名士的情况全都了如指掌，既知道他们的名声，也知道他们的实际才能。然后根据他们的实际才能，把权力和地位授予他们，以示尊崇，这样做就叫“至礼不让而天下治”。用天下人所创造的利禄使天下的士人富有，这就叫“至赏不费而士人悦”。如此一来，天下清明，美誉兴盛，这就叫“至乐无声而天下和”。因此从这种意义上说，仁者的最高境界是爱人，而智者的最高境界是知贤，执政者的关键就是善于使用官吏。有德之君如果能做好这三项工作，那么举国上下都会服从命令，这就是“对千里之外的折服”。所以说，明君的征讨就好像及时雨降临，人人悦服，这就叫“还师衽席之上”。因此扬雄说：“六经治国的道理，贵在社会尚未动乱时就及时进行治理；兵家制胜的道理，贵在还没有出动就已经取得真正的胜利。”这就是孔子学派的治国之术。

墨子说：“远古的人们还不知道建造宫室，只是利用山陵高地的岩洞作为自己的居处。到了圣明的君主出现之后，才开始建造宫室。建造宫室的原则就是：宫室的基础，高足以躲避潮湿雨水，四周围墙的厚度足以抵御风寒，墙的高度足以区别男女的礼节。仅此而已，不追求美观和享乐。所以，当时的人民都感到财用充足。而现在的王侯，他们所造的宫室与古代比起来就大不相同了。他们向老百姓横征暴敛来建造宫室台榭，为了看起来宏伟壮观，而使用各种颜色的刻镂彩画。君王的宫室如此奢华，左右上下的人竞相效仿。因此，国家财用匮乏，难以抵御凶年的饥荒，也没有能力赈济孤寡贫民，国家的贫困已经到了难以治理的地步。因此，建造宫室不能没有节制。

“远古的人不知道做衣服，那时候他们披兽皮，挂草叶，冬天不追求轻暖，夏天也不追求轻便清爽。圣人觉得这样很不适合人体的需要，于是便制作衣服，并教妇女们制作衣服。制作衣服的原则是：冬天用练帛制成棉衣，轻便暖和，到了夏天就用细麻布做纱衣，轻薄凉爽。对衣服的要求仅此而已。那时穿衣不是为了突出自己美丽，让他人观看的。因此，那时人们的生活都非常节俭，易于管理。那时帝王的生活也很简朴，很容易奉养。现在的君王，他们穿衣服和古代的君王迥然不同。他们对老百姓大加搜刮，用来制作华美飘逸的服装，用黄金铸造带钩，用美玉制作衣佩。由此看来，这些人穿衣不是为了身体的需要，更多的是为了美观好看。因此，人们就变得越来越淫逸邪僻，越来越无法管理。国君奢侈腐化，不听忠言。由奢侈腐化的君主来统治淫逸邪僻的臣民，想让国家不乱，那是不可能的。因此说，制作衣服也不能没有节制。”这就是墨翟的治国之术。

商鞅说：“法令是指导人们行为的命令，是治理国家的根本。一只野兔在前面奔跑，后面可能有一百个人追逐，不是说一只兔子可以分成一百份，而是因为这只兔子是属于谁的名分还没有确定。卖兔子的满街都是，盗贼却不敢去公开抢兔子，那是因为这些兔子是属于谁的名分已定。因此，名分未定的时候，就是尧、舜、禹、汤这样的圣人也都可能去追逐；名分已定之后，就是贫穷之人和盗贼也不敢去公开抢夺。所以圣人制定法令，安排官吏，其实就是在定名分。名分确定以后，就算是骗子也会变得贞洁守信，就算是大盗也会变得诚实而自行守法。”

法家的申不害说过：“君王如身，臣子如手，君主固守根本，大臣操持常务。当人君的，就应当拿法律公文来核查人臣，查看他的行为和名分是否名实相符。所谓的名分，就好像是一张如天地一样大的网，又好像圣人的符信。张开天地之网，再运用圣人的符信去核验，那天下万物就无处可逃了。”本性喜欢运动的就让其运动，本性喜欢沉静的就让其安静，使事物的名分符合事物的本性，那么万事万物就能各居其位，各司其责，都有所归属。因此，治国有道的人，根据人们本应居守的名分来纠正所有不合名分的行为，根据事情的本性来决定实施的方法。以前，尧治理天下的时候，就是以名分来处理政务，因为名分正，天下就会大治；桀治理天下，也是以名分来处理政务，然而因为名分不正，因此天下大乱。因此，圣人对名分的正与不正是看得很重的。

李斯在给秦二世的奏章中说：“韩非子认为‘慈爱的母亲会养出败家的儿子，严厉的主人手下没有强悍的奴仆’，这是为什么呢？其实就在于能不能实行严厉的惩罚。所以，商鞅变法，对在路上随便倒垃圾的行为都处以刑罚。随便倒垃圾是小罪，判的却是重罚。轻罪尚且要严惩，更何况是重罪呢？因此在秦国人人都不敢犯法。如今的当政者，不致力于设法使人不犯法，却去学慈母娇惯败家子的做法，那就太不理解圣贤的理论了。”这就是商鞅、申不害和韩非子的治国之术。

从上面的例子来看，治理天下的方法，有王霸、黄老、孔墨、申商之术，这些就是不同的治国方法。这些不同的治国方法虽然彼此经纬有别，纠正流弊的方式也有所不同，然而这些法则都有振兴国家、普济众生的效用。如今的议者有的援引长治久安的统治方法，来非难今人那些拨乱反正的改革观念；有的用前代帝王的礼乐之风，来讥讽成就霸业的政治措施，不顾时代的变迁，而以粉饰自己的学说为务。因此，对变革的赞同或是反对的意见，也都纷纷出笼。他们措辞虚伪，言论诡辩，附会荒谬的观点，将错误有害的东西装饰得光彩照人，这些人都是社会的罪人啊！因此，那些有道德、有头脑的人应当起来制止这种做法。

前沿诠释

先人对于领导艺术的研究不可谓不精辟，在“适变第十五”中，作者提出的一个核心问题就是：因事制宜，以变应变，要求古代贤明者要学会根据不同时代和地域的要求，运用不同的方法来治理国家。

本篇内容与西方管理学的思想在内涵上是一致的。由此看来，无论是古代的君主还是现代的企业管理者，都应当遵循权变理论的原则，因为任何组织——国家也好，企业也罢，都是一个开放的系统，具有动态特性，没有一劳永逸的管理方法，必须随着组织所处的内外环境和形势的变化而随机应变。某一方法“放之四海而皆准”只能是一种美好的想法，而掌握权变控制的艺术，做到动态的领导则是一种较好的应对方法。

格罗夫：不断变化，创造英特尔的高速发展

“作为经理人，我们憎恶变化，尤其是这些改变将我们卷入其中的时候。”说这句话的正是与比尔·盖茨并列为数字革命缔造者的英特尔公司前CEO安德鲁·格罗夫。作为一个传奇人物，他曾经被认为是全美最杰出的经理人。

格罗夫原本是一名布达佩斯的犹太人，1956年逃离祖国匈牙利，来到了美国纽约，在这里扎下了根。完成学业以后，他于1963年加入了仙童半导体公司。然而，这个公司在内部管理和产品制造方面存在着众多的问题，最终其创办人中的罗伯特·诺宜斯和戈登·摩尔离开，自己创办了英特尔公司。不久，格罗夫也跟着摩尔来到了这里，成为英特尔的第三名员工。

作为英特尔的核心人物之一，格罗夫为公司的发展作出了巨大贡献。1976年，他成为了首席运营官。1987年，他担任了英特尔公司的总裁。

格罗夫创造了一个IT界的神话，在他担任总裁之后，英特尔公司每年返还投资者的回报率平均都在44%以上，这是一个令人称奇的数字。

英特尔是存储芯片的开发者，它的产品原则是“电脑芯片的性能每18个月将提高一倍”，而这还是30年前的要求，现在的更新速度更是已经达到了惊人的地步。自前任总裁摩尔提出了这一“定律”之后，英特尔就不断致力于为PC制造商们提供最热门的芯片。因此，在英特尔公司，一切都围绕着一个“变”字展开，不断更新的产品带动了这一产业的发展，使得计算机产业也发生了革命性的演进。

在20世纪70年代，英特尔曾经有好几年占据着几乎整个芯片市场，但是到了20世纪80年代，英特尔公司受到了来自日本的制造商的挑战。日本的科技公司突然崛起，凭借后发优势，以巨额的投入和惊人的高效益，生产出了令人耳目一新的存储芯片，迅速地吞噬着市场份额。

每当回想那个时期时，格罗夫就会感叹当时的紧张局面：“当时，日本人的质量报告超出了我们可能的想象，我们的第一反应是否认……就像人们在这种情况下通常会做的那样，我们猛烈地攻击这些展示的数据。”但是如果一直这样下去，英特尔就会被价廉物美的日本芯片打垮了，面临挑战的英特尔应该怎么办?

格罗夫当时就为英特尔想了几条路：一是和日本公司硬碰硬，不断提高技术，展开竞争，并通过资本、人才的收购维护英特尔的霸主地位；二是与日本公司合作，达

成某种协议；三是避让日本公司的竞争，寻找新的商机。很显然，最后一条建议是非常令人吃惊的，更是大家绝对无法接受的，但是格罗夫恰恰看好这种方法。

在那段时间里，英特尔的办公室里笼罩着压抑的低气压，每天都是没完没了的会议和没完没了的争吵。英特尔面临着最脆弱的局面，格罗夫和每一个持不同意见的人辩论。有人提出要和日本公司“决死竞争”，加大在芯片开发和生产上的投资，再造一座巨大的芯片生产工厂，并且雇佣日本科技工作者；有人要求公司大力推进研究工作，用前卫的科技手段获得产品竞争的优势；还有一些人则建议制造特殊用途的存储器以抢占市场……格罗夫不断进行着痛苦的说服工作，他向董事会和同事们保证，自己愿意承担转型的责任，这才打动了一部分人。数月之后，英特尔公司决定冒死一试，毅然选择了第三条路。

这次巨大的改变使得IT行业再次出现一次大变革，不过，在变革初期，身处其中的人们并没有预想到这一点。此时，格罗夫开始寻找新产品，他的眼光落在了一个被用户“pass”掉的产品上面。当时，英特尔接到了一份为日本尼康计算器公司生产芯片的订单。在即将完成这项工作的时候，一名工程师设计了一种能够将所有电路置于一块单独芯片上的结构。这种产品与客户的要求并不相同，它不仅可以在计算器中使用，还可以置于任何一种设备之中，并像计算机那样通过程序来进行控制。

这真是天赐良机！尼康没有认识到这个产品的价值，格罗夫却一眼看出来了，他很快就和尼康谈判，并提出如果尼康放弃对这个芯片的使用权，就付给他们6万美元的补偿金。尼康的代表想着，这个东西反正没有什么用处，仅仅思考了一分钟就爽快地同意了。

从1985年秋天开始，英特尔便全力投入到了以这种芯片为基础的微处理器的开发研制中。一年之后，386微处理器横空出世，以存储器起家的英特尔寿终正寝，而以微处理器为主打产品的“新英特尔”迅速崛起，继续保持着自己行业霸主的地位。

想起这段令人心惊胆战的历程，格罗夫说出了变革的必要性——“科技和市场的发展正在不断向前伸出它的触角，你的商业世界迟早会发生一些根本性的变化，这是这个行业的必然规律，我们无法对此视而不见。”

事异则变，变则通，通则久。格罗夫领导英特尔完成了这样一次成功的转型。后来，英特尔公司又历经多次经营策略的变革，不断奋进，始终稳坐着行业第一把交椅。

正论第十六：顺乎潮流，光明之道

由此言之，故知有法无法，因时为业，时止则止，时行则行，动不失其时，其道光明。非至精者，孰能通于变哉？

经典再现

孔子曰："六艺于理一[1]也。《礼》以节人，《乐》以发和，《书》以导[2]事，《诗》以达意，《易》以道化，《春秋》以道义。"故曰，入其国，其教可知也。其为人也，温柔敦厚，《诗》教也；疏通知远，《书》教也；广博易良，《乐》教也；洁静精微，《易》教也；恭俭庄敬，《礼》教也；属辞比事[3]，《春秋》教也。故《诗》之失愚，《书》之失诬，《乐》之失奢，《易》之失贼，《礼》之失烦，《春秋》之失乱。其为人也，温柔敦厚而不愚，则深于《诗》也；疏通知远而不诬，则深于《书》也；广博易良而不奢，则深于《乐》也；洁静精微而不贼，则深于《易》也；恭俭庄敬而不烦，则深于《礼》也；属辞比事而不乱，则深于《春秋》也。自仲尼没而微言绝，七十子丧而大义乖。战国纵横，真伪分争，诸子之言，纷然散乱矣。

儒家者，盖[4]出于司徒之官，助人君，顺阴阳，明教化者也。游文于六经之中，留意于仁义之际，祖述尧舜，宪章文武，宗师仲尼，此其最高也。然惑者既失精微，而僻者又随时抑扬，违离道本，苟以哗众取宠，此僻儒之患也。道家者，盖出于史官，历纪成败，秉要执本，清虚以自守，卑弱以自持，此君人南面者之术也。合于尧之克让，《易》之谦谦，此其所长也。及放者为之，则欲绝去礼乐，兼弃仁义，独任清虚，何以为治？此道家之弊也。阴阳家者，盖出于羲和之官[5]，敬顺昊天，历象日月星辰，敬授人时，此其所长也。及拘者为之，则牵于禁忌，泥于小数，舍人事而任鬼神，此阴阳之弊也。法家者，盖出于理官，信赏必罚，以辅礼制，此其所长也。及刻者为之，则亡教化，去仁爱，专任刑法，而欲以致治，至于残贼至亲，伤恩薄厚，此法家之弊也。名家者，盖出于礼官，古者名位不同，礼亦异数，孔子曰："必也正名乎。"此其所长也。及訾者为之，则苟钩𫓧析乱[6]而已，此名家之弊也。墨家者，盖出于清庙之官。茅屋采椽，是以贵俭；养三老五更，是以兼爱；选士大射，是以上贤；宗祀严父，是以右鬼；

顺四时而行，是以非命；以孝示天下，是以上同。此其所长也。及蔽者为之，见俭之利，因以非礼；推兼爱之意，而不知别亲疏。此墨家之弊也。纵横家者，盖出于行人之官。孔子曰："使乎，使乎！"言当权事制宜，受命不受辞，此其所长也。及邪人为之，则上诈谖而弃其信，此纵横之弊也。杂家者，盖出于议官，兼儒、墨，合名、法，知国体之有此，见王理之无不贯，此其所长也。及荡者为之，则漫羡而无所归心，此杂家之弊也。农家者，盖出于农稷之官。播百谷，勤耕桑，以足衣食，孔子曰："所重人食。"此其所长也。及鄙者为之，则欲君臣之并耕，悖上下之序，此农家之弊也。

文子曰："圣人之从事也，所由异路而同归。秦、楚、燕、魏之歌，异转而皆乐；九夷八狄之哭，异声而皆哀。大歌者，乐之征也。哭者，哀之效也。愔愔于中而应于外，故在所以感之矣。"论曰：范晔称："百家之言政者，尚矣。大略归乎宁固根柢，革易时弊也。而遭运无恒，意见偏杂，故是非之论，纷纷相乖。尝试论之：夫世非胥庭，人乖彀饮[7]，理迹万肇[8]，情故萌生。虽周物之智，不能研其权变；山川之奥[9]，未足况其纡险。则应俗适事，难以常条。何以言之？若夫玄圣御代，则大同极轨，施舍之道，宜无殊典。而损益迭运，文朴递行，用明居晦，回穴于曩时；兴戈陈俎，参差于上世。及至戴黄屋，服绨衣，丰薄不齐，而致治则一。亦有宥公族、黥国仇。宽躁已隔，而防非必同。此其分波而共源，百虑而一致者也。若乃偏情矫用，则枉直必过。故葛屦履霜，弊由崇俭；楚楚衣服，戒在穷奢；疏禁厚下，以尾大陵弱；敛威峻法，以苛薄分崩。斯曹魏之刺，所以明乎国风；周秦末轨，所以彰于微灭。故用舍之端，兴败资焉。是以繁简惟时，宽猛相济。刑书镌鼎，事有可详；三章在令，取贵能约。太叔致猛政之褒，国子流遗爱之涕，宣孟改冬日之和，平阳循画一之法[10]，斯实弛张之宏致，庶可以征其统乎？"

数子之言当世失得，皆悉究矣。然多谬通方之训，好申一隅之说。贵清净者，以席上为腐议；束名实者，以柱下为诞辞。或推前王之风，可行于当年；有引救弊之规，宜流于长世。稽之笃论，将为蔽矣。由此言之，故知有法无法，因时为业，时止则止，时行则行，动不失其时，其道光明。非至精者，孰能通于变哉？

迷津指点

①一：一致。

②导：指引。

③属辞比事：原指连缀文辞，排比事实，记载历史。后泛称作文纪事。

④盖：大约。

⑤羲和之官：掌管天文历法的官员。

⑥钩釽析乱：钩取诡怪的道理而破坏名实，分析得貌似严密而实际上支离破碎。

⑦彀饮：像待哺食的雏鸟一样饮食。

⑧肇：开始。

⑨奥：深远。

⑩画一之法：全体遵行、无一例外的法令政策。

古文译读

孔子说："儒家六经在教育人民、讲求政治上的目的是一致的。《礼经》能够用来规范人的行为；《乐经》能够陶冶人们产生平和纯洁的性情；《尚书》能够用来指导为人处世之道；《诗经》则能够被人拿来表达情意；《周易》用来预测神 奇的变化；《春秋》用来辨明道义。"所以说，到一个国家，就非常容易感受到国民的教化程度了：如果民风淳朴敦厚，就是得力于《经诗》教化的结果；如果民众通达事理，有远见卓识，这是《尚书》教化的结果；如果民众心胸大度，平易善良，这是得力于《乐经》教化的结果；如果民众高风亮节，沉稳雅静，见识精微而不邪恶，这是得力于《周易》教化的结果；如果民众恭敬俭朴，谦逊庄重，这是《礼记》教化的结果；如果民众善于言辞，言简意赅而秩序不乱，这是得到《春秋》教化的结果。所以，失去《诗经》的教化，人民就会变得愚鲁；失去《尚书》的教化，人民就会说出很多诬陷不实之词；失去《乐经》的教化，人民就会变得奢逸；失去《周易》的教化，人民就会变得狡猾邪恶；失去《礼记》的教化，人民就会变得浮躁不安；失去《春秋》的教化，朝野的秩序就会混乱。因此，为人温和敦厚却不愚昧，这是由于受到《诗经》熏陶教育的结果。如果为人通达事理，有远见卓识，诚实正直，这就是对《尚书》深切领会的结果。如果为人心胸宽广、平易善良而不骄奢淫逸，这就是对《乐经》深刻领会的结果。如果为人高风亮节、心志纯洁、见识精微而不邪恶，这就是对《周易》深刻领会的结果。如果为人恭敬俭朴、谦逊庄重而不浮躁，这就是对《礼记》深刻领会的结果。如果为人善于言辞，言简意赅而秩序不乱，这就是深刻钻研《春秋》的结果。自从孔丘去世后，他的精微奇妙的言论就断绝了。在他的七十位弟子去世后，儒家的要旨就混乱不堪了。战国时期形势纵横交错，造成真伪纷争的局面，诸子百家的学说便纷然杂乱了。

儒家这些人大都是出自主管教化的司徒之官，他们的职责是辅佐君主，和顺阴阳，倡明教化。儒家在六经之中做文章，在仁义之间下工夫，喜欢师法尧舜，效法文王、武王，尊孔子为宗师，这些是儒家的高明之处。然而很多迷惑的人偏持一端，已经失去了儒学的精妙精神，而不守正统的人又随着时代的变迁对儒家刻意贬低或抬高，从而背离了儒家之道的本旨，也有人用儒家学说来哗众取宠或独树一帜的。这些都是浅薄的儒士所带来的祸患。道家这些人大都是从史官中分离出来的，他们经历、记载了历朝历代的成败、存亡、祸福的经验教训，清楚执政的要点和根本，主张清静无为，善守本性，坚持卑下柔弱，这是君王治国安邦的手段。道家的精神与唐尧的克己谦让、《易》提倡的谦恭十分吻合，这些就是道家的长处。等到后世放浪形骸的狂士来推行，就想抛弃礼乐制度的束缚，同时抛弃仁义的原则，仅仅坚守清静无为之道，这样怎么能够治理好国家？这是道家的弊端。阴阳家大多出自负责天文历法的官吏，他们遵循天道，推算日月星辰的运行规律，平时会非常勤勉地通告那些关系到农业生产的四时节令，这些都是阴阳家的长处。但是到了后来，一些法古不化的人出现之后，其学说总是受制于诸多禁忌和术数，把人的力量舍弃，却去信仰鬼神，这就是阴阳家的弊端。法家这些人是从管理刑法的官员中分离出来的，他们讲信用，赏罚分明，用这些来辅助礼制治理天下，这都是法家的长处。但是到了后来，一些苛刻狠毒的人实行法治，就不讲教育，抛开仁爱，只用刑罚来达到人治的目的，甚至于残害亲人，把厚恩变为薄情。这就是法家的弊端。名家学派这些人，大多源于礼官，古代人们因尊卑等级的不同，所应遵循的礼仪也不相同。孔子说：“行为与相应的名分相适合，这是务必要做到的。”这是名家的长处。但是后来，出现了一些不严谨的人，他们借此将名实任意裁割，这就是名家的弊端。墨家学派这些人，可能源于清庙之官。他们住的是茅屋木房，因此倡导节俭；赡养老人，因此主张兼爱；从乡人中选拔贤士和举行大射典礼，因此推重贤才；宗庙祭礼，敬信鬼神；顺应天时的变化而行事，所以不相信天命；以孝道明示天下，因此主张天下同一。这些是墨家学派的长处。然而不明白墨家真谛的人来推行墨家的主张，因看到节俭的好处，就否定排斥礼乐；倡导兼爱思想，就不知道有亲疏的区别。这些是墨家的弊端。纵横家这些人大多出身于接待宾客、出使外交一类的官员。孔子就感叹过：“使者啊，使者啊！”意思是说凡是出使外交，应当因事制宜，权衡处理，因为在接受使命时，别人不可能也无法教给你全部的外交辞令。这些就是纵横家的长处。但是到了后来，一些心术不正的人搞外交，开始崇尚欺诈，不讲信义。这是纵横家的弊端。杂家这些人大多是从议事之官中分离出来的，杂家兼容儒家和墨家思想，又糅合了名家和法家的主张，明白要想治理国家，打造太平盛世，就必须融会贯通诸子百家的学说，这些是杂家的长处。然而，后来有些学识浅薄的人用起杂家学说，就只会恣意放纵，务求广博，没有中心，使人抓不住要害，这就是杂家的弊端。农家这些人大多来自主管农业的官员。他们种植农作物，鼓励耕种和养蚕，使人民丰衣足食。孔子说过："最为重要的是人民和粮食。"这些就是农家的长处。但是到了后来，一些见识浅薄的人来推行其主张，就企图让国君和大臣也去亲自耕种，这就违背了君臣上下的关系，这就是农家的弊端。

文子说："圣人做事，殊途同归。秦、楚、燕、魏这几个地方的歌曲，虽然曲调不同，但都表达了欢乐之情；而各少数民族的哭声，虽然各不相同，但都能够表达悲伤。因此说，歌声是快乐的表现，哭泣是悲伤的结果。如果内心和悦闲适，就必然会流露于外表，凡有流露，就会使其他人也受到感染而一起快乐。"小结：范晔说："诸子百家谈论政治主张的情况由来已久。这些要点包含了从根本上巩固政治制度，革除流弊，顺应时代的发展变化。然而国家命运和政治形势并非一成不变，因而各家学说十分繁杂，因此对任何事情的是非评论，都会议论纷纷，互相矛盾。在我看来：现在的时代早就不是远古时期赫胥氏、大庭氏的那个含哺而嬉、鼓服而游的时代了，人们的欲求也不那么容易满足了，世上的道理千头万绪，人们千奇百怪的欲望和情感也同样在不断地萌生。即使是有了应付一切事务的智慧，也不可能去穷尽世道人心的无尽变迁；就算是高山大川的险峻幽深，也无法用它比喻人心之难测。那么，顺应潮流和处理世事时，就不可能设计出具有普遍效用的原则和方法。为什么要这样说呢？如果由圣人来治理天下，那么要实现天下大同和最高典规，为天下老百姓谋求幸福的政策措施，就不会不符合圣人的经典。然而在具体方法上，减损和增益的灵活运用，华丽和朴素交替施行，表面上所做的和背地里所做的，都将迥然有别于古代。至于兴兵打仗与和平交往，也只是与上一代的方式有所不同罢了。等到圣人坐在帝王的宝座上，摆出皇帝的仪仗，穿上天子的袍服，虽然厚薄华美有所不同，但是他们把国家治理好的宗旨却是一致的。他们同样会有赦免公族、在国家仇敌的脸上刺字的举措，虽然做法和古代相比宽松或严酷的程度有些区别，但是防范为非作歹的目的肯定是相同的。这就是说，不同时代的政治制度，虽然形式是相异的，本质上却是相同的；人的思维方式虽然千差万别，但目标却是一致的。至于那些故意矫情用事的，就会出现矫枉过正的弊端。所以说，草鞋布衣，备受风霜之苦，就犯了过分俭朴的错误；每天都打扮得衣冠楚楚，就应当戒除穷奢极侈；禁令不严，对下属过于宽容，就容易出现尾大不掉、恃强凌弱的情况；权力过于集中，刑罚过于严酷，就容易导致分崩离析的局面。在曹魏时期，文人在写诗撰文的时候，极尽讥讽之能事，根据这个就能够明白那个时期的国家风气；周王朝末期和秦朝末年的政治衰败情况，在许多细小的事情上就已经表现出来了。所以，采用或是舍弃哪种学说，实在是决定一个国家兴盛还是衰败的先决条件啊！由此看来，施行的政策法规应该繁杂还是简约，要根据时代的要求决定，宽松的政策要和刚猛的政策相辅相成。把刑书铸刻在鼎上，处理事情固然有法可依；然而简单的约法三章，它的可贵之处就在于简明有效。郑大夫太叔因为使用了强硬的措施想改变国家的衰败局面而得到了孔子的褒奖，齐国大臣国子对楚公子围的不轨行为流下了怜爱的眼泪。春秋时期晋国大臣赵盾一上台就改变了他父亲赵衰的平和政策，而平阳侯曹参代萧何为相后，却因袭了原来的政策，对萧何当相国时的法令一字不动。这些都是弛张宽猛在政治上比较典型的例子，难道能够强求它们都整齐划一吗？”

以上诸子百家的学说，论述的都是当时政治的功过得失，我们已经认真详细地研究了它们。然而世上的人们往往不善于作全面综合的分析，而只偏好于某一种学说。尊崇清净无为学说的道家，就认为儒家学说迂腐；拘泥名实的名家，却认为道家学说很荒诞；有的人推崇古代的王者之风，就认为现在依然能够实行；而有的人认为所有切救时弊的成规，也应当流传于后世。其实如果认真考究的话，就会发现这些认识各有各的弊病。由此说来，所谓有法与无法，应当根据时代的不同情况来讨论，时代结束了，用于那个时代的政治方针也会因此失去了效用；时代向前发展，政治制度也要随之向前。只要行动不错过时机，前途必然光明。不是聪明智慧且精明强干的人，谁能够通晓因时制变的奥妙呢？

前沿诠释

本篇可以说是对先秦诸子百家的批评和总结，作者对于儒、道、法、名等学派进行了追本溯源的阐述，还逐一指出了它们的缺陷。古代进行政治活动的人，大多迷信于单一的学说，尊崇一种学说就贬斥另外一种学说，总是以为它们彼此“不兼容”。在治国方略方面，是采用旧有方案还是要推陈出新，关键不在于古今，而在于时代的差异。时代发展了，政治方针也要随之发展。诸子百家的学说虽然属于历史，却告诉当下的人们一个道理：任何一项制度都可能有其缺陷，都不是十全十美的。要想不断进步，就必须顺应时代潮流，抓住时机，采取适当的手段和策略。

荣毅仁：始终随历史而动

荣毅仁是中国现代史上著名的爱国资本家。他以资本家的身份参政，为国家作出了巨大贡献。他跨越了两个时代，无论活跃在哪里，都能够作出符合规律的决策。回顾历史，我们发现，这位头脑精明而又赤胆忠心的商人身上有着许多可以让人借鉴的东西。

荣毅仁前半生是生活在旧时代的。1949年新中国成立的时候，他是一位34岁的成功资本家。虽然拥有这个身份，但荣毅仁并没有和新成立的政府对立，反而以极大的爱国热情积极配合共产党的工作，以至于人们说荣毅仁虽然没有入党，却靠近党，靠近政府。

在我国进行社会主义“三大改造”的过程中，荣毅仁代表商界主动向上海政府提出了改造的请求，将自己的公司无偿交给国家进行改造。对于这个有着饱满热情的特殊资本家，全国上下都给予了一致赞誉。陈毅就曾经帮助他竞选上海市副市长，理由是“他既爱国又有本领，应当被选为国家领导人”。因此，在改革开放之前的几十年里，荣毅仁一直以“红色资本家”的身份参与国家建设。

荣毅仁对经营管理有着独到的见解，曾经多次担任上海乃至全国工商业干部的职务。1959年，他还担任了纺织工业部的副部长以及进出口单位的领导。

当时的中国，工业刚刚起步，又处于西方国家的严密封锁中，随之而来的又是“大跃进”“浮夸风”。荣毅仁虽然身处困难环境，却总是能够想出好办法，按照规律办事，追寻事情真正的发展动向，而不是被那些假的“潮流”所迷惑。为了纺织业的原料问题，他曾经考察了好几个省的野杂纤维，说野杂纤维是有用的，但是不像其他人宣传的那样好得不得了，它的性能参差不齐，用到纺织上来，应当是“能粗则粗，能细则细，能穿则穿，能用则用”。在那个浮夸成风的年代，能够提出这样的想法是非常不容易的。

说起荣毅仁的做事特点，大家公认的就是：有创意。他从不守旧，而是会看潮流，从公私合营前的加工订货到统购包销，再到改革开放之后创建中信公司，都是他善于动脑筋的表现。他曾经遇到过一项很艰难的任务。那时候中国被西方大国封锁，纺织品主要销往苏联和东欧。结果在60年代，我国和苏联关系恶化，纺织品“出不去”了，只好转而向西方国家出口。这个事情很难办，因为我国已经和西方国家断交十几年了，对人家的社会需求也不了解，产品极有可能卖不出去。荣毅仁当时主管这件事，他就派人专门到香港搜集货样回来仿造——这也是后来改革开放的基础。

改革开放之后，荣毅仁可以自办公司了，他就更加活跃了起来。1979年，荣毅仁在邓小平的支持下成立了一个直属于国务院的CITIC投资机构——中国国际信托投资公司（简称中信），他任第一任总裁。虽然这个位子看起来很风光，但荣毅仁做得一点都不容易。中信早期是夹在社会主义和资本主义两顶大帽子中间的，它被中央管辖着，但是却要用资本主义的方式来运营，很多人为此说三道四。时任副总理的古牧就对中信的处境说过一句话：“长安街不让中信走，煤渣胡同总得让中信走吧。”

这个时候，荣毅仁的个人作用便显现出来了。

荣氏家族在新中国成立之前就是工商业界最显赫的家族之一，在1949年之后，其他家族成员都退居到了港台地区，只有荣毅仁独守大陆。如今改革开放，荣氏家族赋予荣毅仁的商业知识和经验终于可以有用武之地了。而荣氏家族在国际上广泛的人脉、庞大的家族产业都成为荣毅仁的助力。

在经过一系列实践之后，荣毅仁对当时的中央政府提出了意见，说：“现在国家主要针对行政部门或一般的国营企业而制定的一些法规、办法，不大适用中信公司。”坦言中信要做大，就必须要有国际化、经济法人和负债经营的特点。

自此，荣毅仁和他的中信公司就走了一条别人不敢走的路。虽然此时西方国家的融资机制已经发展得相当成熟，但是国内还没有接受那种资本运营的模式。荣毅仁敢为天下先地创造了“仪征模式”，震动了半个中国。

这个模式起源于一次集资活动。20世纪80年代初期，国家重点项目江苏仪征化纤工程因为投资不足而准备下马，纺织部找到中信公司寻求帮助。荣毅仁大胆实行了发行债券的办法，而且是发行海外债券。次年2月，中信公司成功地在日本发行了100亿日元的债券。国人长期以来的封闭经营思维一下子被荣毅仁的大胆行为冲击得七零八落。此举虽然引起了极大的争议，但事实胜于雄辩，仪征化纤厂迅速崛起，效益突出，这证明中信公司的选择是正确的，这次集资创举也因此被称为“仪征模式”。

从此，荣毅仁的思维风暴一浪接着一浪地冲击着中信公司的前进之途，中信公司也一步步地向新的成功迈进，成为国家经济建设的强大支持力量。

纵观荣毅仁的一生，前期，他作为一位爱国资本家，在政府中发展工商业，其丰富的知识和灵活的头脑使得纺织业没有陷入僵化的困境。后期，他又恢复了自己的商人身份，成为“荣老板”，不断有新的创举，使得中国的改革开放有了更好的风向标。可以说，荣毅仁在任何时期都称得上是一个成功之士，他是商人，也是政治家，始终随着历史走向而动，是一位真正的大智者。

卷四·霸纪上

本卷共一篇，名为《霸图》，以人物为经，以历史事实为纬，从周朝的兴衰讲到秦朝的崛起、没落，从刘邦起兵建汉讲到汉王朝的倾覆，从三国鼎立讲到晋国统一，从六朝的不断更迭讲到隋朝的短命而亡。

霸图第十七（节选）：远佞人，去僻恶

自秦汉迄于周隋，观其兴亡，虽亦有数，然大抵得之者，皆因得贤豪，为人兴利除害；其失之也，莫不因任用群小，奢汰无度。孔子曰："以约失之者鲜矣。"又曰："远佞人，去僻恶。"有旨哉。

经典再现

臣闻周有天下，其理三百余年。成、康之隆①也，刑措四十余年而不用。及其衰也，亦三百余年。故五伯更起。伯者，常佐天子，兴利除害，诛暴禁邪，匡正海内，以尊天子。五伯既没，贤圣莫续，天子孤弱，号令不行，诸侯恣行，强凌弱，众暴寡。田常篡齐，六卿分晋，并为战国，此人之始苦也。于是强国务②攻，弱国务守，合纵连横，驰车毂击，介胄生虮虱，人无所告诉。及至秦蚕食天下，并吞战国，一海内之政，坏诸侯之城，法严政峻，谄谀者众。使蒙恬将兵北攻胡，尉佗将卒以戍越，宿兵无用之地，人不聊生。始皇崩，天下大叛，陈胜、吴广举于陈，武臣、张耳举于赵，项梁举吴，田儋举齐，景驹举郢，周市举魏，韩广举燕，穷山通谷，豪杰并起而亡秦族矣。

……

高祖武皇帝姓刘，名裕，字德舆，彭城人。桓玄篡晋，高祖与刘毅、何无忌等，潜谋匡复，起兵平玄，奉天子反正，因居将相之任，封豫章郡公。蜀贼谯纵称王，高祖遣将征平之。姚泓僭号于西京，高祖征平之，擒泓。鲜卑慕容超据守青州，称燕王，高祖征，擒超。贼卢循据南海，因高祖北伐燕，乘虚下袭建业。高祖还，乃平之。刘毅据荆州，贰于高祖，高祖遣将征，诛毅。荆州刺史司马休之反，征之。晋帝加高祖位相国，总百揆，扬州牧，封十郡，为宋公。晋安帝崩，大司马琅邪王即位，征帝入辅，禅位于宋。永初元年六月丁卯，即帝位于南郊，设坛，柴燎告天。礼毕，备法驾幸建康宫，临太极前殿，大赦，改元。在位三年崩，立太子义符。废，立宜都王义隆。弑，立武陵王骏。崩，立太子子业。崩，立湘东王彧。崩，立太子昱。崩，立顺帝准，逊位于齐萧道成，凡八代六十年。

齐太祖高皇帝讳道成，姓萧氏，东海兰陵人也，为辅国将军。宋明帝初，会稽太守寻阳王子房反，在东诸郡起兵。徐州刺史薛安都据彭城，归魏，遣从子索儿攻淮阴，晋安王勋遣临川内史张淹自鄱阳道入三吴，帝并讨平之，使镇淮阴。七年，征还都。至，拜常侍。明帝崩，遗诏使与袁粲共掌机事。江州刺史桂阳王休范举兵反，帝讨平之。迁中领军。苍梧王深相猜忌，常语左右杨玉夫：“伺织女渡，报我。”是夜七夕，玉夫惧，取千牛刀杀之。帝乃迎立顺帝。荆州刺史沈攸之反，帝讨之。进位相国，封齐公，备九锡。四月，宋帝禅位于齐。甲午，即皇帝位于南郊，柴燎告天。礼毕，备法驾幸建康宫，临太极前殿，大赦，改元。建元四年崩，立太子赜。崩，立太孙昭业。崩，立弟昭文。废，立西昌侯鸾。崩，立太子宝卷。崩，立和帝宝融，以位禅梁。

梁高祖武皇帝名衍，姓萧氏。为巴陵王法曹，后为竟陵王子良八友。魏将王肃攻司州，帝破之，以功封建康郡男。齐明帝崩，东昏即位，遗诏以帝为都督、雍州刺史。长兄懿被害，帝起义。戊申，帝发自襄阳。郢、鲁诸诚及诸将并降。壬午，帝镇石头，命众军围六门。卫尉张稷斩东昏，以黄油裹首送军，平京邑，齐和帝以位禅梁，帝即位。太清元年，齐司徒侯景以十三州内属。侯景反，至京师，幽帝而崩。侯景立武帝太子纲为帝，又为景所杀。湘东王绎于荆州，使王僧辩等平侯景，传首江陵，景平。湘东王即位于江陵。魏使万纽、于谨来攻，梁王萧詧率众会之，帝见执，魏人戕帝。江陵既陷，王僧辩、陈霸先等议立帝子方智，于江州奉迎至建邺即位。太平二年，禅位于陈。

高祖武皇帝姓陈氏，名霸先，吴兴长城人也。梁武帝时为直阁将军。侯景反，高祖率所领与侯景大战。侯景败死，湘东王即位，授南徐州刺史，还镇京口。承圣三年，西魏攻陷西台，高祖与王僧辩立晋安王，进帝位。司空僧辩又与齐氏和亲，纳贞阳侯，高祖以为不义，潜师袭王僧辩于石头，克之。是夜缢僧辩，贞阳侯逊位，晋安王复立。徐嗣徽北引齐师，遣萧轨等四十六将，济江至幕府山，高祖并破之。进位丞相，进爵为陈王。永定三年，梁帝禅位于陈。三年，上崩，立弟子蒨。崩，立太子伯宗。废，立顼。崩，立太子叔宝，是为长城公也。叔宝在东宫，好学，有文艺，及即位，耽酒色。

隋文帝初受周禅，甚敦邻好。宣帝崩，遣使赴吊，修敌国之礼，书称名顿首。而后主骄奢，书末云：“想彼统内如宜此，宇宙清泰。”隋文帝不悦，以示朝臣，贺若弼、杨素等以为主辱，再拜请罪，并求致讨。文帝曰：“我为人父母，岂可限一衣带水而不拯乎？”命作距船，以晋王广为元帅，督八十总管以致讨。韩擒虎入自南掖门，文武各官皆遁出，擒后主。晋王广入据台城，送后主于东宫。三月癸巳，后主与三公百司，发自建邺，之长安。及至京师，列陈舆服，引后主及王公。使宣诏让后主，后主屏息不能对，封长城公，至仁寿四年，终于洛阳。

隋高祖姓杨氏，名坚。周武帝初，为随州刺史。女为太子妃。周宣帝立，拜为大司马。宣帝崩，立靖帝，进爵为随王，遂禅位焉，改号开皇元年。九年，平陈，废太子勇为庶人，立晋王广为皇太子。高祖崩，太子即位。炀帝无道，盗贼蜂起。十三年幸江都，李密设坛于巩，自署魏公。梁师都据夏州，刘武周杀太原留守（疑为马邑太守）王仁恭，举兵反。窦建德自号夏王，朱粲自号楚王，刘元进据吴都。炀帝闻群贼起，大惧。使冯慈明征兵东都，诏唐国公讳渊镇太原。五月甲子，唐公举义兵，遥尊炀帝为太上皇，立代王侑为天子，行伊霍故事，传檄天下，闻之响应。秋七月，唐公将西图长安，仗白旗、誓众于太原之野，被甲三万，留公子元吉守太原。义师次霍邑，隋武牙郎将宋老生拒义师。时连雨不霁，粮运不给，又讹言突厥将袭太原。唐公惧，命旋师，用秦王谏，乃止。老生背城而阵。一战斩之，平霍邑。冬十月，义师次长乐宫，卫文升挟代王乘城拒守。十一月，平京师，尊代王为天子，改元义宁。时炀帝将之丹阳，而大臣将卒皆北人，不愿南迁，咸思归。宇文化及因百姓之不堪命，杀炀帝于江都，隋室王侯，无少长皆斩之。立嗣王浩为天子，化及为丞相。五月戊午，天子侑逊位于别宫，禅位于唐，都长安。己巳，王世充、段达等立越王侗为皇帝于洛阳。六月，宇文化及自江都至彭城，据黎阳，称许。李密率大军，壁清淇。敦煌张守一闻密之拒化及也，说越王以讨，越王不用其策，用孟琮计，与密连和。李密无东都之虑，尽锐攻化及，破之。密自败化及，益以骄傲。越王命王世充击密，密不用祖君彦计，密师败绩。遂西奔京师，寻谋叛，杀之。大唐武德二年，王世充杀越王侗于洛阳，僭称尊号，隋氏灭矣。

论曰：干宝称："帝王之兴，必俟天命，苟有代谢，非人事也。尧舜内禅，体文德也；汉魏外禅，顺大名也；汤武革命，应天人也；高光争伐，定功业也。各因其运而得天下，随时之义大矣哉。"范晔曰："自古丧大业，绝宗禋[③]，其所以致削弱祸败者，盖渐有由矣。三代以嬖色取祸，嬴氏以奢虐致灾，西京自外戚失祚，东都缘阉尹倾国，成败之来，先史商之久矣。自秦汉迄于周隋，观其兴亡，虽亦有数，然大抵得之者，皆因得贤豪，为人兴利除害；其失之也，莫不因任用群小，奢汰[④]无度。孔子曰：'以约失之者鲜矣。'又曰：'远佞人，去僻恶。'有旨哉。"

迷津指点

①成、康之隆：指西周初姬诵、姬钊的统治。

②务：追求。

③宗禋：对祖先的祭祀。

④奢汰：没有节制地挥霍浪费。

古文译读

我听说周朝拥有天下太平无事的时间有三百多年。周成王和周康王两代兴盛之际，刑罚搁置四十多年不被使用。及其衰落，又延续了三百多年。因此五伯相继兴起。伯，就是霸主，他们常常辅佐天子，兴利除害，诛除暴虐，禁止邪恶之事，扶正天下，使天子得到万人景仰。五霸死后，圣贤之人没有继续出现，天子于是孤弱起来，号令不被施行，诸侯恣意妄行，以强凌弱，以众欺寡。田常篡夺齐国的大权，范、中行、知、赵、魏、韩六大家族把持晋国朝政，后来，范、中行、知三家败亡，赵、魏、韩三家分晋，成为战国时的诸侯国，从此之后，百姓开始遭难。当此之际，强国致力攻打弱国，弱国忙于严守，合纵连横，烽烟四起，士兵的铠甲、头盔里长满了虱子，百姓饱受战乱之苦却无处诉说。等到秦国蚕食天下，并吞六国，天下政权统归秦国，各诸侯的城池都遭到破坏，秦法律严酷，政治残暴，阿谀谄媚的朝臣多。秦派大将蒙恬北攻匈奴，派大将尉佗戍卫南海，驻兵于荒凉毫无用处之地，搞得民不聊生。秦始皇驾崩后，天下大乱，叛军蜂起，陈胜、吴广在陈地起义，武臣、张耳在赵地起义，项梁在吴地举兵，田儋在齐地举兵，景驹在郢地举兵，周市在魏地举兵，韩广在燕地举兵，普天之下，豪杰并起，最终灭掉了秦朝。

……

高祖武皇帝姓刘，名裕，字德舆，彭城人氏。桓玄篡夺晋政权，高祖和刘毅、何无忌等人暗地里图谋重建晋政权，发兵平定了桓玄的反叛，辅助天子重新恢复帝位，刘裕因此被委以将相的重任，被封为豫章郡公。蜀地的叛军谯纵割据称王，刘裕派手下将领讨伐并平定了叛乱。姚泓在西京称帝，刘裕亲自带兵征讨，擒获姚泓。鲜卑人慕容超盘踞青州，自称燕王，刘裕讨伐他，擒获慕容超。卢循盘踞在南海郡，乘刘裕北伐的机会，袭击建业。刘裕返回后，打败卢循。刘毅据有荆州，预谋反叛，刘裕派将领讨伐并杀死刘毅。荆州刺史司马休之反叛，刘裕率兵讨伐他。晋帝加封刘裕为相国，总领百官，兼扬州牧，皇帝还封给他十个郡的封地，封他为宋公。晋安帝死后，大司马琅邪王继位，征召刘裕进入朝廷辅佐他，最终禅位给宋。永初元年六月丁卯日，刘裕在南郊登上皇帝位，建筑祭坛并烧柴上告皇天。礼仪结束后，高祖驾幸建康宫，登太极前殿，大赦天下，改用新的年号。刘裕在位三年后死去，太子刘义符继位。后来被废掉，宜都王刘义隆被立为皇帝，即宋文帝。文帝被太子刘劭杀死后，武陵王刘骏起兵讨伐刘劭，杀死刘劭后，刘骏被拥戴为皇帝。刘骏死后，立太子刘子业。后来，刘子业死，湘东王刘彧继位为皇帝。刘彧死后，立太子刘昱为帝。刘昱死后，顺帝刘准继位，最后，刘准把帝位给了齐王萧道成。宋一共经历八个帝王，共六十年。

齐太祖高皇帝萧道成，东海兰陵人氏，是宋的辅国将军。宋明帝初年，会稽太守寻阳王刘子房谋反，东部各郡起兵。徐州刺史薛安都盘踞在彭城，归降于北魏，并派侄子索儿攻打淮阴，晋安王刘勋派临川内史张淹从鄱阳道进入三吴地区，萧道成一并讨伐平定了他们，明帝让他镇守淮阴。宋明帝泰始七年，萧道成被皇帝召回京城。到京城后，被封为常侍。宋明帝临死时立下遗诏让他和袁粲共同管理重要事务。江州刺史桂阳王休范起兵反叛，萧道成讨伐平定了叛乱，被封为中领军。苍梧王怀疑并忌恨萧道成，便经常对内侍杨玉夫说：“等到织女渡过天河时，要及时告诉我。”这天晚上正值七夕，杨玉夫害怕了，用千牛刀杀死了苍梧王。萧道成便迎立了顺帝。荆州刺史沈攸之谋反。萧道成讨伐他。顺帝迁萧道成为相国，封齐公，并赐他九锡。四月，宋帝禅位于齐王萧道成。甲午，萧道成于南郊即帝位，举行柴燎仪式，祭告上天。礼仪完毕，皇帝驾幸建康宫，登太极前殿，太赦免天下，改用新的年号。建元四年萧道成死去，太子萧赜继承皇位。萧赜死后，太孙萧昭业被立为皇帝。萧昭业死后，他的弟弟萧昭文做了皇帝。萧昭文被废掉后，西昌侯萧鸾被立为皇帝。萧鸾死后，太子萧宝卷继承皇位。萧宝卷死后，立和帝萧宝融，萧宝融最终把帝位禅让给了梁。

梁高祖武皇帝萧衍原是巴陵王手下的法曹，后来成为竟陵王萧子良的八个朋友之一。魏国的将领王肃攻打司州，萧衍率兵打败了他，因为功劳被封为建康郡男。齐明帝死后，东昏侯继承了帝位，遵齐明帝遗诏封萧衍为都督、雍州刺史。他的长兄萧懿遭到东昏侯的杀害以后，萧衍起兵反叛。戊申，萧衍自襄阳发兵，郢、鲁等城以及守城将领都归降了萧衍。壬午，萧衍到达石头城，命令部队包围六个城门，宫中卫尉张稷杀死了东昏侯，用黄油包裹其脑袋并送到萧衍军中，萧衍进而平定京城，齐和帝迫于无奈禅位给梁，萧衍即皇帝位。太清元年，原齐朝的司徒侯景率领十三州归顺萧衍。后来侯景反叛，率兵到京城，幽禁了萧衍，萧衍死去。侯景立梁武帝太子萧纲为皇帝，以后又杀死了他。湘东王萧绎在荆州派王僧辩等将领平定侯景的叛乱，把侯景的头送到江陵。侯景叛乱被平定。湘东王萧绎在江陵做了皇帝。

魏国派万纽、于谨两员大将率兵来攻打江陵，梁王萧詧率领部队迎战，梁军失利，萧绎被俘虏，继而为魏人所杀。江陵被攻陷后，王僧辩、陈霸先等人商议把萧绎的儿子萧方智立为皇帝，把他从江州迎接到建邺登基。太平二年，萧方智把帝位禅让给了陈。

陈高祖武皇帝陈霸先，是吴兴县长城人。梁武帝时当过直阁将军。侯景反叛，陈霸先率兵和侯景作战。侯景战败死后，湘东王萧绎做了皇帝，任命陈霸先为南徐州刺史，镇守京口。承圣三年，西魏军队攻陷西台，陈霸先和王僧辩迎晋安王为皇帝。后来，司空王僧辩又和北齐和亲，迎接贞阳侯为皇帝，陈霸先认为这样做不合道义，于是秘密派兵袭击驻扎在石头城的王僧辩，一举破城。这天夜里，陈霸先用绳子勒死王僧辩，贞阳侯逊位，晋安王重新做了皇帝。徐嗣徽勾结北齐的军队，并派萧轨等四十六名将领领兵，渡过长江到达幕府山，陈霸先全部打败了他们。这以后陈霸先被封为丞相，封爵位为陈王。永定三年，梁的皇帝把帝位禅让给陈霸先。三年后，陈霸先去世，立他弟弟的儿子陈蒨为帝，是为陈文帝。陈文帝死后，太子伯宗被立为皇帝。后来陈伯宗被废掉，陈顼被立为皇帝，即陈宣帝。陈顼死后，太子陈叔宝被立为皇帝，陈叔宝就是长城公。陈叔宝做太子的时候，喜欢学习，有文学和艺术的修养，但即位以后却沉湎酒色，不理朝政。

隋文帝初接受北周皇帝禅让的帝位时，很注意与周边的邻国处理好关系。陈宣帝去世，他派人前往吊唁，按照两国交往的礼节，国书中隋文帝称自己的名字，并在书信后使用了“顿首”的礼貌用语。然而宣帝以后继位的陈后主却非常傲慢，在回信的末尾写道：“如果你统治的地区能治理好，天下就太平了。”隋文帝见到回信后很不高兴，就将书信拿给朝臣看。大臣贺若弼、杨素看后认为隋文帝受到了陈后主的侮辱，请求讨伐陈后主。隋文帝说：“我作为天下父母，怎能因为隔着一条衣带那样宽的河就不去拯救那里受苦难的老百姓呢？”于是命令制造战船，派晋王杨广率领八十多员大将讨伐陈后主。隋朝大将韩擒虎从南掖门攻入南陈宫门，陈的文武官员都已逃亡，陈后主被生擒。晋王杨广占领台城，把陈后主囚禁在东宫。三月癸巳日，又把陈后主和他手下的贵族、大臣们一起从建邺送到长安。等到了长安，隋朝文武百官舆服列阵，然后引陈后主和他手下的王公大臣上殿。隋文帝让人宣读诏书责备陈后主，陈后主吓得大气也不敢出，一句反驳的话也说不出来，隋文帝封他为长城公。仁寿四年，陈后主在洛阳去世。

隋高祖姓杨，名坚，在周武帝初年曾经当过随州刺史，他的女儿是太子的妃子。周宣帝当上皇帝后，封他为大司马。宣帝死后，靖帝即位，他被封为隋王，后来靖帝把帝位禅让给了他，他改年号为开皇元年。开皇九年，隋朝灭掉了陈国，同年，把太子杨勇废为普通百姓，把晋王杨广立为太子。杨坚死后，太子杨广即位做了皇帝，即隋炀帝。隋炀帝昏庸无道，天下义军纷纷兴起。大业十三年，他巡视江都，李密在巩这个地方建立高坛，封自己为魏公。梁师都盘踞在夏州，刘武周杀死马邑太守王仁恭，举兵起义。窦建德自封为夏王，朱粲自封为楚王，刘元进盘踞在吴都。隋炀帝听说这么多人反叛，十分害怕，让冯慈明到洛阳去招募军队，颁布诏书让唐国公李渊守卫太原。五月甲子日，李渊率部起义，遥尊杨广为“太上皇”，拥戴代王杨侑为皇帝，效仿伊尹和霍光的做法，然后向天下发布檄文，听说这件事的人纷纷起来响应。七月，唐国公李渊想向西进攻长安，就在太原郊外的原野上打着白旗在军前誓师，当时披挂甲胄的将士有三万人。公子李元吉留守太原。起义军队进至霍邑。隋朝的武牙郎将宋老生率领军队抵抗李渊的起义军。当时正赶上秋雨连绵，几天不晴，军队的粮食供给没有保障，并且又有人谣传说突厥的军队将要袭击太原。李渊很害怕，想带领军队返回太原，后听了秦王李世民的劝说才没有这样做。宋老生拼死与李渊的起义军作战，最终被打败，起义军攻克了霍邑。十月，起义军进驻到长乐宫，卫文升控制着代王，坚守长安不投降。十一月，起义军终于攻克长安，李渊仍然让代王杨侑做皇帝，改年号为义宁。这时隋炀帝想去丹阳，而大臣和将士都是北方人，不愿意去南方，都想再回北方。其部下宇文化及看到老百姓实在没法活下去了，就在江都杀死了隋炀帝。隋朝王室的王侯不论老小，都同时被杀死。宇文化及立太子杨浩为皇帝，自己做丞相。义宁二年五月戊午日，杨侑把帝位禅让给唐国公李渊，李渊把长安作为都城。同月己巳日这一天，王世充、段达等人在洛阳立越王杨侗为皇帝。六月，宇文化及从江都进军到彭城，占领黎阳并称帝，国号“许”。李密率领大军在清淇这个地方构筑军事堡垒。敦煌张守一听说李密拒绝并抵抗宇文化及，就劝说越王讨伐李密，越王没有听从他，而采纳了孟琮的计策，和李密联合起来。李密没有了东顾之忧，因而动用全部精锐部队攻打宇文化及并打败了他。李密打败宇文化及之后，更加骄傲。越王派王世充攻打李密。李密因不采纳祖彦君的计策而被打得大败。于是向西逃往长安，投奔李渊的部队。不久因背叛李渊被杀。唐朝武德二年，王世充在洛阳杀死越王杨侗，自立为皇帝。隋朝最终灭亡。

小结：干宝说：“古代帝王的兴起，要等待天命的安排，这期间如果有更替变化，也并非人的力量所能左右。尧舜的时候把帝位禅让给内定的继承人，体现的是文德；汉魏的时候把帝位传给外姓的继承人，是为了顺应时势；商周时期通过革命夺取政权，是顺应上天和百姓的要求；汉高祖和汉光武帝时期的讨伐战争，是为了确立自己的功勋和业绩。这些人都是根据天地命运而取得了天下，顺应天时而变化的意义确实太重要了。”范晔说：“自古以来，丧失祖宗开创的基业、断绝了宗庙祭祀的皇帝，其所以遭致日益削弱乃至灾祸败亡，都是逐渐形成的。夏、商和周三个朝代，都因为过分宠爱后宫的妃嫔而逐渐丧失做皇帝的道德才导致祸患的发生，秦朝因为对人民施行残暴的统治而被不堪忍受压迫的百姓消灭，西汉因为外戚的势力增长而遭到灭亡，东汉因为宦官的独断专权而无法摆脱国家倾覆的命运，成功和失败的原因，古代的史官已经研究讨论了好长时间了。从秦朝到隋朝，考察其兴盛和灭亡的原因，虽然也有天命的因素，然而大体说来，其所以得天下都是因为得到德才兼备的人的辅助，为人民争取利益免除祸害；其所以失天下都是因为任用大量的小人管理国家，自己又奢侈无度，不注意修养品德造成的。孔子说：‘因为注意自身修养，约束自己的行为而丧失了天下人对他的拥戴的君主很少。’又说：‘远离没有德行的小人，发现并抛弃自身的许多缺点。’这话说得很有道理。”

前沿诠释

从上文我们可以看出，凡是成就大业，得到人民拥戴的帝王，往往都能够从自己做起，注重提高自身修养，约束自己的行为。同时，他们还能重用那些忠诚、仁德的臣子，远离奸邪小人，倡导以德治国。由此引申，我们不难发现，作为一名管理者，也应该掌握更多的知识，加强自身道德修养，注重自己的言谈举止，同时重用德才兼备的员工，远离小人，善于平衡员工之间的关系，以平等、宽容的原则进行管理，在企业中营造出和谐、友爱的氛围。

提高能力和修养，成就普通人的事业

由“霸图第十七”的内容可知，为官者要亲贤远佞，提高自身的修养，这一点无论是对古代的帝王而言，还是对现代的企业家而言都有着重要的意义。同样的道理，对于普通人而言，亲近值得学习的人，提高自身的修养，也能为成就自己的事业提供帮助。

某跨国公司老总想招聘一名助理，帮助自己处理办公室的一些琐事。招聘广告发布出去之后，可谓应者云集。人力资源部在汇总了所有应聘者的简历后，对应聘者进行了面试。

面试那天，老总也出席了。在面试了几个人后，恰好老总的一位朋友来访。老总的这位朋友多年前出了一次车祸，行动不是很方便。老总的秘书本来想安排这位朋友在会客室等待，但没想到，老总竟然让朋友去面试现场。尽管内心充满困惑，秘书还是将老总的那位朋友送到了面试现场。

面试结束后，大家都想知道老总会为自己挑一个什么样的助理。没想到的是，在众多的面试者中，老总没挑容貌美丽的女大学生，也没挑手持朋友介绍信的“熟练工”。他最后选中了一个既没带介绍信，也没有任何人推荐的青年做自己的助理。老总说，因为这个年轻人在进门时，注意随手关门，说明他做事小心仔细。当看到自己那位行动不便的朋友时，他立即闪身让那位朋友先进房间，这表明他心地善良，体贴别人。进了办公室，他先脱去帽子，回答问题时干脆果断，这证明他既懂礼貌又有教养。老总还说，最可贵的是，他当时故意将一本书扔在了地板上，这个青年看到了地板上的书，俯身将其捡起，并放在了桌上。

这一切都让这位老总确信，这个年轻人有着良好的个人修养，一定能胜任助理的职务。而后来的事实也证明，这个年轻人不但成为了一位出色的助理，还成为一位出色的企业管理者。

这个故事说明了个人修养不仅对于领导者而言非常重要，甚至对于普通人而言也非常重要。

一个年轻人在一家连锁餐馆工作的时候，时常提醒自己要注意提高个人修养，不断学习。他努力工作，不断受到好评。后来，他被提升为该分店的经理。在他的精心管理下，分店的利润节节攀升。多年之后，他拥有了自己的餐馆。

在谈到自己的成功经验时，这个年轻人说，自己没什么特殊的地方，只不过总在告诉自己要尊重他人，要向周围的人学习，在管理中运用平等、宽容的原则。

事实也正是这样。在工作中，这个年轻人注意在同事之间营造一种和谐、友爱的工作环境。他在店内与店员互助互爱，但这种互助互爱并不是无原则的纵容。同时，他用一种真诚和谦逊的态度对待他人，无论是普通的后厨人员，还是前台接待人员，在他的心目中，都是一样的，不会厚此薄彼。同时，他还在日常生活中不断地学习，每一个店员都是他的老师。他取其所长，从他们身上学到了经验和教训。

在担任分店经理和后来管理自己的餐馆时，这个年轻人更是注重在管理中运用平等、宽容的原则。他在店内实行人性化管理，但同时，他还注意创设店内的管理流程。最终形成的一套管理模式不但成就了他的事业，也成为行内的通用规则。

从这个年轻人身上，我们不难看到，正是由于他的自身修养，使他能获得同事的认可，赢得老板的赏识、顾客的喜爱。试想，如果他不善于学习别人的长处，取长补短，怎能成长得那么快？如果他自身修养不好，老板如何能发现他的闪光之处？要知道，这个世界上并不缺少人才，缺少的是德才兼备的人才。

所以说，适用于古代帝王的管理之道，同样适用于普通人。而普通人如能注意提高自身修养和能力，不断严格要求自己，自然也能成就自己的事业，成为自己的王国的主宰。

卷五·霸纪中

本卷共一篇，名为《七雄略》，讲述了战国时期七雄争霸的历史故事，再现了那个时代恢弘惨烈的历史画面，运用生动的事例展现了纵横家学派的谋略思想。苏秦、张仪，一合纵、一连横，六国合纵抵抗强秦、秦国的远交近攻之策，乃至于最终的六国覆灭、秦国一统天下，这些都是本篇的记叙范围。

七雄略第十八：修德以镇之，择贤而使之

臣闻天下，大器也；群生，重蓄也。器大不可以独理，蓄重不可以自守。故划野分疆，所以利建侯也；亲疏相镇，所以关盛衰也。

经典再现

臣闻天下，大器也；群生，重蓄也。器大不可以独理，蓄重不可以自守。故划野分疆，所以利建侯[①]也；亲疏相镇，所以关盛衰也。昔周鉴二代[②]，立爵五等，封国八百，同姓五十余。深根固本，为不可拔者也。故盛则周、召相其治；衰则五霸扶其弱。所以夹辅王室，左右厥世，此三圣制法之意。然厚下之典，弊于尾大。自幽、平之后，日以陵夷，爵禄多出于陪臣，征伐不由于天子。吴并于越，郑兼于韩，鲁灭于楚，海内无主，四十余年而为战国矣。秦据势胜之地，骋狙诈之兵，蚕食山东[③]，山东患之。苏秦，洛阳人也，合诸侯之纵以宾秦。张仪，魏人也，破诸侯之纵以连横。此纵横之所起也。

苏秦初合纵，至燕，说燕文侯曰："燕东有朝鲜、辽东，北有林胡、楼烦，西有云中、九原，南有呼沲、易水，地方二千余里，带甲数十万，车六百乘，骑六千匹，粟支数年。南有碣石、雁门之饶，北有枣、栗之利。民虽不田作，而足于枣栗矣。此所谓天府者也。夫安乐无事，不见覆军杀将，无过燕者。大王知其所以然乎？夫燕所以不犯寇被甲者，以赵之为蔽其南也。秦、赵相毙，而王以全燕制其后，此燕之所以不犯寇也。且夫秦之攻燕也，逾云中、九原，过代、上谷，弥地数千里，虽得燕城，秦计固不能守也，秦之不能害燕亦明矣。今赵之攻燕也，发号出令，不至十日，而数十万之军，军于东垣矣；渡呼沲，涉易水，不至四五日，而距国都矣。故曰，秦之攻燕也，战于千里之外；赵之攻燕也，战于百里之内。夫不忧百里之患，而重千里之外，计无过于此者。是故愿大王与赵纵亲，天下为 ，则燕国必无事矣。"燕文侯许之。

苏秦如赵，说赵肃侯曰："臣窃为君计，莫若安民无事，且无庸有事民为也。安民之本，在于择交。择交而得则民安，择交而不得，则民终身不安。请言外患。齐、秦为两敌，而民不得安；倚秦攻齐，而民不得安；倚齐攻秦，而民不得安。君

诚能听臣，燕必致毡裘狗马之地，齐必致鱼盐之海，楚必致橘柚之园，韩、魏、中山皆可使致汤沐之奉，而贵戚、父兄皆可受封侯。夫割地包利，五伯之所以覆军擒将而求也；封侯贵戚，汤、武所以放弑而争也。今君高拱而两有之，此臣之所为君愿也。

“夫秦下轵道[④]，则南阳危；劫韩包周，则赵自操兵；据卫取淇、卷，则齐必入朝秦。秦欲已得乎山东，则必举兵而向赵矣。秦甲渡河逾漳，据番吾，则兵必战于邯郸之下矣。此臣之所以为君危也。当今之时，山东之建国，莫强于赵。赵地方二千余里，带甲数十万，车千乘，骑万匹，粟支数年。西有常山，南有河、漳，东有清河，北有燕。燕固弱国，不足畏也。秦之所害于天下莫如赵。然而秦不敢举兵而伐赵者，何也？畏韩、魏之议其后也。然则韩、魏，赵之南蔽也。秦之攻韩、魏也，无名山大川之险，稍稍蚕食之，傅国都而止。韩、魏不能支秦，必入臣于秦。秦无韩、魏之规，则祸必中于赵矣。此臣之所为君患也。

“臣闻尧无三夫之分，舜无咫尺之地，以有天下；禹无百人之聚，以王诸侯；汤武之士，不过三千，车不过三百乘，卒不过三万，立为天子，诚得其道也。是故明主外料其敌之强弱，内度其士卒贤不肖，不待两军相当，而胜败存亡之机，固已形于胸中矣。岂掩于众人之言，而以冥冥决事哉？臣窃以天下之地图按之，诸侯之地，五倍于秦；料度诸侯之卒，十倍于秦。六国并力，西向而攻秦，秦必破矣。今西面而事之，见臣于秦，夫破人之与见破于人，臣人之与见臣于人也，岂可同日而论哉？夫衡人者，皆欲割诸侯之地以与秦。秦成，则高台榭，美宫室，听竽笙之音，国被秦患而不与其忧。是故衡人日夜务以秦权恐吓诸侯，以求割地，愿大王熟计之。

“臣闻明主绝疑去谗，屏流言之迹，塞朋党之门。故尊主强兵之臣，得陈忠于前矣。故窃为大王计，莫若一韩、魏、齐、楚、燕、赵，纵亲以叛秦。合天下之将相，会于洹水之上，通质，刑白马而盟。约曰：秦攻楚，齐、魏各出锐师以佐之，韩绝其粮道，赵涉河、漳，燕守常山之北；秦攻韩、魏，则楚绝其后，齐出锐师以佐之，赵涉河、漳，燕守云中；秦攻齐，则楚绝其后，韩守成皋，魏塞其粮道，赵涉河、漳、博关，燕出锐师以佐之；秦攻燕，则赵守常山，楚军武关，齐涉渤海，韩、魏皆出锐师以佐之；秦攻赵，则韩军宜阳，楚军武关，魏军河外，齐涉清河，燕出锐师以佐之；诸侯有不如约者，以五国之兵共伐之。六国从亲以宾秦，则秦甲必不敢出于函谷以害山东矣。如此则霸王之业成矣。”

赵王曰：“善。”

苏秦如韩，说韩宣王曰："韩北有巩、洛、成皋之固，西有宜阳、商阪之塞，东有宛、穰、洧水，南有陉山。地方九百余里，带甲数十万，天下之强弓劲弩，皆从韩出。韩卒超足而射，百发不暇止，远者栝洞胸，近者镝掩心。韩之剑戟，则龙泉、太阿，皆陆断牛马，水截鹄雁。夫以韩卒之劲，与大王之贤，乃西面而事秦，交臂而服焉。羞社稷而为天下笑，无大于此者也。是故愿大王熟计之。大王无事秦，事秦必求宜阳、成皋，今兹效之，明年又复求割地。与之则无地以给之，不与则弃前功而受后祸。且夫大王之地有尽，而秦之求无已；以有尽之地，而逆无已之求，此所谓市怨结祸者，不战而地已削矣。臣闻鄙谚曰：'宁为鸡口，无为牛后。'今王西面交臂而臣事秦，何异于牛后乎？夫以大王之贤，挟强韩之兵，而有牛后之名，窃为大王羞之。"韩王勃然作色，按剑太息曰："寡人虽不肖，不能事秦。"从之。

苏秦如魏，说魏襄王曰："大王之地，南有鸿沟、陈、汝，东有淮、颍、煮枣，西有长城之界，北有河外、卷、衍。地方千里。地名虽小，然而田舍庐庑，曾无刍牧之地。人民之众，车马之多，日夜行不绝，輷輷殷殷[5]，若有三军之众。魏，天下之强国也；王，天下之贤主也。今乃有意西面而事秦，称东藩，筑帝宫，受冠带，祠春秋，臣窃为大王耻之。臣闻越王勾践战弊卒三千，擒夫差于干遂；武王卒三千，革车三百乘，制纣于牧野。岂其卒众哉？诚能奋其威也。今窃闻大王之卒，武士二十万，仓头、奋击，各二十万，厮徒十万，车六百乘，骑六千匹，此过越王勾践、武王远矣。今乃听于群臣之说，而欲臣事秦。夫事秦必割地以效实，故兵未用而国已亏矣。夫为人臣割其主之地以外交，偷取一旦之功，而不顾其后，破公家而成私门，外挟强秦之势，以内劫其主，以求割地，愿大王孰察之。《周书》曰：'绵绵不绝，蔓蔓奈何，毫厘不伐，将用斧柯。'前虑未定，后有大患，将奈之何？大王诚能听臣，六国纵亲，专心并力，则必无强秦之患。故敝邑赵王使臣效愚计，奉明约，在大王诏之。"魏王曰："谨奉教。"

苏秦如齐，说齐宣王曰："齐南有泰山，东有琅玡，西有清河，北有渤海，此四塞之国也。临淄甚富而实，其民无不吹竽鼓瑟、弹琴击筑、斗鸡走狗、六博、蹴踘者也。临淄之途，车毂击，人摩肩，连衽成帷，举袂成幕，挥汗成雨，家殷人足，志气高扬。夫以大王之贤，与齐之强，天下莫能当也。今乃西面事秦，窃为大王羞之。且夫韩、魏之所以畏秦者，为与秦接境壤界也。兵出相当，不出十日，而战胜存亡之机决矣。韩、魏战而胜秦，则兵半折，四境不守；战而不胜，则国已危亡随其后也。是故韩、魏之所以重与秦战，而轻为之臣也。今秦之攻齐则不然。

倍韩、魏之地，过卫晋阳之道，经乎亢父之险，车不得方轨，骑不得比行，百人守险，千人不敢过也。秦虽欲深入，则狼顾，恐韩、魏之议其后。是故恫疑虚喝，骄矜而不敢进。夫不深料秦之无奈齐何也，而欲西面事之，是君臣之计过也。今无事秦之名而有强国之实，故愿大王少留意计之。”齐王曰：“善。”

苏秦如楚，说威王曰：“楚，天下之强国也；王，天下之贤主也。西有黔中、巫郡，东有夏州、海阳，南有洞庭、苍梧，北有陉塞、郇阳。地方五千余里，带甲百万，车千乘，骑万匹，粟支十年，此霸王之资也。夫以楚之强，大王之贤，天下莫能当也。今乃西面而事秦，则诸侯莫不西面而朝章台之下矣。秦之所害，莫如楚。楚强则秦弱，秦强则楚弱，其势不两立。故为大王计，莫如纵亲以孤秦。大王不纵亲，秦必起两军，一军出武关，一军下黔中，则鄢、郢动矣。臣闻治之其未乱也，为之其未有也，患至而后忧之，则无及也。故愿大王早熟计之。大王诚能听臣，臣请令山东之国，奉四时之献，以承大王之明诏，委社稷，奉宗庙，练士励兵，在大王所用之。故纵合则楚王，衡成则秦帝。今释霸王之业，而有事人之名，窃为大王不取也。夫秦，虎狼之国也，有吞天下之心。秦，天下之仇雠也，衡人皆欲割诸侯之地以事秦，此所谓养仇而奉雠。大逆不忠，无过此者。故纵亲，则诸侯割地以事楚；衡合，则楚割地以事秦。此两策者，相去远矣，二者大王何居焉？故敝邑赵王使臣效愚计，奉明约，在大王诏之。”楚王曰：“善。谨奉社稷以从。”

六国既合纵，苏秦为纵约长，北报赵。赵肃侯封秦为武安君，乃投纵约书于秦，秦不敢窥兵函谷十五余年。

张仪为秦连衡，说魏王曰：“魏地方不至千里，卒不过三十万，地四平，诸侯四通，条达辐凑[6]，无名山大川之限。从郑至梁，二百余里，车驰人走，不待倦而至梁。南与楚境，西与韩境，北与赵境，东与齐境，卒戍西方，守亭障者不下十万。梁之地势，固战场也。梁南与楚，不与齐，齐攻其东；东与齐，不与赵，赵攻其北；不合于韩，则韩攻其西；不亲于楚，则楚攻其南。此所谓四分五裂之道也。且诸侯之为纵者，将以安社稷、尊主、强兵、显名也。今为纵者，一天下约为昆弟，刑白马以盟洹水之上，以相坚也。而亲昆弟，同父母，尚有争钱财，而欲恃诈伪反覆苏秦之谋，其不可成亦已明矣。大王不事秦，秦下兵攻河外，据卷、衍、酸枣，劫卫取晋阳，则赵不南；赵不南则梁不北；梁不北，则纵道绝；纵道绝，则大王之国欲无危，不可得也。秦折韩而攻梁，韩怯于秦，秦韩为一，梁之亡，立可须也。此臣之所为大王患也。为大王计，莫如事秦。事秦，则楚、韩必不敢动；无楚、韩之患，则大王高枕而卧，国必无忧矣。大王不听臣，秦下甲士而东伐，虽欲事秦，不可得也。且夫纵人多奋辞而少可信。说一诸侯而成封侯之业，是故天下之游谈士，莫不日夜扼腕瞋目切齿，以言纵之便，以说人主。人主贤其辩而牵其说，岂得无眩哉？臣闻之，积羽沉舟，群轻折轴，众口铄金。故愿大王审计定议。”魏王于是倍纵约，而请成于秦。

张仪说楚怀王曰：“秦地半天下，兵敌四国，被山带河，四塞以为固。虎贲之士百有余万，车千乘，骑万匹，粟如丘山，法令既明，士卒安乐，主明以严，将智以武。虽无出甲，席卷常山之险，必折天下之脊，天下后服者先亡矣。且夫为纵者，无以异驱群羊而攻猛虎。虎之与羊，不格明矣。今王不与虎而与群羊，臣窃以为大王之计过矣。凡天下强国，非秦而楚，非楚而秦，两国交争，其势不两立。大王不与秦，秦下甲据宜阳，韩之上地不通；下兵河东、成皋，韩必入臣，则梁亦从风而动。秦攻楚之西，韩攻其北，社稷安得无危？臣闻兵不如者，勿与挑战；粟不如者，勿与持久。秦西有巴蜀，大船积粟，起于汶山，浮江而下，至楚三千余里。舫舟载卒，一舫载五十人，日行三百里。里数虽多，然不费牛马之力，不至十日，而拒扞关矣。扞关警，则从境以东，尽城守矣。黔中、巫郡，非王之有也。秦举甲出武关，南面而伐，则北地绝。秦兵之攻楚也，危难在三月之内；而楚待诸侯之救，在半岁之外。此其势不相及也。夫待弱国之救，忘强秦之祸，此臣为大王患也。

“大王尝与吴人战，五战而三胜，阵卒尽矣。编守新城，存民苦矣。臣闻功大者易危，而人弊者怨上。夫守易危之功，而逆强秦之心，臣窃为大王危之。凡天下而以信约纵亲相坚者，苏秦封为武安君也。苏秦相燕，即阴与燕王谋伐齐，破齐而分其地。乃佯为有罪，出走入齐，齐王因受而相之。居二年而觉，齐王大怒，车裂苏秦于市。夫以一诈伪之苏秦，而欲经营天下，混一诸侯，其不可成，亦明矣。今秦与楚接壤界，固形亲之国也。大王诚能听臣，臣请使秦太子入质于楚，楚太子入质于秦，请以秦女为大王箕帚之妾，效万室之都，以为汤沐之邑，长为昆弟之国，终身无相攻。臣以为计无便于此者。”楚王乃与秦亲。

张仪如韩，说韩宣王曰：“韩地险恶山居，五谷所生，非菽而麦。地方不过九百里，无二年之食。料大王之卒，悉举不过三十万，而厮徒负养在其中矣。今秦带甲百万，车千乘，骑万匹，虎贲之士，跿跔科头，贯颐奋戟者，不可胜数。山东被甲蒙胄以会战，秦人捐甲徒裼以趋敌，左挈人头，右挟生虏。秦逐山东之卒，犹孟贲之与怯夫；以轻重相压，犹乌获之与婴儿。诸侯不料地之弱，食之寡，而听纵人之甘言好辞，比周以相饰，诖误其主，无过此者。大王不事秦，秦下甲据宜阳，断韩之地，东取成皋、荥阳，则鸿台之宫、桑林之苑，非王有也。夫塞成皋，绝上地，则王之国分矣。故为大王计，莫如为秦。秦之所欲，莫如弱楚；而能弱楚者莫如韩。非以韩能强于楚也，其势然也。今西面而事秦，以攻楚，秦王必喜。夫攻楚以利其地，转祸而悦秦，计无便于此者。”宣王听之。

张仪说齐湣王曰：“天下强国，无过齐者。大臣、父兄殷，众富乐，欲为大王计者，皆为一时之说，不顾百代之利。纵人说大王者，必曰：‘齐西有强赵，南有韩、梁，齐负海之国也，地广民众，兵强士勇，虽有百秦，将无奈齐何也。’大王贤其说，而不计其实。臣闻齐与鲁三战而鲁三胜，国以危亡随其后。虽有战胜之名，而有破亡之实。是何也？齐大而鲁小也。今秦之与齐也，犹齐之与鲁也。今秦、楚嫁女娶妇，为昆弟之国，韩献宜阳，魏效河外，赵入朝渑池，割河间以事秦。大王不事秦，秦驱韩、梁攻齐之南地，悉赵兵渡清河，指博关，临淄、即墨非王有也。国一旦见攻，虽欲事秦，不可得也。是故愿大王孰计之。”齐王许之。

张仪说赵王曰：“敝邑秦王，使臣效愚计于大王。大王收天下以宾秦，秦兵不敢出函谷关，是大王之威，行于山东。敝邑恐惧慑伏，缮甲励兵[7]，惟大王有意督过之也。今以大王之力，举巴蜀，并汉中，包两周，迁九鼎，守白马之津。秦虽僻远，然而心忿含怒之日久矣。今有敝甲凋兵，军于渑池，愿渡河，据番吾，战邯郸之下，愿以甲子合战，以征殷纣之事。故使臣先以闻于左右。凡大王之所信为纵者，恃苏秦。苏秦荧惑诸侯，以是为非，以非为是，欲反覆齐国，而自令车裂于市。夫天下之不可混一亦明矣。今楚与秦为昆弟之国，而韩、梁称为东藩之臣，齐献鱼盐之地，此断赵之右臂也。夫断右臂而与人斗，失其党而孤居，求欲无危，岂可得乎？今秦发三军，其一军塞午道，告齐使兴师渡河，军于邯郸之东；一军军于成皋，驱韩、梁军于河外；一军军于渑池，约四国而击赵。赵服，必四分其地。是故不敢匿意隐情，先以闻于左右。臣窃为大王计，莫如与秦王遇于渑池，面相见而口相约，请按兵无攻，愿大王之定计。”赵肃侯许之。

张仪说燕昭王曰：“大王之所亲信，莫如赵。昔赵襄子尝以其姊为代王妻，欲并代。约与代王遇于句注之塞，乃令工人为金斗，长其尾，令可以击人。与代王饮，阴告厨人曰：‘即酒酣乐进热啜，反斗以击之。’于是酒酣乐，进热啜，厨人进斟，因反斗击代王，杀之，肝脑涂地。其姊闻之，因磨笄以自杀。故至今有磨笄之山，天下莫不闻。夫赵王之狼戾无亲，大王之所明见。且以赵为可亲乎？赵兴兵攻燕，再围燕都，而劫大王，大王割十城以谢。今赵王已入朝渑池，效河间，以事秦。今大王不事秦，秦下甲云中、九原，驱赵而攻燕，则易水、长城，非王有也。今王事秦，秦王必喜，赵不敢妄动，是西有强秦之援，南无齐、赵之患。是故愿大王孰计之。”燕王听张仪。仪归报秦。

于是楚人李斯、梁人尉缭，说于秦王曰：“秦自孝公已来，周室卑微，诸侯相兼，关东为六国，秦之乘胜侵诸侯，盖六代矣。今诸侯服秦，譬若郡县。其君臣俱恐，若或合纵而出不意。此乃智伯、夫差、闵王所以亡也。愿王无爱财，赂其豪臣，以乱其谋，秦不过亡三十万金，则诸侯可尽。”秦王从其计，阴遣谋士赍金玉以游诸侯。诸侯名士，可与财者，厚遗给之；不肯者，利剑刺之。离其君臣之计，乃使良将随其后，遂并诸侯。秦既吞天下，患周之败，以为弱见夺。于是笑三代，荡灭古法，削去五等，改为郡县。自号为皇帝，而子弟为匹夫。内无骨肉本根之辅，外无尺寸蕃翼之卫。吴、陈奋其白梃，刘、项随而毙之。故曰，周过其历，秦不及其数，国势然也。

汉兴之初，海内新定，同姓寡少。惩亡秦孤立之败，于是割裂疆土，立爵二等，功臣侯者，百有余邑，尊王子弟，大启九国。国大者，跨州兼郡，连城数十，可谓矫枉过正矣。然高祖创业，日不暇给，孝惠亨国之日浅，高后女主摄位，而海内晏然，无狂狡之忧。卒折诸吕之难，成太宗之基者，亦赖之于诸侯也。夫原本以末大，流滥以致溢。小者淫荒越法，大者睽孤横逆，以害身丧国。故文帝采贾生之议，分齐、赵。景帝用晁错之计，削吴、楚。武帝施主父之策，推恩之令。景帝遭七国之乱，抑诸侯，灭黜其官。武有淮南、衡山之谋，作左官之律，设附益之法，诸侯惟得衣食租税，不与政事。至于哀、平之际，皆继体苗裔，亲属疏远，生于帷墙之中，不为士民所尊。故王莽知汉中外殚微，本末俱弱，无所忌惮，生其奸心，因母后之权，假伊、周之称，专作威福，庙堂之上，不降阶序而运天下。诈谋既成，遂据南面之尊，分遣五威之吏，驰传天下，班行符命。汉诸侯王蹶角稽首，奉上玺韨，惟恐居后，岂不哀哉！及莽败，天下云扰。

光武中兴，纂隆皇统，而犹遵覆车之遗辙，养丧家之宿疾。仅及数世，奸宄充斥，率有强臣专朝，则天下风靡；一夫纵横，则城池自夷，岂不危哉！在周之难兴王室也，放命者七臣，干位者三子，嗣王委其九鼎，凶族据其天邑，钲鼙[8]震于阃宇[9]，锋镝流于绛阙[10]，然祸止畿甸，害不覃及，天下晏然，以治待乱。是以宣王兴于共和，襄、惠振于晋、郑，岂若二汉阶阂暂扰，而四海已沸；孽臣朝入，而九服夕乱哉！远惟王莽篡逆之事，近鉴董卓擅权之际，亿兆悼心，愚智同痛。岂世乏曩时之臣，士无匡合之志欤？盖远绩屈于时异，雄心挫于卑势耳。

魏太祖武皇帝躬圣明之姿，兼神武之略，龙飞谯沛，凤翔兖豫。观五代之存亡，而不用其长策；睹前车之倾覆，而不改其辙迹。子弟王空虚之地，君不使之人，权均匹夫，势齐凡庶。内无深根不拔之固，外无磐石宗盟之助，非所以安社稷，为万世之业也。且今之州牧、郡守，古之方伯、诸侯，皆跨有千里之土，兼军武之任。或比国数人，或兄弟并据。而宗室子弟，曾无一人间厕其间，与相维持，非所以强干弱枝，备万一之虑也。时不用其计，后遂凌夷。此周、秦、汉、魏立国之势。是以究其始终强弱之势，明鉴戒焉。

论曰：周有天下八百余年，后代衰微，而诸侯纵横矣。至末孙王郝降为庶人，犹能枝叶相持，名为天下共主。当是时也，楚人问鼎[11]，晋侯请隧[12]，虽欲阚周室，而见厄诸姬。夫岂无奸雄？赖诸侯以维持之也。故语曰：“百足之虫，至死不僵，扶之者众。”此之谓乎？及嬴氏擅场，惩周之失，废五等，立郡县，君有海内，而子弟为匹夫，功臣效勤，而干城无茅土，孤制天下，独擅其利。身死之日，海内分崩。陈胜偏袒唱于前，刘季提剑兴于后，虎啸龙睇，遂亡秦族。夫刘、陈诸杰，布衣也，无吴、楚之势，立锥之地，然而驱白徒之众，得与天子争衡者，百姓思乱，无诸侯勤王之可惮也。故谚曰：“夫乱政虐刑，所以资英雄而自速祸也。”此之谓矣。夫伐深根者难为功，摧枯朽者易为力。今五等，深根者也；郡县，枯朽者也。故自秦以下，迄于周隋，失神器者非侵弱，得天下者非持久，国势然也。呜呼！郡县而理，则生布衣之心；五等御代，则有纵横之祸。故知法也者，皆有弊焉。非谓侯伯无可乱之符，郡县非致理之具。但经始图其多福，虑终取其少祸，故贵于五等耳。圣人知其如此，是以兢兢业业，日慎一日，修德以镇之，择贤而使之。德修贤择，黎元乐业。虽有汤、武之圣，不能兴矣，况于布衣之细，而敢偏袒大呼哉？不可不察。

迷津指点

①建侯：即分封诸侯。

②周鉴二代：意思是周朝借鉴夏朝和商朝的经验、教训。

③山东：这里是指战国时期函谷关东部的六个诸侯国，分别是齐、楚、燕、赵、魏、韩。

④轵道：古代路名，为古代战争的要道。

⑤鞫鞫殷殷：形容车轮滚滚而过的声音。

⑥条达辐凑：如同车轮辐条凑上轴心。

⑦缮甲励兵：整治军备，磨砺武器。

⑧钲鼙：古代打仗时用于鼓舞士气的乐器。

⑨阃宇：门槛和房屋。

⑩绛阙：天子的宫殿。

⑪楚人问鼎：当年楚庄王带兵在周王室的边境上飞扬跋扈地质问天子的九鼎有多重，有挑战王室权威的意味。

⑫晋侯请隧：晋文公向周天子请求享用墓道的礼制，周朝时只有天子才能享有下葬时用墓道的权力，晋文公此举实属挑战天子权威。隧，墓道。

古文译读

我听说天下就好像一件巨大的器物，天下的人民就好像大水库里的蓄水。器物太大，就不能单独由一个人治理；蓄水量过大，就不能靠一个人固守。所以，就要划分国家领土，是为了分封诸侯。亲疏之间互相抵制，这关系到国家的兴衰命运。当年，周朝借鉴夏朝、商朝的经验教训，设立了五种等级的爵位，划分国家领土，分封了八百多个诸侯国，五十多个同姓王，从而使周朝的根基扎得十分结实，政权稳定，不能轻易被动摇。因此，在王室兴盛时，便有周公、召公辅佐天子治理国家；在王室衰落时，则有五霸扶持衰弱的天子。他们共同辅佐王室，左右时局，这就是周文王、周武王和周公制定统治方法的意图。然而厚爱臣下、巩固诸侯这种制度的弊端在于容易形成尾大不掉的形势。自从周幽王、周平王的时代过去之后，周王室便日益衰落，爵位封赏的大权多由臣子掌握，征兵打仗的事，天子也不能决定。吴国被越国兼并，郑国被韩国兼并，鲁国被楚国消灭。最终造成了海内无主的局势，这种局势持续了四十多年，最终进入了战国时代。秦国占据着优越的地理位置，逞威诸侯，用兵诡诈，吞食了山东的其他六个诸侯国。山东六国深受其害，引以为患。苏秦是洛阳人，他采用“合纵”的手段联合其他诸侯国以抵抗秦国；张仪是魏国人，他采用“连横”的手段破坏诸侯国之间的联合。这就是合纵连横的缘起。

苏秦倡导“合纵”，最先来到燕国，游说燕文侯说：“燕国东部有朝鲜、辽东等国，北边有林胡、楼烦等国，西面有云中、九原，南面有呼沲河和易水河，领土方圆两千多里，军队有几十万人马，战车有六百辆，战马有六千匹，粮食可用数年，南边可利用碣石山、雁门山的富饶资源，北边可利用枣子、栗子的便利，人民就算不耕田种植，枣子和栗子也足够他们维持生计了。这就是所谓的天府之国。燕国于此战乱之秋，却国家安定无大事，没有损兵折将之事，在这一点上没有一个国家能超过燕国。大王知道这是为什么吗？燕国之所以不被敌国侵犯，是因为赵国在燕国南边，成为了燕国的屏障。秦国和赵国交战相互消耗力量，而燕国在赵国之后，得以保全国力，这就是燕国不被侵犯的原因。秦国要攻打燕国，就必须越过云中、九原、代和上谷诸郡，路途有几千里，即使能到达燕国，秦国也无法坚守。秦国不能侵犯燕国的道理是很明显的。假如赵国攻打燕国，号令只要发出去，不用十天的时间，几十万大军就能在东垣驻扎了。他们渡过呼沲河和易水河，用不了四五天的时间，就能攻打到燕国国都了。所以说：秦国攻打燕国，是在千里之外打仗；赵国攻打燕国，是在百里之内打仗。我们不担忧百里之内的隐患，却重视千里之外的隐患，没有比这个计策更加错误的了。因此，希望大王能和赵国亲近，结成联盟，天下联合起来，那么燕国就没有什么值得担忧的事了。”燕文侯采纳了他的建议。

苏秦又到了赵国，游说赵肃侯说：“我为大王您着想，最好的做法是使人民安居乐业，而且不要加重人民的兵役劳役负担。使人民安居的根本在于成功的外交。外交成功，则人民能安居；外交不成功，则人民一生都不能享受安定的生活。请允许我说一下赵国的外患：齐国和秦国是赵国的两个敌国，因为这两个敌国的存在，赵国的人民得不到安宁。赵国联合秦国去攻打齐国，人民得不到安宁；联合齐国去攻打秦国，人民也得不到安宁。大王您若能听从我的意见，燕国必定会向您进献布满毡、裘、狗、马的土地，齐国必定会向您进献盛产鱼盐的大海，楚国必定会向您进献盛产橘子和柚子的果园，韩国、魏国、中山国都会向您进献他们的土地，而您的亲戚父亲兄弟都能被封为诸侯。分割土地，获得利益，是‘五霸’当年宁愿让军队覆灭，让将士被擒，也要去追求的。分封为诸侯，是汤、武不惜冒着弑君之罪去争夺的。如今大王您身居宫中，却拱手就能拥有这两种东西，这便是我为大王您所期盼的。

“假如秦国攻下轵道，南阳就面临危险了。秦国一旦劫掠了韩国，包围了周王室，那么赵国就要自己带兵抵抗。一旦秦国占据了卫，夺取淇、卷之地，齐国必定会入朝朝拜秦国。秦国夺取了山东诸地，就必定会带着军队向赵国进发。秦国的军队渡过黄河、漳河，占据了番吾，必定会迅速兵临邯郸城下。这便是我替大工您担忧的。现在，山东的诸侯国中，没有比赵国更加强大的。赵国领土方圆两千多里，拥有几十万军队，战车上千辆，战马上万匹，粮食可用数年。地理位置方面，西边有常山，南边有黄河、漳河，东边有清河，北边有燕国。燕国是个弱小的国家，不足惧。秦国吞并天下的最大敌人和阻力莫过于赵国，然而秦国却不敢带兵讨伐赵国，这是为什么呢？这是因为秦国担心一旦大举进攻赵国，韩国、魏国会联合起来在后面攻击它啊。由此可见，韩国、魏国是赵国南边的屏障。如果秦国攻打韩国、魏国，这两个国家没有高山大河的险要地势作为屏障，秦国会渐渐地蚕食它们，一直蚕食到它们的国都。韩国和魏国不能抵御秦国的攻击，必定会入朝成为秦国的属国。秦国没有韩国、魏国的阻碍，就会攻击赵国了。这便是我替大王您担忧的地方。

“我听说尧先前拥有的财产都不超过三个农夫的财产，舜没有尺寸之地，但他们最终却拥有了天下。禹手下起初聚集的不超过一百人，却能称王于诸侯。商汤、周武起初拥有的臣属不过三千，战车不过三百乘，兵卒不过三万，最后却都成为了天子，这主要是因为他们制定了正确的方针。因此，贤明的君主对外能预料到敌人的强弱，对内能了解士兵的能力和品行，还没等到两军交战，胜败存亡的天机早已了然于胸了。他们怎么可能会被众人的言语所迷惑，而根据卜筮的结果去决定国家大事呢？我曾经根据地图研究计算过天下诸侯的土地面积和综合国力。山东诸侯的土地面积是秦国的五倍，兵力是秦国的十倍。假使六个国家齐心协力，向西攻打秦国，秦国必定会被打败。如今六国却向西侍奉秦国，臣服于秦国。试想一下：消灭对方与被对方消灭，使对方臣服于自己和自己臣服于对方，怎么可以相提并论呢？主张‘连横’的人，都想割让诸侯的土地，然后献给秦国。秦国成功了，就会为他们建起高台亭榭，修建华美的宫室，听着乐器奏响的美妙音乐，即使自己的国家遭受秦国兵马的蹂躏，他们也不会担忧。因此，他们整天用秦国的威势恐吓各个诸侯，以使他们割地给秦国。这些情况还需要大王您仔细考虑。

“我听说，贤明的君主信任人才，没有疑虑，也不听信小人的谗言，摒除流言飞语，堵塞结党营私，因此主张使国家兵力强盛的大臣，才有机会在君主面前显出自己的忠心。我私底下为大王着想，不如将韩国、魏国、齐国、楚国、燕国和赵国联合起来，六国相互亲近，共同对抗秦国。集合各诸侯国的将相，在洹水之滨会盟，互相交换人质，杀白马以盟誓，并且约定：秦国如果攻打楚国，齐国和魏国就派出自己的精兵援助，韩国的军队断绝秦国的粮道，赵国的军队渡过黄河、漳河，燕国的军队在常山以北守卫。如果秦国攻打韩国和魏国，楚国的军队就断绝秦国的后路，齐国派出自己的精兵援助，赵国的军队渡过黄河、漳河，燕国的军队守备云中。如果秦国攻打齐国，那么楚国的军队就断绝秦军的后路，韩国的军队固守成皋，魏国的军队断绝秦军的粮道，赵国的军队越过黄河、漳河、博关待机而动，燕国派遣精兵支援。如果秦国攻打燕国，赵国的军队就在常山守卫，楚国的军队在武关守卫，齐国的军队渡过渤海待机而动，韩国和魏国派出自己的精兵援助。如果秦国攻打赵国，韩国的军队就在宜阳守卫，楚国的军队在武关守卫，魏国的军队在河外守卫，齐国的军队渡过清河，燕国派出自己的精兵援助。如果六国中有哪个国家违反了约定，其他五个国家就一起讨伐它。如果六国能联合，抗拒秦国，那么秦国必定不敢往东越过函谷关，侵犯山东的诸侯国了。这样一来，赵国的霸业就成功了。”

赵王说：“很好。”

苏秦接着来到韩国，游说韩宣王说：“韩国北边有巩、洛、成皋的险固山川，西边有宜阳、商阪这样的关塞，东边有宛、穰、洧水，南边有陉山。领土方圆九百多里，拥有几十万人马的军队，天下强劲的弓弩都出自韩国。韩国士兵的射箭本领很强，可以连续射出一百多枝箭。对于远处的人，能够射穿对方的胸膛；对于近处的人，可以射穿对方胸前的护心镜。韩国生产的剑戟，都像龙泉、太阿一般，这些剑锋利无比，在陆地上能斩断牛马的身体，在水中能截断天鹅、鸿雁的身体。韩国有如此勇猛的士兵和大王您这样贤明的君主，然而却向西侍奉秦国，臣服于秦国，这是让社稷丢脸，让天下人笑话的行为，没有什么比这一行为更让人感到羞耻的了。因此，我希望大王您能好好考虑。大王不要再屈服侍奉秦国了，如果还屈服于秦国，那么秦国必定会向韩国索取宜阳、成皋这些地方。今日我们把土地让给秦国，明日秦国又会来索取更多的土地。如果答应秦国的要求，却没有土地可以割让了；不给它，之前的努力就白费了，还会遗祸无穷。大王的土地是有限的，而秦国的欲求却是无限的，拿有限的土地应付无限的欲求，这就是招惹怨恨，引来祸患。秦国不费一兵一卒，韩国的土地就会被蚕食完了。我曾听说过这样一句谚语：‘宁可做鸡头，也不做牛尾。’如今大王您向西臣服于秦国，和做牛尾有什么不同呢？凭借着大王的贤明，还有强大的军队，却得到牛尾的名声，我私下为大王您感到羞愧啊。”韩宣王脸色骤变，按住利剑叹息说：“我虽然没有才能，但也决不侍奉秦国。”于是答应了苏秦的“合纵”请求。

苏秦到达魏国，游说魏襄王说：“大王的国土南边有鸿沟、陈、汝水，东边有淮河、颍河和煮枣，西边有长城作为边界，北边有河外、卷邑、衍邑，土地方圆一千里。国家虽然小，但农田房屋相邻着，比比皆是，几乎没有可以放牧的地方。人民和车马的数量很多，整天来往的人络绎不绝，车轮滚滚，就好像庞大的军队在前行一般。魏国也是天下的强国，大王是天下的贤明君主，如今却有意向西臣服秦国，甘心做秦国东面的藩国，为秦国建筑宫殿，接受它的冠带，春秋两季向他们纳贡，以供其祭祀，我私底下为大王感到羞耻。我听说当年越王勾践率领疲惫的三千人马与吴国交战，结果在干遂将吴王夫差抓住了。周武王率领三千人马和三百辆战车，在牧野将商纣王打败了。难道是因为他们率领的军队数量多吗？这是他们的士兵都发挥了自己的威力的缘故。我私底下听说大王的军队中有二十万武士，仓头兵和奋击士各有二十万人，后勤部队有十万人，还有六百辆战车，六千匹战马，这数量远远超过了越王勾践和周武王的军队，而如今您却反而听信众多大臣的意见想臣服于秦国。臣服于秦国必定要割地，以表明自己的忠诚。因此，军队还没有派上用场，国家就已经被削弱了。当别人的臣子，通过割地进行外交，只能获取一时的功利而没有考虑到未来，破坏了国家的利益而使私人获得利益，在外依仗强势的秦国的势力，对内则要挟着君主，通过割地给秦国以求和平，以上的利弊得失，我希望大王能好好考虑。《周书》中曾说：'绵绵的枝芽长出时不去除，到了枝繁叶茂时该怎么办呢？幼小枝芽不砍去的话，将来就要用斧头去费力砍伐了。'如果事前不慎重考虑，定夺下来，以后就会有很大的灾难，到时该怎么办呢？大王如果能听从我的建议，六个诸侯国联合起来，齐心协力，就必定不会遭受秦国的威胁。所以，赵王派我来跟大王商讨这一计策，并请大王给以明确的答复，签署合纵的盟约。"魏襄王说："愿意采纳您的明教。"

苏秦到达齐国，游说齐宣王说："齐国的南边有泰山，东边有琅玡山，西边有清河，北边有渤海，是四边都有要塞的国家。齐国的都城临淄很富饶，人民吹竽鼓瑟，弹琴击筑，斗鸡走狗，玩着六博和蹴鞠。临淄的大街上，车辆相互挨近，人密集得肩挨着肩，衣襟连在一起，就像帷幕一般，挥洒汗水则如雨水般滴落。家家户户殷实富足，志气高昂。凭借着大王的贤明和齐国的强盛，天下诸侯都不能和齐国相比。如今您却向西侍奉秦国，我私底下为大王您感到羞愧。韩国、魏国之所以害怕秦国，是因为国土与秦国的边界相接。如果秦国出动兵力，不用十天，战争的胜败存亡就能决定了。如果韩国和魏国战胜了秦国，它们的兵力也会减损一半，四周的边境就没有足够的兵力守卫了；如果它们打了败仗，那么国家就陷于危难状态，将会灭亡。所以，韩国和魏国在与秦国交战的问题上十分谨慎，因而宁可臣服于秦国。如果秦国攻打齐国，情况就不一样了。秦国必须穿过韩国、魏国，路过卫国的晋阳要道，经过亢父这一险要的地方，这些地方两辆车或两匹马都不能齐驱并进，一百个人把守在这里，一千个人都无法通过。秦国的军队想要深入齐国，也会徘徊犹豫，担心韩国和魏国在背后攻击它。因此，秦国其实对齐国只能虚张声势，疑兵恫吓，其实不敢进兵。您仔细想想，秦国对齐国是无可奈何的。大王看不到这一点，还打算向西侍奉秦国，这是齐国君臣的失策啊。如果采用合纵之策，那么齐国就没有西面事秦国的名声，而有国家强盛的实惠，因此希望大王仔细考虑一下。"

齐宣王说："你说得很好。"

苏秦到达楚国，游说楚威王说："楚国是天下的强国，而大王是天下的贤明君主。楚国西边有黔中、巫郡，东边有夏州、海阳，南边有洞庭湖、苍梧，北边有陉塞、郇阳。国家土地方圆五千多里，拥有上百万的大军，战车上千辆，战马上万匹，粮食可以用十年，这是建立霸业的资本。凭借着楚国的强盛与君王的贤明，天下没有能够和楚国相提并论的国家了。而如今楚国却向西侍奉秦国，这样一来，天下的诸侯都要到秦国的章台宫中朝拜了。其实对秦国威胁最大的国家就是楚国。楚国强盛，则秦国衰弱；秦国强盛，则楚国衰弱，二者势不两立。因此，我替您筹划，不如楚国与其他诸侯国联盟，将秦国孤立起来。如果大王不参与合纵，秦国就会派两支军队来征伐，一支前往武关，一支前往黔中，那么楚国的鄢、郢地区就会受到威胁。我听说，应该在还没有发生动乱之前加以治理，在事情还没发生的时候采取预防措施；灾难到来时才担心，就来不及了。因此希望大王能及早做好打算。大王若能听从我的意见，就请让我命各诸侯国向您献上四季的贡品，听命大王的诏令，将诸侯的社稷宗庙委托给楚国，精兵良将都听从您的调遣。所以，六国合纵成功，其实就是楚国在诸侯国中称王；秦国连横成功，就是秦国建立帝业。如今大王却放弃了自己的霸业，反而背负着屈服于他人的名声，我认为您这么做是不可取的。秦国是个虎狼般的国家，有将天下都吞为己有的野心，它是天下人仇恨的敌人。主张连横的人都是想要割让诸侯国的土地来献给秦国，这正是奉养仇敌的行为。大逆不道的行为，没有什么比这更加严重的了。因此，倘若合纵的话，诸侯国就会将土地割让给楚国，而倘若连横的话，楚国就要将土地割让给秦国了，二者的结果相差甚远。这二者中，大王会选择哪一种呢？赵王派我来给大王您献计，现在我将这一盟约献上，希望大王您能接受。"楚威王说："很好，我代表楚国加入合纵的联盟。"

六个国家都加入了"合纵"，苏秦担任纵约长，并北上回到赵国。赵肃侯封苏秦为武安君，并将六国合纵的盟约书送到秦国那里，秦国十五年之久都不敢出兵函谷关。

张仪为秦国想出了"连横"的对策，策动魏王说："魏国土地方圆还不到一千里，士兵也不到三十万，土地平坦，四周与其他诸侯国接壤，就像车轮辐条聚集轴心。这里没有高山大川的阻隔，从郑国到魏都大梁只有两百多里，车辆奔驰，行人步行，还没有感到疲惫就能到达大梁了。南边与楚国相邻，西边与韩国相邻，北边与赵国相邻，东边与齐国相邻，魏国镇守边境的人必须不低于十万。大梁的地势本来就是野战之地。魏国如果与南边的楚国交好，而不与齐国交好，齐国就会从东边攻打过来；如果与东边的齐国交好，而不与赵国交好，赵国就会从北边攻打过来；如果不与韩国交好，韩国就会从西边攻打过来；如果不与楚国交好，楚国就会从南边攻打过来。这真是面临着四分五裂的态势啊。更何况，从前诸侯国加入'合纵'，是为了保住自己的国家社稷，使主尊兵强而显名于天下。如今的合纵要求诸侯统一行动，他们互相结为兄弟，在洹水之滨杀白马以盟约，以便彼此相助，增强防守的实力。其实，亲兄弟还会为金钱而发生争夺呢，像苏秦这样反复无常、狡诈奸险的小人的计谋，其难以成功的结局是十分明显的。大王若不称臣于秦国，秦国就会派兵攻打河外，占据卷邑、衍邑、酸枣，劫掠卫国，攻取晋阳，这样就会使赵军不能往南进发；赵军不能往南进发，魏军也就不能往北进发同赵军配合；魏军一旦不能往北进发，南北的通道就会断绝；一旦通道断绝，大王的国家要想没有危险，恐怕是不可能的了。秦国使韩国屈服而后攻打魏国，韩国害怕秦国，于是便会和秦国结为一体，那么魏国灭亡的日子很快就会到来了。这是我为大王担忧的地方。我替大王考虑，不如就臣服秦国吧。魏国臣服秦国，那么楚国和韩国必定不敢对魏国动兵，这样就没有楚国和韩国的忧患，大王就可以高枕而卧，国家必定没有什么让您担忧的了。大王若不听从我的建议，秦国一旦出兵东伐，即使那时候您想臣服秦国，那也是不可能的了。那些鼓吹合纵的人大多说的是夸张激奋的言辞，不可信任，他们只要能成功说服一个诸侯合纵，就能成就个人封侯的伟业，所以天下的游说之士莫不慷慨激昂地说合纵的好处，以说服诸侯。诸侯欣赏他们的辩才，因而被他们的言辞牵着鼻子走，怎么能不被他们迷惑呢？我听说，承载过多的羽毛也能让船沉下，轻的东西一多也能将车轴压断，众人的话语能把黄金熔化。因此，我希望大王能仔细思考再作决定。"于是魏王违背了合纵的盟约，转而向秦国称臣。

张仪策动楚怀王说："秦国拥有天下一半的土地，兵力足以对抗周围的四个国家，被山带河，四边都有天然要塞。勇猛如虎的士兵有一百多万，有上千辆战车，上万匹战马，粮食堆积成山，军纪严明，士兵甘愿为国效命，君主贤明，治国严谨，将士智勇双全。秦国不出兵还好，一旦出兵，必定会攻克常山的险峻，折断天下的脊梁，天下的诸侯中后来才臣服于秦国的国家必定会最先被消灭。加入合纵的诸侯，无异于赶着羊群进攻猛虎，猛虎和羊群，不用格斗胜负就已非常明显了。如今大王不和猛虎结交，反而跟羊群结交，我认为这是不对的。如今能称霸天下的强国，不是秦国就是楚国，不是楚国就是秦国，而秦国和楚国互相争斗，势不两立。大王如不和秦国交好，秦国就会派兵攻占宜阳，韩国同北方的交通就会被阻断；进而秦国出兵攻克河东、成皋，韩国就必定会臣服于秦国，魏国也会跟着这样做。秦国若攻打楚国的西面，韩国攻打楚国的北面，楚国怎么可能没有危险呢？我听说，兵力不如敌人的，不能向敌人开战；粮食不如敌人的，不能和敌人进行持久的战争。秦国西面有巴蜀，大船运送粮食，从汶山出发，顺着大江而下，到达楚国也就三千多里，运送军卒时，每艘船上的士兵有五千人，一天便可以行驶三百里。虽然路途遥远，但不需要用牛马来运输，就可以在十天之内到达扞关了。扞关一旦有情况，那么它以东的地方就只能到城里固守了。黔中、巫郡，便不再归属于您了。秦国带兵攻打武关，往南进发攻打楚国，楚国同北方诸侯的交通也就断绝了。秦国派兵攻打楚国，楚国在三个月内必然会有灭亡的危险，但楚国等候的救兵要半年后才能到达，那时的紧迫局势是来不及等待的了。因此，依靠弱小的国家获得救援，却忘了强盛的秦国所带来的祸患，这是我深深为大王所担忧的地方。

“大王曾经和吴人作战，五场战斗中有三场取得了胜利，但能战斗的精锐士兵也死得差不多了。如果再编练新军，守卫新获得的城池，就加重了人民的痛苦。我听说，功劳越大的人越容易遭受危险，百姓累了，就会怨恨他们的君主。而您现在坚守的是容易陷入危险境地的国家，抗拒的是强盛的秦国统一天下的决心，我深深为大王担忧。天下主张合纵可以相互巩固国防的人是苏秦，他被册封为武安君。苏秦担任燕国的宰相，暗地里和燕王商议计谋，想要讨伐齐国，待破齐之后分割齐国的土地。于是苏秦假装在燕国获罪，投奔到齐国。齐王接纳了他，并让他担任宰相。两年后，苏秦的阴谋被揭发，齐王十分生气，在闹市将苏秦车裂。苏秦这样奸诈的小人，也想统一天下，不成功的结局是很明显的。现在秦国和楚国相邻，本来就应是亲近的邻国，大王若能听从我的建议，我会请求秦国派出太子到楚国做人质，楚国也派出太子到秦国做人质，我再请求秦国将美女进献给大王，并献上有一万户人家的城池作汤沐邑。秦国和楚国从此结为兄弟国家，不再互相交战。我认为没有比这更好的方法了。”于是，楚王答应和秦国友好。

张仪到达韩国，策动韩宣王说：“韩国地势险要，深居山中，五谷之中，只能种植豆子和麦子。国家的领地方圆不超过九百里，国家的粮食不够用两年。全国的士兵人数也不超过三十万，这还包括了后勤部队。而如今秦国的士兵有上百万，有上千辆战车，上万匹战马，不用穿戴盔甲便能冲锋上阵勇猛如虎的将士不计其数。各诸侯国的士兵披着铠甲和秦国士兵战斗，秦国士兵却敢于脱去铠甲，袒着胸脯与敌人战斗。他们左手提着人头，右臂夹着俘虏。秦军追杀各诸侯国的士兵时就像古代勇士孟贲追赶懦夫一般；拿重的压倒轻的，就好像大力士乌获对付婴儿一般。各诸侯国没有考虑到自己国家的弱小、粮食的缺乏，而听从提倡合纵之人的甜言蜜语，以诡辩的言辞论证合纵方略的优越，加以粉饰，迷惑君主，没有什么比这更加危险的了。您若不向秦国称臣，秦国就会派兵攻占宜阳，切断韩国与魏国的交通，往东攻取成皋、荥阳，那么鸿台宫、桑林苑就都不再属于您了。成皋一旦被占领，交通就会被切断，您的国家就会被分裂。所以，我为您着想，还是向秦国称臣吧。秦国最大的欲望是削弱楚国，而能削弱楚国的国家是韩国，这并不是因为韩国的势力强于楚国，而是因为地势上占有优势。您如果能向西臣服秦国，攻打楚国，秦王一定很高兴。这样一来，攻打楚国能获取利益，能将祸害转移给楚国，并使秦国满意，没有比这更好的办法了。”韩宣王听从了张仪的建议。

张仪策动齐湣王说：“天下的强国没有能超过齐国的，臣子亲族殷实富裕，过着安定的生活，但他们替您想的都是只安于一时的计策，而没有考虑到长远的利益。主张合纵的人说服君王时，一定会说：‘齐国的西边有强盛的赵国，南边有韩国和魏国。齐国是一个靠近海域的国家，土地辽阔，人民众多，兵力强盛，士兵勇猛，就算是有一百个秦国，也对齐国无可奈何。’您对他们的话必定很欣赏，但这却忽视了事情的本质。我听说，齐国曾经和鲁国发生了三场战争，鲁国三次都取得了胜利，但鲁国很快就被消灭了。鲁国虽然有战胜的美名，却招致了灭亡的事实，这是为什么呢？这是因为齐国是一个大国，而鲁国只是一个小国，如今的秦国与齐国的局势，就好像当年齐国与鲁国的局势一样。如今秦国和楚国相互嫁娶，结为兄弟国。韩国又给秦国献上了宜阳，魏国将河外献给了秦国，赵国也到渑池与秦国会盟，割河间给秦国。您若不向秦国臣服，秦国就会派遣韩国和魏国的军队攻打齐国的南部，并派赵国的全部军队渡过清河，攻打博关，这样一来，临淄、即墨就不再属于您了。齐国一旦遭到攻击，到时再想向秦国臣服，也已不可能了。所以，我希望大王您再好好考虑一下。”齐王答应了张仪的请求。

张仪策动赵王说：“鄙国的秦王派我来赵国，想为您献上我的计策。您合纵天下诸侯，以对付秦国，让秦国不敢带兵越过函谷关，这说明大王您的威名足以号令山东各诸侯。鄙国恐惧慑伏，不敢轻举妄动，整治军备，磨砺武器，生怕您责备我们的过失。如今凭借您的国家的势力，应该能将巴蜀攻打下来，将汉中吞并，包围两周的王室所在地，将周朝的九鼎搬出，出兵坚守白马津。秦国虽然地处偏远，但对此的愤怒已积压了很久。如今，秦国有一支毫无整肃可言的军队驻守在渑池，他们打算渡过黄河，攻占番吾，在邯郸城下与赵国军队对阵，在甲子这一天交战，重新上演武王伐纣的历史。秦国派我向您事先说出此事。您所依靠的主张合纵的人只有苏秦。苏秦迷惑各诸侯，颠倒是非，他想要颠覆齐国，但结果却使自己遭受车裂于市的下场。所以，天下是不可能通过合纵来实现统一的，这一事实已经十分明显。如今楚国已经和秦国结为兄弟国，韩国和魏国也成为秦国的臣属国，齐国给秦国献出了盛产鱼盐的土地。这就等同于赵国失去了右臂。失去右臂后与敌人战斗，就如同失去援助而孤军奋战，想要没有危险，怎么可能呢？如今秦国已经派出了三支军队，一支在午道拦截，让齐国派兵渡过清河，在邯郸的东面驻扎；一支军队在成皋驻扎，并派韩国和魏国的军队在河外驻扎；第三支军队在渑池驻扎。秦国要求四个国家一起攻打赵国，赵国一旦被攻破，土地被这四国瓜分，因此我不敢将事情真相隐瞒，先把这个消息告诉给您。我私底下为您考虑，不如在渑池和秦王会谈，请求秦王不再出兵攻打赵国，希望您早点决定。”赵王听从了张仪的建议。

张仪策动燕昭王说：“大王信任的国家无非是赵国。从前，赵襄子曾经将他的姐姐嫁给代王为妻，其目的是想吞并代王的土地。赵王与代王约定在句注的要塞相会。他命令工匠制作金斗，要求将金斗的尾部做得很长，可以用来攻击他人。赵王和代王一起饮酒，暗地里告诉厨人说：‘等到酒喝得很酣畅的时候将热汤送来，然后借机将金斗的勺柄反转过来袭击代王。’于是，等到他们喝酒喝得很酣畅欢快的时候，厨人便将热汤送来，并为代王盛汤，趁机用金斗袭击代王，将他杀死，代王顿时肝脑涂地。赵襄子的姐姐听闻后，拔下头上的笄子，磨锋利后，自刺而死。所以，直到今天还有一座叫磨笄的山，天下之人没有不知道这件事的。赵王心狠手辣，六亲不认，这是您所明见的，您认为赵王能亲近吗？赵王曾经派兵攻打燕国，两次将燕国的都城包围，劫持了大王，大王将十座城池割给赵国以表谢罪才得以幸免于难。如今赵王已经到渑池与秦王会面，将河间献给秦国。如果大王不向秦国称臣，秦国便会派兵攻打云中、九原，驱使赵国攻打燕国，那么易水、长城就不再属于您了。如果大王臣服于秦国，那么秦王必定会很高兴，这样一来，赵国也不敢轻举妄动，于是燕国便西边有强大的秦国作为援助，南边没有齐国和楚国的忧患，所以我希望您能仔细考虑再做决定。”燕王听从了张仪的建议。于是张仪回到秦国，向秦王禀告消息。

这时楚国人李斯、魏国人尉缭向秦王进言道：“秦国自从孝公以来，周王室衰微，各诸侯国相互兼并，殽山以东形成了六个诸侯国，秦国乘势侵占各诸侯国，至今已经过去了六代。如今众诸侯臣服于秦国，就好像秦国的郡县一般。各诸侯国都很害怕秦国，如果他们再次合纵，出其不意攻打秦国，那么我们就可能遭受像智伯、夫差、闵王那样被消灭的危险。希望大王您能不吝惜钱财，用钱财贿赂各诸侯国的大臣，使他们打乱诸侯国合纵抗秦的图谋。秦国不过花费三十万黄金，就能让各诸侯国灭亡。”秦王听从了他们的计谋，暗地里派谋士带着黄金美玉在各诸侯国中游说。各诸侯国的大臣中能贿赂的，都给他们丰厚的财物，不肯接受的就刺杀他们。秦国离间了各国的君主和大臣，破坏了他们发愤图强的计划后，便派遣精兵良将把各诸侯国逐一吞并了。秦国吞并了天下之后，担心重蹈周朝因衰弱而被诸侯侵夺的覆辙，便讥笑夏、商、周三代，将自古以来的法令都废除，废除过去五等的等级制度，改为郡县制。秦王自称为皇帝，而他的子弟则成为普通百姓。这样在内没有骨肉亲人作为自己的辅助，在外也没有藩国作为防护。后来，吴广、陈胜发起农民起义，刘邦、项羽也随后起义，终将秦朝推翻了。所以说，周朝的历史很长，而秦朝却短短数年便灭亡了，这是国家行政统治的不同态势决定的。

汉朝初期，四海刚刚安定不久，同为刘姓的人很少，鉴于灭亡的秦朝因孤立而导致失败的教训，于是汉高祖决定将国家领土分割开来，设立王、侯二等爵位。有功劳的大臣被封为王侯的有一百多个，汉高祖的子弟皆受封为王，形成九个诸侯国。国家较大的，跨州兼郡，连在一起的城池有几十座，真可谓过分地矫正秦朝的错误了。汉高祖创立大业，事必躬亲，每天都没有闲暇时间，惠帝在位的时间很短，吕后以女主的身份摄取朝政，四海之内十分安定，没有什么忧患，后来，刘氏宗族铲除了吕氏，奠定了汉文帝的基业，依靠的就是诸侯的力量。追究本源的话，仍然有尾大不掉、流滥横溢之势。诸侯王中，轻者生活淫乱，违法行事，重者觊觎帝位，分裂反叛，最终丧失了一切。所以，汉文帝采用贾谊的建议，将齐国、赵国等大诸侯国分为小国。汉景帝采用了晁错的建议，削弱吴国、楚国的封地。汉武帝采用主父偃的建议，实行推恩令。汉景帝遭遇七国之乱，他压制诸侯国，罢黜诸侯国的官吏。汉武帝遭遇了淮南王、衡山王的谋反，他颁布了左官律和附益法，使各诸侯只能有吃有穿，征收赋税，而不能参与国家政事。到了汉哀帝、汉平帝时期，诸侯王都是汉高祖的支脉苗裔，相互疏远，而且他们身居宫中，不被士人和百姓看重。所以，王莽看到汉王室由内而外地渐渐衰落，皇室的根本与诸侯的辅翼都已衰弱，所以放肆起来，产生了篡权的贼心。王莽凭借着太后的权力，伪装得像伊尹、周公一样辅佐幼小的皇帝处理政事，他专权夺势，仗势欺人，高居庙堂之上，指挥天下。王莽的阴谋酝酿成熟之后，就篡夺皇位，自称皇帝。他派出官吏将这一消息传播于天下，发布新的符命。汉朝的诸侯王争着卑躬屈膝地将印玺献给他，生怕落后了。诸侯王本是皇室的辅翼，最后竟出现这种情景，这怎能不让人悲伤呢？王莽失败后，天下就乱了。

东汉光武帝中兴，继承了汉王室，然而却走了西汉时的错路，犯的依旧是丧败家国的错误。仅仅传承了几代，佞臣便充斥于朝中，一旦出现佞臣专权的事情，天下就风靡而从。一个人的奸计会让所有城池被夷为平地。这怎么能不危险呢？从前周朝遇到困难时，朝中有七个大臣不愿意服从君王的命令，有三个人干涉朝廷政事，于是君王放弃了九鼎。叛乱之人将都城占领了，军队的鼓声震慑王城，箭镞射到天子的宫殿中。然而这种祸乱只在都城中发生，并没有殃及全国，天下仍然安定无事，以治待乱。因此，周宣王在和平相处的状态中再度中兴，周襄王和周惠王在晋国和郑国的协助下中兴起来。不似两汉的朝廷，宫内只要稍微有所动乱，就会殃及全国。佞臣早上入朝，晚上天下就大乱了。远史有王莽篡位夺权，近史有董卓专权，天下的人无论是明智还是愚蠢，都会对此感到痛心疾首。这种事情之所以会发生，难道是因为当时缺乏能辅佐君王治理国家的大臣，大臣们没有治理天下，联合诸侯的雄心壮志吗？这只是因为时代变化，难以建立功绩，地位卑下而不能实现壮志罢了。

魏太祖武皇帝曹操英武圣明，兼具神武韬略，在谯沛出生，在兖豫开启大业，看过了五个朝代的兴亡，却不采用他们的好政策；看过了前车之鉴，却不改变使其颠覆的路径。因此，他的子弟被分封于空虚之地做诸侯王，任用的都是不堪重用的人，曹魏各诸侯王的权力就和平民一样，势力和百姓差不多。这就使得朝廷中没有根深蒂固的统治基础，在外没有磐石般坚固的宗室相助，这不是安定国家社稷的长远之策。如今的州牧和郡守们，相当于古代的方伯、诸侯，治理的都是跨越千里的土地，而且还掌管军事，他们的兄弟宗亲或据有同一州郡，或分别统治不同的州郡。然而曹魏的皇亲贵族却没有一个参与其中，和他们一起掌握地方政权。这不是树干强大树枝弱小，以防万一的长远之计。当时没有用诸侯辅佐王室的体制，因此它后来也渐渐衰落了。上面所说的是周朝、秦朝、汉朝、魏国的局势，对它们各自的强盛和衰弱的局势变化作出了探究，用以明鉴并引以为戒。

小结说：周朝拥有天下八百多年，而它在后期衰落下来，诸侯横行。到了周朝末代君主周赧王被贬为庶人，周朝灭亡。东周王室虽然衰落，但王室枝叶、各路诸侯依然能扶持周王室，周王在名义上依然是天下的主人。在周王室衰微的时候，楚王曾向周天子询问九鼎的重量，晋文公曾要求用墓道下葬，虽然他们都逾越了周王室的规定，有觊觎帝位之心，但都被姬姓诸侯压制了。难道当时就没有奸雄吗？周王室是依赖诸侯的力量才得以维持的。所以俗话说：“一百只脚的虫子，死了之后身体依然不会僵硬，这是因为扶持它的腿多。”讲的不也是这个道理吗？等到秦始皇登上政治舞台后，为了避免周朝那样的失败，废除了五等的等级制度，设立了郡县制，君主统一了四海，他的子弟却是平民。有功劳的大臣勤奋效力，却没有土地封赏。秦始皇自己控制天下，独自掌权。然而到他死去之后，国家却分崩离析，陈胜揭竿而起为天下倡，刘邦随后拿着剑起兵，虎龙群起，很快就灭亡了秦朝。刘邦、陈胜这些都是布衣之士，不像吴、楚这样的诸侯有显赫的势力，他们自己没有可以立脚的土地，然而却能领导手无寸铁的百姓与王室作斗争，这是因为百姓处于乱世之中，而又没有诸侯勤王的忧虑。所以说："乱政酷刑能帮助英雄出现而自取灾祸。"说的便是这个道理，例如砍树时，砍的如果是根扎得很深的树木，就很难见到功效，如果砍的是枯萎的树枝，就会很省力。设立五等分封制度就好比根扎得很深的大树，设立郡县制度就好比枯萎的树枝。因此，自从秦朝之后，到北周、隋朝，失国的不是因为政权的衰弱，建立国家的也很难持久，这是国家政权的统治形势所决定的。可悲可叹啊！用郡县制治理国家，布衣之士容易产生篡夺权位的野心；用五等分封制度治理国家，则容易产生诸侯横暴的祸端。因此，要清楚地看到每种方式都有自己的坏处。不能说五等分封制度没有导致后来乱世的因素，也不能说郡县制不是治理好国家的工具。然而，如果以福多祸少的标准来衡量，五等分封制度还是优于郡县制度的。圣明的人都深知这个道理。因此他们十分刻苦认真，谨慎做人，修身养性以震慑不轨的图谋，选择贤明的人担任重要的官职。德行修炼到很高的境界，贤明的人才得以选拔，百姓才能安居乐业。这时，即使有像商汤、周武王那样的贤才，也难以推翻现有的政权。至于那些布衣之士，又哪里敢倡导造反呢？其中的道理，不可不深思啊。

前沿诠释

赵蕤从春秋战国谈到两汉曹魏，用鲜明的历史事例说明：需要辩证地来看待什么样的方式才是最适合于治理国家的，同时，在借鉴前人经验时，既不能全盘否定，也不能全盘接受，而必须结合现今的实际情况，有选择地借鉴，并将其调整到最适宜的状态。

玉兰油借鉴"飘柔之星"打通畅销之路

《长短经》"七雄略第十八"中所提到的治国之道，放在企业管理中，也有其独到之处。企业管理者需要审时度势，审慎地对待多种运作管理模式，认真分析每一种模式的优劣之处，在借鉴他人经验时不能生搬硬套，也不能一概否决，正确的做法是取其精华，去其糟粕，或者做出相应的改动，使其适用于自身。

宝洁公司在推销上一直有妙招。OLAY玉兰油刚刚推出的时候，国际化妆品市场的竞争已十分激烈，如何在众多竞争者当中脱颖而出呢？宝洁公司决定借鉴自己旗下的飘柔洗发产品的推销模式。

这里，要讲述玉兰油的成功推销记，就必须先了解一下先它一步成为国际知名品牌的飘柔是怎样在市场上进行推广的。

宝洁公司在推广飘柔时为了获得更大的市场知名度，在消费者心中树立更加美好的形象，形成巨大的品牌效应，决定通过一种海选比赛的模式借机将品牌推广出去。这种模式有点类似于兵法中的“借刀杀人”。正所谓“醉翁之意不在酒，在乎山水之间也”，宝洁公司聪明就聪明在他们深知如今逐渐开放的中国市场中，消费者，尤其是新一代的年轻人，都有追求出众的心理，举办各种比赛，就能够使他们拥有展现自己的平台。所以，这种比赛能极大程度地吸引消费者的眼球，这样一来，承办方“飘柔”自然也在比赛中悄然提升了自己的知名度。而宝洁公司需要的就是这个，所谓比赛也只是表面上的工具罢了。

1994年，广州宝洁公司对外开展了名曰“飘柔之星”的海选活动。“飘柔之星”以当今活跃于消费市场的年轻人士为对象，以其丰厚的奖品、优质的比赛服务和专业培训，吸引了全国各地许多帅哥美女的关注。这项活动经过宝洁公司在各种新闻媒体上的大力宣传，知名度越来越高。

首先，宝洁公司在全国各个省份的主要城市设立分赛点，使全国各地的年轻朋友可以就近报名，并参加初次的海选。经过当地的初次面试和群众的投票，选出当地的优秀选手参加在广州举办的“飘柔之星”总决赛。之后，晋级的选手们汇聚在美丽的广州城。宝洁公司动用巨大的财力，为选手们提供优质的培训和比赛环境，还聘请专业的老师对选手的妆容、发型、台风、舞蹈、歌唱等进行指导。选手们在短短的培训期内过着忙碌而又快乐的生活。这期间他们还可以免费参观宝洁公司，了解公司的生产运作过程，优秀的选手还有机会获得到深圳旅游观光的奖励。到总决赛的那一晚，各路选手纷纷亮相，通过才艺表演、问题竞答等多个环节的比拼，最终评选出“飘柔之星”以及其他称号的优胜者，其中包括“风采之星”“友谊之星”“才艺之星”“活力之星”等。宝洁公司通过这次活动向外界传递出了“将秀发呵护到底”的讯息，获得了极佳的宣传效果。这次活动结束后，“飘柔”在全国各地拥有了更多的支持者，奠定了自己在日用洗发产品上的巨头地位。次年，宝洁公司再度举办“飘柔之星”活动，促销效果依然十分显著。

看到此种情况，宝洁公司便决定采用类似的战略模式来推销玉兰油。然而，宝洁公司十分聪明，它没有完全照搬“飘柔之星”的套路，而是根据实际情况作出了相应的修改。营销人员知道要想把飘柔的推销方式运用到玉兰油身上，就必须先将这一模式从飘柔特色转化为玉兰油特色。宝洁公司不可能再举办一个什么“玉兰油之星”之类的海选活动了，这样的全盘照搬只会引起消费者的阵阵嘘声和不屑，于是，在借鉴中创新就成为玉兰油此次公关活动的关键。在这种想法的基础上，宝洁公司为玉兰油推出了“宠爱自己”的护肤理念，在全国各地创办了名为“宠爱自己”的沐浴护肤体验活动，提倡消费者体验为玉兰油而创的“玉兰油美体沐浴操”。宝洁公司在倡导消费者热爱生活、热爱沐浴的过程中，不费吹灰之力地将自己的沐浴产品一同推销了出去。正如之前推销飘柔产品时所做的那样，宝洁公司在推销玉兰油产品时也花费重金邀请了许多专业的美肤专家，他们亲自到活动现场指导消费者如何正确沐浴，将看似简单的沐浴与追求高质量的现代生活紧密结合起来。消费者参与得不亦乐乎，而玉兰油的沐浴产品的推销之路也越扩越宽，前景十分乐观。后来，宝洁公司又用玉兰油品牌的名义赞助了全国精英模特大赛总决赛，间接打响了玉兰油的品牌。

看来，借鉴还是要有技巧的，倘若当时宝洁公司全盘照搬飘柔的成功运作方式，推出一个“玉兰油之星”之类的海选活动，前景是否能如后来那般辉煌呢？显然不能。因为稍有头脑的人都能看出此乃“萧规曹随”的做法，因而很有可能会给玉兰油产品带来负面的影响，可能不仅推销不成还会赔本，借鉴成功经验反而得到的是失败。从宝洁公司的做法来看，它基本上沿袭了之前飘柔借公关活动推销产品的本质，有换汤不换药的意思，然而，小小的修改却能让销售获得不小的成就，其中自然就包含着借鉴的艺术了。

卷六·霸纪下

本卷共一篇，名为《三国权》，讲述了三国争霸这一特殊的历史时期的故事。其实，这一时代与七雄争霸的时代何其相似，战争的苦难与不断涌现出的英雄人物，在很大程度上都像在复制历史：诸葛孔明隆中运筹而决胜千里之外；孙刘联合共同抗曹；曹操洞悉局势，各个击破；蜀、吴灭国，曹魏独大，三国归一……

三国权第十九（节选）：地利不如人和

由是观之，在此不在彼。於戏，智者之虑，必杂于利害，故“不尽知用兵之害，则不能知用兵之利”，有自来矣。是以采摭其要，而为此权耶。夫囊括五湖，席卷全蜀，庶知害中之利，以明魏家之略焉。

经典再现

论曰：臣闻昔汉氏不纲，网漏凶狡。袁本初虎视河朔，刘景升鹊起[1]荆州，马超、韩遂雄据于关西，吕布、陈宫窃命于东夏。辽河海岱，王公十数，皆阻兵百万，铁骑千群，合纵缔交，为一时之杰也。然曹操挟天子令诸侯，六七年间，夷灭[2]者十八九，惟吴、蜀蕞尔[3]国也。以地图按之，才四州之土，不如中原之大都。人怯于公战，勇于私斗，轻走易北，不敌诸华之士。角长量大，比才称力，不若二袁、刘、吕之盛。此二雄以新造未集之国，资逆上不侔[4]之势，然能抚剑顾眄[5]，与曹氏争衡，跃马指麾，而利尽南海，何哉？则地利不同，势使之然耳。故《易》曰：“王侯设险，以守其国。”古语曰：“一里之厚，而动千里之权者，地利也。”故曹丕临江，见波涛汹涌，叹曰：“此天所以限南北也。”刘资称南郑为天狱，斜谷道为五百里石穴，稽诸前志，皆畏其深阻矣。虽云天道顺，地利不如人和，若使中材守之，而延期挺命可也。岂区区艾、濬得奋其长策乎？由是观之，在此不在彼。於戏[6]，智者之虑，必杂于利害，故“不尽知用兵之害，则不能知用兵之利”，有自来矣。是以采摭其要，而为此权耶。夫囊括五湖，席卷全蜀，庶知害中之利，以明魏家之略焉。

……

先是，吴主孙权请和，丞相诸葛亮虑权闻先主殂，有异计，乃遣邓芝修好于权。权果狐疑，不时见芝。芝自表请见，权语芝曰：“孤诚愿与蜀和亲，然恐蜀主幼弱，国小势逼，为魏所乘，不自保全，以此犹豫耳。”芝对曰：“吴、蜀二国，四州之土。大王命世之英，诸葛亮一时之杰也。蜀有重险之固，吴有三江之阻。合此二长，共为唇齿，进可兼并天下，退可鼎足而立。此理势之自然也。大王今若委质[7]于魏，魏必上望大王之入朝，下求太子之内侍。若其不从，则奉辞伐叛，蜀必顺流见可而进。如此，江南之地，非复大王之有也。”权默然良久曰：“君言是也。”遂自绝魏，与蜀连和。

……

后曹公入荆州，刘琮举众降，曹操得其水军船、步卒数十万。吴将士闻之皆恐，孙权延见群下，问以计策。议者咸曰：“曹公，豺虎也。托名汉相，挟天子以征四方，动以朝廷为辞。今日拒之，事更不顺。且将军大势可以拒操者，长江也，今操得荆州，奄有其地，刘表治水军，艨艟[8]斗舰，乃以千数。操悉以沿江，兼有步兵，水陆俱下，此为长江之险，已与我共之矣。而势力众寡，又不可论。愚谓大计，不如迎之。”周瑜曰：“不然，操虽托名汉相，其实汉贼。将军以神武之雄才，兼仗父兄之烈，割据江东，地方数千里，精兵足用，英豪乐业，尚当横行天下，为汉家除残去秽，况操自送死，而可迎之耶？请为将军筹之。今使北土已安，操无内忧，能旷日持久，来争疆场，又能与我决胜负于舟楫，可也。今北方既未安，马超、韩遂尚在关西，为操后患；且舍鞍马，杖舟楫，与吴、越争衡，本非中国所长；又今盛寒，马无藁草；驱中国士众，远涉江湖之间，不习水土，必生疾病。此数四者，用兵之患也，而操皆冒行之。将军擒操，宜在今日。瑜请得精兵三万人，进住夏口，保为将军破之。”权曰：“老贼欲废汉自立久矣，徒忌二袁、吕布、刘表与孤耳。今数雄已灭，惟孤尚存，孤与老贼，势不两立。君言当击，甚与孤合，此天以君授孤也。” 周瑜等水军三万，与刘备并力距曹公，用黄盖火攻策，遂破曹公于赤壁。曹公败，径北还。权遂虎视江表。

……

魏嘉平中，孙权死。征南大将军王昶、征东大将军胡遵、镇南将军毌丘俭等表征吴。朝廷以三征计异，诏访尚书傅嘏，嘏对曰：“昔夫差胜齐陵晋，威行中国，不能以免姑苏之祸；齐闵辟土兼国，开地千里，不足以救颠覆之败。有始者不必善终，古事之明效也。孙权自破蜀兼荆州之后，志盈欲满，凶亢[9]已极。相国宣、文王先识取乱侮亡之义，深达宏图大举之策。今权已死，托孤于诸葛恪。若矫权苛暴，蠲其虐政，民免酷烈，偷安新惠，外内齐虑，有同舟之惧，虽不能终自保完，犹足以延期挺命于深江之外矣。今议者或欲泛舟径济，横行江表；或欲倍道并进，攻其城垒；或欲大佃疆埸，观衅而动。此三者皆取贼之常计。然施之当机则功成；若苟不应节，必贻后患。自治兵已来，出入三载，非掩袭之军也。贼丧元帅，利存退守。若罗船津要，坚城清野，横行之计，其殆难捷也。贼之为寇几六十年，君臣伪立，吉凶同患。若恪蠲[10]其弊，天夺之疾，崩溃之应，不可卒待也。今贼设罗落，又持重密。间谍不行，耳目无闻。夫军无耳目，投察未详，而举大众以临巨险，此为希幸徼功，先战而后求胜，非全军之长策也。惟有大佃最差完牢，兵出民表，寇钞不犯；坐食积谷，不烦运士；乘畔讨袭，无远劳费。此军之急务也。夫屯垒相逼，巧拙得用。'策之而知得失之计，角之而知有余不足之处。'情伪将焉所逃？夫以小敌大，则役烦力竭；以贫敌富，则敛重财匮。故'敌逸能劳之，饱能饥之'，此之谓也。然后盛众厉兵以振之，参惠倍赏以招之，多方广似以疑之。由不虞[11]之道，以间其不戒。比及三年，左提右挈，虏必冰散瓦解，安受其弊，可坐算而得也。昔汉氏历世常患匈奴。朝臣谋士，早朝晏罢；介胄之将，则陈征伐；搢绅之徒，咸言和亲；勇奋之士，思展搏噬。故樊哙愿以十万横行匈奴，季布面折其短；李信求以二十万独举楚人，而果辱秦军。今诸将有陈越江陵之险，独步虏庭，即亦向时之类也。以陛下圣德，辅相贤智，法明士练，错计于全胜之地，振长策以御之，虏之崩溃，必然之数。故兵法曰：'屈人之兵而非战也，拔人之城而非攻也。'若释庙胜必然之理，而行百一不全之略，诚愚臣之所虑也。故谓大佃而逼之计最长。"时不从嘏言。诏昶等征吴。吴将诸葛恪拒之，大败魏军于东关。魏后陵夷，禅晋。太祖即位。

迷津指点

①鹊起：指趁机行动或乘势奋起。

②夷灭：消灭，杀尽。

③蕞尔：形容小(多形容地区小)。

④不侔：不相等；不等同。

⑤顾眄：环视。

⑥於戏：通"呜呼"，感叹词。

⑦委质：委附于，归降。

⑧艨艟：中国古代具有良好防护的进攻性快艇，又作艨冲。

⑨凶亢：凶恶奸邪。

⑩蠲：除去，去掉。

⑪不虞：指毫无防备、出乎意料的事。

古文译读

作者议论说：我听说东汉末年纲纪废弛，疏漏了凶暴狡诈之徒。袁绍图谋河北，刘表在荆州起兵，马超、韩遂在关西地区称雄，吕布、陈宫占领东夏。辽河、沿海一带，有十几路诸侯，都是屯兵百万、铁骑千群，他们彼此缔结盟约，成为一时的英雄豪杰。然而，曹操挟天子以令诸侯，在六七年内，那些诸侯十有八九都被消灭了，只剩下吴和蜀两个小国。从地图上看，吴、蜀两国只占据了四个州的地盘，地处偏远，还比不上中原的一个大都城。吴、蜀两国的人在战场上畏惧不前，只敢私下斗狠，在作战时动辄败退逃跑，不足以和中原人相匹敌。他们在力量和才智上也不如以往的袁术、袁绍、刘表、吕布手下的将士。但刘备、孙权这两位英雄凭着刚刚建立的弱小国家的力量，冒着背逆天子的罪名，凭借着难以同中原相比的劣势，却能够按剑顾盼，据守西蜀和江南之地，与曹操抗衡，这是为什么呢？其实是地利和形势造成的啊。所以《周易》中说："王侯凭借天险做守备来固守国家。"古语说："以方圆一里的地方来抗衡千里之国，这就是地利在起作用。"因此曹丕面对长江，看到波涛汹涌的江水，感叹说："这是上天设置的南北界线啊！"刘资曾经把南郑称为"天狱"，把斜谷道称为"五百里石穴"，查阅众多的史料，发现人们都畏惧这些地方的险阻幽深。虽然说顺应了天时，但是地利不如人和。假如使吴、蜀中等才能的将领防守这些地方，就可以避免早早灭亡的命运了，怎么能被小小的邓艾、王濬攻下，建立灭蜀、灭吴的赫赫大功呢？由此看来，国家征战胜负的关键在于人和，而不在地利。戏搏下棋，有智之士每行一步都一定会权衡利害。所以说："不懂得用兵的险恶，就不能真正懂得用兵的好处。"自古以来这就是普遍规律啊！因此，我选取了三国历史中精要的史实，而作此《三国权》一卷。从魏晋统一天下、灭掉蜀国的事件当中，人们差不多可以明白天时、地利、人和各种因素的利害关系，从而就能明了曹魏的权谋。

……

在这之前，吴国君主孙权主动向蜀国求和，蜀国丞相诸葛亮担心孙权听说刘备死去，会产生另外的图谋，就派遣邓芝出使东吴，与孙权交好。邓芝到了东吴，孙权果然正犹豫不定，没有及时接见他，邓芝便主动上书求见。孙权对邓芝说："我非常想和蜀国亲善和好，但是担心蜀主刘禅年幼，国家弱小不安定，有被魏国吞并、难以自保的可能，所以犹豫不决。"邓芝回答说："吴、蜀两国，不过占据了四个州的土地。大王您是盖世英雄，诸葛亮也是当代的豪杰。蜀国有十分稳固的重重关隘，占据地利，东吴有长江天险。把这些有利条件合起来，互为外援，进可以伺机统一天下，退也能够鼎足而立，这是由目前天下总的格局形势所决定的。但若是大王归降魏国，魏国必然会要求你亲自去朝见，或者让您的太子去魏国做人质，如果您不答应，魏国就会以这个名义兴兵讨伐，蜀国也会趁机顺流东下来攻取，这么一来，江南恐怕就不再是您的了。”孙权沉默了很久，然后说：“你的话说得很有道理。”于是主动和魏国断交，改与蜀国联合。

……

后来曹操攻破荆州，刘琮率众投降。曹操获得了他的水军战船以及步兵数十万人。东吴将士闻讯都非常恐慌。孙权召见部下，询问对策。参与议论的大臣都说：“曹操本是个豺狼一样的人，他托名汉朝的丞相，挟持天子来方便他征伐四方，动辄以朝廷为借口。如今要是抗拒他，事情一定不会很顺利。况且将军能够凭借来抗曹的，唯有长江天险，现在曹操已经夺得荆州，占领了它的全部土地，从刘表那里得来的水军有数以千计的大小战船，曹操都把它们布置在江边，再调动步兵，水陆齐下，这便与我方共同占有了长江天险。而在双方兵力的多寡对比上，又根本不可相提并论。依我们的愚见，不如归顺他。”周瑜说：“不对。曹操虽然托名汉朝的丞相，实际上是汉朝的乱贼。将军英明神武、才能卓越，又依仗父兄遗留的基业，割据江东地区，占地数千里，将士精悍，物资充足，无数的英雄豪杰都愿跟随你干一番事业，应该立志横行天下，为汉朝扫除污秽才对。况且曹操是自己来送死的，怎么能归顺于他？请将军允许我为您分析形势：假使现在北方已经稳定，曹操没有内患，那样他才可以旷日持久地和我们在战场上较量，如果他有能力与我们在水战中一决胜负，那还能够另当别论。但是现在北方并未平定，还有马超、韩遂雄踞于关西，是曹操的后方之患。况且曹军舍弃鞍马骑战的优势，操起舟楫来与吴越的人争斗，这本来就不是中原人的特长。现在又正值寒冬，军马没有草料，曹操驱使中原的战士跋山涉水来到江南水乡，水土不服，一定会流行疫病。以上几个方面都是用兵的大忌，而曹操却冒失地都犯下了。将军擒获曹操的机会就在今天。我请求率领精兵三万进驻夏口，保证替将军打败曹操。”孙权说：“这个老贼早就企图废汉自立，只是顾忌袁术、袁绍、吕布、刘表和我而已。如今那几位豪杰都已被消灭，只有我还在，我和老贼势不两立。你认为应当抗击曹军，很合我意，这正是上天把你送给我的呀！”周瑜等统率水军三万与刘备合力对抗曹操，他们采用了黄盖的火攻之计，在赤壁大败曹操。曹操失败之后回到北方，孙权便从此称霸于长江一带，声威大震。

……

魏国嘉平年间，孙权去世。魏国的征南大将军王昶、征东大将军胡遵、镇南将军毌丘俭等人上书请求攻打吴国。朝廷因为这三人提出的进攻的具体策略不同，便下诏请尚书傅嘏来商议。傅嘏说："以前吴王夫差战胜齐国，欺凌晋国，威权横行于中原，最后却没能免于姑苏败亡之祸；齐闵王开辟疆土，兼并其他国家，拓地千里，却没能挽救自己被颠覆的命运。事情有一个好的开始，不一定有好的结果，那些古代事例都很鲜明地验证了这一点。自从打败蜀国，得到荆州之后，孙权便志得意满，极度凶残堕落。相国（晋宣王）司马懿、（晋文王）司马昭最先认识到夺取侵侮乱亡之国的大义，精通能够大展宏图的策略。现在孙权已死，把儿子孙皓托付给了诸葛恪，如果他能纠正孙权严苛残暴的统治，除去虐政，使百姓免于苛政之苦，在新政的恩惠下偷安，国家上下一起思考保全之策，有同舟共济的危机感，即使最终难以自我保全，也足以延长吴国在江东的寿命。现在筹划进兵策略的人，有人想坐船渡江，在江上战斗；有人想从正反两路一齐进军，来攻打敌军的城垒；又有人想将大军屯于疆埸，观察动静，伺机行动。这三种想法都是攻打敌人的常用计策。但是只有在施行时处理得当，才会成功；如果计策施行的时机不对，各环节配合不当，就一定会留有后患。我朝自治军以来，军队已经作战三年了，吴军也不是靠偷袭作战就能取胜的军队。吴军刚刚失去统帅，以撤退坚守为主要战略。如果吴军把战船布满重要渡口，坚壁清野，我渡江强攻、横行江表的作战计划恐怕很难取胜。敌军在江东为寇已经将近六十年了，君臣关系已经比较稳固，上下齐心已经可以共吉凶同患难。如果诸葛恪能消除孙权执政时的弊端，上天又不降下灾难，吴国崩溃的趋势就不会很快到来。现在敌军设下罗网，又防守得非常严密，间谍不能行动，探子也打听不到敌军中的情况。军队中没有探子，就难以实行对敌情的详细侦察，在这种情况下轻率地率领大军兵临险地，这是希望侥幸取胜得到封赏，先战斗后寻求取胜，并不是保全军队的好办法。只有大军屯于疆埸最为稳妥。出兵按照百姓的意愿，秋毫无犯，吃自己种的粮食，不劳烦运输粮草的士兵；伺机偷袭作战，没有长途跋涉的劳苦，这样做才是军队的当务之急。安营扎寨来逼迫敌军，将巧妙愚笨的计策都合理运用。'经过筹算来分析敌人作战计划的优劣，同敌人进行小小的交锋，了解其兵力虚实强弱。'敌情的真伪怎么能逃出我们的分析？以小敌大，差役繁重，士兵的气力就会衰竭；以贫敌富，敛赋过重，国内财物就会匮乏。所以，如果'敌军安逸，我们就应该使它疲劳；对方粮草充足，就应该使它匮乏'，讲的就是这个意思。然后再派勇猛的大军威慑敌人，多施恩惠、加倍行赏来招降敌军，同时多方用计，广设疑兵，用以迷惑敌军。从出其不意的进军路线攻其不备。这样下去，大约三年时间，敌军必然像冰一样分散瓦解，我军就可以坐等敌军分崩离析，胜利就唾手可得了。过去，汉朝历代常忧虑匈奴扰边，大臣谋士早朝之后都在谈论这个问题，大将主张征战讨伐，而豪门贵戚则主张和亲联姻，奋勇的战士一心想上战场施展全力搏斗厮杀。所以樊哙提出愿意率军十万攻打匈奴时，季布就当面指出这样出军的不可行之处；秦朝李信请求率二十万军队攻打楚国，结果被楚军打败。现在朝中有人要带兵渡过危险的江陵，孤军深入敌境，这就和樊哙、李信犯了一样的错误。凭陛下的圣明贤德，大臣的忠正贤良，本朝法律严明，士兵精练，要是采用稳妥全胜的计策，施展长远的战略抵御敌军，那么敌军的崩溃失败是必然的事。所以兵书上说：‘不依靠战斗就使敌军屈服，不用攻打就攻克敌军的城池。’如果放弃了庙堂胜算的策略，反而采用没有百分之一成功希望的策略，这是我所忧虑的事情。所以说大军屯军疆埸威逼敌军的计策最好。”当时魏帝不采纳傅嘏的建议，仍然下令命王昶等人征讨吴国。吴国将领诸葛恪率军抵抗，在东关大败魏军。魏国后来就逐渐衰落，让位于晋朝，晋太祖即位。

前沿诠释

三国时期是人们最津津乐道的时期之一，这是一个混乱的时期，也是一个英雄辈出的时期。它既展现了弱肉强食的生存法则，又体现了纵横捭阖的谋略智慧。各国人都喜欢把三国时期的谋略智慧应用到为人处世、市场竞争、人事管理当中，并从中得到了很多感悟。

从三国谋略中，你会明白把握时机的重要性，会看到花样百出的诡谲变诈行为，会感受到创业守成的不易，会体会到一着不慎、满盘皆输的遗憾。总之，“三国”这个名字所代表的意义是后人永远都研究不尽的。

罗斯福：“二战”中的纵横捭阖

1950年在哈佛大学制作的一份调查问卷里，有一个问题是：“美国历史上哪几位总统最杰出？”在最后的统计结果中，人们发现富兰克林·罗斯福被列在第三位，仅次于林肯和华盛顿。的确，罗斯福是美国历史上一位非常特殊的总统，也是唯一的一位残疾人总统，更是唯一的一位连任四届的总统，他的智慧与谋略是极为令人叹服的。

从第二次世界大战时期三巨头的照片中，你就会看到这个坐在中间的美国总统罗斯福，虽然看起来已经很苍老了，但那丝毫不能掩盖他的精明。要知道，在第二次世界大战后期，美国之所以会参战，在很大程度上就是源于他的积极推动。可以说，是罗斯福的举动改变了世界版图，让美国的手伸得更远。如果说在这之前美国还只是在美洲称王称霸并初步染指太平洋，那么自罗斯福鼓动美国出击之后，它才算真正地确立了世界霸权地位。

“二战”三巨头，从左到右依次是斯大林、罗斯福、丘吉尔。

很多人看了第二次世界大战的历史资料后都会有这样一种看法，说美国在第二次世界大战中捡了大便宜，不仅坐山观虎斗，看别的国家打得不亦乐乎，还靠卖军火大发战争财。这种看法是正确的。美国在第二次世界大战时期的所有表现都是围绕它的国家利益而来的，有不少人会想“当初美国要不那么唯利是图，也许第二次世界大战能够早点结束”。但是，历史没有“如果”，就算重来一遍，美国人可能还是会做出类似的选择。

其实，与中国历史上的三国时期差不多，第二次世界大战时也同样出现了“三国”格局，法西斯轴心国家是德、意、日，反法西斯同盟的三大巨头则是美、苏、英。罗斯福作为一国元首，在作出各项决策之时，对于国家利益的考虑不可谓不多，也因此有人评价他是周瑜、诸葛亮之类的谋略过人的人物。

罗斯福于1921年因患脊椎灰质炎症而只能坐在轮椅上，不过他的身体高度虽然降低了，但在政治上却越来越有作为。就在他第一次连任总统期间，德国闪电般灭掉了波兰，第二次世界大战全面爆发。全世界都在流血，几十亿人被卷入了战争，只有远离战场的美国还像处于世外桃源一样平安无事，政客们没有乌云压顶的危机感，只需决定什么时候出击，来个渔翁得利就好。当时关于美国是否参战的民意调查显示：10%的民众认为应该参战，而占据主流的90%的民众则认为不应该介入战争，只需冷眼旁观战局的发展，待时机成熟之后再参加角逐——如果不顾及人道主义的话，这还真是一个有利可图的主意。

罗斯福的想法却不同，他认为美国应当参战，阻止法西斯势力继续扩大——当然，这也是为了美国的利益着想。然而，罗斯福的意见没有在国会得到多少回应，因为美国一直以来的外交政策都被孤立主义牢牢限制死了。所谓的“孤立主义”，就是美国在外交上的不干涉原则，实质是在追求美国以最小的代价、最小的风险与成本参与世界事务，能争的利益尽量去争，但能不惹的麻烦也尽量不去惹。罗斯福虽然一再和国会辩论，声讨法西斯势力的猖狂与罪恶，但是大多数人都秉持着这样一种观点：只要战火不蔓延到我国本土，我们就不参战。

在这种思想的影响下，1941年，美国只是在口头上表示了对被侵略国家的同情。由于罗斯福所代表的民主党一向是强烈反对专制独裁的，于是他们对正处在战争旋涡里的英法进行了援助——通过了《中立法修正案》，把军火卖给受侵略国家；通过了《租借法案》，把武器租借给战争后期拿不出钱来购买武器的英法各国。这种“偏袒”行为很明显地表明了美国的立场。

其实，罗斯福的手中一直都攥着开战计划。在这份计划中，美国军方把在各种情况下怎样作战都作出了规划，其中就包括在太平洋怎样对日作战。不过，此时的美国还是倾向于保持一副全民坐山观虎斗的状态，根本没打算真的出兵，这让罗斯福只能干着急。罗斯福每天都会收到丘吉尔的请求乃至警告，要求强大的美国参战，改变欧洲命运，但是罗斯福也没有办法把正处于歌舞升平中的美国人踢出国门，要他们上战场打仗。罗斯福此时能够做的就是在1940年设法将50条旧军舰和西印度群岛海军基地租借给英国，把英美关系拉得越来越近，形成了近乎同盟的关系。

与此同时，罗斯福开始把美国人的参战情绪一点一点地调动起来。1941年10月27日，他在国会举行的午餐会上突然出示了一份“来自德国”的秘密地图，显示出了纳粹德国对于南美洲的划分和吞占计划。这份秘密地图一下子激起了国会议员的怒气：德国居然敢将贪婪的魔爪伸向美国的“后院”！这之后不久，美国就加大了对欧洲受侵略国家的援助。没过多久，改变历史的“珍珠港事件”爆发了，美国停驻在太平洋地区的舰队被日本袭击，损失惨重，全国上下都被悲愤的情绪包围，罗斯福趁机痛陈绥靖政策的危害，鼓动人民参战。至此，美国参战的所有条件都成熟了，美国政府表示从此直接参战，也因此改变了第二次世界大战的格局。

全世界都在怀疑，日本自以为周密的袭击珍珠港行动，其实早在实施之前就已经被罗斯福得知，然而，罗斯福为了触动“战火蔓延到本土”这一国民心中的敏感点，硬是把情报压了下来。当然，这件事一直没有足够的证据可以证明。但是有一点是可以肯定的，那就是罗斯福确实是一直在寻求机会破除孤立主义，让美国直接参战。

从1940年开始，罗斯福就把余生的所有精力都用在了参与世界事务当中，纵横捭阖，实现了美国的势力扩张，并使美国攫取了最大利益，从此美国的孤立主义被终结，开始逐渐夺取世界霸权。如果一个人像罗斯福这样懂得看准时机、制造舆论以达到目的，那么，他还有什么做不成的事呢？

卷七·权议

本卷共两篇，即《惧戒》《时宜》，其中主要包含权宜、适变的思想。人们做许多事情的目标相同，做事的方法也相同，但最终的结果却不同，这并不是因为做事的方法出了问题，而是做事的时势不同。赵蕤在《时宜》篇中特别指出，时势不同，就有『情』『形』『势』之异，因此要『随时变通，不可执一』。

惧戒第二十（节选）：安不忘危，存不忘亡

《易》曰："安不忘危，存不忘亡。是以身安而国家可保也。"故知惧而思诫，乃有国之福者矣。

经典再现

《易》曰："汤、武革命，顺乎天而应乎人。"《书》曰："抚我则王[①]，虐我则仇。"《尸子》曰："昔周公反[②]政，孔子非之曰：'周公其不圣乎，以天下让，不为兆人也。'"董生曰："虽有继体守文之君，不害圣人之受命。"古语曰："穷鼠啮狸，匹夫奔万乘。"故黄石公曰："君不可以无德，无德则臣叛。"孙卿[③]曰："能除患则为福，不能则为贼。"

何以明之？昔文王在酆，召太公曰："商王罪杀不辜，汝尚助余忧人，今我何如？"太公曰："王其修身，下贤，惠人，以观天道。天道无殃，不可以先唱[④]；人道无灾，不可以先谋。必见天殃，又见人灾，乃可以谋。与民同利。同利相救，同情相成，同恶相助，同好相趋。无甲兵而胜，无衡机而攻，无渠堑而守。利人者天下启之，害人者天下闭之。天下非一人之天下也。取天下若逐野兽，得之而天下皆有分肉；若同舟而济，皆同其利，舟败皆同其害。然则皆有启[⑤]之，无有闭之者矣。无取于民者，取民者也；无取于国者，取国者也；无取于天下者，取天下者也。取民者民利之，取国者国利之，取天下者天下利之。故道在不可见，事在不可闻，胜在不可知，微哉，微哉！鸷鸟将击，卑身翕[⑥]翼；猛兽将搏，俛[⑦]耳俯伏。圣人将动，必有愚色。惟文惟德，谁为之式？弗观弗视，安知其极？今彼殷商，众口相惑；吾观其野，草茅胜谷；吾观其群，众曲胜直；吾观其吏，暴虐残贼，败法乱刑，而上不觉，此亡国之则也。"文王曰："善。"

……

孔子在卫，闻齐田常将欲为乱，而惮鲍、晏，移其兵以伐鲁。孔子会诸弟子曰："鲁，父母之国，不忍观其受敌，将欲屈节于田常以救鲁。二三子谁使？"子贡请使，夫子许之。遂如齐，说田常曰："今子欲取功于鲁实难，若移兵于吴则可也。夫鲁，难伐之国，其城薄以卑，地狭以泄，其君愚而不仁，大臣伪而无用，其

士民又恶甲兵之事，此不可与战。夫吴，城高以厚，地广以深，甲坚以新，士选以饱，重器精兵，尽在其中，又使明大夫守之，此易伐也。”田常忿然作色曰：“子之所难，人之所易；子之所易，人之所难。而以教常，何也？”子贡曰：“夫忧在内者攻强，忧在外者攻弱。今君忧在内矣。吾闻君三封而三不成，是则大臣不听也。今君破鲁以广齐，战胜以骄主，破国以尊臣，而子之功不与焉，则交日疏于主。是君上骄主心，下恣群臣，求以成大事，难矣。夫上骄则恣，臣骄则争。是君上与主有郤，下与大臣交争也。如此，则子之位危矣。故曰不如伐吴。伐吴而不胜，民人外死，大臣内空。是君上无强臣之敌，下无民人之过，孤主制齐者，惟君也。”田常曰：“善。然兵业已加鲁矣，不可更，如何？”子贡曰：“子缓师，吾请救于吴，令救鲁而伐齐，子以兵迎之。”田常许诺。

……

隋炀帝初猜忌唐高祖，知之，常怀危惧。为太原留守，以讨击不利，恐为炀帝所谴，甚忧之。时太宗从在军中，知隋将亡，潜[8]图义举，以安天下。乃进曰：“大人何忧之甚也？当今主上无道，百姓愁怨，城门之外，皆已为贼。独守小节，必且旦暮死亡。若起义兵，实当人欲。且晋阳，用武之地，足食足兵，大人居之，此乃天授。正可因机转祸，以就功业。既天与不取，忧之何益？”高祖大惊，深拒之。太宗趋[9]而出，明日，复进说曰：“此为万全之策，以救灭族之事。今王纲弛紊，盗贼遍天下。大人受命讨捕，其可尽乎？贼既不尽，自当获罪。且又世传李氏姓膺[10]图秉箓。李金才位望隆贵，一朝族灭。大人既能平贼，即又功当不赏，以此求活，其可得乎？”高祖意少解，曰：“我一夜思量汝言，大有道理。今日破家灭身，亦由汝；化家为国，亦由汝。”于是定计。乃命太宗与晋阳令刘文静，及门下客长孙顺德、刘弘基等募兵。旬日之间，众且一万。斩留守副王威、高君雅，以其诡请高祖祈雨于晋祠，将为不利故也。用裴寂计，准伊尹放太甲、霍光废昌邑故事，尊炀帝为太上皇，立代王侑以安隋室。传檄诸郡，以彰义举。秋七月，以精甲三万，西图关中。高祖仗白旗，誓众于太原之野，引师即路，遂亡隋族，造我区夏[11]。

由此观之，是知天下者，非一人之天下也，天下之天下也。所以王者必通三统[12]，明天命所受者博，非独一姓也。昔孔子论《诗》，至于“殷士肤敏[13]，祼[14]将于京”，喟然叹曰：“富贵无常，不如是，王公其何以诫慎，民萌其何以劝勉！”《易》曰：“安不忘危，存不忘亡。”是以身安而国家可保也。故知惧而思诫，乃有国之福者矣。

迷津指点

①王：为王，做君王。

②反：通“返”，归还。

③孙卿：荀子，字卿，在古代，“荀”与“孙”二字音相通，故称孙卿，儒家代表人物之一。

④唱：通“倡”，倡导。

⑤启：打开大门。

⑥翕：合，聚。

⑦俛：通“俯”。

⑧潜：秘密地，暗中。

⑨趋：小步快走，是古代一种表示恭敬的步伐。

⑩膺：接受，承当。

⑪区夏：诸夏之地，指华夏、中国。

⑫三统：指 夏、商、周三代的正朔。

⑬肤敏：高尚聪敏。

⑭裸：古代酌酒灌地以祭。

古文译读

《周易》中说：“商汤和周武王的革命，既顺合天意又适应了人民的要求。”《尚书》中说：“能抚慰爱护我们的人，就拥护他做君王；残害虐待我们的人，就把他视为仇敌。”《尸子》中说：“从前，周公将统治权归还给周成王，孔子对此不以为然，责备说：‘周公难道还没有达到圣贤的标准吗？把天下让给成王，却不为百姓着想。’”董仲舒说：“虽然君主继承先王的大统，遵守先帝的遗制，但是也可能会被接受上天使命的圣人取代。”古语说：“被逼急了的老鼠会咬猫，平常百姓走投无路时也会反抗天子。”所以黄石公说：“君主不可以没有道德品行，君主没有道德品行，臣子就会反叛。”荀子说：“能够除去祸患的人可以得到幸福，不能除去祸患的人则为祸患所害。”

如何证明这些观点呢？从前周文王在酆时，召见姜太公说：“商纣王滥杀无辜，你经常教导我要为百姓操心，现在我该怎么办呢？”姜太公说：“大王应当继续提高自己的品德修养，礼贤下士，向百姓施加恩惠，同时观察天命所归。如果上天没有给商王降下灾难，大王就不能首倡义旗；如果人事方面没有灾难，大王也不可以图谋推翻商王，必须等到上天给商王降下灾祸，人事方面也出现祸患，这时才可以兴兵谋取。大王应该和百姓共同分享所有的利益，有共同的利益才可能互相救助，有共同的情感才可能相辅相成，有共同憎恨的对象才可能互相帮助，有共同的喜好才可能追求同一个目标。这样，没有强大的军队也能得胜，没有器械也能攻下城池，没有壕沟也可以防守。给百姓带来利益的人，天下人都会开门来欢迎他；给百姓带来祸害的人，天下人都会闭门拒绝他。天下并不是一个人的天下，争夺天下就好像是人们共同追赶野兽，一旦得到，那么天下人都可以分一份肉。又好像同坐一条船，如果大家同心协力到达彼岸，那么成功后，大家就可以共同享有利益；如果不同心协力，在水中倾覆，大家就会共同受到损害。所以说如果对大家有利，天下就到处都有开门迎接的人，而没有闭门不纳的人了。不从百姓那里夺取财富的，反而可以获得民心；不从国家夺取利益的，反而可以得到国家政权；不从天下夺取利益的，反而可以取得天下。获得百姓支持的人，百姓使他得利；取得国家的人，国家使他得利；取得天下的人，天下使他得利。所以，规律贵在人们永远看不见，事功贵在人们不知道，胜利贵在不知不觉中，玄妙啊，玄妙！凶猛的老鹰要搏击猎物时，会伏低身子收缩翅膀；猛兽要搏击捕食时，也会缩耳俯身；圣人将要有所作为时，必定先大智若愚，韬光养晦。文质彬彬，播施德行，谁也无法限制你；听而不闻、视而不见，谁也看不透你究竟想做什么。现在的殷商，上下互相欺骗，人人疑惑。我观察它的田地，茅草比庄稼长得还茂盛；我观察它的民众，大都是邪恶胜过了正直；我观察它的官吏，凶恶残暴，败法乱刑，可是商王仍然若无其事，这是国家即将灭亡的先兆啊。”周文王说：“你说得太好了。”

……

孔子在卫国，听说齐国的田常将要作乱，只是惧怕卿大夫鲍牧、晏圉，因此征调军队准备去攻打鲁国，想以此建立功勋。孔子便召集众弟子说：“鲁国是我们的父母之国，我不忍心看它受到敌人的侵略，我想游说田常以挽救鲁国。你们谁愿意出使齐国？”子贡请求出使，孔子同意了。于是子贡到达齐国，对田常说：“现在你想攻打鲁国以建立功勋，恐怕很困难，不如移兵攻打吴国，倒是可以成功。鲁国是不容易被攻下的国家。因为它的城墙单薄低矮，土地狭小低洼，它的君主愚昧又不仁慈，朝中大臣只会作假，不中用，它的士兵和百姓惧怕打仗，因此你不能够与它交战。那吴国的城墙高大宽厚，土地广阔深远，兵器铠甲坚锐，又是新造的，士兵训练有素，斗志饱满，城里尽是精良的武器装备，又派了英明的将军来统领守备，这就容易攻打了。”田常听了大怒，脸色一变，说：“你说难的，都是人家认为容易的；你说容易的，都是人家认为难的。你拿这些话来哄骗我，到底是什么用心？”子贡说：“忧患在国内的，就要去攻打强国；忧患在外部的，才去攻打弱国。而今天你说的忧患正在国内。我听说你三次想要封赏都没有成功，这是因为朝中大臣有人反对你。现在你要攻下鲁国来扩大齐国的领地，如果作战胜利就使你的君主更骄横，攻破鲁国，就会使你国中大臣更加尊贵，可是却没有你什么功劳，只会使你和君主的关系一天天疏远。这样做的结果只能是，你对上使君主骄傲，对下使群臣放肆，想以此来成就大事是很困难的。国君骄傲，他就会更加任意放肆；臣子骄傲，就会互相争斗，这样，你上和君主有了嫌怨，下和群臣相互争斗。这样下去，你在齐国的地位就危险了。所以我说你不如去攻打吴国。攻打吴国如果不能取胜，那么人民在外战死，朝廷失去大臣。这样你在上没有强臣为敌，在下没有过多的百姓，孤立主上、控制齐国的就非你莫属。”田常说：“你说得太好了！但是，我的军队已经逼近鲁国了，不可能再变更，这该怎么办呢？”子贡说：“你只要暂缓进军，我去出使吴国求援，请求吴王援助鲁国并且讨伐齐国，你趁机发兵迎战吴国军队就是了。”田常答应了。

……

隋炀帝开始猜忌唐高祖李渊，李渊知道了这件事，常常感到忧惧。李渊当太原留守时，因为征讨突厥不利，害怕受到隋炀帝的责罚，变得更加忧虑。当时李世民也跟随在军队中，他预见到隋朝将要灭亡，就暗中谋划起义，来安定天下。于是他进见李渊，说道：“您为什么这样忧虑呢？当今皇上荒淫无道，老百姓都愁苦怨恨，城门之外到处都是反隋的义军，如果此时还要恪守小节，我们的危亡很快就要到来。假如我们发起义兵，正好是顺应了人们的愿望呀。况且晋阳本是用武的地方，食物、兵员都很充足，您占据此地，这正是上天授予我们的，正好可以借机转祸为福，来成就功业。上天已经赐予我们机会，还不去夺取，只知道忧虑又有什么益处呢？”高祖听了大惊，很严厉地拒绝了李世民的建议。李世民恭敬地退了出去。第二天，李世民又劝说李渊：“我昨天说的是万全之策，可以挽救灭族的灾难啊。如今朝廷的纲纪废弛紊乱，盗贼遍布天下，您接受王命讨捕贼人，可是能把贼人讨捕尽吗？贼人不能捕尽，您就会获罪了。况且世人纷纷传言李氏秉应帝王图箓。李金才虽然位高望众，还是在一夕之间就被灭族了。即使您能将贼人剿灭尽，那么功高无法受赏，在这种情况下想求活命，又怎么能得到呢？”唐高祖的脸色缓和了一些，说道：“你说的话我考虑了一夜，觉得很有道理。将来家破人亡是因为你，变家为国也是因为你。”于是李渊决定反隋，命令李世民与晋阳县令刘文静及门下食客长孙顺德、刘弘基等人招募士兵。十来天就招募了上万人。李渊等人斩杀了太原副留守王威和高君雅，借口是他们诈骗李渊去晋祠祈雨，图谋加害他。李渊采用晋阳宫副监裴寂的计策，效仿伊尹放逐商王太甲、霍光废除昌邑王的先例，尊奉隋炀帝为太上皇，另立代王杨侑为皇帝，来暂时稳住隋王室，然后传布檄文到各郡县，宣扬义举。（大业十三年）秋七月，李渊派遣三万精兵，向西攻取关中地区。李渊手举白旗在太原郊外誓师，随后率领军队进发，最终灭亡了隋朝，缔造了大唐王朝。

由以上的事情就可以知道，天下并不是某一个人的天下，而是天下人共同的天下。所以做君主的人一定要明白三统的道理，认清天命所授的人很多，并不是只有一个姓氏才享有这种权利。从前，孔子在评论《诗经》的时候，讲到“殷士肤敏，祼将于京”这一句时，感叹道：“富贵不是固定不变的，如果不是这样的话，用什么来诫勉王公贵族？用什么来鼓励老百姓积极进取呢？”《周易》中说：“平安的时候不忘危难，存活的时候不忘消亡。”只有这样，才能保证自身安全，从而保住国家政权。因此有危机感而又懂得以前人的教训为戒，这才是国家之福啊！

前沿诠释

“惧戒第二十”中举出了很多古代君主王侯的事例，这些事例都表达了一个中心思想：不管你已经处于什么样的尊贵地位，获得了什么样的成就，都可能会遭受灾难，你的一言一行稍有不慎，就可能导致事业的发展受挫。因此一个人要想获得成就并且长久保持这个成就，就必须有所惧戒。只有知道惧怕才能居安思危，有了危机意识才会早做准备。

奥巴马吸取教训推行医改

2009年，美国第44任总统选举中出现了一位黑人候选人和一位女性候选人，这就使得此次大选的国际关注度急速提升。原本在国际社会籍籍无名的贝拉克·侯赛因·奥巴马，顷刻之间成了全世界最吸引人眼球的名字。

在奥巴马击败希拉里，代表民主党参与总统竞选之后，国际社会都睁大了双眼，想看一向歧视有色人种的美国人会不会把选票投给奥巴马。数天之后，竞选结果出来，许多评论员兴奋地攥紧话筒报道：美国有了第一位黑人总统！

就任总统职位的奥巴马面对的可不是什么美差，他要想有所作为，就得承担风险。如今，奥巴马重新拾起了克林顿没有啃下的硬骨头——全民医保。

全民医保被视为美国国内仅次于应对经济危机的第二大问题，但是在推行全民医保方面，各个党派和政治经济势力纠缠不清，致使每次改革都是迂回曲折，前进几步后，又开始原地打转。

奥巴马在经济危机的背景下上台，他在竞选中提出的政治许诺，除了巨大的经济刺激计划之外，还包括全民医保改革。他承诺要向所有美国人提供个人经济能力可以承受的医疗服务。上台之后，他就开始着手一步步实施医保改革的计划。不过，他并没有大意，因为几年前克林顿的教训还摆在那里，一旦不慎，医保改革就会成为他执政的“滑铁卢”。

当初，克林顿让自己的好友做幕僚长，将自己任阿肯色州州长时追随在自己身边的人都拉进了白宫班子。在这个团队的运作下，克林顿制订了长达1000多页的复杂的医改方案，然后将改革文本直接扔给国会。结果美国国会议员们对这种压制性的做法大为不满，直接就把方案否决掉了。奥巴马明白，要想使自己的改革法案得以实行就必须获得国会的同意。于是奥巴马抛弃了强行推广的做法，开始打造适合的推广环境。

奥巴马首先悄悄地但却有条不紊地搭建起现代史上与国会渊源最深的行政团队。这个团队的成员首先包括白宫里最有势力的三个人，即奥巴马、副总统拜登和白宫办公厅主任伊曼纽尔。拜登曾经以白宫非正式代表的身份到国会询问如何才能使医改法案获得通过，所以他清楚白宫方面需要做出何种努力；伊曼纽尔在众议院有着很大的影响力，可以影响大家的决策。后来，奥巴马又寻找了两个十分有话语权的人，一位是汤姆·达施勒，他在民主党控制的参议员中拥有巨大的影响力，奥巴马试图任命他为白宫办公厅主任（最后未能如愿）；另一位是爱德华·肯尼迪，他数十年来一直致力于推动医保改革，而且在国会中拥有巨大的影响力。虽然在大选之前奥巴马和这些人并不熟悉，也没有什么私交，但是从全局利益考虑，他将他们划进了自己的行政团队中。在这一团队的支持下，奥巴马在华盛顿的支持率已经远远超过了从前。

除此之外，奥巴马还善于“低头”与国会商量。因为大选时奥巴马就已经公开宣布要进行医疗保险改革，所以国会也知道他快要有所动作了。奥巴马并不愿意和国会议员对立，他要做的是稳住他们，并且让他们对自己有好感：自己的方案能否通过，不只与方案的可行性有关，很大程度上也取决于议员们的态度。奥巴马顾虑的是国会议员的顾虑——虽然有点拗口，但这却是事实。

所以，奥巴马明白：他想得到支持，就得消除国会议员的顾虑，设法使议员们相信他，不要让他们以为政府一时头脑发热地通过医保法案之后，过几年，又会因为财政赤字问题突然削减医保方面的开支，从而使得当初促成这项法案实施的人被愤怒的选民戳脊梁骨。为此，奥巴马和他的团队无论是在公开场合还是私底下一直都在努力消除国会议员们的这种情绪。他努力和国会搞好关系，并把制订方案的任务交给国会，而自己则着重考虑方案的细节。例如，马克斯·鲍卡斯在参议院负责制订计划，奥巴马就为此多次与他接触。为了做好公关工作，奥巴马多次邀请鲍卡斯到白宫，与其进行私人谈话，还和他一起吃饭。奥巴马还和对方进行了“两个爸爸”之间的交流，其间就说起了西德维尔友谊学校。鲍卡斯的儿子是从那里毕业的，而奥巴马的女儿正就读于该校。此外，两个人之间还有别的联系，奥巴马团队中的墨西纳就是以前鲍卡斯的工作团队的主管，他们之间的关系非常好。所有这些战略举措和友好行为最终都赢得了对方的回应。

终于，2010年3月21日，美国国会众议院通过了参议院提交的医改议案。从1912年西奥多·罗斯福对选民信誓旦旦地说将让美国实现“全民医疗保险”开始，美国的几任总统和国会议员都曾经试图改革医疗保险体系，到如今已经快要过去一个世纪了，美国人的医保梦想终于在奥巴马的努力下迈出了一小步。

奥巴马走的每一步都是小心翼翼的，对他来说，处理政治事务时要有所畏惧，就算是总统，没有人支持也干不了什么事情。他知道，只有吸取过往教训，戒骄戒躁地走好每一步，才不会像前人那样惨败。

时宜第二十一：随时变通，不可执一矣

夫事有趋同而势异者。非事诡也，时之变耳。

经典再现

夫事有趋同而势异者。非事诡也，时之变耳。何以明其然耶？昔秦末，陈涉[①]起蕲，兵至陈，陈豪杰说涉曰："将军被坚执锐，帅士卒以诛暴秦，复立楚社稷，功德宜为王。"陈涉问陈余、张耳两人，两人对曰："将军瞋目张胆，出万死不顾一生之计，为天下除残贼，今始至陈而王之，示天下以私。愿将军无王，急引兵而西，遣人立六国后，自为树党。如此，野无交兵，诛暴秦，据咸阳以令诸侯，则帝业成矣。今独王陈，恐天下解也。"

及楚汉时，郦食其为汉谋挠楚权，曰："昔汤伐桀，封其后于杞。武王伐纣，封其后于宋。今秦失德弃义，侵伐诸侯社稷，灭六国之后，使无立锥之地。陛下诚能复立六国后，此其君臣百姓必皆戴陛下德，莫不向风慕义，愿为臣妾。德义以行，陛下南面称霸，楚必敛衽而朝。"汉王曰："善。"

张良[②]曰："诚用客之谋，陛下事去矣。"汉王曰："何哉？"良因发八难，其略曰："昔者汤伐桀，封其后于杞者，度能制桀之死命也。今陛下能制项籍[③]之死命乎？其不可一也；武王入殷，表商容之闾，释箕子之囚，封比干之墓，今陛下能封圣人之墓，表贤者之闾乎？其不可二也；发巨桥之粟，散鹿台之财，以赈贫民，今陛下能散府库以赐贫穷乎？其不可三也；殷事已毕，偃革为轩，倒载干戈，示天下不复用武，今陛下能偃武修文，不复用兵乎？其不可四也；放马华山之阳，示无所为，今陛下能放马不复用乎？其不可五也；休牛桃林之野，示天下不复输积，今陛下能乎？其不可六也；且夫天下游士，离亲戚，弃坟墓，去故旧，从陛下者，日夜望咫尺之地。今复六国，立韩、魏、燕、赵、齐、楚之后，余无复立者，天下游士各归事其主，从亲戚，反故旧，陛下与谁取天下乎？其不可七也；且楚惟无强，六国立者复挠而从之，陛下安得而臣之哉？其不可八也。诚用客之谋，则大事去矣。"时王方食，吐哺，骂郦生曰："竖儒几败我事。"趣令销印。此异形者也。

七国时，秦王谓陈轸[4]曰："韩、魏相攻，期年不解。或曰救之便，或曰勿救之便。寡人不能决，请为寡人决之。"轸曰："昔卞庄子方刺虎，馆竖子止之曰：'两虎方食牛，牛甘必争，争必斗，斗则大者伤，小者死。从伤而刺之，一举必有两虎之名。'今韩、魏相攻，期年不解，必是大国伤，小国亡。从伤而伐之，一举必有两实，此卞庄刺虎之类也。"秦王曰："善。"果如其言。

初，诸侯之叛秦也，秦将章邯[5]围赵王于钜鹿[6]。楚怀王使项羽、宋义[7]等北救赵，至安阳，留不进。羽谓义曰："今秦军围钜鹿，疾引兵渡河，楚击其外，赵应其内，破秦军必矣。"宋义曰："不然。夫搏牛之虻，不可以破虱。今秦攻赵，战胜则兵罢，我承其弊；不胜，则我引兵鼓行而西，必举秦矣。故不如斗秦、赵。夫击轻锐，我不如公；坐运筹策，公不如我。"羽曰："将军戮力而攻秦，久留不行。今岁饥民贫，士卒食半菽，军无见粮，乃饮酒高会，不引兵渡河，因赵食，与并力击秦，乃曰承其弊。夫以秦之强，攻新造之赵，其势必举赵；赵举而秦强，何弊之承！且国兵新破，王不安席，扫境内而属将军。国家安危，在此一举。今不恤士卒而徇私，非社稷臣也。"即夜入义帐中斩义。悉兵渡河，沉舟破釜，示士卒必死，无还心，大破秦军。此异势者也。

韩信伐赵，军井陉。选轻骑二千人，人持一赤帜，从间道升山而望赵军，诫曰："赵见我走，必空壁逐我，若疾入赵壁，拔赵帜，立汉赤帜。"信乃使万人先行，出背水阵。平旦，信建大将之旗，鼓行出井陉口，赵开壁击之。大战良久，于是信弃旗鼓，走水上军，水上军开入之。复疾战，赵空壁争汉旗鼓，逐韩信，韩信等已入水上军，军皆殊死战，不可败。信所出奇兵二千骑，共候赵空壁逐利，则驰入赵壁，皆拔赵旗，立汉赤帜二千。赵军已不能得信等，欲还归壁，皆汉赤帜，而大惊，以为皆已得赵王将矣。遂乱，遁走，赵将虽斩之，不能禁也。于是汉兵乘击大破之，虏赵军。诸将效首虏，皆贺信。因问曰："兵法右背山陵，前左水泽。今者反背水阵，然竟以胜，此何术也？"信曰："兵法不曰'陷之死地而后生，置之亡地而后存'？且信非得素拊循士大夫也，此所谓驱市人而战之，其势非置之死地，使人人自为战。今与之生地，皆走，宁尚可得而用之？"

又，高祖劫五诸侯兵，入彭城。项羽闻之，乃引兵去齐，与汉大战睢水上，大破汉军，多杀士卒，睢水为之不流。此异情者也。

汉王在汉中，韩信说曰："今士卒皆山东人，跂而望归，及其锋东向可以争天下。"

后汉光武北至蓟，闻邯郸兵到，世祖欲南归，召官属计议，耿弇曰："今兵从南来，不可南行。渔阳太守彭宠，公之邑人，上郡太守即耷父也。发此两郡，控弦万骑，邯郸不足虑也。”世祖官属不从，遂南驰，官属各分散。

后汉李傕等追困天子于曹阳。沮授说袁绍曰：“将军累世台辅，世济忠义。今朝廷播越，宗庙残毁。观诸州郡，虽外托义兵，内实相图，未有忧在社稷、恤人之意。且今州城粗定，兵强士附，西迎大驾，即定邺都，挟天子而令诸侯，畜士马以讨不庭，谁能御之！若不早定，必有先之者。夫权不失机，功不厌速，愿其图之。”绍不从。魏武果迎汉帝，绍遂败。

梁武帝萧衍⑧初起义，杜思冲劝帝迎南康王都襄阳，正尊号，帝不从。张弘策曰：“今以南康置人手中，彼挟天子以令诸侯，节下前去，为人所使，此岂岁寒之计耶？”帝曰：“若前途大事不捷，故自兰艾同焚；若功业克建，谁敢不从？岂是碌碌受人处分于江南，立新野郡，以集新附哉？”不从。遂进兵克建邺而有江左。此情与形、势之异者也。随时变通，不可执一矣。

迷津指点

①陈涉：即陈胜，秦阳城人。秦二世元年七月，与吴广率领戍卒九百人，在蕲县大泽乡揭竿而起，反抗暴秦的统治，揭开了秦末农民起义的序幕。

②张良：字子房，传为汉初城父人。汉高祖刘邦的谋臣，秦末汉初时期杰出的政治家、军事家，与萧何、韩信并称“汉初三杰”。

③项籍：即项羽，下相（今江苏宿迁）人。楚国名将项燕之孙，秦朝末年著名的农民起义领袖，著名军事家，自封西楚霸王，兵败后自刎于乌江畔。

④陈轸：战国时纵横家，为秦王谋士。

⑤章邯：秦末著名军事家，上将军。秦二世时任少府，后为项羽所败，归降项羽。

⑥钜鹿：秦代县名。项羽大败秦军处，在今河北省平乡县。

⑦宋义：曾为楚国令尹。秦二世二年，楚怀王封其为上将军，号卿子冠军。秦二世三年为项羽所杀。

⑧萧衍：梁武帝，字叔达，南兰陵中都里人。南梁政权的建立者，庙号高祖。

古文译读

天下间很多事情的发展趋势虽然很相似，但实际上造成的结果却有很大的不同。这并不是说事情本身就诡异奇特，而是因为时势情况的变化导致的。用什么事例来说明这样的情形呢？过去，秦朝末年的陈胜在蕲地发动了反抗暴政的起义，进军到陈时，当地的豪杰对陈胜说："将军你身穿坚固的铠甲，手拿锋利的武器，率领将士们诛灭无道的暴秦，恢复楚国的江山社稷，以您的功德应该称王。"于是陈胜就问陈余、张耳他们两人有什么想法，他们对陈胜说："将军您怒目张胆，出生入死，不为自己的身家性命考虑，为天下受苦的父老百姓诛除残暴无德的君王，现在我们刚刚进至陈地，就匆匆称王，是在把自己的私心袒示给天下的人民。我们希望将军您现在还是不要称王，最好迅速带领士兵西进，派人扶立六国诸侯的后人，为自己培植朋党。如果真的能够做到这些，就可以野无交兵，减轻前进的阻力，诛灭残暴无德的秦朝，攻占咸阳，号令天下诸侯，那么帝王之业就可以成就了啊。要是您现在就在陈地称王，那么恐怕天下人心就涣散了啊。"

等到了楚汉相争的时候，郦食其为汉王谋划削弱楚国的方略说："从前，商汤讨伐夏朝的时候，把夏桀的后人分封在杞地；周武王讨伐商朝的时候，把商纣的后人分封在宋地。现在秦朝失掉仁德，抛弃道义，讨伐侵占了诸侯国的社稷江山，灭掉六国诸侯，使得他们的后人没有了安身立命的地方。如果陛下您能够重新扶立六国的后人，那么六国从君臣到百姓都会感激您的恩德，无不向往您的风度，仰慕您的义行，都会愿意做您的臣民。你的恩德仁义行天下，日后陛下您称帝，就连楚国也一定会恭恭敬敬地前来朝拜啊。"汉王说："很好。"

张良却对汉王说："如果您真的采纳郦食其的策略，那么您的大事就不会成功了。"汉王刘邦问道："为什么呢？"张良便从八个方面加以陈述，大意是："过去商汤讨伐夏桀，把夏朝的后人分封在杞地，是因为他自信能够将夏桀置于死地。现在大王您能够置项羽于死地吗？这是不可以的第一个原因。周武王打败殷商，在商容的居住地树立旌表，把箕子从狱里放出来，重新修筑比干的坟墓，现在大王您能重新修筑圣人的坟墓，褒扬贤人的居处吗？这是不可以的第二个原因。当时武王发放巨桥仓的粮食，散发鹿台的财物，来救济穷苦的百姓，现在大王您能散发府库里的钱粮来救济穷苦百姓吗？这是不可以的第三个原因。武王讨伐殷商的大业已经完成，就把战车改为官车，把兵器放下收入府库，向天下表示不再动用武力，现在大王您能放弃武力从事文教，不再动用兵戈吗？这是不可以的第四个原因。把战马都放到华山的南坡上，向天下表示不再打仗，现在大王您能放战马于南山不再使用吗？这是不可以的第五个原因。把牛群都放回山林野外，向天下表示不再用它们运输粮草物资，现在大王能够做到吗？这是不可以的第六个原因。况且天下的有才能之士，告别亲人、抛弃祖宗坟墓、辞别故旧来跟随您，都盼着能够得一块封地；

如今却要复立六国诸侯的后人，其余的则不能立为诸侯。那么，天下的有才能之士一定会去跟随他们原先的主人，和亲朋故旧在一起，还有谁来帮助陛下您夺取天下呢？这是不可以的第七个原因。除非楚国不再强大，否则，您立了六国的后代，他们又去依附归顺楚国，又有谁做陛下您的臣子呢？这是不可以的第八个原因。要是您真的听从郦食其的建议，那么您的事业也就没希望了。”那时候汉王刘邦正在吃饭，听了张良这一番话后，把嘴里的食物都吐了出来，大骂郦食其道：“这个没用的儒生几乎坏了我的大事。”马上命令把为六国复立准备的印信全部销毁。这就是“事同形异”所导致的啊。

战国七雄并立的时候，秦王对陈轸说：“韩国和魏国交战，这都已经一年多了，还是没有解决。有的人说我们解救他们有好处，有的人说还是不要救他们有好处。我拿不定主意，希望你给我拿个主意。”陈轸说：“过去，卞庄子正要去猎杀老虎，旅舍中有一个童子劝阻他，说道：‘两只老虎正在吃牛肉，牛肉很好吃，它们一定会相争，相争就会相斗；如果相斗，那么大老虎会受伤，小老虎会死亡。这时候你再去猎杀那只受伤的老虎，一举就可以得到两只老虎。’现在，韩国、魏国互相争斗，一年多了还没有结束，必定是大国元气大伤，小国灭亡。到了那个时候，大王您再去讨伐元气大伤的国家，一定能够一举两得，灭掉两国。这就是和卞庄子刺杀老虎一样的道理啊。”秦王听后说：“这个主意好。”最后的结果果然和陈轸预料的一模一样。

当初，诸侯王们正在反抗秦朝，秦朝的将军章邯把赵王围困在钜鹿这个地方。楚怀王派遣项羽、宋义等人率军北上去解救赵王，军队到了安阳后，停了下来不再前进。项羽对宋义说：“现在秦军把钜鹿团团围住，我们应该迅速带兵过河，楚兵在外围攻打，赵兵在钜鹿城中响应，那么一定能够打败秦军！”宋义说：“不是这个道理。要打死牛背上的虻虫，就不可以把力量用在杀牛身上的虮虱上面。现在秦军正在围攻赵国，秦军如果取得胜利，那么其军队就会疲惫，我们就趁他们疲惫的时候来攻打他们；如果秦军打败了，那么我们就率领大军西进，一定能够灭亡秦国。所以现在不如让秦国、赵国互相争斗。要是说拿着兵器冲锋陷阵，我比不上你；要是说运用谋略，你可比不上我。”项羽说：“将军本应全力攻打秦军，却长久按兵不动。今年收成不好，百姓穷困，士兵们不能饱餐，军中也没有什么存粮了。你却还大饮美酒邀请宾客，而不带领士兵过河，利用赵地的粮食与赵军一起合力攻打秦军，还说什么等着秦军疲惫。秦军实力那么强盛，攻击刚刚复立的赵国，一定能攻破赵国。赵国破亡，那么秦朝就会更加强盛，哪来的疲弊可乘？况且我们楚军最近打过败仗，怀王坐不安席，内心担忧，把国家的兵力全数交付给你，国家的安危，就在此一举了。现在你不体恤士卒而徇私心，你算不上能够安定社稷的臣子。”于是项羽当晚便闯入宋义的大帐中，把宋义杀了，然后统领全部的士兵渡河，之后把船弄沉，把饭锅和蒸饭的瓦甑打碎，向士兵们表示决一死战的决心，因此士兵们都没有后退的想法，一举打败秦军。这就是“事同势异”的典型事例啊。

韩信率兵攻打赵国，军队在井陉驻扎。韩信挑选了两千轻骑精兵，每人拿着一面红色的旗帜，从小路向前行进，在可以窥视赵军动静的山坡上埋伏起来。出发前韩信告诫他们道：“赵军看到我军败退，一定会全军出动来追击我们；如果真是这样，那你们就快速攻入赵营，把赵军的旗帜拔出来，把我们汉军的红色旗帜插上去。”于是，韩信就派遣一万人马先出发，背着河水排开了军队的阵势。到了天亮时分，韩信竖起大将军的旗帜，敲着战鼓，率领军队开出井陉口，赵军打开营门前来应战。双方交战了很长时间后，韩信抛弃军旗和战鼓，退回排在水边的军阵，排在水边的军队把韩信他们迎入阵中。稍后，韩信又率军出阵与赵军激战。赵军倾巢而出，争抢汉军的军旗战鼓，追逐韩信。韩信等人又退入水边的军队之中，士兵们个个拼命作战，一时间势不可当。韩信派出的两千骑兵看到赵军倾巢出动，便冲入赵军营垒，把赵军的旗帜拔去，竖立起两千面汉军的红色旗帜。赵军看抓不到韩信，于是想收兵回营，猛然间看到自己的营垒里全是汉军的红色旗帜，大为惶恐，以为汉军已经俘获了赵王和自己的统帅了。赵军大乱，纷纷逃跑。赵将虽然连续斩杀多个逃跑的人，但是仍然不能阻止。于是，汉军乘机攻击，大破赵军，俘虏了不少赵军将士。诸位将领把敌人的首级和俘虏献给韩信，向他表示祝贺。有人问他：“兵法上说，排兵布阵应该右背山陵，左对川泽。可是今天您却背水为阵，竟然最后打了胜仗，这是什么战术呢？”韩信道：“兵法上不是说‘必须把军队置之死地，然后才能绝处逢生；把士兵放在危险的境地才能力争生存’吗？况且我统率的将士并不是我平时训练调度的，这就好比是驱赶着集市上的乌合之众去打仗。在此种情形下，一定要把军队置于死地，使他们为了生存而努力作战。如果把他们放在可以逃生的地方，他们就会逃走，又怎么可以使用他们呢？”

汉高祖刘邦劫夺五路诸侯的兵马，攻入彭城。项羽听说后，率领军队离开齐国，与汉军在睢水河边交战，打败汉军，杀死很多士卒，其尸体沉入睢水河，河水都被堵塞了。这说的就是“事同而异情”的事例啊。

汉王在汉中的时候，韩信对他说：“现在您的士兵都是崤山以东的人，大都盼望着回乡，利用这个有利条件挥师东进，就可以夺取天下了。”

东汉光武帝率军向北到了蓟地，听说邯郸的军队来到，就想南归，于是召集手下商量此事，耿弇说：“现在我们的士兵是从南边来的，不能再向南行。渔阳太守彭宠是您的老乡，上郡太守正是我的父亲。调集这两郡的士兵，能够有上万人马，邯郸来的军队是不值得您忧虑的。”但是光武帝其他的属下并不听从，于是引兵南归，结果官员随从们都各自逃散了。

东汉末年，李傕追汉献帝，把他围困在曹阳。沮授劝袁绍：“将军你祖上世代为台辅，奉行忠义。现在天子流亡，国家的宗庙遭到毁坏。我看到地方州郡的统领，虽然对外说自己是义兵，实际上都是各有图谋的，并没有担忧社稷黎民的想法。况且现在将军您所管辖的州城已基本稳定，兵强马壮，士人归附，要是您西去迎接天子，把邺城定为都城，挟天子而号令诸侯，招兵买马来讨伐不服从的人，又有谁能抵抗您呢？如果您不早定夺，一定会有抢先下手的人。计谋实施不要错过时机，建功不厌速度快，希望您尽早谋取啊。”袁绍没有听从。后来魏武帝曹操果然奉迎汉献帝到了自己那里，袁绍于是失败。

梁武帝萧衍最初举义兵起事，杜思冲劝他前去迎接南康王定都襄阳，称帝号，梁武帝没有听从。张弘策说：“现在使南康王落入别人的手中，让别人挟持天子来号令各路诸侯，那么将军你就得前往称臣，听从别人的号令啊。这难道是乱世之时的长远之计吗？”梁武帝说：“如果我们的事业不能成功，就应当像兰花与艾草一起被烧掉那样，与故人同归于尽；如果我们能够建功立业，还有谁敢不听从我们的命令呢？我怎么能够只平庸地在江南听从别人的命令，占据新野郡来聚集新来归附的人呢？”萧衍没有听从张弘策的主意，于是发兵攻克了建邺，占据了长江以南的广大地区。这说的是事情相同，而当事者内心的情态、当时具体情形和事情趋势三者都不相同的事例啊。遇事一定要随着当时具体情况的变化随时变通，不能固执不变啊！

前沿诠释

古人云：知己知彼，方能百战不殆。要想做到“运筹于帷幄之中，决胜于千里之外”，就必须对敌我双方的力量对比有着清晰的认识，对情势状况有着准确的把握。

万事万物都处在不断变化之中，许多事情在表面上看来十分相似，但是由于它们的发展态势不同，应对的措施也就不同，所以不能采取同样的措施去解决。我们要吸取已有的经验教训，也要具体分析时间、地点、实力等情况，而不能一味地复制前人的具体做法。有智慧的人能够巧妙地应用这些经验教训并取得成功，愚蠢的人只会死抱着前人的做法，终致失败。

武王与王莽：一样的改朝，不一样的结局

在中国历史上，周武王和王莽都终结了一个王朝，也都开创了一个新的王朝，但前者成为千古美谈，后者却为后人不停地指责，其中的道理便正切合“时宜”篇中所讲的“事有趋同而势异”。

一样的改朝，为什么会有不一样的结局呢？一个很重要的原因就是，周武王和王莽所处的时代不同，各自面临的形势也不同。在当时的情况下，周武王改朝就是正义的，而王莽篡汉则是乱臣贼子的行为。

周武王是周文王姬昌的次子，也是西周王朝的创建者，他率兵讨伐商纣王的行动一直被人们认为是反对暴政的正义之举。纣王是商朝的最后一个君王，他在统治后期沉迷酒色，不听忠言，大肆残害功臣，比干等一大批忠臣都被他冤杀。与此同时，渭河流域的姬周部落开始兴起，实力不断增强，尤其是姬昌继位为西伯后，仁慈爱民，礼贤下士，天下不少士人都来投奔周。周的兴盛，使得商纣王感觉到了威胁，于是他便将姬昌囚禁于羑里七年。周人愤怒至极，却也只能用珍宝和美女将姬昌赎回。几年后，姬昌去世，其子姬发继位，也就是后来的武王。武王继承父亲的遗志，反对暴虐的商朝统治。他拜姜太公为相，继续父亲未尽的发展周国的事业，积极为推翻商朝统治做着准备。而在此时，商纣王的统治越来越昏暗。两年之后，周武王积极联合其他不满纣王残暴统治的部落，率领士兵向商朝的都城朝歌进发。他们一路势如破竹，直逼朝歌城下。而此时，商纣王的军队大部分驻扎在其他地区，迫于无奈，纣王只能把大批的奴隶和俘虏武装起来，抵挡武王的军队。但是，这些人早已不满于纣王的暴虐统治，临阵倒戈，与武王一起将刀枪指向了纣王。纣王大败，走投无路之下在鹿台自焚，商朝就此灭亡。

此后，周武王定都镐京，建立了西周王朝。为了巩固统治，周武王分封亲属和功臣，让他们建立诸侯国。在政治方面，周武王选贤举能，因才录用，任用了召公、毕公等贤臣良将。同时，他又释放囚犯，赈济贫民，发展生产，促进了西周初年政治经济的稳定和发展，推动了社会的前进。此外，他还对殷商遗民实行分而治之的政策，封纣王的儿子武庚为诸侯，又下令释放纣王的叔父箕子，把囚在牢里的

无罪之人释放回家，还散鹿台之财物和钜桥之粮粟救济贫民。这些措施使得刚刚建立的西周王朝逐渐稳定下来，社会得以继续向前发展。

王莽和周武王一样，都出身于贵族之家，王莽的家族是当时红极一时的外戚王氏，他的姑母是汉元帝的皇后。王莽平时谦恭孝顺，结交社会贤达，声望极高，为人称颂。王莽入朝为官后，依然勤俭廉洁，经常把自己的俸禄和皇帝的赏赐分给宾客和穷人，朝野上下对他无不称赞，他的声望一时无人能及。平帝元始五年，王莽代天子摄政，称假皇帝。第二年，东郡太守起兵反叛，王莽带兵镇压，他自己的称帝之心由此开始浮现。此后，王莽便开始为自己称帝造势，一大批追名逐利之徒趁机向他献媚。最终王莽在自己54岁那年即天子位，国号新。王莽做了15年皇帝，打着改革新政的旗号试图恢复前朝旧制，这种充满理想主义的改革令百姓深受其害，再加上他的改革步伐太快，朝令夕改，令人无所适从。王莽认为边疆各国野蛮无比，于是削王为侯，致使边疆战乱四起，国家不得安宁。天凤四年，全国发生蝗灾、旱灾，饥荒四起，民不聊生，饥民揭竿而起，天下大乱，王莽的军队也惨败于农民起义军之手，后来王莽本人也为商人杜吴所杀。

周武王和王莽二人都改朝换代，建立了一个新的王朝，然而却留下不同的评说。史家多认可武王伐纣，对其日后采取的一系列措施也都给予了肯定的评价，而认为王莽改制无方，食古不化。在人心思汉的时期，他为了满足自己称帝的欲望，谋朝篡位。由此对比可见，掌握事物的发展趋势至关重要啊。

卷八·杂说

本卷共十九篇，含《钓情》《诡信》《忠疑》《用无用》《恩生怨》《诡顺》《难必》《运命》《大私》《败功》《昏智》《卑政》《善亡》《诡俗》《息辩》《量过》《势运》《傲礼》《定名》，是人生智慧的杂说。

钓情第二十二：将语者，必先钓于人情

听言，耳目不惧，视听不深，则善言不往焉。是知将语者，必先钓于人情，自古然矣。

经典再现

孔子曰："未见颜色而言，谓之瞽。"又曰："未信，则以为谤己。"孙卿曰："语而当，智也；默而当，知也。"尸子曰："听言，耳目不惧，视听不深，则善言不往焉。是知将语者，必先钓于人情，自古然矣。"

故韩子曰："夫说之难也，在知所说之心，可以吾说当之。说之以厚利，则见下节而遇卑贱，必弃远矣；说之以名高，则见无心而远事情，必不收矣。事以密成，语以泄败。未必其身泄之也，而说及其所匿之事，如是者身危。贵人有过端，而说者明言善议，以推其恶者，身危。贵人得计而欲自以为功，说者与知焉，则身危。强之以其所不为，止之以其所不能已者，身危。"又曰："与之论大人，则以为间己；与之论细人，则以为鬻权；论其所爱，则以为借资；论其所憎，则以为尝己；顺事陈意，则曰怯懦而不尽；虑事广肆，则曰草野而倨侮。此不可不知也。彼自知其计，则无以其失穷之；自勇其断，则无以其敌怒之。"

荀悦曰："夫臣下之所以难言者，何也？言出乎身，则咎悔及之矣。故曰，举过揭非，则有干忤之咎；劝励教诲，则有挟上之议。言而当，则耻其胜己也；言而不当，则贱其愚也。先己而同，则恶其夺己明也；后己而同，则以为从顺也。违下从上，则以为谄谀也；违上从下，则以为雷同也。与众共言，则以为顺负也；违众独言，则以为专美也。言而浅露，则简而薄之；深妙弘远，则不知而非之。特见独智，则众恶其盖之也，虽是而不见称；与众同智，则以为附随也，虽得之不以为功。谦让不争，则以为易穷；言而不尽，则以为怀隐。进说竭情，则以为不知；量言而不效，则受其怨责；言而事效，则以为固当。利于上，不利于下；或便于左，则不便于右；或合于前而忤于后。此下情所以常不通。仲尼发愤，称'予欲无言'者，盖为语之难也。"

何以明其难耶？昔宋有富人，天雨墙坏。其子曰："不筑且有盗。"其邻人亦云。暮而果大亡。其家智其子而疑邻人之父。

郑武公[1]欲伐胡，乃以其子妻之。因问群臣：“吾欲用兵，谁可伐者？”关其思曰：“胡可伐。”乃戮关其思。曰：“胡，兄弟之国也，子言伐之，何也？”胡君闻之，以郑为亲己而不备郑。郑人袭胡，取之。此二说者，其智皆当矣。然而甚者为戮，薄者见疑。非智之难也，处智则难。

卫人迎新妇，妇上车，问：“骖马谁马也？”御曰：“藉之。”新妇谓仆曰：“拊骖，无苦服。”车至门，拔，教逆母：“灭橹，将失火。”入室，见臼，曰：“徙牖下，妨往来者。”主人大笑之。此三言皆要言也，然而不免为笑者，早晚之时失矣。此说之难也。

说者知其难也，故语必有钓，以取人情。何以明之？

昔齐王后死，欲置后而未定，使群臣议。薛公田婴[2]欲中王之意，因献十珥而美其一。旦日，因问美珥所在。因劝立以为后，齐王大悦，遂重薛公。此情可以物钓也。

申不害始合于韩王，然未知王之所欲也，恐言而未必中于王也。王问申子曰：“吾谁与而可？”对曰：“此安危之要，国家之大事也，臣请深维而苦思之。”乃微谓赵卓、韩晁曰：“子皆国之辩士也。夫为人臣者，言何必用，尽忠而已矣。”二人各进议于王以事。申子微视王之所说，以言于王，王大悦之。此情可以言钓也。

吴伐越，越栖于会稽，勾践喟然叹曰：“吾终此乎？”大夫种曰：“汤系夏台，文王囚羑里，重耳奔翟，齐小白奔莒，其卒霸王。由是观之，何遽不为福乎？”勾践既得免，务报吴。大夫种曰：“臣观吴王政骄矣，请尝之。”乃贷粟以卜其事。子胥谏勿与，王遂与之。子胥曰：“王不听谏，后三年，吴其墟矣。”太宰嚭闻之，谗曰：“伍员貌忠而实忍人。”吴遂杀子胥。此情可以事钓也。

客以淳于髡见梁惠王。惠王屏左右，再见之，终无言。惠王怪之，让客。客谓淳于髡，髡曰：“吾前见王，王志在驰逐，后复见王，王志在音声，是以默然。”客具以报王。王大骇曰：“淳于先生，诚圣人也。前有献善马者，寡人未及试，会生来；后有献讴者，未及试，又会生来。寡人虽屏人，然私心在彼。”此情可以志钓也。

智伯从韩、魏之君伐赵，韩、魏用赵臣张孟谈之计，阴谋叛智伯。张孟谈因朝智伯，遇智果于辕门之外。智果入见智伯曰：“二主殆将有变。臣遇张孟谈，察其志矜而行高。见二君色动而变，必背君矣。”智伯不从。智果出，遂更其姓为辅氏。张孟谈入见赵襄子，曰：“臣遇智果于辕门之外，其视有疑臣之心，入见智伯而更其族。今暮不击，必后之矣。”襄子曰：“诺。”因与韩、魏杀守堤之吏，决水灌智伯军。此情可以视钓也。

殷浩仕晋，有盛名。时人观其出处，以卜江左兴亡。此情可以贤钓也。

《钤经》曰：“喜色洒然以出，怒色麃然以侮，欲色炬然以愉，惧色惮然以下，忧色惧然以静。”此情可以色钓也。由是观之，夫人情必见于物，能知此者，可以纳说于人主矣。

迷津指点

①郑武公：名掘突，郑桓公之子。

②薛公田婴：齐国宗室大臣，齐威王的小儿子，孟尝君之父。

古文译读

孔子说：“不看对方的脸色就贸然说话，会被看做像瞎子一样的人。”还说：“在还没有取得对方信任的时候贸然提意见，直言不讳，对方就会认为是在诽谤自己。”荀子说：“讲话适时又适当，这就是智慧；沉默得恰到好处，也是智慧。”尸子说：“听别人讲话的时候，眼耳都不专注，他的视听就不敏感，这个时候对他讲话，即便是有利的话也等于是白说。”因此在开口讲话之前，必须先要摸清对方的态度，自古以来都是这样。

所以韩非子说：“游说的困难，在于要了解游说对象的内心，并使他接受我的学说和建议。如果对方是一个喜好名誉的人，而你却向他建议如何取得丰厚的利益，就会被认为是气节卑下，那么他就会给你卑贱的待遇，你必然会被疏远。如果对方是一个喜好实利的人，而你却向他建议如何赢得较高的名誉，就会被认为是没有诚意，不切实际，他必然不会采纳你的建议。事情因保密而成功，因说话时泄露秘密而失败。也许未必是你本身有意泄露，当游说的人由于无意中谈及机密的事情时，游说者就会有生命危险了。贵人有了过失，游说者却用大道理直言不讳、多方议论去宣扬他的过失，这样游说的人也会有生命危险。贵人自认为有了好的计策，想要独自以此建立功劳，而游说者却事先了解了那个计谋，就会有生命危险。勉强对方做他不喜欢做的事，企图让对方停止正在做的事，那么，游说者也会有生命危险。”韩非子还曾说：“如果与君主谈论他的大臣，他就会认为你在离间他们的君臣关系。如果与君主谈论他身边的亲信小人，他就会认为你有卖弄权势之嫌。如果与君主谈论他爱的人或物，他会认为你要拿他做靠山；如果与君主谈论他所厌恶的人或物，他会认为你是在试探他。如果顺着君主的意思概述其事，陈述己见，君主会说你胆怯懦弱，不敢毫无保留地坦诚进言；但如果从多方面去思考，毫不保留地进言，直陈己见，就又会被认为是粗野傲慢的。这些是游说进言之人必须明白的道理。如果对方自认为足够明智，计谋高超，就不要抓住他的过失不放，使他感到他的计策行不通；如果对方为自己的果断干脆、敢作敢为而得意时，就不要拿出堪与其相匹敌的对手惹他发怒。”

荀悦说：“臣下难以向君主进言，其根本原因是什么呢？话一旦说出口，罪过和悔恨可能也就跟着来了。所以人们说列举君主的过失、揭露君主的错误，就会有冒犯君威、违反君命之罪；劝诫、勉励君主，则可能招来威逼君主的非议。你说得有道理，君主就会因为你胜于他而感到羞耻；你说得没有道理，他就会认为你愚蠢而轻视你。你与君主的看法相同，但是比他说得早，他就会憎恶你夺去了他显示聪明才智的机会；而如果你在他之后发表相同的见解，他又会认为你是只会盲从的人。违背下级而顺从上级，会被认为是献媚；违背上级而顺从下级，就会被认为随大流。与众人说同样的话，就会被看做随声附和；与众不同，见解独到，又会被看做逞能，出风头。话说得浅显直白，会被认为浅薄；语言深奥精妙，就会因为不易使人听懂而遭到非难。如果见解独特，充满了智慧，众人就会因为你比他们杰出而嫉恨你，即使他们私下认为你讲得对也绝不会称赞你；如果与大家的见解相同，又会被认为是随众从俗，即使说得对、做得好，人们也并不认为他有什么功劳。言语谦让不争，会被认为是才智不够；言语不够详尽，会被认为是故意有所隐藏；言无不尽，会被认为鲁莽不聪明。说过的话，或对事情所作的预测没有应验，就会受到指责；说过的话或预测应验了，就会被认为理所当然。凡事对上有利，则可能对下有害；便利于左，则可能不便利于右；与前边的利益相得，则可能与后边的利益相违。这就是下情往往不能上达的原因。孔子曾激愤地说：‘我要做一个不说话的人！’大概就是指讲话的这种难处。”

如何来说明这种难处呢？从前，宋国有一个富人，连续数天的大雨毁坏了他家的院墙。他儿子说：“不尽快把墙修筑起来，就可能会有盗贼。”邻居们也这样说。夜里，家中果然被盗，损失很大。这个富人认为自己家的儿子聪明，却怀疑邻居是盗贼。

郑武公准备攻打胡人，于是就把自己的女儿嫁给胡人首领，并故意问群臣：“我想率领军队出征，你们觉得哪个国家可以征伐？”有个叫关其思的臣子说：

“可以把胡人当做攻伐的目标。”郑武公便处死关其思，对外声称：“胡人是兄弟一般的邻邦，你却要我征伐胡国，是何道理？”胡人的首领听到这个消息，就认为郑国是友邦而不再防备它。郑国的军队便借机对胡人发动突袭，攻取了他们的国家。富人的邻居与关其思的话都是合情合理的，但是后果严重的被诛戮，轻的被怀疑。可见，具有相当高的智慧，看出问题的实质并不难，难的是如何运用这种聪明，洞悉对方的心理。

卫国一户人家迎娶新娘，新娘上车后问：“车辕两边套的骖马是谁家的？”赶车人回答说：“是从外借来的。”新娘便对仆人说：“用鞭子抽打那些骖马，不要让驾辕的服马累坏了。”车停到夫家的门口，新娘下车，告诉出来迎接的婆母：“熄灭楼上的灯火，以免发生火灾。”进入新房后，看到石臼摆在中间，（新娘）就说：“移放到窗户下边，留在这里会妨碍到来往的人。”新郎家里的人都大笑。这三句话都很中肯，但仍免不了被人嘲笑，就因为说话的时机不当。这就是说话进言的难处。

游说者知道游说的难处，所以行事之前都先试探对方，以便了解他的态度。如何来证明这一点呢？从前，齐威王在王后死后，打算册立新后，却拿不定主意，便让群臣商议这件事。薛公田婴想要选一位令齐威王称心如意的王后，便向齐威王献上十副耳环，其中有一副特别精美。第二天，他就询问齐威王那副精美的耳环被赏给了谁，然后就建议齐威王立这位精美耳环的得主为后。齐威王大悦，从此对薛公田婴非常器重。这说明可以用器物来探知人的喜好。

申不害刚到韩国的时候，很想迎合韩王，但一时还弄不清韩王的喜好和欲望，担心说的话不合韩王的意。韩王问申不害：“韩国与哪个诸侯结盟会更好呢？”申不害回答说：“这是关系到国家安危的重大问题，请允许我经过深思熟虑后再回答。”于是他私下悄悄地对赵卓、韩晁说：“你们都是全国能言善辩的人。作为人臣，向君主进言不可能做到言而必用，只要忠心就可以了。”二人便向韩王表达了自己对于外交的意见，申不害暗中观察韩王听哪个人说话时感到高兴，判断他喜欢什么不喜欢什么，然后挑让韩王高兴的话进言，韩王听了很高兴。这说明可以用话语来探知人的喜好。

吴国攻伐越国，越王勾践被困于会稽山时感慨万千，叹息说：“难道我真的要命丧于此吗？”大夫文种说：“从前商汤被夏桀囚禁在夏台，周文王被商纣囚禁在羑里，晋文公重耳为公子时受到骊姬谗害，出逃投奔翟国，齐桓公小白为公子时曾逃到莒国避难，但他们最后都得以称王称霸。由此看来，又怎知你今天的处境不能转祸为福呢？”勾践被吴王赦免后，决心向吴国报仇。大夫文种献计说：“根据我的观察，吴王为政骄横跋扈，让我试探一下。”于是文种便用借粮来试探吴王，希望借此了解吴国的政治情况。伍子胥劝吴王不要借给越国粮食，然而吴王刚愎自用，坚持借粮给越国。伍子胥说：“大王不听劝谏，三年之内，吴国将成一片废墟。”这话传到太宰嚭的耳朵里，他就向吴王进谗言说：“伍员（子胥）貌似忠厚，实际上是个残忍的人。”于是吴王便听信谗言，将伍子胥处死。这说明可以借事端来探知情况。

有人将淳于髡推荐给梁惠王，惠王屏退左右，两次单独接见淳于髡，但淳于髡却沉默不语。惠王对此感到诧异，于是就责备推荐淳于髡的人。此人询问淳于髡，淳于髡说：“我第一次见惠王，惠王心里在想着骑马竞逐；第二次见惠王，惠王心里在想着美妙音乐，所以我才沉默不语。”推荐者把这些话转告给惠王，惠王大惊，说道：“淳于先生真是圣人啊！我第一次见他时，正赶上有人进献好马，我还没来得及试骑，淳于髡先生就到了。第二次见他时，有人来献歌手，我还没来得及听，淳于髡先生就又到了。虽然我让他们都退下了，但心思确实在别的地方。”这说明可以从志向探知人的内心情感。

智伯联合韩、魏两国的国君共同讨伐赵国。韩、魏听从了赵国的大臣张孟谈的计策，阴谋背叛智伯。张孟谈因此事前往拜见智伯，刚好在辕门外遇到智果。智果去见智伯说：“韩、魏两国的国君恐怕要反悔，我在营门外遇到张孟谈，他态度傲慢，不可一世，在韩、魏两国国君面前脸色很不寻常，一定是要密谋背叛你。”智伯没有在意智果的告诫，智果于是出走，并把姓氏改为辅氏。张孟谈向赵襄子报告说：“我今天在营门外遇到智果，从他的眼神看，他已经对我起了疑心。等他见过智伯后连姓氏都改了，今夜如果不发动进攻，恐怕就来不及了。”赵襄子说：“好！”便与韩、魏两国的军队一起杀死守卫堤坝的将领，放水淹智伯的军队。这说明可以从察言观色中探知人的态度。

殷浩在晋朝做官时名望很高。当时，人们根据他出仕还是隐世来判断江左的兴亡。这说明可以根据智者的生存方式来探知内情。

《玉钤经》中说：“心中高兴，脸色看上去就是轻松的；心存恼怒，脸色就愤愤然带有很重的挑战性和侮辱性；心怀私欲，脸色就显露出红润愉悦；内心恐惧，脸色就呈现出畏惧；心有忧思，脸色就显得静穆。”这说明可以从人的神色上探知内情。由此可以知道，人的内心情感一定会在某些事物上表现出来。明白这些道理的人，就可以去游说君主了。

前沿诠释

此文在纵横捭阖之间，生动形象地说明了游说的艺术，即“钓情”二字。以现代的观点来看，这种技巧就是要讲究说话的艺术。而“将语者，必先钓于人情”的道理，在现代，无论是在人与人的沟通中，还是在管理中，都起着至关重要的作用。要做到这一点，最重要的前提就是要掌握劝谏的艺术。而在历史和现代社会中，善于劝谏的人不但能达到自己的目的，还能让闻者心悦诚服。

察言观色，巧用钓情

钓情作为一种说话的艺术，在中国文化中源远流长。纵观中国古代的历史，这种关于钓情艺术应用的例子更是举不胜举。

战国时期魏国的大臣翟横就是一个善于察言观色，巧用钓情艺术的人。翟横出身于权贵之家，在日常生活中练就了察言观色的本领，他极善于根据当前的情况说话，因此深受魏文侯喜爱。

公元前408年，魏文侯派乐羊攻打中山国，并得到了中山这个地方。按道理，魏文侯应该将中山封给他的弟弟，但他却把中山封给了自己的儿子。事后，魏文侯知道自己这件事做得不对，怕群臣对自己有想法，就找了一个机会，想看看群臣对自己的看法。

一天，魏文侯问群臣：“你们觉得我是一个怎样的国君呢？”群臣纷纷夸赞他是一位仁君，只有任座沉默不语。看到魏文侯看着他，任座说：“君王您本该将取得的中山封给弟弟，现在您却将它封给了自己的儿子，这怎能说明您是仁君呢？”

听到任座这样说，魏文侯很生气，面子上挂不住了。任座看到魏文侯的表情，知道自己的直言得罪了他，怕自己被杀掉，就逃出去了。

当时，在座的翟横看到了魏文侯的表情。他从魏文侯的表情分析，认为魏文侯知道自己理亏，虽然生气，但并没有要杀任座的意思。于是当魏文侯就这个问题问翟横时，他意识到这是魏文侯需要一个台阶，以便饶恕任座，保全自己的面子。于是他直言魏文侯是仁君，随后又说：“君主仁德则臣下正直。刚才任座的话很耿直，从这里就可以看出您是一位仁君。”魏文侯听了，非常高兴，就派翟横去请回任座，并亲自下堂迎接，待他为上宾。

正是由于翟横能察言观色，看出了魏文侯的内心想法，所以不但为任座解了围，还为魏文侯铺上了台阶。其实，不只是辩论家和名人说话讲究钓情，一般人如果在说话的时候，注意运用钓情艺术，不但可以达到自己的目的，还能使听话者心情舒畅。

张大妈和李大妈是一对老朋友，两人经常结伴出游。在二人的谈话中，儿女自然经常成为谈话的中心。张大妈有两个儿子，大儿子经商，小儿子早年不学无术，现在在一家快递公司做送件员的工作。张大妈一方面为大儿子的成就骄傲，另一方面也为小儿子的前程发愁。李大妈只有一个儿子，早年留学美国，回国后在一家外资银行工作。

一天，两人散步后又习惯地坐在小区里的凉亭内聊起天来。二人正说得高兴，从外面又走来了一个人。这个人是小区里有名的“快嘴”。说她是“快嘴”，就因为她可以迅速地把听到的消息传播出去。一看“快嘴”来了，张大妈就沉默了。李大妈碍于面子，就和“快嘴”聊了几句。聊着聊着，话题就落到李大妈的儿子身上。

“快嘴”夸李大妈养了个好儿子，能挣钱，最后还说“儿子好了不用多，一个就行”。听到这话，李大妈笑了，但一旁的张大妈却不高兴了，心想：“怎么着，我儿子多，儿子就没出息吗？”“快嘴”看到张大妈的脸色不好看，马上意识到自己说话不周全了。她笑嘻嘻地说：“不过呀，儿子好就不愁多了。您瞧张大妈，两个儿子都那么孝顺。”听到这话，张大妈就乐了。三人开开心心地接着聊了起来。

看到这个故事，不能不佩服这位“快嘴”察言观色的本领。她一发现自己的话在无意中伤到了别人，就马上及时补救，让对方的心情好起来。这就是钓情艺术得到良好运用的前提：善于观察，发现别人的心理变化。

诡信第二十三：诡谲之行，忠言之本

故知谲即信也，诡即忠也。夫诡谲之行，乃忠信之本焉。

经典再现

孔子曰：“君子贞而不谅。”又曰：“信近于义，言可覆也。”由是言之，惟义所在，不必信也。何以明之？叶公问孔子曰：“吾党①有直躬②者，其父攘③羊，而子证之。”孔子曰：“吾党有直躬者，异于是。父为子隐，子为父隐，直在其中矣。”

楚子围宋，宋求救于晋。晋侯使解杨如宋，使勿降楚，曰：“晋师悉起，将至矣。”郑人囚而献诸楚。楚子厚赂之，使反其言。许之。登诸楼车④，使呼宋人而告之，遂致其君命。楚子将杀之，使与之言曰：“尔既许不穀而反⑤之，何故？非我无信，汝则弃之，速即尔刑。”对曰：“臣闻之，君能制命为义，臣能承命为信，信载义而行之为利。谋不失利，以卫社稷，民之主也。义无二信，信无二命。君之赂臣，不知命也。受命以出，有死无陨，又何赂乎？臣之许君，以成命也。死而成命⑥，臣之禄也。寡君有信臣，下臣获考⑦，死又何求？”楚子舍之以归。

颜率欲见公仲，公仲不见。颜率谓公仲之谒者⑧曰：“公仲必以率为伪也，故不见率。公仲好内⑨，率曰好士；公仲啬于财，率曰好施；公仲无行⑩，率曰好义。自今以来，率且⑪正言之而已矣。”公仲之谒者以告公仲，公仲遽⑫起而见之。

齐伐燕，得十城。燕王使苏秦说齐，齐归燕十城。苏秦还燕，人或毁之曰：“苏秦，左右卖国，反覆臣也，将作乱。”燕王意疏之，舍而不用。苏秦恐被罪，入见王曰：“臣东周之鄙人也，无尺寸之功，而王亲拜之于庙，礼之于庭。今臣为王却⑬齐之兵，而功得十城，宜以益亲。今来而王不官臣者，人必有以不信伤臣于王者。且臣之不信，王之福也。使臣信如尾生，廉如伯夷，孝如曾参，三者天下之高行，而以事王，可乎？”燕王曰：“可也。”苏秦曰：“有此臣，亦不事王矣。孝如曾参，义不离其亲宿昔于外，王又安得使之步行千里，而事弱燕之危王哉？廉如伯夷，义不为孤竹君之嗣，不肯为武王之臣，不受封侯，而饿死于首阳之下。有廉如此者，王又安能使之步行千里，而进取于齐哉？信如尾生，与女子期于梁柱之下，女子不来，水至不去，抱梁柱而死。有信如此，何肯扬燕、秦之威，却齐之强兵哉？且夫信行者，所以自为[14]也，非所以为人也；皆自覆之术，非进取之道也。且三王代兴，五霸迭盛，皆不自覆；君以自覆为可乎？则齐不益于营丘，足下不窥边城之外。且臣之有老母于东周，离老母而事足下，去自覆之术，而行进取之道。臣之趋固不与足下合者：足下者，自覆之君也；仆者，进取之臣也。臣所谓以忠信得罪于君也。”

燕王曰：“夫忠信[15]又何罪之有也？”对曰：“足下不知也，臣邻家有远为吏者，其妻私人[16]，其夫且归，其私者忧之。其妻曰：‘公勿忧也，吾已为药酒待之矣。’后二日夫至，其妻使妾奉卮酒进之。妾知其药酒也，进之则杀主父[17]，言之则逐主母。乃佯僵弃酒[18]，主父大怒而笞之。妾之弃酒，上以活主父，下以存主母，忠至如此，然不免于笞。此以忠信得罪也。臣之事适不幸[19]而类妾之弃酒也。且臣之事足下，亢义益国，今乃得罪。臣恐天下后事足下者，莫敢自必[20]也。且臣之说齐，曾不欺之也。后之说齐者，莫如臣之言，虽尧、舜之智，不敢取之。”燕王曰：“善。”复厚遇之。由此观之，故知谲即信也，诡即忠也。夫诡谲之行，乃忠信之本焉。

迷津指点

①党：古代地方户籍编制单位，以五百家为一党。

②躬：自身，亲自，此处为坦白直率之意。

③攘：偷窃。

④楼车：古代战车的一种，上设望楼，用以窥探敌人的虚实。

⑤不毂而反：背叛许诺。

⑥成命：完成我们国君的命令。成，此处为完成之意。命，此处指的是国君的命令。

⑦获考：能够完成任务。

⑧谒者：掌管进见的近侍。

⑨好内：喜好美色。

⑩无行：没有良好的品行。

⑪且：表示将要、将近。

⑫遽：惊惧、慌张。

⑬却：退去。

⑭自为：完善自己的品行。

⑮忠信：忠诚守信。

⑯私人：暗地里有了私通的人。

⑰主父：男主人。

⑱佯僵弃酒：假装跌倒，把药酒全洒了。佯，假装。僵，扑倒。

⑲适不幸：好心不得好报。

⑳自必：此处为坚守高义。

古文译读

孔子说："君子忠贞但不一定诚信。"还说："信约合于义的要求，才可以付诸实行。"如此看来，只需要看是否符合道义，而不一定要看是不是讲求诚信了。那么，怎么能说明这个道理呢？叶公问孔子："我们那里有一个十分坦诚直率的人，他的父亲偷了别人的羊，他便去作证。"孔子回应道："我们那里也有坦诚直率的人，和你说的正好相反。父亲为儿子隐瞒罪行，儿子为父亲隐瞒罪行，这才是正直的表现呢。"

楚子率军围攻宋国，于是宋国向晋国求助。晋国国君便派遣解杨出使宋国，让他转达希望宋国不要投降的意思，并且说："晋国军队已经全军出动，即将赶到。"解杨途经郑国的时候不幸被郑国俘虏，而后被献给了楚国。楚子用非常丰厚的财物来收买解杨，让他把晋君传达给宋国国君的话反过来说。解杨答应了。等到解杨登上楼车，叫出宋国的人后，传达的却仍然是晋国国君命令他传达的话。楚子得知此事后勃然大怒，扬言要杀了他，于是派人对他说："你既然已经答应了我们，却又出尔反尔，这是为什么？不是我们楚国不讲信用，而是你背信弃义，赶快去接受对你的惩罚吧。"解杨不慌不忙地回答说："我之前听闻过这样一个道理，君王制定并发布正确的政令就可以算是义，朝臣能够认真执行君王的诏命就可以算是信。用信的行为使义的诏命得到实施，就是利。所以，谋划不能损害到国家的利益，如此来捍卫自己的国家，是人民赖以生活的保障。义不可能有双重的信用，信用也不可能同时执行敌对双方的国君的命令。你用丰厚的物质来收买我，就是不懂一种信用不可能执行两种相反的命令的道理。我从我们君主那里接到的命令是出使宋国并传达君意，宁死不可有辱君命，用物质收买有什么用呢？我之所以暂时答应你们，是为了借机完成我的国君交给我的使命。以死来完成我的使命，这是我作为臣下的福分。我的君主有诚信的手下，我作为朝臣能够完成使命，也是死得其所，还能有什么其他的追求呢？"楚子听说后便放他回晋国了。

周人颜率想谒见韩相公仲，但是公仲却不愿意接见他，于是颜率对公仲手下负责接待的人说：“想必公仲一定是觉得我不是一个诚实的人，所以才不愿意见我。公仲贪恋美色，我却说他是礼贤下士；公仲十分吝啬小气，而我却说他仗义慷慨；公仲没有很好的品行，而我却说他正义凛然。看来从今以后，我只能是实话实说了。”这个负责接待的人就将颜率的话告诉了公仲，公仲听后，立刻起身去见颜率。

燕国遭到齐国的攻击，并被夺去十座城池。燕国国君派苏秦出使齐国去游说齐王，让齐王把燕国的十座城池归还回来。苏秦游说成功，齐王把十座城池归还给了燕国。等苏秦回到燕国后，有人在国君面前说他的坏话：“苏秦是一个翻手为云、覆手为雨的卖国贼，将来一定会作乱。”燕王听后就开始有意疏远苏秦了，不想再重用他。苏秦担心因此获罪，于是入宫拜见燕王说：“我本是洛阳郊外的一个村野之人，本无半点功劳，却得到了大王的重用和礼遇。如今我成功帮大王您退去齐国军队，收回十座城池，建立大功，大王本应该更加亲近我。可近来大王却夺了我的官职，肯定是有人在您面前诬陷我不守信用了。但是，正是因为我不守信用的品质才是大王的福分啊。如果我像古代的尾生那样守信用，像伯夷那样廉洁，像曾参那样孝顺，用这样的品行来辅佐您，您觉得可以吗？”燕王说：“那就太好了。”苏秦继续说道：“有这么好品行的人，就不会来辅佐您了。像曾参那样孝顺的人，认定不离开父母才是孝顺的道理，都不肯在外面过夜，又怎能不远千里来辅佐弱小燕国面临危难的国王呢？像伯夷那样廉洁，为了高义之名，不肯做孤竹君的嗣子，不肯做周武王的大臣，不受封侯，最后饿死在首阳山下。像这样廉洁的人，您又怎能派遣他步行千里，去游说齐国，夺回已经失去的城池呢？像尾生那样守信，同女子约定在梁柱下相会，女子没有如约前来，这时大水汹涌而来，尾生仍不肯离去，最后抱梁柱而死。像这样守信用的人，他又怎肯去宣扬燕国和秦国联合的声威，使齐国的军队撤退呢？况且说，我们讲求信义，是用来自我完善品行的，而不是用来为别人效力的；这三种品质都是自我保全的方法，不是进取成功的方法。然而，三王相继而起，五霸更替昌盛，都不仅仅是为了自保，大王您认为仅仅自我保全就可以了吗？如果是的话，齐王就不应该在营丘（当时是齐国的都城，后改名临淄）以外扩展领土，您也不应该窥视燕国以外的地方了。再说，我尚有老母亲远在洛阳老家，我离开老母亲来为您效劳，抛弃自保的做法，走上进取成功的道路。我所追求的目标之所以不能同您的目标相投合，是因为您不过是自保之君，而我却是富于进取精神的臣子。我可能就是人们常说的因为太忠诚了而得罪君主的人吧。”

燕王说：“做臣仆的忠信又有什么罪过呢？”苏秦答道：“您有所不知，我的邻居中有一家丈夫去远处做官，他的妻子在家与人私通。在他将要回家时，与他的妻子私通的人很担心，而他妻子却说：‘不用担心，我已经准备好了毒酒等着他呢。’过了两天，丈夫回到家中，妻子便让侍妾将毒酒端给他喝。侍妾知道这是有毒的酒，如果进上就会毒死主父；但是要是说出真相的话，主母就会被赶走，于是就自己假装摔倒，将毒酒全部洒掉。男主人非常生气，用皮鞭抽打她。侍妾把毒酒洒掉，既保护了主父的生命，又使主母不被逐出家门。如此忠心换来的却是鞭打，这就是太过忠诚的不幸啊。我现在遇到的不幸，恰恰和这位侍妾倒掉毒酒的事情相类似。我为您效力，仗义而行，有益于国家，如今还获了罪，我担心以后为您效力的人没人再敢坚守高义了。况且，我去游说齐国国君的时候，也没有欺骗他，以后谁再为您去游说齐国国君时，恐怕都不会再像我这般拥有高超的语言艺术了，即使有尧、舜的智慧，恐怕也无法夺回十座城池了。”燕王听罢说：“你讲得好。”于是重新重用、厚待苏秦。由此可知，欺骗就是诚信，诡诈就是忠诚。欺骗诡诈的行为就是忠诚得以实现的基础。

前沿诠释

一直以来，人们都以为只有“文死谏、武死战”的激烈方式才能体现出忠心，最起码也要兢兢业业，为国效劳才行，然而，本篇却为我们介绍了一种特殊的做法，那就是以诡谲曲折的方式表现自己的忠贞、信义。因为，相对来说，信义有轻重之分，要根据情势变化，斟酌取舍，这就是其最重要的权衡标准。

同出一门，冉求子路不同命运

孔子有众多弟子，其中冉求、子路这两个人虽然同样听从孔子的教诲，但因性情迥异，他们二人最终的命运也有很大的差别。

冉求，就是冉有，他多才多艺，尤其擅长理财，还曾经做过季氏的家臣。公元前487年，他率领左师抵抗来犯的齐军，身先士卒，运用步兵持长矛的突击战术取得了守卫战的胜利，并且趁机说服季康子迎回在外漂泊14年之久的孔子。子路，就是仲由，也做过季氏家臣。他性格非常直爽，有勇力，而且敢于批评孔子，做事非常果断，信守承诺。总之，这两个人都是非常杰出的人才。他们两个最大的不同点，大概就在于冉求懂权变之术，而子路却不懂。

季子然曾经问过孔子：子路和冉求算不算得上大臣？孔子回答说："所谓大臣者，以道事君，不可则止。"很显然，在孔子看来，"以道事君"是最基本也是最重要的标杆，达不到这一标准的，哪怕再有才能也不能算得上是大臣。作为孔子弟子的冉求做了季氏家臣后，通过自己的努力做成了两件事，算是完成了孔子的两大心愿：一是展示政治抱负，效忠鲁国；二是迎在外漂泊14年之久的孔子回归故里。所以，虽然冉求投靠季氏在孔子看来是背离君子之道的，但是他用变通的方式实现了自己对于孔门、对于"道"的信——用一部分妥协换取了干预鲁国政事的权力。

有一年，季康子想去祭泰山，但是按当时的规定，只有周天子和诸侯才能去做这件事，季氏在当时只是卿大夫，这分明就是"僭礼"。冉求是季氏家臣，但是并没有对此事发表意见，更没有阻止季康子。孔子曾因此而责问冉求："你作为季氏的家臣，明知道这是不合道义的，为何还不阻止？"显然孔子对此事非常不满，认为冉求有失为臣之道。但是，如果冉求和孔子，以及所有跟随孔子一起漂泊的众位同门师兄弟一样，对此事持反对意见，愤然离去，不再过问鲁国的国事，那么鲁国是否还有明天的大发展？孔子一行在外漂泊的命运是否可以在第14个年头结束？众人又能否顺利地回到鲁国呢？可以说，冉求是一个政治上的能人，更是一个坚守君子之道的贤者，他在仁的层面上比不上颜回，但是在当时，就功绩而言，冉求对孔门、对鲁国都是一个功臣。正是有能够为了成就一番大抱负而坚持并设法达成目的的冉求，才有了孔门的回归，才有了鲁国的持续发展。

设想一下，如果我们到敌方做间谍，那么在窃取情报的同时，我们最重要的就是要不暴露自己的身份。同样的道理，作为季氏家臣的冉求是身在季氏，心在孔门，心系鲁国。但是他又不得不通过一次次地为季氏做不仁不义的事情来保证实现自己的目的。这些不仁不义的事相对于他所追求的孔门回归、鲁国安危这些目的而言，已经是以小换大了。如果他在季氏的势力范围内还是一副正义凛然的样子，像孔子一样对季氏采取不屑一顾的态度，想必他也长久不了，也就不会有后面的贡献了。

同为孔门弟子，子路却和冉求走上了截然不同的道路，如果说冉求是曲线求发展，那么子路就是一个典型的反例了。

子路的率真是他的一大优势，很多人都喜欢他的这个性格，不过这个性格也使得子路遇到了不少麻烦。孔子在给子路的修身意见里就提醒他切莫意气用事。后来子路到了卫国，做了大夫孔悝的家宰，谨遵孔子的教诲，注意以君子的作为要求自己。然而，政治上的生存远不是有才能和抱负就可以大有作为的，还需要有“诡”和“诈”，才能避免更大的损失，子路恰恰缺少这些。

子路的死就诠释了以上观点。卫国大乱，太子蒯聩在外流亡了一段时期后再次回到了卫国。而蒯聩有一个外甥孔悝，此时正统治着一座城池。蒯聩为了能建立自己的势力，便想向他的外甥求助。谁知孙悝怕得罪国君，不肯提供帮助。蒯聩一气之下便直接挟持了孔悝。此时子路正在孔悝门下做家臣，与他一起的还有孔子的另一位弟子子羔。子羔非常聪明，见此情景便匆忙逃离了卫国。他在逃离途中刚好碰到了正从陈国赶回卫国的子路，就劝告他千万别回卫国，实在是太危险了。但是子路性格刚烈，固守君臣之礼，仍然冒险回到卫国。他还简单地想着：自己是孔悝的家臣，一定要忠心护主，岂能有贪生怕死之念。

回到卫国后，子路没有顾及自己的弱势地位，直接质问蒯聩为什么要挟持孔悝，并且威胁蒯聩说：“如果你敢杀了孔悝，我就马上找人继承他，但是绝不会和你联盟。”子路还当面说蒯聩是胆小鬼。蒯聩听了子路的话后有了几分顾忌，但是他并没有因此放了孔悝，而是心怀怨恨，派石乞等人杀了子路。

子路的行为，我们可以评价其是大丈夫所为，可以赞他既是誓死捍卫主君的忠臣，也是以死捍卫君子之理的贤者。但是从长远发展来看，我们不能不为之惋惜。如果子路能洞悉时局，用诡诈的方式换取主人的安全或是自己的安全，我们是不是还能在此后的历史中看到子路走过的身影，能在孔子的治学中看到子路更多的发问和批判呢？不过这一切现在都只能是想象而已。

忠疑第二十四：凡听言不可不察

是知天下是非，无所定也。世各是其所是，非其所非。今吾欲择是而居之，择非而去之，不知世之所是非者。孰是孰非哉？故有忠而见疑者，不可不察。

经典再现

夫毁[1]誉是非不可定矣。以汉高之略，而陈平之谋，毁之则疏，誉之则亲。以文帝之明，而魏尚之忠，绳[2]之以法则为罪，施之以德则为功。知世之听者，多有所尤[3]，多有所尤即听必悖矣。何以知其然耶？

《吕氏春秋》云："人有亡铁者，意其邻之子。视其行步颜色言语动作态度，无为而不窃铁者也。窃掘其谷而得其铁，他日复见其邻之子，动作态度，无似窃铁者也。"其邻子非变也，己则变之。变之者无他，有所尤矣。

邾之故，为甲裳以帛。公息忌谓邾之君曰："不若以组[4]。"邾君曰："善。"下令令官为甲必以组。公息忌因令其家皆为组。有伤[5]之者曰："公息忌所以欲用组者，其家为甲裳多为组也。"邾君不悦，于是乎止，无以组。邾君有所尤也，邾之故为甲，以组而便也，公息忌虽多为组，何伤？以组不便，公息忌虽无以为组，亦何益？为组与不为组，不足以累公息忌之说也。凡听言不可不察。

楼缓曰："公父文伯仕于鲁，病而死。女子为自杀于房中者二人。其母闻之弗哭。其相室[6]曰：'焉有子死而弗哭乎？'其母曰：'孔子，贤人也，逐于鲁而是人弗随之。今死，妇人为自杀，若是者，必其于长者薄，而于妇人厚。'故从母言之，是为贤母；从妻言之，是不免于妒妻也。"故其言一也，言者异，则人心变矣。

乐羊为魏将而攻中山，其子在中山，中山之君烹其子而遗[7]之羹，乐羊尽啜之。文侯曰："乐羊以我故，食其子之肉。"堵师赞曰："其子且食之，其谁不食？"乐羊罢中山，文侯赏其功而疑其心。

《淮南子》曰："亲母为其子扢秃[8]，出血至耳，见者以为爱子之至也。使[9]在于继母，则过者以为嫉也。事之情一也，所从观者异耳。从城上视牛如羊，视羊如豚，所居高也。窥面于盘水则圆，于杯则随。面形不变其故，有所圆有所随者，所自窥之异也。”今吾虽欲正身而待物，庸讵[10]知世之所自窥我者乎？是知天下是非，无所定也。世各是其所是，非其所非。今吾欲择是而居之，择非而去之，不知世之所是非者。孰是孰非哉？故有忠而见疑者，不可不察。

迷津指点

①毁：诽谤、毁谤。

②绳：制裁、惩罚。

③尤：犯错误。

④组：丝带。

⑤伤：中伤。

⑥相室：古代为卿大夫管理家务的人，男的称家老，女的称傅母，通称家臣。

⑦遗：派人送给……

⑧扢秃：治疗头疮。

⑨使：假若。

⑩庸讵：怎么能。

古文译读

毁谤与赞誉，是是非非本来就是没有一个固定标准的。即使像汉高祖刘邦那样具有雄才大略的人物，对丞相陈平那样足智多谋的人物，当有人毁谤陈平时，汉高祖也因此疏远了他；当有人赞誉陈平时，汉高祖又亲近信任了他。像汉文帝那样英明的帝王，对云中太守魏尚那样的忠臣，就因为魏尚向上呈报战绩时，多报了几颗首级，便被绳之以法，定了重罪。但是后来当冯唐为其辩解之后，却又法外施恩，赦免了魏尚的罪，并且重新重用。因此，我们可以清楚地知道，世上的人，当他们听别人汇报情况的时候会常常出现错误，一旦出错，他们得出来的结论就必然是与现实有一定差距的。怎么能证明这个道理呢？

《吕氏春秋》中说："有一个人丢了一把斧子，他总是认为是邻人的儿子偷了他的斧子。所以他看邻人的儿子走路的样子、脸色神态、说话、一举一动等，无不像偷斧子的人。后来，他在山谷中找到了自家的斧头，有一天，他再看邻人的儿子的时候，其动作、态度，就一点儿都不像偷斧子的人了。"其实，他邻人的儿子并没有改变，只是他自己的观点改变了而已。促使他改变的原因不是别的，只不过是当初的判断错了。

郲国这个国家过去是习惯于用丝帛来连缀铠甲的，其臣子公息忌对郲国的国君说："不如用丝带来连缀吧。"郲国的国君说："好吧。"于是便下令，以后需使用丝带来连缀铠甲。之后公息忌就让自己家都去织丝带。之后有人在郲国的国君面前中伤他说："公息忌之所以建议用丝带来制作铠甲，是因为他家编织丝带。"郲国的国君听到后很不高兴，于是下令以后不准再用丝带来连缀铠甲。这是郲君的判断的失误。郲国过去是用帛来连缀铠甲的，如果用丝带来连缀铠甲更为方便的话，那么公息忌家中织再多的丝带又有什么妨害呢？如果用丝带来连缀铠甲不方便的话，那么公息忌家即使不织丝带又对国家有什么好处呢？无论用丝带还是不用丝带来连缀铠甲，都不能以公息忌家是否多织丝带为标准，从而肯定或否定公息忌的建议。凡是从别人口里听来的话，不能不经思考就贸然相信。

楼缓说："有一个叫公父文伯的人，在鲁国做官，因生病而死。有两名妾室在房间中为了他而自杀了。公父文伯的母亲听到这个消息后并不悲伤哭泣。有的家臣说：'哪里有儿子死了，而母亲却不哭的？'公父文伯的母亲说：'孔子是一个贤明的人，当年被鲁国驱逐，而我的儿子却不去追随孔子。如今他死了，侍妾却为了他自杀。这肯定是因为他对有德的长者刻薄，而对侍妾过分宠爱了。'因为这句话是出自于母亲的嘴里，所以人们就认为他的母亲是个贤明的母亲；这句话如果出自妻子的嘴里，人们就不免会认为他的妻子是爱嫉妒的妻子。"所以，同样的话，由不同身份的人说出，人们评价的态度就会不一样。

乐羊为魏国大将时，奉命率军攻打中山国，而此刻他的儿子正被囚在中山国。中山国国君就把他的儿子煮了，而后做成羹汤，派人把羹汤送给乐羊，乐羊没有丝毫犹豫就把它全吃了。魏文侯知道后说："乐羊全是因为我的缘故，才吃掉了自己儿子的肉。"堵师赞却说："连自己儿子的肉都吃的人，又有谁的肉不敢吃呢？"在乐羊灭掉中山国后，魏文侯虽然赏赐了他，却也开始怀疑他的用心。

《淮南子》中曾说："亲生母亲为自己的儿子治疗头疮，血流到耳朵上，看见的人都说这是母亲疼爱儿子疼爱到极点了。如果是他的继母这样做，人们就会觉得她太狠心了。同样的一件事情，站在不同的角度上观察，就会得出不同的结论。从城楼上看城下的牛像羊，看羊又像小猪，这是由于站得太高的缘故。在圆形的盘子里放上水之后照自己的脸圆而完整，从一杯水中照自己的脸时就可能会小而不完整，面形并没有变化，有圆而完整和小而不完整的区别，只是因为你照的方法不一样。"现在，我想完善自己的品德以便待人接物，可是怎么知道世上的人是用什么标准、站在什么角度来看我呢？由此可知，天下的是与非本来就没有一个固定的标准。世上的人实际上是各有其是非标准的，符合自己的标准就是对的，不符合就是不对的。如今我要选择对的一面立身行事，去掉不对的那一面，但却不知道世上的人所遵循的是非标准。世界上的事情，究竟谁是谁非呢? 所以才会有忠心耿耿却被怀疑、不受重用的情况出现，不能不加以体察。

前沿诠释

在封建王朝里，君主的喜怒决定着臣下的命运。许多名臣就是因为君主的猜疑而遭受厄运的。这就告诉人们一个道理：疑人不用，用人不疑。当他人进谗言时，作为领导者，要能够查是非，明忠奸，以此确保决定的权威性和正确性。如果一个领导者从一开始就重用一个下属，那么就要相信他，不能因为别人的一句话而动摇信任之心。否则一旦信任出现偏差，奸佞之人就会趁机而入，事业的根基就会受到破坏，整个基业也就会慢慢地坍塌。

辨识忠奸，用其所长

《长短经》“忠疑第二十四”中说“天下是非，无所定也。世各是其所是，非其所非”。正是因为这个原因，天下事才分为高雅事和庸俗事，天下人才分为君子和小人。而面对复杂多变的具体情况，一个领导要有能力使用君子，使用高尚之人；也要有能力使用小人，使用庸俗之人。用君子做君子的事情，用小人做小人的事情，这就是用其所用吧。如何做到这一点，就涉及了识人与用人的艺术。

无论是古代的君主，还是现代的企业管理者，在事业发展到一定时期后，就喜欢搞队伍清理。人们称这种人事动荡为“驱除小人，留下君子”。殊不知，这种清洗虽然在一定时期内保证了队伍的纯洁性，但时间一长，君子中同样会产生小人。反之，如果能巧妙地任用君子与小人，使其各安其位，则能发挥极妙的作用。这一点是有一定的历史渊源的。

我们来看一下清代的乾隆皇帝，他就是一位极善于使用小人的帝王。和珅是个众所周知的大贪官，但乾隆皇帝将他用得恰到好处。和珅不但满足了乾隆皇帝的个人愿望，如皇帝缺钱时，自有和珅解决，还能为皇帝解决一些重要的问题，这些，我们都可以从清朝的历史和演义小说中看到。最关键的是，乾隆皇帝留下和珅，还为自己的儿子嘉庆帝留下了一个现成的“银行”。这就是后来“和珅一倒，嘉庆吃饱”的说法的由来。

此外，神也知道平衡地使用小人与君子。佛寺里都有四大天王，这四个天王个个凶悍无比，但是大慈大悲的佛祖还是要用这四个凶神做保安工作。这就体现了佛祖的智慧。当然，要任用恰当，就需要管理者做到明察。因为任用君子很容易，管理起来也容易；小人就不一样了，管起来是非常不容易的。但是，作为现代管理者，必须学会用小人，只有具备这样的心胸，才能成就大业。

那么，用小人用什么？管理者用君子用得更多的是其人品，用小人则更多的是用其智慧。作为管理者，面对的不管是哪种类型的人，都要学会运用管理手段使其为自己所用，“管理者要站在自己头脑之上”，才能达到“正身而待物”的目的。

用无用第二十五：无用之为用也大矣

原其无用，亦所以为用也。而惑者忽不践之地，赊无用之功，至乃诮讪远术，贱斥国华，不亦过乎？

经典再现

古人有言曰："得鸟者，罗之一目。然张一目之罗，终不能得鸟矣。鸟所以能远飞者，六翮[1]之力也。然无众毛之助，则飞不能远矣。"以是推之，无用之为用也大矣。故惠子谓庄子曰："子言无用矣。"庄子曰："知无用而始可与言用矣。夫天地非不广且大也，人之所用容足耳。然则削足而垫[2]之至黄泉，人尚有用乎？"惠子曰："无用。"庄子曰："然则无用之为用也亦明矣。"昔陈平智有余而见[3]疑，周勃质朴忠而见信。夫仁义不足相怀[4]，则智者以有余见疑，而朴者以不足取信矣。汉征处士樊英、杨厚，朝廷若待神明，至，竟无他异[5]。李固、朱穆以为处士纯盗虚名，无益于用。然而后进希之以成器，世主礼之以得众。原其无用，亦所以为用也。而惑[6]者忽不践之地，赊无用之功，至乃诮讪[7]远术，贱斥国华[8]，不亦过乎？

迷津指点

①翮：鸟的羽根，这里代指鸟翼。

②垫：脚下的土地。

③见：被。

④怀：信任。

⑤异：过人之处。

⑥惑：不明白。

⑦诮讪：嘲笑。

⑧国华：国家的英才。

古文译读

古人曾经说："捕获鸟的，其实只是罗网上的一个网眼，然而如果一个网上只设置了一个眼，那是永远捕不到鸟的。鸟之所以能飞得很远，是依靠它的六根健羽，可是如果只有健羽而没有众多的小羽毛，鸟也是飞不远的。"依照这个道理来推论，那些看似没有用的东西，其实却是有很大作用的。惠子曾对庄子说：“你所说的都是一些无用的空话。”庄子回答说：“明白这些没有用的道理，才能跟他讨论有用的道理。大地不是不宽广辽阔，但是人们占据的面积，也不过就是只能容下双脚就可以了。但是如果把除了供人们立足之外的地方都挖至黄泉，那么仅仅留下这块立足之地，还有用吗？”惠子说：“没用了。”庄子说：“那么，照这样看来，无用就是有用这个道理就很明白了。”从前，陈平由于智谋有余而被刘邦所疑忌，可是周勃却因为质朴忠诚而受到信任。在仁义不足以使人们互相信任的时候，聪明人会因为智谋有余而被疑忌，但是不聪明的人却会因为智谋不足而取得信任。东汉时，朝廷征召隐士樊英、杨厚入朝做官，朝廷期盼他们俩就像期盼神明一样。可是他们到了朝堂上，始终也没有什么特别的作为。李固、朱穆由此就认为这种隐士纯属欺世盗名之徒，对国家毫无用处。然而，随后慕名而来的人仰慕他们的高风亮节，因而成就了大器，当世的君主也因为礼遇处士而招揽了更多的人才。所以推究无用的东西，还要以“无用”为用。而那些迷惑的人忽视足下的无用之地，忽视了这些“无用”之物的特殊作用，甚至会嘲笑谴责远离正统道术的人，轻视排斥国家的英才。这不是太过分了吗？

前沿诠释

世人总是喜欢功利地把事物分为有用的和无用的，对于看似有用的东西，人们趋之若骛；对于看似无用的东西，人们往往将其弃置不顾。殊不知，那些看似无用的东西，或许最终能发挥巨大的作用，给你带来巨大的收益。犹太商人约瑟夫·贺希哈就是在看似无用的东西中找到了自己的财富。

乞丐股票超人借无用之事成就自己

被称为“乞丐股票超人”的约瑟夫·贺希哈是一位犹太人，在小时候，他由于家庭贫困，没有接受过太多的学校教育。甚至为了生活，他不得不去乞讨。在乞讨过程中，他每天都要去捡拾别人扔弃的报纸。这个举动受到了其他乞讨者的嘲笑，认为他在做无用的事情。但约瑟夫不在意，坚持每天捡拾，并在乞讨之余，坐在街边的石椅上仔细地看。慢慢地，报纸上的经济信息和股市行情吸引了他。他决心从股票方面开始发展自己的事业。

1914年爆发的第一次世界大战，让美国的经济一片萧条、美国绝大多数证券公司都处于惨淡经营，甚至不得不关门的境地。但就在此时，约瑟夫·贺希哈却到证券交易所去找工作。那些在交易所门口玩纸牌的人听到他的想法，不由得嘲笑他在做无用的事情，认为他精神有问题。但贺希哈没有灰心丧气，尽管为了生活他不得不到爱默生留声机公司做一份办公室勤杂和车间总机接线的工作，但他还是坚持着自己的梦想。

贺希哈利用晚间和假日，认真钻研股票业务和市场行情。不久，他发现自己所在的爱默生留声机公司也准备发行股票和经营股票，于是他开始用心注意公司的经营情况。有一天，他发现总经理办公室里有一个股市行情指示器。他是知道这个东西的作用的。于是，他鼓足勇气，敲响了总经理办公室的门，提出自己想做总经理的股票经纪人的请求。

在别人眼里，贺希哈可能是一个无用的人，因为他没有多少文化，还是一个办公室的勤杂人员。但这位总经理却发现，这个看似无用的小伙子，工作勤快，反应灵活，并有勇气向自己提出这个要求，将来一定是有用之才。于是他同意让贺希哈试着做一做。就这样，贺希哈更为深入地理解了股票买卖，也为他日后事业的发展打下了坚实基础。

早在开始在爱默生公司工作时，贺希哈就节衣缩食地每天节省一点小钱。别人认为那点儿小钱是九牛一毛，没什么用。但贺希哈不这样认为，他不断地积累着小钱，而且还利用替一家股票交易所当跑腿的兼职工作获得每周12美元的报酬。经过三年的艰辛努力，那些看似无用的小钱，最终成了250美元的“巨款”。而贺希哈本人则成为了一名独立的股票经纪人，最终走上发迹之路。在此后不到一年的时间里，他已经拥有了168万美元资产。

那些看似无用的东西在贺希哈的成功过程中发挥了重要的作用。废弃的报纸，让他了解了经济信息，了解了股票行情，让他对股票产生了浓厚的兴趣；看似人微言轻的勤杂工作，则让他有时间钻研股票业务；看上去不起眼的那点小钱的积累，则成了他的原始资本，最终让他以滚雪球的形式，积累了巨额财富。

贺希哈的经历再次告诉我们，不要盲目地认定哪些东西有用，哪些东西无用，重要的是你如何去运用这些东西，正如《长短经》“用无用第二十五”中所说，“无用之为用也大通矣”。

恩生怨第二十六：恩也者，怨之所生也

《传》称谚曰："非所怨，勿怨。寡人怨矣。"是故凡怨者，不怨于所疏，必怨于亲密。

经典再现

《传》称谚曰："非所怨，勿怨。寡人怨矣。"是故凡怨者，不怨于所疏，必怨于亲密。何以明之？高子曰："《小弁》[①]，小人之诗也。"孟子曰："何以言之？"高子曰："怨乎。"孟子曰："固哉，夫高叟之为诗也！有越人于此，开弓而射我，我则谈笑而道之，无他，疏之也；兄弟开弓而射我，我则泣涕而道之，无他，戚之也。然而《小弁》之怨，亲亲也。亲亲，仁也。"

晋使韩简子视秦师，云："师少于我，斗士倍我。"公曰："何故？"对曰："出因其资，入用其宠，饥食其粟，三施而不报，所以来也。"

杜邺说王音曰："邺闻人情，恩深者，其养谨；爱至者，其求谨。夫戚而不见异，亲而不见殊，孰能无怨？此《棠棣》[②]《角弓》[③]之所作也。"由此观之，故知怨也者，亲之也；恩也者，怨之所生也。不可不察。

迷津指点

①《小弁》：出自先秦《诗经》中的《小雅》。

②《棠棣》：出自《诗经·小雅·鹿鸣之什》。

③《角弓》：出自《诗经·小雅·鱼藻之什》。

古文译读

《左传》中引用了一句谚语："不该怨恨的人不要去怨恨他。但有些人却让人忍不住去怨恨。"由此可见，凡有怨恨的人，不是怨恨他所疏远的人，而是怨恨他所亲近的人。如何证明呢？高子说："《诗经》中的《小弁》，是小人作的。"孟子说："你从哪里看出来的呢？"高子说："因为诗中充满了怨恨的情绪。"孟子说："高老先生您讲《诗经》真是讲得太死板了！如果有越国人在这里，拿着弓箭来射我，我会边说边笑来谈这件事情，没有其他的原因，因为我和他并不亲近；如果是我的兄弟拿着弓箭射我，我一定会哭着说这件事情，没有别的原因，只是因为我们关系亲近。所以《小弁》中的怨恨情绪是因为对亲人的爱而生的。热爱亲人，这正是仁的表现啊。”

晋惠公派韩简子察看秦国军队的情况，韩简子回复说：“秦国军队的人数比我们少，但是士气比我们高一倍。”晋惠公问：“为什么呢？”韩简子回答说；“当初您逃离晋国时，秦国给了我们很大的帮助，回到晋国也是因为得到了秦国的恩宠。我国发生饥荒时，吃的是秦国的粮食。秦国三次施舍给我们恩德，而我们却不知道报答，所以秦军胸怀怒气而来，战斗力肯定比我们强。”

杜邺游说王音时说：“我听说人之常情是：恩情深重的人对他的敬养须特别谨慎周到；特别亲爱的人，其要求也特别细腻周到。关系亲密而没有得到特殊的对待，谁能无怨呢？这就是人们作《棠棣》《角弓》的情感背景。”通过这些我们可以了解，所谓怨恨的情绪，是亲人之间的一种情感；所谓恩情，往往是产生怨恨的源泉。不能不详察其中的道理啊。

前沿诠释

在历史上，以怨报德、反目成仇的事情屡见不鲜。这看似并不符合常理，却是有一定的原因的。越是关系亲近的人越容易因为一点不和而产生大的嫌隙，这就是恩生怨的缘故。此外，如果曾经受过我们恩惠的人拒绝我们的请求，我们也会产生怨恨之情，这也是恩生怨的一个重要因素。因此，对于人、对于事，如果我们能保持宽容的心态，适时地报答别人的恩情，同时也不苛求他人一定要报恩，那就可以少一些怨恨，多一些友好了。

亲则恨，疏则远

在现实生活中，我们常常可以看到，一些关系亲密的朋友之间，一旦反目，仇恨要远远深于普通朋友；亲人之间一旦生怨，怨就会越积越深，更不用说恋人或夫妻之间反目之后的恨之深了。

2005年初，经人介绍，王丽认识了陆健。初次见面漂亮的王丽就打动了陆健，而陆健也凭着自己的细心，让王丽对他产生了好感。就这样，二人开始交往。相处半年后，陆健就向王丽求婚了，而王丽虽然总觉得陆健的身上缺少些什么，但在陆健的强烈攻势下还是答应了。

步入婚姻的殿堂后，王丽和陆健过了一段蜜里调油似的幸福生活，陆健不让王丽做任何家务事，自己承担了家中的一切事情，还隔三差五地给王丽买小礼物。但很快，两人性格上的差异就表现出来了。王丽好静，陆健好动，在发生问题的时候，王丽愿意以平和的态度处理，陆健则比较激烈。于是，两人常常因为一些生活琐事发生争吵。最后，争吵升级，性格急躁的陆健每逢二人争吵就摔东西，有一次还出手打了王丽。王丽伤心至极，向陆健提出离婚。

听到王丽提出离婚的要求时，陆健惊呆了。他不断地向已经搬回娘家的王丽忏悔，但王丽已经对他失去了信心，怎么都不同意。最后，陆健看到王丽铁了心要离婚，爱就变成了恨。

为了报复王丽，陆健不但不同意离婚，还不断地到王丽的单位去找她，甚至几度找到王丽的上司。这让王丽在单位成为同事议论的焦点。为了断绝王丽的后路，陆健还让人写了一些小字报贴到王丽所住的小区和单位，上面除了诬蔑王丽的话外，还有王丽的详细个人资料，包括她的电话等信息。王丽因此不断地受到骚扰。最终，王丽不堪忍受，一纸诉状将陆健告上法庭。

在这个案例中，陆健的行为明显就是由爱生恨的表现。正是由于陆健开始对王丽的爱，导致他不能接受王丽的离去，因而由爱生恨。这也是为什么现实生活中许多爱人之间最后会反目成仇的原因。

同样的道理，亲人之间一旦反目，也会由亲生恨。正是因为彼此是亲人，所以觉得对方对自己有义务，一旦在自己心目中认定了这种义务，而对方没能做到，或者根本不去做，亲就成了恨。

王大妈有五个儿女，如今五个儿女都已经成婚，各自有了自己的家庭。在这五个儿女中，长子杜剑是王大妈的主心骨。王大妈有什么事情，都会找杜剑商量。今天头痛，明天燃气没了……总之，不论是大事小情，王大妈首先想到的就是杜剑。

前几天，王大妈的邻居发现王大妈的儿子杜剑和自己的弟妹吵了起来。这真是件稀奇的事儿。而且不久，杜剑竟然请了自己的伯伯来主持自己家的家庭会议，说是要解决家庭纠纷。

原来，杜剑多年来一直承担着照顾父母的责任，前几年父亲去世后，照顾母亲更成了杜剑义不容辞的责任。半年前，王大妈打电话给杜剑，说有事儿。杜剑急忙回家。原来王大妈想让杜剑给自己一笔钱，说有急用。杜剑百般询问，王大妈也不说原因，但杜剑还是给了母亲两万元钱。结果事情才过三个月，王大妈又说有事儿，让杜剑再给她两万元钱。杜剑就想不明白了，到底有什么事儿，母亲不能和自己说呢?

一直心里不平衡的杜剑的妻子告诉杜剑，王大妈的小女儿想换份更好的工作，但为她办事的人提出的条件就是要五万元钱。小女儿就向王大妈哭诉。王大妈心疼小女儿，就从杜剑那里要来四万元钱，加上自己存下的一万元，都给了小女儿。

这事儿让杜剑心里很不舒服。因为这些年里，弟妹们只是偶尔去看看母亲，一起吃顿饭，基本上不管母亲，是自己一人承担着照顾母亲的责任。实际上，杜剑自己的负担也很重。他目前开的这个维修厂，当时是贷了款的，为了贷款，他将自己现有的住房抵押了。除了修车厂的贷款，他还要承担远在外地农村的岳父岳母的生活费用，因为杜剑的妻子是独生女。就因为这样，杜剑直到现在还舍不得给自己买辆像样的车。可与他不同的是，要换工作的小妹开着一辆价值20多万的车，家里的房子也比他的大。但杜剑还是没说什么，只是暗示母亲，管好自己的生活就行了，弟妹们的事情让他们自己去处理。

前段时间，王大妈患病被送进了医院。经检查，她患的是尿毒症，需要换肾，而做手术需要很大一笔钱。没办法，杜剑只好约了几个弟妹，让大家共同分担一下。没想到，除了老三、老四愿意拿出点儿钱外，老二和小妹竟然说自己手头紧，拿不出钱来。杜剑生气了，就提到了母亲给小妹的五万元钱。结果小妹理直气壮地说是母亲给自己的，而且钱已经花了，没了。看着小妹的表现，杜剑寒心了，于是他请来伯伯主持家庭会议，要让大家分摊母亲的医药费。

最后，在伯伯的协调下，加上外界的压力，小妹不得不承担了她应该承担的那笔费用。但从此之后，小妹再也不和杜剑来往了，还对外说自己哥哥的坏话。而王大妈病好后，也对大儿子颇有微词。杜剑虽然还像过去一样去处理母亲的事，但母子之间再也不能像过去一样无拘无束地交谈了。

王大妈家发生的这件事，其实也是典型的由亲生恨。正是由于杜剑长期任劳任怨的付出，让弟妹认为他的付出是理所当然的。一旦他让其他人付出，就打破了这些人心目中惯有的思维，认为这种做法不对，怨恨就此产生。

所以，亲生怨产生的原因，归结到人的心理上，就是由于一种固有的心理定势被打破造成的。因此，如果我们在生活中多一些理解，能换位思考，这种怨恨或许就不会产生了。而为了避免这种情况的产生，无论是亲人之间还是恋人之间，都应当保持适当的距离。

诡顺第二十七：释利以循道，居方以从义

夫云雷世屯，瞻乌未定，当此时也，在君为君，委质事人，各为其主用职耳。

经典再现

赵子[①]曰：夫云雷世屯，瞻乌未定，当此时也，在君为君，委质事人，各为其主用职耳。故高祖赏季布之罪，晋文嘉寺人之过，虽前窘，莫之怨也，可谓通于大体矣。

昔晋文公初出亡，献公使寺人披[②]攻之蒲城，披斩其祛。及反国，吕、郤[③]畏逼，将焚公宫而杀之。寺人披请见，公使让之曰："蒲城之役，君命一宿，汝即至。其后余从狄君以田渭滨，汝为惠公来，求杀余，命汝三宿，汝中宿至。虽有君命，何其速也？"对曰："臣谓君之入也，其知之矣。若犹未也，又将及难。君命无二，古之制也。除君之恶，惟力是视。蒲人、狄人，余何有焉？今君即位，其无蒲、狄乎？齐桓公置射钩而使管仲相，君若易之，何辱命焉？行者甚众，岂惟刑臣？"公见之，以难告，得免吕、郤之难。

陈轸与张仪俱事秦惠王，惠王皆重之。二人争宠，仪恶轸于王曰："轸重币轻使秦、楚之间，将为国交也。今楚不善于秦而善于轸，轸为楚厚，为秦薄也。轸欲去秦而之楚，王何不听之？"王乃召轸而问之，轸曰："臣愿之楚，臣出，必故之楚，且明臣为楚与不也。昔楚有两妻者，王闻之乎？"王曰："弗闻。"轸曰："楚有两妻者，人挑其长者，长者詈之；挑其少者，少者复挑之。居无何，有两妻者死。客为挑者曰：'为汝娶少者乎，长者乎？'挑者曰：'娶长者。'客曰：'长者詈汝，少者复挑汝，汝何故娶长者？"挑者曰：'居人之所，则欲其挑我；为我之妻，则欲其詈人。'今楚王明主，昭阳贤相，使轸为臣，常以国情输楚，楚王将不留臣，昭阳将不与臣从事矣。臣何故之楚？臣出必故之楚，足以明臣为楚与不也。"轸出，仪入问王曰："轸果欲之楚不？"王曰："然。"仪曰："轸不为楚，楚王何为欲之？"王复以仪言谓轸，轸曰："然。"王曰："仪之言果信矣。"轸曰："非独仪知之，行道之人尽知之矣。子胥忠于君，而天下皆争以为臣；曾参、孝己爱于亲，而天下皆愿以为子。故卖仆妾不出闾巷售者，良仆妾也；

出妇嫁于乡曲者，必善妇也。今轸若不忠于君，楚亦何以为臣乎？忠且见弃，轸不之楚，将何归乎？”王以其言为然，遂厚待之。惠王终相张仪，轸遂奔楚。

韩信初为齐王时，蒯通说使三分天下，信不听。后知汉畏恶其能，乃与陈豨谋反。事泄，吕太后以计擒之。方斩，曰：“吾悔不听蒯通之计，乃为儿女子所诈，岂非天哉？”高祖归，乃诏齐捕通。至，上曰：“若教淮阴侯反耶？”曰：“然。臣固教之，竖子不用臣之策，故今自夷于此。如彼竖子用臣之计，陛下安得而夷之乎？”上怒曰：“烹[4]之。”通曰：“嗟乎！冤哉烹也！”上曰：“若教韩信反，何冤？”对曰：“秦之纲弛而维绝，山东大扰，异姓并起，英俊乌聚，秦失其鹿，天下共逐之。于是高材疾足者先得焉。跖之狗吠尧，尧非不仁，狗固吠非其主。当是时，臣独知韩信，非知陛下也。且天下锐精持锋，欲为陛下所求者甚众，固力不能耳，又可尽烹耶？”高帝曰：“置之。”乃释通之罪也。

初，吴王濞与七国谋反，及发，济北王[5]欲自杀。齐人公孙玃谓济北王曰：“臣请试为大王明说梁王，通意天子，说而不用，死未晚也。”公孙玃遂见梁王，曰：“夫济北之地东接强齐，南牵吴、越，北胁燕、赵。此四分五裂之国，权不足以自守，劲不足以扞寇，又非有奇佐之士以待难也。虽坠言于吴，非其正计也。昔郑祭仲许宋人立公子突以活其君，非义也。《春秋》记之，为其以生易死，以存易亡也。向使济北见情，实示不从之端，则吴必先历齐，军济北，招燕、赵而总之。如此，则山东之纵结而无隙矣。今吴、楚之王练诸侯之兵，驱白徒之众，西与天子争衡。济北独底节坚守不下，使吴失与而无助，跬行独进，瓦解土崩，破败而不救者，未必非济北之力也。夫以区区之济北，而与诸侯争强，是以羔犊之弱，而捍虎狼之敌也。守职不挠，可谓诚一矣。功义如此，尚见疑于上，胁肩低首，累足抚襟，使有自悔不前之心，非社稷之利也。臣恐藩臣守职者疑之。臣窃料之，能历西山，径长乐，抵未央，攘袂而正议者，独大王耳。上有全亡之功，下有安百姓之名，德沦于骨髓，恩加于无穷。愿大王留意详维之。”孝王大悦，使人驰以闻，济北王得不坐，徙封于菑川。

陈琳[6]典袁绍文章，袁氏败，琳归太祖[7]。太祖谓曰：“卿昔为本初移书，但可罪状孤而已，恶止其身，何乃上及祖父耶？”琳谢曰：“楚、汉未分，蒯通进策于韩信；乾时之战，管仲肆力于子纠。惟欲效计其主，取福一时。故跖之客，可以刺由；桀之狗，可使吠尧也。今明公必能进贤于忿后，弃愚于爱前，四方革面，英豪宅心矣。惟明公裁之。”太祖曰：“善。”厚待之。由此观之，是知晋侯杀里克，汉祖戮丁公，石勒[8]诛枣嵩，刘备薄许靖，良有以也。故范晔曰：“夫人守义于故主，斯可以事新主；耻以其众受宠，斯可以受大宠。”若乃言之者虽诚，而闻之者未譬。岂苟进之悦，易以情纳；持正之忤，难以理求？诚能释利以循道，居方以从义，君子之概⑨也。

迷津指点

①赵子：作者自称。

②寺人披：寺人是指古时候宫廷中供人使令的小臣，披为人名。

③吕、郤：即吕甥和郤芮，是晋惠公的两位大臣。

④烹：古代的一种酷刑，将人放入鼎中煮杀。

⑤济北王：西汉诸侯王刘志。

⑥陈琳：东汉末年著名的文学家。

⑦太祖：即曹操。

⑧石勒：字世龙，原名訇勒，十六国时期后赵的建立者。

⑨概：风范、风度。

古文译读

赵蕤说：在风雷激荡，世界混沌，百姓无所归依之时，不管跟随哪个君主，都全心全意侍奉他，各为自己的君主尽职尽责而已。因而汉高祖刘邦能够赏识季布，并赦免了他的罪行，晋文公重耳能够嘉奖曾经追杀过他的寺人披的过错，尽管他们过去曾经遭受过这些人的困辱，却不怨恨他们，可谓宽宏大量了。

从前，晋文公重耳刚刚逃出晋国，晋献公命令寺人披在蒲城攻击他，结果寺人披斩去了重耳的一只衣袖。等到重耳结束流亡的生活，回到晋国之后，晋惠公的旧臣吕甥、郤芮等人害怕晋文公报复他们，就准备焚毁重耳居住的宫室来杀掉他。寺人披请求晋文公接见他。晋文公派人斥责他说：“蒲城之战，献公命令你第二天赶到，你当天就到了。之后，我和狄国的国君一同在渭水边打猎，你又为了惠公准备杀我，惠公命令你三天之后赶到，结果你第二天就赶到了。虽然你是依国君之命行事，但是你为什么要那么急迫地来杀我呢？”披回答说：“我本来认为君王回国后，就应该明白如何做国君的道理了。看来您还没能明白其中的道理，这样下去，恐怕还将要遇到危险。执行君王的命令，是不能心存二心的，这是自古流传下来的制度。除掉国君所憎恨的人，只看自己有多大的能力而必须尽力而为。至于对方到底是蒲城人还是狄国人，与我有什么关系呢？现在，您登上了国君之位，难道就不会像当时在蒲、狄那样重演被仇敌追杀的情况吗？齐桓公能够把管仲曾为公子纠效力而射中他衣带钩的仇恨放到一边不再追究，反而任用管仲为齐相，您如果采取同齐桓公相反的做法，哪里需要您来派人责骂呢？要逃走的人太多了，难道仅仅是像我这种受过宫刑的小臣吗？”于是晋文公就接见了他，披就把吕甥、郤芮即将发难的事情告诉了晋文公，才使他免遭了一场灾祸。

陈轸和张仪一起侍奉秦惠王，秦惠王对这两个人都非常器重。两个人彼此嫉妒，在秦惠王面前争宠。张仪到惠王面前攻击陈轸说：“陈轸带着贵重的财物往来出使于秦楚两国之间，本来是为了秦楚两国之间的友好关系。现在，楚国对秦并不友好，反而对陈轸个人很是友善，这正表明了陈轸为楚国的利益考虑得更多，但是为秦国考虑得少。陈轸打算离开秦国前往楚国，大王您何不任由他去呢？”秦惠王便召见陈轸询问这件事。陈轸说：“我愿意离开秦国去楚国。我离开了秦国而去楚国，楚国一定还是从前的楚国，这样就能证明我到底是不是为楚国的利益考虑得多而为秦国的利益考虑得少了。从前楚国有一个人娶了两个妻子，大王您听说过他的故事吗？”秦惠王说：“我没听说过。”陈轸说：“楚国有一个人娶了两个妻子，有个人去勾引那个年纪比较大的妻子，结果被年纪较大的那个妻子骂了一顿；他又去勾引那个年纪较小的妻子，结果这个年纪较小的妻子反过来挑逗他。过了不久，有两个妻子的楚国人死了，有人问曾经挑逗过其妻子的那个人：‘是要为你娶年长的那位妻子呢，还是娶年幼的那位妻子？’那个人说：‘要娶年岁较大的妻子。’别人又问道：‘年长的妻子骂过你，年轻的妻子曾勾引过你，你为什么反而要娶年长的呢？’那个人回答说：‘作为其他人的妻子，我当然希望她来勾引我；作为我的妻子，我当然希望她能责骂挑逗她的人。’当今的楚王是一位明君，昭阳是楚国的贤相。假如我作为秦国的臣子却经常将秦国的机密情报告给楚国，那么楚工将不会收留我这样的人，昭阳也不会愿意同我这样的人共事，我又何必要去楚国呢？我离开秦国到楚国去，楚国必将还是原来的楚国，这样就足以证明我有没有出卖秦国利益给楚国了。”陈轸出去后，张仪就进来了，问秦惠王说：“陈轸是不是真的想去楚国？”秦惠王说：“是想去楚国。”张仪说：“如果陈轸没有为楚国的利益考虑，楚王为什么想接纳他呢？”秦惠王又把张仪的话告诉了陈轸，陈轸说：“的确是这样啊。”秦惠王说：“那么张仪说的话果然是可信的了。”陈轸说：“不仅张仪明白这个道理，连道路上随便一个行人都明白这个道理。伍子胥忠于自己的君主，天下所有的君主就都争着想接纳他为自己的臣子；曾参、孝己都是孝子，都很爱自己的父母，因此天下所有的父母都想有像曾参、孝己那样的儿子。所以，如果要卖仆妾，在还没走出邻里街巷就卖出去了，那么这个仆妾一定是非常好的仆妾。被休的媳妇又嫁给了本乡的人家，那她一定是个好媳妇。如果我不忠于秦国的国君，楚王又怎么会把我当做他忠诚的臣子呢？忠心耿耿的人反而被抛弃，我不到楚国又能到哪里去找归宿呢？”秦惠王认为他说的话非常有道理，于是又重新厚待陈轸。但是秦惠王最终还是任命张仪为相，陈轸便投奔了楚国。

最初韩信被封为齐王的时候，蒯通曾经劝说他与西楚项羽、汉王刘邦三分天下，韩信没有听从蒯通的话。后来韩信听说刘邦嫌恶他的才能，于是就和陈豨合谋叛乱。反叛的事泄露了出去，吕后用计生擒了韩信。临刑之前，韩信说：“我后悔当初没听蒯通的话，才被小人女子所蒙骗，这难道不是天意吗？”汉高祖回到京城之后，下诏令给齐国，逮捕蒯通。蒯通被押解到长安之后，汉高祖问他：“当初是你教唆韩信谋反的吗？”蒯通回答：“是的！我本来是那样教导他反叛的，只是这小子不用我的计策，因此才落到毁灭的下场。假如他当初听了我的计谋，陛下您哪里能杀得了他呢？”汉高祖大怒，说：“煮了他！”蒯通说：“唉呀，煮了我实在冤枉啊！”汉高祖说：“你教唆韩信谋反，哪里有什么好冤枉的？”蒯通回答说：“秦朝纲纪废弛，最终崩溃，山东大乱，异姓人纷纷起事，英雄豪杰就像乌鸦一样聚集在一起，秦王的皇位就如同一头逃跑的鹿在田间奔驰那样，天下的人都去追赶。于是身材高大、跑得快的人就能先捉到它。盗跖的狗朝着尧狂吠，并不是因为尧不仁，只不过是因为狗见了不是它主人的人就要狂吠罢了。当时，我只知道韩信，并不了解大王您。况且，天下精锐之士手持锋利的武器，想要做陛下您所做的事的人太多了，只不过是力量达不到罢了，您能把他们全都煮了吗？”汉高祖说：“放了他吧。”于是就赦免了蒯通的罪过。

当初，吴王刘濞联合七国共同准备谋反，等到内幕被揭露出来之后，济北王打算自杀。齐人公孙玃对济北王说：“请您准许我为您去劝说梁王，请梁王向皇帝陈述我们的隐衷，请求通融。如果劝说不成，您再自杀也不迟。”于是公孙玃就去求见梁王，说：“济北之地，东边与强大的齐国相连，南边则连接着吴、越等国家，北边又受到燕、赵等大国的威胁，因此这就是个四分五裂的国家，它的实力根本不能够自守，拥有的军队也不能够抵抗强大的敌人，而且又没有奇谋的人才辅佐济北王来对付吴楚七国的发难。尽管济北王曾经对吴王说了一些不该说的话，答应与他一起反叛，但是那是被迫的，并非济北王真正的意图。过去郑国的祭仲曾经被宋国逼迫着答应将宋女所生的公子突立为国君，他的目的是为了保护公子忽（即郑昭公）的生命。这是不符合义理的，《春秋》还是把它记载下来，因为正是他的这种做法才保全了郑昭公的性命，从而使郑国免遭灭亡，是以生代死，以存代亡。如果济北王在当时的情况下表现出来自己的真实想法，明确表示自己不服从吴王刘濞，那么吴王一定会先经过齐国，将大军驻扎在济北，召集燕、赵两国的军队由他统一指挥。如此一来，山东各诸侯国就会结盟而成合纵之势，而且无懈可击了。而现今吴、楚两国国王训练着七国诸侯的军队，驱赶着没有经过训练的乌合之众，向西进攻与天子之师争夺天下。济北国则独自底节，坚守不动，使吴国军队失去了援助，只能缓慢地单独进攻，步履维艰，最终土崩瓦解，遭到彻底的失败而得不到援助，这未必不是济北王的贡献。当初，假如凭借微不足道的济北小国挺身而出与吴楚七国诸侯争强斗胜，这就像是用羊羔和牛犊一样贫弱的力量，去对抗像猛虎和豺狼一样凶狠的敌人啊，只能白白送死而已。济北王已经做到了尽职尽责而不屈，这实在可以算得上是对皇上一片忠心了。有这样的功劳以及忠义，还要被皇上怀疑，只能缩着肩膀，低着头，叠着双脚，抚着衣襟，使他产生后悔自己之前没有和吴越结盟，反叛朝廷的心思。这对国家是没有什么好处的。而且我担心其他作为国家藩臣的诸侯王以及地方官员也会因此产生疑虑。我曾在私下暗自忖度，能够路过西山，径直到长乐宫、未央宫，面见皇帝，可以向皇上直言进谏的人，就只有大王您了。如果大王您这样做了，就对上有保全济北，使之免遭亡国之祸的功劳，对下有安抚百姓，使之安居乐业的好名声，您的这番德行深于骨髓，这番恩情所施加的范围广大无边。希望大王您把这事放在心里，详细地考虑考虑。”梁王听了这番话之后非常高兴，立即派人骑上快马驰往长安报告给皇帝。济北王因此不受吴、楚等国作乱的牵连，后来被徙封为菑川王。

陈琳曾经做过袁绍的机要文书，袁绍失败之后，陈琳归附了魏太祖曹操。曹操对陈琳说：“你过去为袁绍起草文书讨伐我，只要历数我的罪状也就够了，恶意的攻击也应局限于我自身，为什么要一直上溯到我的祖父呢？”陈琳谢罪说：“当初楚、汉相争，尚未分出胜负的时候，蒯通曾经向韩信进献计策，劝韩信同项王、汉王三分天下；齐鲁两国乾时之战，管仲竭尽全力为公子纠效命，曾经射了齐桓公一箭，射中了他的衣带钩。他们的目的都只想为其主人效力，助其主人获得一时之福啊。所以，盗跖的门客可以为了主人之命去谋刺许由，夏桀的狗只要得到主人的示意，就会向尧狂吠。现在明公您必定能够在平息了内心的愤怒之后，不计前嫌提拔贤能的人才，放弃那些虽然自己喜爱亲厚但却无能愚笨的人，这样的话，就会使四方之人改变态度，忠心地效忠于您了。希望明公您能仔细斟酌这个问题。”曹操说：“讲得好啊！”于是便厚待陈琳。由此看来，晋侯杀掉了对怀公不忠的里克，汉高祖杀掉了对项羽不忠的丁公，石勒杀掉对西晋不忠的枣嵩，刘备看不起对刘璋不忠的许靖，确实是很有道理的啊。所以范晔说："人只有对旧主忠心不二，才能对自己的新主也忠心耿耿；只有以受到多方的宠信为耻的人，才是真正值得宠信的人。"假如说这些话的人虽然是一片赤诚之心，但是在上者听了却不明白这些道理，这岂不是因为苟且求进的谄媚之言容易被接受，而持正但多有冒犯的逆耳忠言就难以被人接受吗？如果能真正做到放弃追求功利，遵循正道，立身处世做到公正，遵循义的原则，这就是君子的风度了。

前沿诠释

本篇中，作者认为在天下之主尚未确定之时，臣子各为其主效命是他们的本职。因而当天下已定时，夺得帝位的君主并不应该去报复、责罚之前反对，甚至迫害他们的人。相反，君主应该原谅，甚至重用他们，因为"夫人守义于故主，斯可以事新主"，即只有对旧主尽忠守义的人，才会对新主忠心耿耿。

一个成功的管理者，必须有识别那些真正值得重用的人才的能力，必须懂得如何去选择人才、使用人才，必须做到不仅能够重用那些与自己意见相合之人，而且要能不计前嫌，有大气度、大雅量，重用那些曾经与自己处于敌对地位的优秀人才，容忍与自己持反对意见的人。

不计前嫌的史蒂夫·乔布斯

今天，史蒂夫·乔布斯已经成为一个极具传奇性的名字，他所创造的一个又一个商业奇迹，正在改变着我们的世界。谈到乔布斯，我们也应该关注到他不计前嫌的品质。

2010年，当电子类消费产品大都利润下滑之际，乔布斯和他的苹果公司则逆市发展，成为救市英雄。他们的ipad、iphone4等产品从上市之际就开始热销，受到大量用户的追捧。看到今天乔布斯的成功，令人不能不想到乔布斯也曾被迫黯然离开自己一手创建的苹果公司。但是，当苹果公司濒临绝境之际，他又不计前嫌，再次归来，终于带领苹果公司走出了困境。

乔布斯小时候生活在加利福尼亚州著名的"硅谷"附近，他的邻居中有很多人都是惠普公司的职员。由于受到了这些邻居的影响，10岁时，乔布斯就明显表现出了对电子学的兴趣。后来他参加了惠普公司的"发现者俱乐部"，在一次聚会上第一次见到了电脑，开始对这个新奇的玩意儿有了朦胧的认识。之后，乔布斯家搬到了洛斯阿尔托斯市，在这里的一次初中同学聚会上，他结识了后来对他影响最大的人——斯蒂夫·沃兹尼亚克（简称沃兹）。大他5岁的沃兹也对电子学非常感兴趣，此时已经是远近闻名的电子学小专家，他还曾经因为恶搞学校管理部门的计算机而被赶出学校。两人因为同样的兴趣而一见如故。

8年之后，即1976年4月1日愚人节那天，乔布斯和沃兹签署了一份合同，决定成立一家电脑公司，公司的名字即为苹果。1977年4月，美国第一届计算机展览会在西海岸开幕，苹果公司在此次展览会上吸引了许多人的目光。乔布斯花费巨资在展览会上为苹果公司争取到了最大、最好的展位，并且展出了他的研发团队的最新成果——苹果11号样机。这台电脑一改过去个人电脑沉重粗笨、设计复杂、难以操作的形象，重不到6千克，只用10只螺钉组装，拥有美观大方的塑胶外壳，每个接口都做得十分巧妙，完全采用流线型设计，并且具有小巧轻便、操作简便以及可以安放在家中使用等鲜明特点。当时的苹果11号样机紧紧抓住了观众的心，在展览会上一鸣惊人，人们纷纷要求观看、试用，之后大量订单纷至沓来。

1980年，《华尔街日报》的全页广告上赫然写着“苹果电脑就是21世纪人类的自行车”，并且还刊登了乔布斯的巨幅照片。1980年12月12日，苹果电脑公司公开上市。交易当天，不到1小时，460万美元的公开股就被抢购一空。一夜之间，苹果公司的高层中产生了4名亿万富翁和40名以上的百万富翁，史蒂夫·乔布斯的个人资产达到了2.175亿美元。他也成为了公众的偶像。

然而，此时风光无限的苹果公司和乔布斯在接下来就遭遇了没落的危机。1983年，苹果公司发布了苹果数据库，但是它的售价过高，连美国本土的用户嫌贵，而少有人问津。但是为了研发这个新型数据库，苹果公司已经投入了大量的经费，现在销售不出去，就在很大程度上导致了苹果的没落。更加雪上加霜的是，IBM公司此时也大力开发个人电脑，抢占了大片市场。相比而言，苹果公司新开发出的电脑的销售情况却惨不忍睹。此时，苹果公司的各部门经理和董事都将失败的责任推到了乔布斯身上。

1985年4月，董事会通过决议取消了乔布斯的经营权。之后，乔布斯多次想夺回权力都没能成功。于是，刚刚过完30岁生日的乔布斯被赶出他倾注了所有心血的苹果公司。离开苹果公司之后的乔布斯又创办了“Next”电脑公司，继续坚持开发电脑。而苹果公司则由于一直坚持软件与硬件的捆绑销售，使其电脑无法走上大众化的道路。由于这种不恰当的做法，苹果公司失去了很多与其他公司合作的机会，其中就包括微软公司。

1996年12月，乔布斯因为他的电脑公司成功制作了第一部电脑动画片《玩具总动员》而声名大噪，他的个人身价也涨到超过10亿美元。另一方面，苹果公司已经陷入绝境，到了山穷水尽的地步。就在此时，全球各大计算机报刊几乎都在头版刊登了“苹果收购Next，乔布斯重回苹果”这一重大的消息。在苹果公司处于危难之中时，乔布斯不计前嫌，重新归来，希望力挽狂澜。这个消息让整个苹果公司感到非常惊喜，大家都备受鼓舞。连一手策划赶走乔布斯的前CEO阿梅利奥也在迎接乔布斯的欢迎词中说：“我们以最隆重的仪式欢迎我们最伟大的天才归来。我们坚信，他会让世人相信苹果电脑是信息业中永远的创新者。”乔布斯大刀阔斧地进行了改革，并且又一次不计前嫌，抛弃旧日的恩怨，与宿敌微软公司握手言和，缔结了令人瞩目的“世纪之盟”，达成了战略性的全面交叉授权协议。在他的领导下，苹果公司经过大力改革，终于重新开始赢利。乔布斯刚刚回到苹果公司时，苹果公司的亏损高达10亿美元，但是一年之后，就创下了赢利3.09亿美元的奇迹。

在被旧日同人驱逐出自己一手创立的苹果公司之后，乔布斯不计前嫌，于苹果公司危难之际归来，力挽狂澜，最终使苹果公司走出低谷，重新崛起。这已经成为了一个经典的商业案例。正是因为乔布斯能不计前嫌做出这样的选择，才最终走出了自己和苹果公司的成功之路。

难必第二十八：望人者不至，恃人者不久

语曰："以权利合者，权利尽而交疏。"又曰："以色事人者，色衰则爱绝。"此言财色不可必也。

经典再现

大人主莫不欲其臣之忠，而忠未必信[①]。故伍员流于江，苌弘死于蜀，其血三年而化为碧。凡人亲莫不欲其子之孝，而孝未必爱。故孝己忧而曾参悲。此难必者也。何以言之？

魏文侯问狐卷子曰："父子、兄弟、君臣之贤足恃乎？"对曰："不足恃[②]也。何者？父贤不过尧而丹朱放，子贤不过舜而瞽叟拘，兄贤不过舜而象傲，弟贤不过周公而管、蔡诛，臣贤不过汤、武而桀纣伐。望人者不至，恃人者不久。君欲理亦从身始，人何可恃乎？"

汉时梁孝王藏匿羊胜、公孙诡。韩安国泣说梁孝王曰："大王自度[③]于皇帝，孰与太上皇之与高皇帝及皇帝之与临江王亲？"孝王曰："弗如也。"安国曰："夫太上、临江，亲父子间，然而高帝曰：'提三尺剑，取天下者，朕也。'故太上终不得制事[④]，居栎阳。临江王，嫡长太子也，以言过废[⑤]王临江，用宫垣事，卒[⑥]自杀中尉府。何者？治天下终不以私害公。语曰：'虽有亲父，安知其不为虎？虽有亲兄，安知其不为狼？'今大王列在诸侯，说[⑦]一邪臣浮说[⑧]，犯上禁，挠明法。天子以太后故，不忍致法于王。太后日夜泣涕幸大王自改，而大王终不觉悟。有如太后车即晏驾，大王尚谁攀乎？"语未卒[⑨]，孝王出羊胜等。

由是观之，安在其可必哉？语曰："以权利合[⑩]者，权利尽而交疏。"又曰："以色事人者，色衰则爱绝。"此言财色不可必也。《墨子》曰："虽有慈父，不爱无益之子。"黄石公曰："主不可以无德，无德则臣叛。"此言臣子不可必也。《诗》云："自求伊祜[⑪]。"有旨[⑫]哉！有旨哉！

迷津指点

①信：获得信任。

②恃：依靠，依赖。

③度：揣度。

④制事：干预朝政，管理政事。

⑤废：被废除。

⑥卒：最终。

⑦说：通“悦”，欣赏，赏识，对……感到愉悦。

⑧浮说：肤浅浮夸的言语。

⑨卒：完结。

⑩合：结交，相互结合。

⑪祜：幸福。

⑫旨：道理，见地。

古文译读

做人主的无不想让自己的臣下对自己忠诚效力，然而对主子忠诚效力的臣下却不一定能获得主子的信任。因此，伍子胥被赐死抛尸江中，苌弘在蜀国被害死，三年后他的血化为碧玉。任何一个当父母的人无不想要自己的子女孝顺自己，然而孝顺父母的子女却不一定能得到父母的关爱。因此，孝己感到十分忧虑，曾参感到十分悲伤。这就是世间万物难以有固定的依靠的道理。为什么这么说呢?

魏文侯问狐卷子：“父子、兄弟、君臣之间，可以依靠对方的贤明智慧吗？”狐卷子答道：“不可以依靠。为什么呢?父亲中没有比尧更贤明的了，然而他的儿子丹朱却被放逐出去了；儿子中没有比舜更贤明的人了，然而他的父亲瞽叟却把他给拘禁了；兄长中没有比舜更贤明的人了，然而他的弟弟象却十分傲慢；弟弟中没有比周公更贤明的人了，然而他的哥哥管叔和蔡叔却被诛杀了；臣子中没有比商汤和周武王更贤明的了，然而君主夏桀和商纣分别被他们诛灭了。指望他人的人无法实现自己的愿望，依靠他人的人无法使大业长久地维持下去。君王想要治理好国家，就必须从自身做起，怎么能够仅仅依靠他人呢？”

西汉时，梁孝王窝藏朝廷罪犯羊胜和公孙诡，韩安国哭着对梁孝王说：“大王您自己揣度一下，您与皇上亲近还是太上皇与高皇帝、皇上与临江王亲近？”梁孝王答道：“比不上他们之间的关系亲密。”韩安国说：“太上皇与高皇帝、皇上与临江王，是亲父子关系，然而高皇帝说过：‘手持三尺长的剑攻占天下的人是我。’因此，太上皇始终都不能干预政事，只能住在栎阳宫。临江王本来是太子，但因一时的言语过失而被废为临江王，又因为修宫楼的事最终被逼在中尉府中自杀。这是为什么呢？治理天下不能因为私人的感情而坏了公事。俗语说：‘即使是亲生父亲，又怎么能知道他不是将伤害自己的老虎呢？即使是亲兄长，又怎么能知道他不是要伤害自己的豺狼呢？’如今大王您位列诸侯，赏识奸邪小人信口雌黄的浮夸之语，触犯了皇上的禁令，扰乱了国家的法制。皇上因为太后的缘故，不忍心将您绳之以法。太后日夜都在哭泣，希望大王您能自己醒悟悔改，而大王却始终不醒悟。如果太后驾崩了，大王还能依靠谁呢？”话还没有说完，梁孝王便将羊胜等人交了出来。

由此就可以知道，哪里有足以依靠的事物呢？俗语说：“凭借权势和利益结合在一起的，当权势和利益都没有时，交往的人也就疏远了。”又有句话说：“凭借容貌侍奉他人的，容貌衰老时，宠爱也随之消失了。”这两句话说的是，财物和美色是不能用来依靠的。《墨子》中说：“即使父亲很慈爱，他也不会疼爱没有用的子女。”黄石公曾说：“做君主的对臣子不能没有道德，没有道德臣子和百姓就会背叛他。”这两句话说的是臣子和子女也是不能无条件依靠的。《诗经》中说：“依靠自己的力量求得幸福。”有道理！有道理啊！

前沿诠释

本篇犀利地向管理者阐述了关于“依靠”的问题。事实上，绝大多数成功的管理者都是依靠自身的本领率领团队，应对变幻莫测的风云的。不管是上司还是下属，也不管是亲人还是好友，他人都无法永远成为自己的靠山，要想经受得住各种打击，获得成功，就必须实现人格和工作上的独立。

刘荫枢卖桥教子不端祖宗碗

关于“依靠”二字，不仅在涉及国家大事时要给予高度关注，在个人发展过程中，也要时刻注意这一问题。只有不过分地依靠他人，才能使得自己的事业蓬勃发展起来。刘荫枢就是这样教子的。

刘荫枢是清朝康熙年间的贵州巡抚，他为人一向清贫自谦，十分关心百姓疾苦。有一次，刘荫枢回了趟老家陕西韩城潭马村。潭马村有一条河叫居水河，由于没有修桥，百姓们想过河必须坐船，十分不方便。刘荫枢路过老家集市时，发现成百上千位父老乡亲争先恐后地挤上本来就很小，数量又不多的小船，非常危险。刘荫枢的脑海里蹦出一个念头：为何我不修一座桥，为家乡做一些贡献呢？

这个主意好是好，但是修一座桥需要花费很多钱。刘荫枢掂量了一下自己的家底，发觉必须拿出自己的全部家当，才够修一座桥。刘荫枢本来就洁身自好，从来不接受任何贿赂，这些家当都是他自己省吃俭用存下来的。如今，他想将这些辛辛苦苦积攒下来的钱都用来修桥，在家里定会引起很大的轰动。果然，当刘荫枢将这个决定告诉家人的时候，除了他的夫人表示支持外，其他人都纷纷反对，尤其是刘荫枢的儿子更加着急。他对刘荫枢说："爹，这钱是您长年积蓄下来的，本来您已经年老，需要一笔钱来养老了。再说，剩下的钱也应该留给我们子孙后代，作为我们将来衣食的依靠啊。您为何不把这钱留给子孙买土地盖房子呢？还是别建桥了吧。"刘荫枢义正词严地拒绝道："儿孙自有儿孙福，靠人靠天靠祖上，不算是好汉。儿孙们如果有志气，肯努力奋斗，将来也会有好日子过，用不着我来操心。如果你们不努力，整日碌碌无为，我就算给你们再多的钱，也不能帮你们出人头地啊。"刘荫枢心意已决，便不再听儿子的劝阻，毅然寻觅村中有名的石匠，将钱付给他们，吩咐他们在居水河上修桥。不久，一座崭新的石拱桥建好了，行人们纷纷称赞这座桥给他们的生活带来了许多便利。后来，这座桥被命名为"毓秀桥"，以颂扬刘荫枢无私而高尚的品德。

几年之后，刘荫枢和儿子再度回乡。路过他出资建造的毓秀桥时，看着桥上人来人往的热闹场景，刘荫枢心中大为振奋。他想："为百姓造福是自己最高兴的事情啊。"他的儿子也看到了同样的场景，想法却和父亲截然不同。他想："这座桥是我们家的，我们完全可以利用这座桥来赚钱啊。只要派人在桥边看守着，但凡需要过桥的人都要交付一个铜板，这样下来，我们就可以赚好多钱了啊。"儿子越想越美，就将这个"妙计"告诉了刘荫枢。刘荫枢听后非常失望，然而，他也突然意识到自己的儿子有过分依赖自己的产业的倾向。为了及时消除他的这种依赖感，刘荫枢又做出了一个令众人震惊的决定。

刘荫枢雕像。刘荫枢（1637—1723），字相斗，别字乔南，陕西韩城人，清朝大臣。

第二天，刘荫枢向韩城知县发出请帖，请他有空到潭马村自己的家中坐坐，并商量一些事情。知县如期登门拜访，只见刘荫枢家的屋子里坐满了潭马村的父老乡亲。知县不知刘荫枢葫芦里卖的是什么药，一脸惊愕。刘荫枢笑了笑，对知县和父老乡亲说："在座的诸位父老乡亲以及韩城知县，今日特地邀请你们来鄙府做客，主要是想和大家商量一件事。大家都知道，潭马村居水河上的毓秀桥，是我出钱叫人修建的。现在，我想将这座桥卖给韩城。不知大家意下如何？”众人听后，顿时呆住了。接着，大家便开始议论纷纷：“哎，好不容易盼来一个爱民廉政的好官给咱们带来福利，现在倒好了，说要把桥卖了。我们哪有钱买啊！”“刘巡抚该不会是升官后仗势欺人了吧？好端端的桥，现在说要卖了，这不是欺负穷苦百姓吗？”知县也十分不悦，然而，面对上级，他也不敢发表反对意见，心中估量着：这座桥前前后后修建大概用了三四万两银子，再加上这十几年的利息，恐怕数目不小。知府无可奈何，只能小声地问了一句：“敢问刘巡抚，这桥要卖多少钱啊？”刘荫枢伸出三个指头。知县见到后大吃一惊，十分惊恐地说道：“三十万两银子！刘巡抚请恕罪，卑职实在拿不出这么多银两啊！”刘荫枢哈哈大笑道：“谁说三十万两了？多了多了。”知县接着问：“那是三万两银子？”刘荫枢答道：“还是多了。”知县听后，心里明白刘荫枢早已让利了许多，如果只是三千两，虽然对小小的韩城来说是一笔不小的数目，但对一座石拱桥来说，估计还不够修一个石拱呢，于是他问道：“刘巡抚的意思是……三千两？”刘荫枢摆了摆手，随和地对众人说：“不是三千两，也不是三万两，更不是三十万两，而是三两！我只要三两银子，就答应将这座桥卖给韩城！”

话音刚落，在场的百姓、知县，还有刘荫枢的儿子都惊呆了。儿子近乎哭着质问刘荫枢：“爹，您当初花了全部的积蓄建的桥，现在只三两就卖了出去，我们这些做子孙的什么都没有得到啊！您就这么忍心对待您的儿子吗？”刘荫枢感叹道：“儿子，爹是不想让你依赖祖辈啊。这些年，爹承认自己忙于公事，疏忽了对你们的教育，才使得你像现在这般依赖别人。好男儿就应该懂得自立自强，不依靠祖宗，自己建立功业。我能帮得了你一时，却帮不了你一世。如果我把家产都交给你，你就会更加不懂得要自己奋斗，这会贻害子孙后代的啊！”于是，他奋笔疾书，立下以三两银子将毓秀桥卖给韩城父老乡亲的契约。

自己奋斗，不要依赖祖辈，刘荫枢确实教育得对啊。我们当世之人也应该引以为鉴。

运命第二十九：穷理、尽性以至于命

《易》曰：“有天道焉，有地道焉，有人道焉。”“穷理、尽性以至于命。”

经典再现

夫天道性命，圣人所稀言也。虽有其旨[①]，难得而详。然校[②]之古今，错综其纪[③]，乘[④]乎三势，亦可以仿佛其略。何以言之？荀悦云：“凡三光[⑤]、精气变异，此皆阴阳之精也。其本在地，而上发于天。政失于此，则变见于彼，不其然乎？”今称《洪范》咎征[⑥]，则有尧汤水旱之灾；消灾复异，则有周宣《云汉》[⑦]“宁莫我听”；《易》称“积善馀庆[⑧]”，则有颜、冉短折之凶。善恶之报，类变万端，不可齐一。故视听者惑焉。尝试言之。

孔子曰：“死生有命。”又曰：“不得其死。”又曰：“幸而免者。”夫“死生有命”，其正理也；“不得其死”者，未可以死而死也；“幸而免者”，可以死而不死也。此皆性命三势之理也。推此以及教化，则亦如之。人有不教化而自成者，有待教化而后成者，有虽加教化而终不成者。故上智与下愚不移，至于中人则可上可下。推此以及天道，则亦如之。灾祥之应，无所疑焉。故尧、汤水旱，天数也；《洪范》咎征，人事也。鲁僖淫雨，可救之应也；周宣旱甚，难变之势也；颜、冉之凶，性命之本也。

《易》曰：“有天道焉，有地道焉，有人道焉。”言其异也。“兼三才而两之[⑨]”，言其同也。故天人之道，有同有异。据其所以异，而责其所以同，斯则惑矣；守其所以同，而求其所以异，则取弊矣。迟速深浅，变化错乎其中，其故参差难得而均也。天地人物之理，莫不同之。故君子尽心焉，尽力焉，以邀命也。《易》曰：“穷理、尽性以至于命。”此之谓也。

迷津指点

①旨：要旨，要义。

②校：校阅，考察。

③纪：通“记”，记载、记录的文稿。

④乘：凭借。

⑤三光：日光、月光、星光三者的合称。

⑥咎征：惩罚人间的征兆。咎，惩罚，惩治。

⑦《云汉》：《诗经·大雅》中的一篇。

⑧馀庆：丰裕和幸福。

⑨兼三才而两之：将天道、地道和人道兼并为天道和人道。

古文译读

天道和生命，是圣人很少提及的。即使有这些问题的要旨，也没有详细清楚的论说。然而校阅从古到今错综复杂的各项记载，凭借着“三势”的道理分析研究，可以大概知道其中的要点。怎么来说明这一问题呢？荀悦说：“但凡日光、月光、星光和精气发生的变化，都是阴阳之间的精华。它的本源在地上，向天上发展。一旦国家政治有所失误，这些变化就会出现在天地之间，难道不是这样的吗？”如今人们说《洪范》上记载的上天惩罚人间的征兆，就包括尧、商汤时遇到的水灾和旱灾；解除灾害、恢复正常，在《诗经·云汉》中有“上天听不到我的呼唤啊”的感叹；《周易》中说：“积善之人，能得到丰裕和幸福。”然而颜回、冉伯牛虽品德高尚，却很短命。善恶的报应变化莫测，很难用同一的原则来衡量，因此无论是看到还是听到，都会感到困惑。我试着来举例说明。

孔子说：“死亡和出生都是命中注定的。”又曾说：“死得不合适。”还曾说：“可以侥幸免死。”“死亡和出生都是命中注定的”是一般的原则和道理；“死得不合适”意思是还不可以死去时就死去了；“可以侥幸免死”是说本来应当死去却没有死。这就是生命的三种态势。以此推理到教化百姓方面，也是同样的道理。人群中，有不用教化便能自我成就的人，有必须通过教化方可在后来有所成就的人，也有即使接受了教化也最终不能有成就的人。因此，特别聪明的人和特别愚蠢的人是不会改变的，至于介于二者之间的人，既可通过教化而向善良一面发展，也可以在没有接受教化的情况下向邪恶一面发展。由此推理到天道的问题上，也是同样的道理。灾难和吉祥的报应是没有可怀疑的。因此，尧、汤遇到的水灾、旱灾，是上天安排的；《洪范》中所说的惩罚人间的征兆，是由人事决定的。鲁僖公遇到的连绵阴雨经过向上天哀叹后不停止了，这说明灾难是可以挽救的；周宣王遇到的旱灾祈祷无效，这又说明灾难是难以改变的。颜回、冉伯牛的不幸，是命运注定的啊。

《周易》中说：“天有天运行的法则，地有地运行的法则，人有人运行的法则。”说的就是这三者之间的不同。“兼容天、地、人三者，归为两端，即天人”，讲的就是它们之间的相同之处。所以上天和人世运行的法则彼此有同有异。根据它们之间的不同之处，指责它们之间的相同之处，就会产生困惑；用它们之间的相同之处去要求它们之间的不同之处，就会产生弊端。人世运行的快慢深浅，它们的变化错综复杂，不可能整齐划一。天、地、人、物彼此运行联系的道理也是这样，所以君子要尽心尽力地掌握自己的命运。《周易》中说：“追究万事万物的道理，使它们能充分发挥自己的作用，这就是万事万物真正的命运。”说的就是这个道理。

前沿诠释

“天有不测风云，人有旦夕祸福”，命运变幻莫测，即使生活在科技发达的现代社会里，我们依然无法准确地把握自己的命运。赵蕤将命运归结于天意，“生死有命，富贵在天”，虽然带有一定的悲观色彩，但也值得我们深入思考——正是因为命运起伏不定，我们才不能甘受命运摆布；而当不幸的遭遇发生在自己身上的时候，我们要用泰然的心态对待，这不失为一种豁达的人生态度。

泰戈尔一生中的痛苦与快乐

世界著名的文学泰斗泰戈尔一生的经历十分坎坷，他曾遭受生活给予他的沉重打击。然而，纵使遭受再多的痛苦，受到再多的打击，他也没有失去对真理、正义、光明的追求和挚爱。他用诗歌将内心的热忱淋漓尽致地表现出来，向全人类发出了来自肺腑的虔诚呼唤，传递出令世人怦然心动的箴言。

1861年5月7日，罗宾德拉纳特·泰戈尔出生于印度加尔各答一个富裕的家庭。然而，良好的家境并没有给泰戈尔带来比中等家庭更好的生活条件。因此，泰戈尔从小就养成了独立自主的好习惯，而不像其他富裕家庭中衣来伸手饭来张口的公子哥。泰戈尔的父母终日忙于宗教组织的活动，很少回家。缺乏父母关爱的童年生活给年幼的泰戈尔心里蒙上了一层巨大的阴影，以致长大后的泰戈尔不停地在文学作品中表达其对母爱的追求和向往。被关在家里的泰戈尔每天只能和家中的仆人接触，他开始变得孤僻和内向。每天，他都会趴在窗前默默地注视着窗外的景物和行人，表现出一副若有所思的样子。这种压抑的童年对泰戈尔一生的影响极其重大，他多愁善感、敏感细腻的诗人气质，便是在这样单调孤寂的童年生活中形成的。

不知不觉，20多岁的泰戈尔到了谈婚论嫁的年龄，家人也都开始为泰戈尔操办婚事。后来，家中的两位嫂子替泰戈尔相中了当地一位年仅11岁的小姑娘。由于饱受正统的家庭环境的影响，孝顺听话的泰戈尔接受了家里人的安排。虽然新娘的年龄与他相差甚远，没什么学问，长相也十分普通，但泰戈尔还是在1883年结婚，开始安心与妻子过日子。

泰戈尔（1861—1941），印度著名诗人、文学家、艺术家，1913年，他凭借宗教抒情诗《吉檀迦利》获得诺贝尔文学奖。

然而，“天有不测风云，人有旦夕祸福”，本想安静生活的泰戈尔在婚后接连遭遇令自己痛不欲生的打击。当时，泰戈尔的嫂子，同时也是他的挚友——伽登帕莉自杀身亡。噩耗传来，泰戈尔终日以泪洗面。他之所以反应如此强烈，除了其多愁善感的诗人气质以外，还因为自母亲去世后，身为嫂子的伽登帕莉怜悯年幼的泰戈尔，悉心照料他的生活，还鼓励泰戈尔从事文学创作。泰戈尔也将她视为知己，什么心里话都向她倾诉。这一次，涉世不深的他第一次面对亲密之人离去的不幸，也第一次感受到死亡的残酷和恐怖。嫂子自杀的事情在生性浪漫而感性的泰戈尔心里留下了重重的阴影。正是从这件事开始，泰戈尔走上了思索和探究生命归宿及死亡意义的道路。此后，他陆陆续续地发表了许多关于这方面内容的文学作品。可以说，嫂子去世后，泰戈尔的文学创作之路出现了巨大的转折。

嫂子刚刚离世不久，泰戈尔的哥哥海门德拉纳特也不幸去世。旧伤未愈，再添新伤，已经痛苦不已的泰戈尔再次面对亲人离开的悲恸事实，几近崩溃，陷入了无尽的痛苦之中。

多灾多难的命运总会击垮人们生存下去的信念，也总会造就一些意志坚强的人，他们在苦海中顽强地生存下去，不放弃寻找生命曙光的动力。泰戈尔并没有被种种噩运征服，他浪漫的内在品质让他不会轻易放弃生命。他痛定思痛，决心振作起来，化悲痛为力量，将所有的哀愁和对亲人的思念转化为文学创作的动力。此后，泰戈尔变得更加成熟睿智。在后来的文学创作中，他文思如泉涌，以一种积极、豁达的心态面对死亡，面对命运。

“我不想在这可爱的世界上死去/我留恋那灿烂的阳光，盛开的鲜花/我要像一个人一样在人群中生活/人世间的生活像游戏一样纷繁多彩/生活中充满悲欢离合，嬉笑怒骂/啊！让我歌唱人们心中的悲哀和欢乐/让那优美动听的曲调千秋传播。”

这是泰戈尔著名的诗歌集《刚与柔》中的开篇诗句。诗歌表现了如泉涌的文思和唯美的诗性，而这种诗性正如泰戈尔的人格般从容。他相信，纵使面对千般悲欢离合，世界依然有着美丽的一面，在痛苦背后，总有欢乐的沉淀。

纵观泰戈尔遭遇到的痛苦，品读其诗歌中的快乐之情，可以说，他的痛苦来自于现实，而他的快乐则来自于自身。泰戈尔用一种乐观的生活态度过滤了命运中不幸的成分，保留了幸福和理想。他感性，却不失理性；他坚持着自己的理想主义，却又能坦荡地接受痛苦的现实。泰戈尔就像一位伟大的歌唱家，用唯美的诗歌，奏响心中不甘受命运摆布的不朽乐章。

大私第三十：将欲取之，必故与之

夫惟不私，故能成其私；不利而利之，乃利之大者矣。

经典再现

《管子》曰："知与之为取，政之宝也。"《周书》曰："将欲取之，必故与之。"何以征①其然耶？黄石公曰："得而勿有，立而勿取，为者则己，有者则士，焉知利之所在？彼为诸侯，己为天子，使城自保，令士自取，王者之道也。"尸子曰："尧养无告②，禹爱辜人③，此先王之所以安危而怀远也。圣人于大私之中也为无私。"汤曰："朕身有罪，无及万方；万方④有罪，朕身受之。"汤不私其身而私万方。文王曰："苟有仁人，何必周亲。"文王不私其亲而私万国。先王非无私也，所私者与人不同，此知大私者也。由是言之，夫惟不私，故能成其私；不利而利之，乃利之大者矣。

迷津指点

①征：通"证"，验证，证明。

②无告：没有依靠的人。

③辜人：有罪的人。

④万方：指全天下的百姓。

古文译读

《管子》中说："知道给予就是收获的道理，是为政的法宝啊。"《周书》中说："要想有收获，就必须先懂得给予。"用什么来证明这些言论是正确的呢？黄石公说："要想得到东西，就不要首先占有它；为别国拥立了国君，就不要吞并它；决策是自己定的，而功劳归于别人，哪里有心去计较利益的归属呢？他们是诸侯，自己是天子，使他们各自保全自己的城邑，令将士自取敌国城池的财货，这才是君王所应采取的治国方法。"尸子说："尧收养没有依靠的人，禹爱护有罪的人，这是先王们之所以能够安定危亡、感召偏远地区人民的原因啊。圣明的人会在极大的私情中表现出自己的无私。"商汤说："我一个人有罪时，不会让惩罚牵连天下百姓；天下百姓有罪时，就让我来承担责任吧。"商汤不为自己谋私利，而是为天下百姓谋利益。周文王说："如果有仁义的人，又何必非得是周王室的亲属呢。"周文王不偏爱自己的亲属而偏爱天下百姓。从前的君王并不是没有私心，只不过他们的私心与别人不同，这便是知晓大私道理的表现。由此可以说，正是因为不谋私利，才能成就自己的私利；通过不为自己谋取利益的方法来为自己谋利益，这才是最大的利益。

前沿诠释

赵蕤此篇中的言论对现代人具有十分重要的启示作用：但凡想成就伟业的人，都必须懂得"敢给予敢舍弃"的道理。如果只顾眼前利益，没有将目光集中在长远的宏大利益上，便容易犯"捡了芝麻，丢了西瓜"的错误。

实无所失，亦无所得

《长短经》"大私第三十"中所说的"将欲取之，必故与之"，其实点明的是舍与得之间的关系。这个道理，在许多文化典籍中都有所体现。佛经《了凡四训》中就说："舍得者，实无所失，亦无所得。"在许多故事中，舍与得之间的辩证关系也非常鲜明地表现了出来。

有这样一个故事：父子三人以采草药为生。听说灵芝价格昂贵，千金难求，于是父子三人商定，一同去高山上采灵芝。但是，要采灵芝，不仅仅是高山的问题，在到达高山之前，他们势必要经过一段冰雪地段。最后，父子三人凭着共同的目标、坚定的信念，终于战胜困难，到达了山巅，采到了灵芝。灵芝到手后，他们决定下山回家。就在此时，山上突然刮起了暴风雪，气温骤降。年事已高的父亲首先被严重冻伤，再也不能行走了。于是父亲对两个儿子说："我不行了，你们赶快脱下我的衣服穿上，抓紧时间下山。"他的两个儿子非常孝顺，坚决不肯自己下山，最终两人不顾父亲的反对，决定背着父亲下山。

走在半路上，大儿子把自己的大衣脱下来盖在父亲身上；这时父亲已经死去了，衣服对他已经没用了。结果，大儿子却因此被冻伤了。他感到自己也不行了，就急忙对弟弟说："看样子我也不行了，你快把我的衣服脱下来穿上，设法走下山去，家中的母亲、奶奶就全靠你了。"但弟弟说什么也不肯走，坚持要把自己的大衣给哥哥。哥哥冻得说不出话，也劝不了他。弟弟本想救活哥哥，但没想到，哥哥没救活，连自己的性命也搭上了。

暴风雪过后，上山寻找他们的村民们发现了倒在一起的父子三人。此时，父亲盖着大儿子的大衣，大儿子盖着小儿子的大衣，而小儿子只穿着一件薄薄的棉衣。三人就这样依偎在一起，成了一座冰雕。后来，人们把父子三人葬在了冰川上。一年后，老人的家人也因为他们的逝去，郁郁而终。

读了这个故事，我们为父子三人的情意感动，但不得不说，他们其实没能体会到舍与得之间的关系。倘若他们肯舍——舍去父亲或兄长，至少还有一个人能获得生存，进而不会让生者绝望，家庭就得以延续。

所以，在一定程度上，舍得是一种大智慧，需要我们有不因小失大的眼界，需要我们能借鉴别人的经验教训，更需要我们不断提升自己平衡舍弃与保留、付出与收获的能力。

败功第三十一：因祸为福，转败为功，自古然矣

有功，离仁义者必见疑；有罪，不失仁心者必见信。故仁义者，天下之尊爵也。

经典再现

《文子》曰："有功，离仁义者必见疑；有罪，不失人心者必见信。故仁义者，天下之尊爵也。"何以言之？昔者楚恭王有疾，召其大夫曰："不穀[1]不德，少主社稷，失先君之绪，覆楚国之师，不穀之罪也。若以宗庙之灵，得保首领以没，请为'灵'若'厉'。"大夫许诺。及其卒也，子囊[2]曰："不然。夫事君者从其善，不从其过。赫赫楚国而君临之，抚征南海，训及诸夏，其宠大矣。有是宠也，而知其过，可不谓恭乎？"大夫从之。此因过以为功者也。

魏将王昶[3]、陈泰[4]兵败，大将军以为己过。习凿齿论曰："司马大将军[5]引二败以为己过，过销而业昌，可谓智矣。"夫忘其败而下思其报，虽欲勿康，其可得乎？若乃讳败推过，归咎万物，上下离心，贤愚释体，是楚再败而晋再克，谬之甚矣。夫人君苟统斯理，而以御国，行虽失而名扬，兵虽挫而战胜。百败犹可，况再败乎？此因败以成功者也。故知智者之举事也，因祸为福，转败为功，自古然矣。

迷津指点

①不穀：不善，不好，古代诸侯自称的谦词。

②子囊：春秋时楚国令尹。

③王昶：字文舒，太原郡晋阳县（今山西太原）人，三国时期魏将，著有《治论》《兵书》等数十篇论著。

④陈泰：字玄伯，颍川许昌（今河南许昌东）人，三国时期魏国名将，司空陈群之子。

⑤司马大将军：即司马懿，字仲达，汉族，河内郡温县孝敬里（今属河南温县）人，三国时期魏国杰出的政治家、军事家，西晋王朝的奠基人。

古文译读

《文子》中说："就算一个人立下了功业，但是失去了仁义，那么他也一定会被猜疑；就算一个人犯下了罪过，但是没有失去民心，那么他也一定会受到人们信任。所以说，仁义就是天下最尊贵的东西。"为什么这么说呢？以前楚恭王患了重病，把大夫们召集到身边说："我缺乏德行操守，从年纪很小的时候就开始治理国家，主持国政，但是却没有继承发扬前代君主的优良传统，使楚国的军队接连打败仗，有覆灭的危险，这一切都是我的罪过啊。如果在宗庙能够得到祖宗的神灵保佑，使我保全脑袋死去，我就满足了。我请求你们在我死后给我加上'灵'或'厉'的谥号吧。"大夫们答应了这一要求。等到楚恭王驾崩之后，大夫子囊说："我们不能听从大王的遗命来加谥号。侍奉国君，主要应该看他的功绩，而不应该看他的过错。楚国在各诸侯国中是一个大国，在天下威名赫赫，自从国君登基掌管朝政，对国家南方的地区用安抚和征战讨伐的方式来使他们归顺，并且感召中原华夏的各个诸侯国，可见国君受到了上天非常大的恩宠。国君受到了上天这么大的恩宠，又能知道自己的过错失误，难道还不可以用'恭'来做谥号吗？"大夫们采纳了子囊提出的这个意见。这就是因为功的事例啊。

三国时期魏国的将军王昶、陈泰先后打了败仗，大将军司马懿却把战败的责任由自己来承担。习凿齿评论道："司马懿大将军主动承担两次失败的责任，没有什么损失，反而在实际上不仅消除了过错，而且还使自己的功业威望更加昌盛，这可以说是非常明智的举动。"上级不追究下级失败的责任，下级一心想要报答，即使你在心里并没有想着去使事业昌盛起来，有了人心又怎么能不昌盛呢？假如他们不敢向大家坦然地说出自己的失败，还把责任推给其他人，找种种借口把自己的错误归咎在其他因素上，就会使人心离散，无论是贤能的还是愚鲁的，都会走向离散解体，这样就如同当年晋楚城濮之战后，楚国再次遭到失败，晋国再次被敌人攻克一样，所犯下的错误就更大了。如果君主能够明白这个道理，并用它来治理保卫国家，那么即使他所采取的行动失败了，但是他的美名却可以为天下百姓所知，即使在战术上遭到了失败，但是却在战略上取得了胜利。即使这样失败了一百次也不要紧，更何况只打了两次败仗呢？这就是借鉴失败的教训反而成功的道理。由此我们可以知道：富有智慧的人处理事情，往往会因祸得福，把失败转化为胜利，自古以来就是这样啊。

前沿诠释

人们常说，失败是成功之母。失败并不可怕，只要掌握一定的条件，转败为胜是完全有可能的。从前人的经验教训来看，我们首先要勇于承认失败，不被失败击垮；然后，我们要从失败中总结教训，优化自己的奋斗策略，避免在同一个问题上总是碰壁；最后，我们还要有不屈不挠的毅力，坚持下去，永不放弃。

然而，失败并不都能够导致成功；如果失败者没有认真对待失败并吸取教训，那么可能一败再败。要想因祸得福、转败为功，关键在于接受教训、因势利导。

林肯屡败屡战，终成“伟大的解放者”

对美国历史稍有了解的人，想必不会对“林肯”这个名字感到陌生。在美国，他是一个家喻户晓的人物。

林肯是美国第16任总统。在20世纪、21世纪美国的民意调查中，他总是能够排在“历史上最伟大的美国总统”的前三位。美国著名专栏作家卡米拉·卡文迪什曾赞誉林肯说：“努力战斗赢得内战，维护国家统一，创建一个以《宪法》为准则的国家。”由此看来，林肯为美国的发展作出了不可磨灭的贡献，他当之无愧地是世界历史中最伟大的人物之一。不幸的是，在美国内战结束后不久的一天——1865年4月14日的晚上，林肯被南方狂热的奴隶制度拥护者刺杀，结束了他充满坎坷与辉煌、失败与成功的传奇一生。

当年，美国南北两方矛盾重重，在奴隶制存废的问题上争执得极为激烈，这也成为不久后爆发南北战争的重要的导火索。1860年，代表北方废奴立场的林肯成功当选为美国第16任总统，由此南北双方矛盾公开化，南方诸州开始宣布脱离联邦，美国内战一触即发，联邦共和国面临解体的危险。在这个时刻，正值、仁慈、坚强的林肯总统带领人民开始了挽救国家的艰难历程。在战争初期，北方军队节节败退，南方军队步步紧逼。不久，林肯签署并颁布了《解放黑人奴隶宣言》，获得解放的黑人踊跃参战，北方军队士气大涨，战争形势开始向北方倾斜。1864年，林肯连任美国总统。不久，南方军队投降，美国内战结束。就这样，林肯成功地维护了美国联邦的统一，为废除奴隶制度、解放黑人奴隶以及扫清美国资本主义发展道路上的障碍作出了巨大的贡献，极大地推动了美国社会向前发展。

100多年来，林肯一直受到美国人民的尊敬。在林肯遇刺后，据说有700多万人挤在道路两旁为他送别致哀，150多万人瞻仰了林肯总统的遗容。由于林肯为美国发展起到了巨大的推动作用，人们称赞他为“伟大的解放者”和“新时代国家统治者的楷模”。

单从林肯就任总统后的成就来看，人们或许认为他诸事顺遂，然而林肯也曾经历过无数次的失败，在当选总统之前，他根本算不上是一个成功者。

让我们一起来看看林肯一生经历了多少次失败吧。1831年，22岁的林肯想在商业上闯出一番天地，结果失败；1832年，23岁的林肯竞选州议员失败，还丢掉了工作；1833年，林肯再次经商失败，还欠下了一大笔外债；1835年，林肯的未婚妻病逝，他的精神也开始委靡不振，在次年还卧病在床长达半年之久；1840年，林肯争取成为候选人的梦想落空；1843年，试图连任国会议员的林肯遭遇失败；1849年，40岁想在自己州内担任土地局长，被拒绝；1854年，林肯竞选美国的参议员，还是失败；1856年，林肯争取党内的副总统提名，结果以不到100张的得票数惨败；1858年，林肯再次参加国会参议院的竞选，结果还是失败。

让我们再来看看林肯在这一个接一个的失败挫折面前是怎样表现的吧。林肯出身于贫苦家庭，没有受过良好的教育，为此他努力工作，从不同的职业中接受锻炼；林肯被法学院拒绝，他就自学法律，成功当上了一名律师；林肯声望资历不够，他就努力为民众服务，发表有建设性的演说；林肯一次次竞选失败，他还是努力坚持从政，准备下一次竞选。终于在1860年，他被推举为共和党的总统候选人，并最终以200万票成功当选美国第16任总统。

林肯的奋斗经历提示我们，一个人失败一次甚至多次，并不意味着他会永远失败，不能取得成功。只要我们在失败面前端正态度，吸取教训，一直坚持下去，最后就很可能会转败为胜，成就属于自己的传奇。

昏智第三十二：自公心言之，自公心听之

夫神者，智之渊也；神清则智明。智者，心之符也；智公则心平。今士有神清智明而暗于成败者，非愚也，以声色势利怒爱昏其智矣。

经典再现

夫神者，智之渊也；神清则智明。智者，心之符也；智公则心平。今士有神清智明而暗于成败者，非愚也，以声色势利怒爱昏其智矣。何以言之？

昔孔子摄鲁相，齐景公①闻而惧，曰："孔子为政，鲁必霸。霸则吾地近焉，我之为先并矣。"犁且②曰："去仲尼犹吹毛耳。君何不延之以重禄，遗哀公③以女乐？哀公亲乐之，必怠于政。仲尼必谏，谏不听，必轻绝鲁。"于是选齐国中女子好者八十人，皆衣文绣之衣，而舞康乐，遗鲁君。鲁君受齐女乐，怠于事，三日不听政。孔子曰："彼妇人之口（口，疑为君），可以出走。"遂适卫。此昏于声色者也。

太史公曰："平原君，翩翩浊代之佳公子也，然不睹大体。"语曰："利令智昏。"平原君贪冯亭④邪说，使赵陷长平四十余万，邯郸几亡。此昏于利者也。

后汉班固⑤传评曰："昔班固伤司马迁云：'迁博物洽闻，不能以智免极刑。'然固身亦自陷大戮，可谓智及之而不能守，古人所以致论于目睫邪？"此昏于势者也。

尸子曰："夫吴、越之国，以臣妾为殉。中国闻而非之。及怒，则以亲戚殉一言。夫智在公则爱吴、越之臣妾，智在私则忘其亲戚。非智损也，怒弃之也。"此昏于怒者也。好亦然矣。语曰："莫知其子之恶。"非智损也，爱弃之也。是故论贵贱，辨是非者，必且自公心言之，自公心听之，而后可知也。故范晔曰："夫利不在身，以之谋事，则智；虑不私己，以之断义，则厉。诚能回观物之智，而为反身之察，则能恕而自鉴。"

迷津指点

①齐景公：春秋后期的齐国君主，在位58年。

②犁且：齐国大臣。

③哀公：春秋时期鲁国第26任君主。

④冯亭：战国时期韩国人，曾任上党郡守。

⑤班固：东汉官吏、史学家、文学家，修成《汉书》，著有《两都赋》等。

古文译读

神志，是人的智慧的源头活水；如果神志清楚，那么智慧就会明朗。智慧，是一个人心灵志向的标记符号；如果智慧公正，那么心灵志趣也会平和。如今却偏偏有人神志清楚、智慧明朗，但是却不明白成功与失败的道理，这不是因为他们愚蠢，而是因为声乐、美色、权势、利益、怒气和偏爱把他们的神志弄得昏暗，智慧弄得不明了。为什么我会这样说呢？

过去孔子曾经担任过鲁国的丞相，齐景公听到这个消息后感到十分害怕，说："孔子掌管鲁国政事，鲁国必定会成为一方霸主。我们国家离鲁国最近，鲁国一旦成为霸主，必然会最先吞并我国。"犁且说："除去孔子就像吹动一根羽毛一样轻松。您何不用重金厚禄请孔子来齐国，送给鲁哀公美女和乐舞呢？鲁哀公得到这些美女乐舞一定会喜欢的，这样就必然会在国事上有所懈怠。孔子看到鲁哀公荒废国事，一定会向鲁哀公进谏，而鲁哀公不会听从孔子的谏言，孔子感到失望就必然会离开鲁国。"于是齐景公就挑选了八十多名齐国美女，让她们都穿上十分漂亮的锦绣华服，并且还能歌善舞，把她们全部送给了鲁哀公。鲁哀公接受了齐国的美女乐舞之后果然无心朝政，怠于国事，一连三天都没有上朝听政。孔子说："他是妇人的君王，我是时候离开鲁国了。"于是孔子便离开鲁国去了卫国。这就是被声乐和美色弄昏了头脑的事例啊。

太史公司马迁说："平原君真的可以算得上是乱世中风度翩翩的贵公子，但是他却不识大体。"俗话说："利益容易使得人的智慧昏暗。"平原君被冯亭错误的言论蛊惑，使赵国在长平之战中损失了四十多万将士，就连赵国的都城邯郸也险些被秦军攻克。这就是被利益冲昏了头脑的事例啊。

后汉《班固传》的评论说："过去班固曾经感叹司马迁的遭遇，说：'司马迁虽然拥有渊博的知识，却不能运用自己的智慧来避免腐刑。'可是后来班固自己也遭遇极刑，这可以说明一个人的智慧能够看清别人的问题，但是自己在行动上却也不能避免这样的问题。这大概就是古人关于眼睛与睫毛关系的理论吧？人的眼睛能够极目远眺，但却看不到近前的睫毛。"这就是被形势弄昏了头脑的事例啊。

尸子说："吴、越等国有这样的风俗，用臣子、侍妾来为君主殉葬，中原各国的君主听说后觉得野蛮，不能认同。但是当自己发怒的时候，他却往往因为说错一句话的缘故甚至杀掉自己的亲属。当智慧用在公论上时，就会为吴、越等国殉葬的臣子、侍妾感到惋惜，而一旦用在私心上，就忘了那些被杀害的人是自己的亲人。这些并不是因为智慧受到了损伤，而只是被怒气遮蔽所致。"这就是被怒气弄昏了头脑的事例。好恶的道理也是这样。俗语说："父母往往不知道自己儿子的过错。"这并不是因为智慧的不及，而是因为他们的智慧被爱遮蔽了。因此要想评论贵贱，明辨是非，就必须以公正的心态来说话，用公正的心态来倾听，然后才能作出正确的判断。所以范晔说："不计较自己的切身利益，用这样的心态做事就是明智正确的；考虑事情出于公心而不是私心，就能严肃认真地判断事情的得失。如果能够用观察别人的智慧，反过来观察自己，那就能用宽容的心态对待别人而用严肃的态度对待自己了。"

前沿诠释

纵观历史长河，我们能发现这样一个有趣的现象：一个并不愚笨的人，常常会在非常明显的是非曲直面前失去理智和公正之心。而这些或大或小的事情最终失败，并不是因为当事人的智慧不够，而是在很大程度上由于他们一时头脑发昏，智慧被蒙蔽了。是什么因素使得他们的智慧没有得到正常的发挥呢？其中最主要的可以说是私欲，"天下熙熙，皆为利来；天下攘攘，皆为利往"，无论是声乐美色还是权势金钱，都能使人迷失心智，头脑发昏。同时，喜怒哀乐等个人情绪也极易导致判断出现失误，使人分不清是非。

利令智昏，"标王"也被拉下马

1995年，名不见经传的秦池酒厂以6666万元的高价夺得中央电视台黄金时间段广告"标王"，一时间轰动全国，秦池酒厂一夜成名；1996年11月8日下午，秦池酒厂再次令国人震惊，这家生产白酒的企业以3.2亿元人民币的"天价"再次买下了中央电视台黄金时间段的广告，从而成为连续两届的"标王"；1998年6月25日，秦池酒厂再次给国人带来极为震撼的消息，据新华社报道，秦池酒厂生产经营陷入困境，亏损已成定局。秦池酒厂到底是一个什么样的企业呢？如今关于秦池酒厂失败案例的评价，几乎都透露了一枕黄粱美梦破碎的信息。那究竟是什么原因导致了秦池酒厂在昙花一现之后就迅速凋零呢?

秦池酒厂在成为中央电视台黄金时段广告“标王”之前，只是一个籍籍无名的中小企业，根本没有什么名气，酒厂的牌子一直不是很响亮，销售收入也一直上不去。1995年，中央电视台开始了第一次广告竞标，秦池酒厂决定抓住这个机会为自己扬名，把企业的品牌打响，提高知名度。于是，秦池酒厂的厂长前往北京参加竞标，以黑马姿态用6666万元的价格夺下了“标王”，一夜成名，全国都知道了“秦池酒业”这个名称。成了“标王”之后的品牌效应很快就显现了出来，秦池白酒的身价像坐了火箭似的往上蹿，全国各地的销售合同也像雪花一样飘到秦池酒厂。就以中标后的头两个月来说，秦池酒厂的销售收入达到了2.18亿元之多，这相当于秦池酒厂建厂55年来销售收入的总和；到了1996年，秦池酒厂的销售收入就由1995年的7500万元猛地提升到9.5亿元。投入巨额的广告经费，成为中央电视台的广告“标王”，确实让秦池酒厂在全国人民面前大大地出了风头。

1996年，在中央电视台的广告竞标中，秦池酒厂同样以高价夺得“标王”，但这次没有像第一次那样对秦池酒业的发展产生惊天动地的效果，如果非要说有，那就是秦池酒厂背上了巨额的广告费用，造成了沉重的财务负担，而这也就在一定程度上导致了秦池酒厂走向衰亡的命运。

秦池酒厂究竟败在哪里呢? 从已经公开的资料来看，很显然，秦池酒厂被第一次巨大的成功冲昏了头脑，他们不知道该如何去成就下一次的成功，让企业走上一条良性发展的道路。智慧被利益所遮蔽，最终也失去了自己的利益。

1996年年底，《经济参考报》连续发表了四篇深度调查报道，揭露秦池酒厂在川藏公路两侧大量收购散酒勾兑后充作真正的秦池酒的黑幕，由此引发了秦池酒厂经营发展上的巨大危机。之后，全国多家媒体针对秦池酒厂发表了调查文章。在舆论的不断声讨下，秦池酒厂用重金在中央电视台打造的品牌逐渐崩塌。

其实，认真研究一下，我们就会发现，秦池酒厂失败的很大一个因素，就是它在广告投入产生轰动效应，尝到甜头后，仍然拼命地投放广告，对于市场的关注不够，并且自身在其他各方面的建设也没有跟上来，更没有注意整个白酒行业市场的发展趋势，而是被一时获得的巨大利益冲昏了头脑，不能给消费者提供更好的产品，也就逐渐无法满足消费者的需求，最终被消费者抛弃。

同时，秦池酒厂期望获得更大的经济利益，而其自身的生产能力显然无法满足这些需求，只好和其他酒厂建立联营关系。当消费者发现他们购买的秦池酒并不是想象中的“秦池酒”的时候，就会有一种被骗的感觉，于是，消费者也就远离它了。

秦池酒厂失败的这一案例确实能够让我们好好思索“利令智昏”这四个字所包含的意思。

卑政第三十三：任道以通其险，立法以理其差

以是言之，夫治世之事，急者不得，则缓者非务也。今所治之政，人间之事，夫妇之所明知者不用，而慕上知之所难论，则其于人过远矣。是知微妙之言，非人务也。

经典再现

《淮南子》曰：“济溺人以金玉，不如寻常之纆[①]。”韩子曰：“百日不食，以待粱肉，饿者不肯。”此言政贵卑以济事者也。何以言之?

韩非曰：“所谓知者微妙之言，上知之所难也。今为众人法，而以为上知之所难也，则人无从识之矣。故糟糠不厌者，不待粱肉而饱；短褐[②]不完者，不须文绣而好。以是言之，夫治世之事，急者不得，则缓者非务也。今所治之政，人间之事，夫妇之所明知者不用，而慕上知之所难论，则其于人过远矣。是知微妙之言，非人务也。”

故《尹文子》曰：“凡有理而无益于治者，君子不言；有能而无益于事者，君子不为。”故君子所言者不出于名法权术，所为者不出于农稼军阵，同务而已。今世之人，行欲独贤，事欲独能，辩欲出群，勇欲绝众。夫独行之贤，不足以成化；独能之事，不足以周务；出群之辩，不可为户说；绝众之勇，不可与正阵。凡此四者，乱之所由生也。故圣人任道以通其险，立法以理其差，使贤愚不相弃，能鄙不相遗，此至理之术。故叔孙通欲起礼，汉高帝曰：“得无难乎? ”对曰：“夫礼者，因时世人情而为之节文者也。”张释之言便宜事，文帝[③]曰：“卑之，无甚高论，令今可施行。”由是言之，夫理者，不因时俗之务而贵奇异，是饿者百日以待粱肉、假人金玉以救溺子之说矣。

迷津指点

①纆（mò）：绳索。

②褐：粗布或粗布衣服。

③文帝：即汉文帝刘恒。

古文译读

《淮南子》中说："若要救助溺水之人，与其给他金玉这样的珍宝，不如给他一根普通的绳子。"韩非子说："很多天没吃饭的人，若让他等到有了黄粱米饭和肉食之后再吃，饿着的人一定不会同意。"这就是说，治理国家要以浅近易行为贵，这样才能把事情办好。为什么这样说呢?

韩非子说："人们所说的有智谋的人讲的微妙高深的道理，即使是有较高智的人也会感到难以明白。现在为普通人立法，却总是用有较高智慧的人也难以理解的文字，那么普通人就更无法弄明白了。所以糟糠都吃不饱的人，是不会等到有了黄粱米饭和肉食后再去吃饭的；连粗麻织的短衣都穿不上的人，是不会等到有了绣花的绸衣之后才打扮自己的。由此说来，治理国家，太着急了不行，太缓慢了也不行。当今所治理的政事，都是民间的俗务，如果不用普通百姓都能明白的道理，而去羡慕那些有较高智慧的人也难懂的言论，那么它对于人们就太遥远了。由此可知，微妙高深的道理，并不是治理世事所需要的。"

因此，《尹文子》中说："凡是虽有道理却对于治国没有帮助的理论，君子不需去谈论它；虽然能够显示自己的本领但对于事功没有益处的事情，君子不必去做。"所以君子所说的道理，不越出名法和权术的范围；国君所做的事情，不超出种田务农、行军布阵这些事情，同世务相结合而已。现在世上有些人，在品行上想要显示自己独特的贤良，办起事来想要显示自己独特的才能，能言善辩想要超群，勇力想要超过众人。但是，独特的贤良却并不能教化民众；独特的才能并不能周济众务；杰出的口才不能用来劝动大众；过人之勇，却不一定能和大家一同去行军打仗。总之，这四种超群过人之处，都是产生祸乱的根源。所以古代圣明之君铺设道路的目的在于要贯通险阻；树立法度的目的在于整齐划一，这样使聪明的人和愚笨的人不互相轻视，能巧的和粗俗的不互相遗弃，这是最好的治理国家的办法。所以叔孙通要制定礼仪，汉高祖说："不会很难实行吧？"叔孙通回答说："礼仪这种东西，随着时世人情而制定，对人的言行加以节制和修饰。"张释之对汉文帝讲治国利民的道理，文帝说："讲得浅近些，不要有太过高深的道理，只要讲现在可以施行的就好。"由此可见，治理国家的人不依从时间和实际急需的事去做，总以奇特的事情为重，那就犯了和"让饿了多日的人不吃粗茶淡饭而等着黄粱米饭和肉食，给溺水者金玉珍宝去救他"一样的错误。

前沿诠释

从《长短经》的“卑政第三十三”中，我们可以看到，治理国家应本着切合实际的原则，以脚踏实地的态度推广浅近易行、符合国情的政策。将这一理论应用于现代社会中，即表示管理者在统筹大局的时候，应量力而行，实事求是，从眼前的小事做起，绝不可因为盲目追求效果、利益而好高骛远、急于求成，只有脚踏实地，才能保证企业稳健地发展。

以小致大的路易·威登

提起法国的名牌箱包，就不能不提到路易·威登。从那些款式各异、与旅行家为伍、饰以“LV”字母的豪华箱包中，路易·威登这个久负盛名的品牌闪耀出了无与伦比的光彩。目前法国的这家著名品牌公司已经在全世界范围内建立了越来越多的分店，并不断有新店开业。从香港到慕尼黑，从纽约到摩纳哥，从日内瓦到伦敦，从中国内地的北京到上海，路易·威登都设有专卖店。路易·威登之所以能一步步从小公司发展起来，直到今日驰名全球，追根溯源，当然要归功于其创始人路易·威登的努力——这个由一名小木匠成长为一代箱包大师的企业家。对当今的企业家来说，他的成功经历不失为一个值得学习的典范。

路易·威登出生于一个法国木匠之家，从小便有着优秀的手艺。在巴黎时，他被拿破仑·乌婕妮皇后选中，成为专为皇后制作箱子、整理衣物的随行人员。在旅行的过程中，他渐渐发现自己的手艺能够为人们出行携带行李服务。于是，1854年，他辞去了为宫廷服务的工作，在巴黎成立了一家属于自己的皮具店，主要经营的产品就是平盖行李箱。

路易·威登最初开店时，从未幻想过要把店面做得多大、多知名，他只是本着一个手艺人务实的原则，希望自己的箱子可以为出行的人们带来方便。然而出乎他意料的是，他制作的平顶皮衣箱很快就引领了巴黎时尚的潮流，精美的做工、上乘的材质和高雅的气质，使得他的箱子成为了巴黎上流社会喜欢出行的贵族们外出的首选物品。这样的成功并没有让路易·威登自鸣得意，狂妄自大，而是让他更加明白，幻想那些空虚的未来是在浪费时间，费尽心机制造噱头也只是不自信的表现，他要追求的，永远只是将眼前最重要的事情做好，一步一个脚印，从最微小的细节做起，不空想未来。

秉承着务实的信念，路易·威登以实用的设计理念为基础，在时尚和专业化方面不断深入，同时在设计和生产中也更加注重解决旅行者们在旅行过程中可能碰到的实际问题。逐渐地，他的皮具赢得了更多人的青睐，皮具店的规模也逐渐扩大。

不同于有些好高骛远的经营者，眼前的实际永远是路易·威登最为看重的方面。第一次世界大战时期，路易·威登看到了战争带来的商机，为适应战争的需要，他开始制作军用皮箱。这种皮箱也可以变为可折叠的担架。这样巧妙而实用的设计为他的箱子赢得了更大的市场，也让更多的人开始认识了他的品牌。

路易·威登的箱包公司，在其务实、认真、严谨的态度下一步步地发展着。1867年，在环球展览会上，路易·威登制作的旅行箱首次获奖，这奠定了他作为旅行箱工艺始祖的地位。自此，他的公司也走上了国际化发展的道路。

谈及此，很多人可能会想，在一个人一无所有的时候，他可能不会狂妄自大、好高骛远，但是当他已经取得巨大成就之后，恐怕难免偏离原先从小做起、实事求是的原则，变得冒进、急于求成了吧？然而，路易·威登却用他的实际行动告诉我们，着眼当下，在求实中前进，永远都是他恪守不变的原则。

路易·威登深知，好高骛远的人考虑到的只是能够立竿见影的投资，而往往忽视建立在此基础上的种种细节工作，因此，他们公司的箱包必须经过一道道工序和严格的审查才可以出厂。首先，公司在原材料的选择和生产工序上要道道把关。车间选用的皮料必须是法国或德国的牛皮，每个皮包大件的敷面都用一块完整的皮子做成，决不拼凑，皮料以压花皮即麦穗皮为主。硬质行李箱及专用箱子的框架和四壁皆用处理加工后的木材，以二毛棒和杨木为主，杨木使用得更多，因为杨木具有质轻和耐压的特质。另外，箱包上乘的质量更产生于一丝不苟的生产制作过程中。一般说来，路易·威登公司相应产品的制作时间要比其他厂商的多30%，每道工序都有规定的制作时间，不得缩短。例如制作一把锁需要2小时，一个把手需要1.5小时，所有的这些时间都有量化的规定，从而保证慢工出细活。

当然，除了严谨的制作态度，路易·威登也一直密切关注市场的需求，并随着市场的变化与时俱进，即时推出适合当下人们需要的款式。他这种在细节上关注、在方向上与时俱进的经营管理方法，为公司赢得了巨大的效益。事实上，公司150年的管理经验不仅缔造了一个传奇品牌，也在一代代地传承着。他的经营者们在实践的过程中逐渐培养出了独到的眼光和洞察力。例如，1997 年，路易·威登公司董事会经过反复讨论，最终决定聘请“时尚简约主义”的代表者马克·雅各布加盟公司。他倡导的设计理念和繁复的贵族式设计风格，实际上是和路易·威登的设计理念相矛盾的。但是，路易·威登董事会没有固守着旧传统，而是遵从社会发展的实际，慎重地作出了这个决定并最终取得了成功。

没有哪一个企业是如空中楼阁般瞬间出现的，也没有哪一个企业能仅凭着深远的道理和空虚的幻想便能成就辉煌，路易·威登的成功经历告诉了当今的管理者们，只有从眼前最为重要的事情做起，脚踏实地，不好高骛远，才能以小致大，获得最终的成功。

善亡第三十四：善也者，在积而已

今为仁者，犹以一杯水救一车薪之火，火不息，则谓水不胜火，此又与于不仁之甚者也。

经典再现

《易》曰：“积善之家，必有余庆。”又曰：“善不积，不足以成名。”何以征①其然耶？孟子曰：“仁之胜不仁也，犹水之胜火也。今为仁者，犹以一杯水救一车薪之火，火不息，则谓水不胜火，此又与于不仁之甚者也。”又：“五谷种之美者，苟为不熟，不如稊、稗。夫仁亦在熟之而已矣。”《尸子》曰：“食所以肥也，一饭而问人曰：‘奚若？’则皆笑之。夫治天下大事也，譬今人皆以一饭而问人‘奚若’者也。”由是观之，故知善也者，在积而已。今人见徐偃②亡国，谓仁义不足仗也；见承桑失统，谓文德不足恃也。是犹杯水救火、一饭问肥之说，惑亦甚矣。

迷津指点

①征：证明，验证。

②徐偃：西周徐国国君，建都泗水，对臣下以仁义相待。

古文译读

《周易》上说：“积了善德之家，必然会有丰裕可贺的生活。”又说：“不积善不是以成名。”怎么才能证明这种说法呢？孟子说：“仁者战胜不仁者，就好像水能灭火一样。如今为仁的人，就好像用一杯水去扑灭一车干柴燃起的烈火，火不灭，就认为水不能灭火。这和用一点仁爱之心就想去消除不仁到极点的社会现象是同样的道理。”又说：“五谷的品种再好，假若没有成熟，那还不如稊子和稗子。所以，仁爱也同五谷一样，只有在成熟之后才能收到应有的效果！”《尸子》中说：“吃饭可以使人长胖，如果只吃了一顿饭就去问别人：‘我胖了吗？’那么大家都会取笑他。治理天下，更是非常重大的事，绝非一朝一夕可以看到效果的，现在的人往往急功近利，就如同吃了一顿饭就问别人‘我胖了吗’一样荒唐可笑。”据此看来，善德注重的是慢慢地积累。今人因为看到历史上徐偃讲仁义却亡国，就认为仁义不足以倚仗；看到承桑国国君注重文德而国家最终灭亡，就认为文德不足以倚恃，这就如同用一杯水来救火、吃一顿饭就问人“我胖了吗”一样，是非常荒谬的。

前沿诠释

从此篇中，我们可以看到，任何伟大的事情都是从细微起步，坚持不懈，逐渐积累的结果。正如善恶未报是因为善或恶的积累还未达到一定程度一样，管理者的辛苦实践若一时未得到回报，往往是因为所做的努力还不够，还未积累足够的经验与实力。就像有道义的人不应对暂时的不合理现象感到迷茫而动摇行善的信念一样，管理者也不该因暂时的挫折而灰心、泄气，甚至放弃，而应该秉持着正确的方法和态度，积极上进，坚定不移地做自己的事情。古今中外，无数成功者的经历均证实了这一点。

几经沉浮的“垃圾债券大王”米尔肯

20世纪80年代，迈克尔·米尔肯一度在美国金融界呼风唤雨，他在华尔街的地位举足轻重，风头无人能及。他从无人接触的垃圾债券中淘到黄金，影响了美国的证券金融业发展的历史。然而树大招风，他后来被美国检察院起诉并被判处10年徒刑，并被永远逐出证券市场。这之后，他身患癌症，被断言只能再活两年。然而他却一直活到了现在，并且东山再起，在教育领域创造出了新的奇迹。米尔肯几经沉浮的人生经历和他永远不会被困难打垮的精神，让人不禁肃然起敬。

米尔肯出生于1946年，22岁毕业于加州大学伯克利分校，1970年在美国著名的费城大学沃顿商学院获得工商管理硕士学位，之后便进入费城的德莱克索尔·兰伯特证券公司工作。后来，他说服公司同意他经营垃圾债券，很快就成为了美国市场上经营垃圾债券的知名人物。米尔肯看到了垃圾债券的巨大潜力，就把它变成了真正的投资工具和资金来源，这也是他对美国金融市场最大的贡献。到了80年代末，米尔肯已成为真正的垃圾债券大王，他所在的德莱克索尔证券公司债券买卖部成了实际上的美国低级债券市场。由于听从米尔肯的意见购买的债券总是能获得高额收益，于是投资公司高度信任他的判断，以至于只要他打个电话，就立即能筹到上亿美元的资金。

然而树大招风，从80年代后期起，就不断有人状告米尔肯违法经营，并最终将他送上了法庭。法庭于1990年确认米尔肯犯有6项非名，判处他10年监禁，罚款

11亿美元，禁止他再经营证券，从而结束了米尔肯作为“垃圾债券大王”的传奇经历。米尔肯虽然被关入了监狱，但他的理论并未被金融界抛弃。低级债券作为一种金融工具已经被人们广泛接受，成为中小企业筹措资金的重要途径和收购企业的重要手段之一。1993年，一位名叫金芭·伍德的女法官宣布将米尔肯的刑期缩短，释放了他，米尔肯终于重新获得了自由。

米尔肯在付清罚款之后，仍剩有5亿美元的资产，基本生活是不用发愁的。但曾经开辟垃圾债券新天地的米尔肯并不是一个甘愿就此退休养老的人，何况他出狱时还不到50岁。他认为，自己之前遇到了坎坷并不意味着今后的人生会就此沉寂下去，怨天尤人也不能给自己带来更大的机遇，唯有振作起来重新开始，才是最能实现人生价值的选择。其实，在监狱中的时候，米尔肯就已经开始为自己将来的事业进行筹划了。但在狱中末期时，他被发现患上了癌症，这也使他放缓了执行计划的步伐。出狱后，癌症的威胁也终于消除了，他便将自己复出的计划付诸实施。米尔肯这次瞄准的是教育产业，他认为，教育产业是比垃圾债券大得多的市场。美国的垃圾债券市场每年约有2000亿美元的利润，而教育市场则高达8000亿美元，发展空间极大。他说，几十年前，美国最大的50家企业中，没有一家是医药保健系统内的，随着社会越来越重视健康问题，现在医药保健企业已占到美国最大的50家企业的20%。而教育产业与医药保健产业一样，有着极大的发展空间，在不久的将来，世界大企业中就必定会有教育企业。米尔肯的目标就是要办成第一家进入世界最大企业行列的教育企业。

米尔肯迅速行动起来，创建了知识环宇公司，并将其作为自己开拓教育产业的基础，然后又开始收购相关企业作为发展教育产业的基地。现在，知识环宇公司已有下属企业13家。米尔肯的计划是将知识环宇公司建成一个全面覆盖知识和教育领域的巨型综合企业，让一个人从出生、长大、上学、工作、生活、退休，直到去世，所有的知识和教育需要都可以通过知识环宇公司得到满足。米尔肯华丽的回归，让世人重新看到了曾经光芒四射的他。

坐牢和癌症这样巨大的挫折都未能摧垮米尔肯，他重新认识了经济的发展趋势和金融市场的价值所在，不仅给世界带来了新天地，也给自己带来了无穷的机会。自始至终，米尔肯一直告诉自己，就算遇到再大的阻挠，碰到再大的坎坷，也要始终坚持奋斗，因为他相信，成功永远会向那些愿意付出、默默奋斗的人敞开怀抱。

诡俗第三十五：俗之好恶，与事相诡

夫事有顺之而为失，义有爱之而为害，有恶于己而为美，有利于身而损于国者。

经典再现

夫事有顺之而为失，义有爱之而为害，有恶于己而为美，有利于身而损于国者。何以言之？刘梁[①]曰："昔楚灵王[②]骄淫，暴虐无度。芈尹、申亥[③]从王之欲，以殡于乾溪，殉之以二女。"此顺[④]之而失义者也。鄢陵之役，晋楚对战，穀阳献酒，子反[⑤]以毙。此爱之而害者也。臧武仲[⑥]曰："孟孙之恶我，药石[⑦]也；季孙之爱我，美疢[⑧]也。疢毒滋厚，药石犹生我。"此恶之而为美者也。韩子曰："为故人行私，谓之不弃；以公财分施，谓之仁人；轻禄重身，谓之君子；枉法曲亲，谓之有行；弃官宠交，谓之有侠；离俗遁[⑨]世，谓之高悫[⑩]；交争逆令，谓之刚材；行惠取众，谓之得人。不弃者，吏有奸也；仁人者，公财损也；君子者，人难使也；有行者，法制毁也；有侠者，官职旷[⑪]也；高悫者，人不事也；刚材者，令不行也；得人者，君上孤也。此八者，匹夫之私誉，而人主之大败也。"由是观之，夫俗之好恶，与事相诡。惟明者能察之。

迷津指点

①刘梁：东汉灵帝时期的尚书令。

②楚灵王：战国时楚国的国君，在位时楚国曾一度达到强盛的顶峰，后因荒淫无度，统治暴虐，国家最终败落。

③芈尹、申亥：楚灵王的两个大臣。

④顺：顺从。

⑤子反：春秋时期楚国的将领。

⑥臧武仲：春秋时期鲁国的大夫。

⑦药石：治疗疾病的药物和砭石，这里是指善意的谏言。

⑧疢：疾病。

⑨遁：躲避，逃离。

⑩高悫：高洁，清高。

⑪旷：旷废。

古文译读

世事中，常常有这样的矛盾现象，做事顺从他人反而给人造成了损失，行为爱护他人却伤害了他人，厌恶自己反而成就了自己的美事，对自己有利反而损害了国家利益。为什么这样说呢？刘梁说：“从前楚灵王骄奢淫逸，暴行累累，毫无节制，芈尹和申亥按照楚灵王的意思将他安葬在乾溪，并用两个女人陪葬。”这就是顺从他人的意思去做却丧失了道义的例子。鄢陵之战的时候，晋国和楚国互相攻伐，榖阳百姓为楚国将领子反献上美酒，子反大醉，被晋国打败，后自杀身亡。这就是爱护他人反而伤害了他人的例子。”臧武仲说：“孟孙氏讨厌我，这是纠正我错误的良药啊；季孙氏喜爱我，这是一种难以察觉的疾病啊。疾病的毒性再厉害，良药也能将我治好。”这是表面上有恶意却能给自己带来益处的例子。韩非子说：“为故人徇私舞弊，这叫做不抛弃故人；将公共财物施舍给他人，这叫做有仁爱之心；轻视俸禄，重视节操，这叫做正人君子；违背法律规定，包庇亲属，这叫做有品行；放弃官位，帮助朋友，这叫做有侠义精神；远离世俗，躲避现实，这叫做清高；与人争斗，违背命令，这就是刚烈的人才；施行恩惠，获得大众的爱戴，这叫做收获人心。其实，不抛弃故人，官吏就会有奸邪的行为，有仁爱之心的人会损失公共财物，正人君子难以被人任用，有品行的人会摧毁法律制度，有侠义精神的人会使官职旷废，清高的人没有人会为他做事，刚烈的人才会使命令得不到施行，收获人心的人会造成君王的孤立。这八种行为，对凡夫俗子来说是个人的荣誉，而对君主来说却是很大的失败。”由此可知，世俗中好与坏的标准其实正好与人的成就事功的方向相反。只有明智的人才能看清这一点。

前沿诠释

心里想的往往与实际效果大相径庭，这是我们在日常生活中经常遇到的现象。在现代经济领域中，企业也同样如此，管理者通常会感到事与愿违，原以为高明的策略、无私的行为甚至会给企业造成重大的损失。为了尽量避免出现这种不合理的判断，管理者必须更加客观、全面地考虑事情继续发展下去所带来的后果，从开始便做出恰当的选择，这才是“明者”的表现。

可口可乐——推出新口味终成败局

可乐是世界上最受欢迎的饮料之一，在美国，人们甚至将可乐视为“美国人的精神支柱”。作为这一行业元老级企业的可口可乐公司曾一度称霸于世界饮料市场。

然而，20世纪70年代中期，百事可乐公司突然间迅速发展起来，其销售量猛增，一下子逼近可口可乐的销售量，颇有抢占可口可乐公司销售冠军宝座的势头。百事可乐之所以在这段时期有如此巨大的进步，源于其正确的市场导向。百事可乐所面向的消费对象是十几岁到二十多岁的年轻人，而他们恰恰是饮料市场上的消费主体。为了吸引这群人的关注，百事可乐用重金邀请世界著名的超级巨星做广告，并用象征青春活力的亮蓝色为主打色调，对外发布众多洋溢着活力、时尚、激情等元素的广告。这些广告，触碰到年轻人内心最真实的感受，再加上群星荟萃，于是取得了极大的成功。明星效应在这些爱好模仿的年轻人身上得以体现，他们去商店时要的不再是一瓶可口可乐，而是一瓶印有明星图案的百事可乐。到了后期，百事可乐基本上已与可口可乐不相上下，两家“死对头”竞争得十分激烈。

可口可乐公司对于来自百事可乐的巨大威胁十分重视。公司的决策者决定通过市场调查来寻找可口可乐公司的销售江河日下的原因。公司邀请社会各界人士分别品尝没有贴任何标记的两种可乐，并说出哪一种口感更令人满意。结果大部分人认为百事可乐的口感要比可口可乐更胜一筹。这样一来，可口可乐公司便觉得是口味上的原因才导致人们倾向于购买比可口可乐更晚推出的百事可乐。于是，可口可乐公司又对市场进行了调查，发现大部分消费者愿意尝试新口味的可口可乐。随后，公司决定研发比传统口味更加甜爽的新口味可口可乐。

新口味可口可乐研发出来后，可口可乐公司专门在全国各地进行了新口味可口可乐试饮活动。这次试饮使得可口可乐公司坚定了以新口味替代传统口味的决策，因为六成以上的人都觉得新口味可口可乐比传统可乐更好喝。于是，可口可乐的决策者坚信，认为好喝的人超过半数就预示着推出新口味可口可乐将能成功。

于是，可口可乐全面停止了传统可乐的生产，转而投入大量资金更换生产线，同时也花费大量资金用于新口味可乐的广告宣传。80年代，新口味可口可乐正式上市，在饮料市场上掀起了巨浪。因为可口可乐公司大力宣传新产品，许多媒体也争相报道，于是，消费者对这种新口味的可乐都十分感兴趣，纷纷抢着购买。各种商店中的新口味可口可乐很快被抢购一空。看上去可口可乐公司做得十分成功，收效很好。

然而，当差不多所有美国消费者都品尝过这种新口味的可乐后，意想不到的事情发生了。可口可乐公司停止销售传统口味的可乐惹怒了早已喝惯传统口味可乐的一大群消费者。他们连连投诉可口可乐公司，希望恢复生产传统口味的可乐。然而，可口可乐公司早已撤掉传统生产线，由于资金大量地投入到新口味可口可乐的生产当中，要想新旧两种口味的可乐同时生产，势必造成较大的亏损。然而，投诉者的声音越来越大，他们不断地宣扬：传统口味的可乐才是真正的可乐，现在所谓的新可口可乐的口味不伦不类，根本就是在玷污美国人的精神支柱。为了捍卫他们引以为荣的“美国精神”，消费者们不惜一切代价地抵制可口可乐，甚至对可口可乐公司发起示威活动，宣称如果再不生产传统口味的可乐，他们日后将不再购买可口可乐。

公司的决策者们十分无奈，当初的成功预想怎么与今天的狼狈状况相差如此之大呢？从新口味可口可乐的推出到此时，短短三个月时间，可口可乐公司就已经扛不住外界舆论的巨大攻击了，无奈之下，决策者被迫在保证新口味可口可乐继续生产的前提下，拿出部分资金生产传统口味的可口可乐。然而，随着人们对新口味可口可乐的新鲜感的丧失，新口味可口可乐最终也没有创造出令人满意的销售记录。传统口味可口可乐依然占据着大部分市场份额。渐渐地，新口味可口可乐淡出了市场。

经过这次的教训，可口可乐公司终于明白了失败的原因——自己在决策之前没有全方位地考虑消费者购买可乐的动机。口味只是其中的一方面，许多愿意尝试新口味的消费者也只是出于新奇心理。对于大部分消费者而言，他们更愿意坚持自己一如既往的习惯，他们对可乐的价值认识已不仅仅是饮料这么简单，更重要的是，可乐已经成为他们记忆里甚至是生命中不可或缺的一部分，如果其中有任何口味上的改变，势必会破坏他们的这种惯性般的“精神寄托”。以此为鉴，我们也可以得出一个道理：管理者在作出重大决策之前，务必要全方位了解情况，否则就会好心办坏事，导致“爱之而为害”的结果。

息辩第三十六：行有本，事有迹

夫立身从政，皆有本矣；理乱能否，皆有迹矣。若操其本行，以事迹绳之，譬如水之寒、火之热，则善恶无所逃矣。

经典再现

《中论》[①]曰："水之寒也，火之热也，金石之坚刚也，彼数物未尝有言，而人莫不知其然者，信著[②]乎其体。"故知行有本，事有迹。审观其体，则无所窜情。何谓行本？孔子曰："立身有义矣，而孝为本；丧纪[③]有礼矣，而哀为本；战阵有列矣，而勇为本。"太公曰："人不尽力，非吾人也；吏不洁爱，非吾吏也；宰相不能富国强兵，调和阴阳，安万乘之主[④]，简练[⑤]群臣，定其名实，明其令罚，非吾宰相。"此行本者也。

何谓事迹？昔齐威王召即墨大夫而语之曰："自子之居即墨也，毁日至。然吾使人视即墨，田野辟，人民给，官无留事，东方以宁。是子不事吾左右以求誉也。"封之万家。召阿大夫而语之曰："自夫子之守阿也，誉日闻。然吾使人视阿，田野不辟，人贫苦；赵攻甄，子不能救；卫取薛陵，子不能知。是子常以币事吾左右以求誉也。"是日，烹阿大夫及左右常誉之者。齐国大理。

汉元帝时，石显[⑥]专权。京房[⑦]宴见，问上曰："幽、厉之君[⑧]何以危？所任者，何人也？"上曰："君不明而所任巧佞。"房曰："知其巧佞而用之也，将以为贤？"上曰："贤之。"房曰："然则今何以知其不贤也？"上曰："以其时乱而君危知之。"此事迹者也。由是言之，夫立身从政，皆有本矣；理乱能否，皆有迹矣。若操[⑨]其本行，以事迹绳[⑩]之，譬如水之寒、火之热，则善恶无所逃矣。

迷津指点

①《中论》：建安七子之一徐干的著作，是属于儒家思想范畴的政论性著作。

②著：显露，表露。

③丧纪：举办丧事。

④万乘之主：指君王，最高统治者。

⑤简练：筛选，挑选。

⑥石显：西汉元帝时的佞臣。

⑦京房：西汉元帝时的学者。

⑧幽、厉之君：指周幽王和周厉王，周朝末年的暴君。

⑨操：掌握，把握。

⑩绳：考察。

古文译读

《中论》中说："水寒冷，火炽热，金石坚硬，这些物质都没有自己说过话，但人们却没有不知道它们的属性的，这是因为它们的属性都表露在它们本体上了。"因此可以知道，行为必有其根据，事情都会留有痕迹。观察事物的根本，事物的真实情况就无所隐匿。什么是行为的根本呢？孔子说："立身要遵循道义，其中孝道是它的根本；举办丧事需要遵循礼数，其中哀伤是它的根本；行军打仗需要有序的队列，其中勇敢是它的根本。"姜太公说："如果人民不能为国尽力，就不是我的人民；如果官吏不洁身自好，关爱民生，就不是我的官吏；如果宰相不能使国家富裕，使兵力强盛，调节阴阳平衡，稳固君王的地位，挑选众多有能力的大臣，使其名与实相符合，惩罚严明，就不是我的宰相。"这就是行为的根本。

什么是"事迹"呢？从前，齐威王将即墨大夫召来，对他说："自从你升职为即墨大夫以来，便天天有诋毁你的言论传到我这里来。然而，我派人到即墨视察，却发现田野都已开垦，人民也自给自足，官府里没有积压的案牍，你管辖的东方安定祥和。之所以会有诋毁，是因为你不肯贿赂我身边的近臣以求他们为你美言啊。"于是齐威王封赏万户采邑给即墨大夫。齐威王又召来阿城大夫，对他说："自从你担任阿城大夫后，我便天天听到他人对你的赞誉。然而，我派人到阿城视察，却发现田野没有开垦，人民的生活十分贫苦。赵国攻打甄城时，你没有相救；卫国攻取了薛陵，你竟然不知道。之所以赞美颇多，是因为你经常用钱贿赂我身边的近臣以求他们为你美言啊。"于是，他便将阿城大夫以及身边经常称赞他的近臣都烹煮杀死了。从此，齐国大治。

汉元帝时期，石显独揽朝政。京房借着宴会的机会，问皇上："周幽王和周厉王为什么会把国家推向危难之中呢？他们所任用的都是哪些人呢？"皇上回答道："君王不贤明，任用的都是只会花言巧语的佞臣。"京房说："他们是本来就知道这些人是只会花言巧语的佞臣还依然任用他们，还是以为他们是贤明之人而予以任用呢？"皇上回答道："是以为他们是贤明之人。"京房说："那么，我们又是怎么知道他们所任用的不是贤明之人呢？"皇上回答道："根据当时混乱的时局和君王所陷入的危难处境知道的。”这就是“事迹”。由此可以说，树立节操，从事政治事业，都有其根本。政治清明还是混乱，臣下有没有能力，是否贤明，都有痕迹遗留下来。做君主的如果能把握住臣子的行为的根本，通过“事迹”进行考查，就会好比水的寒冷、火的炽热，善与恶的真实情况就逃不过君王的眼睛。

前沿诠释

上文告诉我们：相由心生，再厉害的人也无法完全掩饰自己的内心，尤其是那些心怀不轨的人，虽然表面看上去伪装得近乎天衣无缝，但因为其无法更改的恶劣本质，任何蛛丝马迹都可能成为其暴露自己真实意图的根据，恶人终有一日会露出狐狸尾巴。至于心怀不轨但平庸无能的人，虽然平日很善于恭维，但关键时候却派不上用场；而相反，有才华、有能力的人往往大智若愚，甚至表面上让别人觉得与周遭的环境格格不入，但一到关键时刻，他们总能显现出自己的真实水平。因而我们在识别判断一个人的真实情况时，切不可大意，要细心留意细节，从他的行为中窥探其内心世界。

专门提拔“自己不喜欢的人”

人有没有才能，有很多种判断方式，有的人就喜欢通过下属对自己的态度来判断。IBM总裁小沃森在识人方面就是如此。他逢人便称自己是“专门提拔自己不喜欢的人才的‘怪物’”。

小沃森的脾气是出了名的暴躁，在公司中有不少敢于顶撞他的“死对头”，当然，更多的还是那些唯唯诺诺、唯命是从的手下。对此，小沃森十分明智地说：“别小看那些敢于跟我吵架、挑我刺的人，虽然我很不喜欢他们，但他们中大部分都有精明的头脑，工作起来十分干练，尽管在交流上专找我的碴，有种存心跟我过不去的感觉，但他们往往会和你站在同一条战线上，对你推心置腹。所以，我会毫不犹豫地重用这样的人才，这才是我所需要的得力助手。”接着，小沃森又说了他对另一种人的看法：“至于那些整天专门揣摩我的心思的人，说实话，我很喜欢他们，因为他们表面功夫做得太到位了，时刻让我有面子。不过这些人很危险，他们是企业管理中的大陷阱，一旦不小心栽进去，就可能会危及整个公司。他们虽然很讨人喜欢，但也许他们最大的用处也只是让我高兴，对企业没有什么帮助，甚至其中可能还有些人会危害到大家。”正因为小沃森清醒地认识到真正人才的特点及用途，所以他才在“坏蛋”伯肯斯托克辞职时，尽力加以挽留。

当初，IBM公司的二把手柯克刚刚去世，他的好友，原任IBM销售总经理的伯肯斯托克就被调到一个鸡肋型部门——“未来需求部”。在此之前，柯克和总裁小沃森一直都是死对头，紧随柯克的伯肯斯托克自然也是与小沃森对着干的。因此在小沃森眼里，伯肯斯托克也是个不折不扣的“坏蛋”。于是，人们都在猜测，柯克离世后，公司的大权就掌握在小沃森一个人手里了，伯肯斯托克肯定不会有什么好下场。伯肯斯托克也是这样想的，面对从销售总经理到所谓“未来需求部”的贬职，他觉得自己继续在IBM公司待下去已经没有什么发展机会，便决定主动向小沃森提出辞职。

老沃森与小沃森（左）。小托马斯·沃森（1914—1993），IBM（国际商用机器公司）的开拓者，曾经被称为“史上最伟大的资本家”。

随后，伯肯斯托克便将辞职信递给了小沃森。小沃森看后，淡淡地对他说：“其实，如果你真的觉得自己有才华、有实力的话，那么，不管是在我的手下，还是在柯克的手下，你都能够取得成功。我是不喜欢你，但我相信你的才华。如果你也相信我，相信公司会给你提供许多机会，那你还是留下来；如果你觉得我实在不配当你的老板，觉得我做的不能让你满意，那你就离开这里吧。”伯肯斯托克听后，开始犹豫了，决定再考虑一下。最后，他听从了小沃森的建议，继续留在IBM。

小沃森挽留伯肯斯托克的事情在公司内传开，许多人对此非常不解。对此，小沃森予以如此回应：“在用人方面，我一点都不含糊。伯肯斯托克表面上是与我格格不入，但我从他当柯克助手时处理的许多事情中认识到了他的远见和过人的智慧，这才是有真材实料的人。我虽然不喜欢他，可能他也不太喜欢我，但他可以为我提供无限的帮助，只要我耐心地听取他提出的意见，便可以从他身上受益，帮助自己取得成功。”

受到小沃森提拔的伯肯斯托克心里也很感激小沃森对自己的器重，当然，他是不可能把对小沃森的感激之情表露在外的，仍然一如既往地与小沃森争吵斗嘴，似乎到哪里都与他过不去。伯肯斯托克说话十分尖刻，但正所谓“良药苦口利于病，忠言逆耳利于行”，这些意见总能及时地纠正小沃森的某些不足之处。后来IBM公司陷入窘境时，也正是伯肯斯托克对小沃森给予了巨大的帮助。

在小沃森决定开发电子计算机产品时，遇到了不少困难。公司内部的许多高管都对此持否定的态度，他们认为这种产业转型实在过于冒险，很容易赔了夫人又折兵。然而在这时候，伯肯斯托克却站出来支持小沃森的决定。在伯肯斯托克的全力支持下，小沃森引导IBM公司开始了具有历史意义的转向。在二人携手努力下，IBM公司终于在计算机领域闯出了属于自己的一片宽广天地，从此改变了公司的命运。对于这段“两个死对头一起努力扭转乾坤”的佳话，小沃森后来回忆起这件事时，曾十分欣慰地说：“挽留下伯肯斯托克是我一生当中做过的最有意义的事情之一。他和早年逝世的柯克一样，虽然我并不是很喜欢他们，但他们却是我最需要的人才。”

“专门提拔自己不喜欢的人”，这需要管理者有足够的理智、胸襟和见识。要想弄清对方是什么样的人，必须先明白什么样的人才是自己需要的；另外还必须认清，虽然一个人的真实情况一定可以从外在的行为、态度等方面看出，但如果没有综合的考查和理智的思考，是不可能得到真实的信息的。最为保险的办法就是延长考查的时间，“路遥知马力，日久见人心”，是好是坏，时间一到，自然知晓。

量过第三十七：观过，斯知仁矣

孔子曰："人之过也，各于其党。观过，斯知仁矣。"

经典再现

孔子曰："人之过也，各于其党[1]。观过，斯知仁矣。"何以言之？太史公云："昔管仲相齐，九合诸侯[2]，一匡天下。然孔子小之[3]曰：'管仲之器小哉！岂不以周道衰，桓公既贤，而不勉之至王，乃称霸哉？'"

虞卿说魏王曰："夫楚亦强大矣，天下无敌，乃且攻燕。"魏王曰："向也子云天下无敌，今也子云乃且攻燕者，何也？"对曰："今谓马多力则有之矣，若曰胜千钧[4]则不然者，何也？夫千钧非马之任也。今谓楚强大则有矣，若夫越赵、魏而开兵于燕，则岂楚之任哉？"

由是观之，夫管仲九合诸侯，一匡天下，而孔子小之；楚人不能伐燕，虞卿反以为强大，天下无敌。非诡议[5]也，各从其党言之耳。不可不察[6]。

迷津指点

①党：种类，品类。

②九合诸侯：九次主持诸侯间的会盟。

③小之：轻视他。

④胜千钧：负担千斤重的东西。

⑤诡议：自相矛盾的说法。

⑥察：清楚。

古文译读

孔子说："人所犯的错误，会因为各自地位和所隶属的政治集团的不同而不同。观察他所犯的错误，就可以知道他是仁还是不仁了。"为什么这样说呢？太史公说："从前管仲在齐国为相，辅佐齐王，九次主持诸侯的会盟，匡扶天下。然而孔子却轻视他，说：'管仲的器量志向太小了！周朝已经衰落，齐桓公既然贤能，管仲为什么不劝勉他成就一番王业，而仅仅只是成就了霸业呢？'"

虞卿游说魏王说："楚国也强大起来了，天下没有可以与之匹敌的，楚国将攻打燕国。”魏王说：“先前你说楚国天下无敌，现在你又说楚国要攻打燕国，这是什么意思呢？”虞卿回答说：“现在说马有力量，是确有其事，但是如果说马能负担千斤重的东西则是不正确的。为什么呢？千斤重的东西不是马所能负担得起的。现在说楚国强大是可以的，但是如果让楚国越过赵国、魏国而出兵攻打燕国，难道这是楚国能胜任的吗？”

由此看来，管仲九次主持诸侯的会盟，匡扶天下，然而孔子却说他器量狭小；楚国不能攻打燕国，虞卿反而说他强大，天下无敌。这都不是诡辩的说法，而只是从各自所处的地位和面临的形势来评论而已，不可以不清楚这一点。

前沿诠释

根据本篇所言，人的能力、品质不同，所犯的错误也就不同。一般而言，对于贤者，我们对他的苛责会更加严厉，而对于庸者，我们对他的错误会比较宽容。正如孔子说管仲器量狭小，是因为他将管仲当做王佐之才来看待，因此才对他只辅佐齐桓公成就霸业而不成就帝王之业感到痛心和惋惜。由此可以看出，一个人的身份、地位决定了他所犯过错的大小和类型。同一个错误，对于普通人而言可能没什么，而对于非凡之人而言就可能造成很大的影响。因此，我们要学会用不同标准去衡量不同的人的过错，比如对待敌人、对待属下、对待领导，不能固执死板，以同一把尺子去衡量他们的得失，要随机应变，方能成就自己，成就他人。

管理者：合理对待员工的过错

人非圣贤，孰能无过。员工在工作中难免会犯这样或那样的过错，特别是第一次做某件事情的时候，经常会出错。在这种情况下，管理者是应该严厉惩处，以儆效尤呢，还是应该宽容以待，鼓励员工呢？每位管理者都会根据情况做出自己不同的选择。

曾经有一家成立了4年的中小型企业，遭遇了发展中的瓶颈。究其原因，是因为企业内部缺乏创新人才，缺乏创新思维，员工们都按部就班地工作，公司气氛死气沉沉的。这样的企业当然难以在市场发展的大潮中有什么突出的表现，在激烈的竞争中也会生存不下去。其实，以前这家企业并不是这样的，在招聘员工时，也有很多锐意创新的年轻人加入进来。

这家企业刚开始起步时，欣欣向荣，发展迅速，员工们也都积极做事，勇于创新。这让这个新兴的企业充满了生命力和巨大的潜力。然而，这家企业的管理者却有一个很大的特点：苛求完美。他严格要求员工，不允许员工在工作中犯任何错误，否则就将给予警告、扣除工资，甚至辞退的惩罚。这就导致员工在工作中如履薄冰，谨小慎微，生怕出一丁点差错。于是，大家的创新热情没了，因为创新势必会遭遇困难和挫折，而面对这些困难和挫折时，员工很有可能会犯错误。

慢慢地，这些曾经充满青春活力、野心勃勃的青年变成了圆滑世故、闭门造车的职场老手，信奉着“不求有功，但求无过”的职场生存法则。他们再不犯什么错误，也再没有什么功绩，生搬硬套，不再寻求创新，于是，企业失去了创新能力，成了一潭死水，在弱肉强食的市场中很快就被淘汰掉了。

人无完人，古来圣贤都如此，何况现在的员工？任何新的事物都是在不断犯错中产生的。如果管理者不能明白“只有犯错才能产生新事物”这个道理，苛求员工不犯错，那么企业就必然没有竞争力。要知道，在现代市场经济中，一个公司能立于不败之地，关键不在于它从不犯错，而在于它能从过错中吸取成功的经验，从而创造出新的产品，引领整个行业的潮流，这才是成功的企业；只有鼓励员工创新，不怕员工犯错，给企业注入新的生命力的管理者才是成功的管理者。

某报上曾经登过这样一则新闻：法国一家汽车制造公司的老板，在面试众多应聘者时，只问了一个问题：“在以往的工作中，你犯过多少次错误？”大多数应聘者都回答说从没有犯过错误或者很少犯错。最后，这家公司的老板把职位给了一个说自己曾在工作中多次犯错的人。细细想来，这位老板确实是聪明的，一个在日常工作中犯过多次错误的人一定是一个勇于尝试、勇于创新、充满青春活力的人，他的到来将会带给公司更多的创新思维。而这对一个寻求创新的汽车制造公司来说，是至关重要的。不止这家法国公司是这样，其他诸如荷兰的飞利浦、德国的西门子等著名公司，也都在员工中极力提倡敢于失败的创新精神，从不苛求员工做到十全十美。另外，对于员工的不同过错，它们也以不同的标准去衡量，有些非原则性的过错或者试错性的过错是可以宽容的，但是一些原则性的过错，比如违法或者违背职业道德方面的过错则绝不姑息。

这就是《长短经》“量过第三十七”中所说的“量过”的原则。对待人才，如果你希望他为你做出业绩，那么，用严苛的要求去限制人是不可能达到目的的，对工作高标准、严要求没有错，但是妄谈不犯错，那就有些荒唐了。只要不是犯了严重的过失，就不应当以此来打击员工的信心。作为领导者，应该分清员工所犯的过错的性质，用不同的标准去衡量这些过错，并采取不同的态度去处理它，既不要禁止员工犯错，以免挫伤员工做事的积极性，同时对于原则性的过错要当罚则罚，绝不拖泥带水。

势运第三十八：数事者，皆势运之耳

是知世之君子，未必君子；世之小人，未必小人；世之礼让，未必礼让。夫势运者，不可不察。

经典再现

夫天下有君子焉，有小人焉，有礼让焉。此数事者，未必其性也，未必其行也，皆势运之耳。何以言之？《文子》曰："夫人有余则让，不足则争。让则礼义生，争则暴乱起。物多则欲省，求赡①则争止。"

《淮南子》曰："游者不能拯溺，手足有所争急也；灼者不能救火，身体有所痛也。林中不卖薪，湖上不鬻鱼者，有所余也。故世治则小人守正，而利不能诱也；世乱则君子为奸，而刑不能禁也。"故《庄子》曰："当尧舜而天下无穷人，非智得也；当桀纣而天下无通人，非智失也。时势适然。"《新语》②曰："近河之地湿，近山之木长者，以类相及③也；四渎东流，则百川无西行者，小象大而少从多也。"

是知世之君子，未必君子；世之小人，未必小人；世之礼让，未必礼让。夫势运者，不可不察。

迷津指点

①赡：得到满足。

②《新语》：汉代散文集，以论述道的篇目居多。

③相及：相互影响。

古文译读

天底下有正人君子，有奸诈小人，也有互相礼让的良好风气。这些情况不一定发自人的本性，也不一定是他们的品行本来如此，这些都是时势带来的。为什么这么说呢？《文子》中说："人在财物有富余时会让给他人，在缺乏时会与他人争抢。谦让产生了礼节和道义，争抢则引起暴乱。财物多时欲望就会减少，需求得到满足时争抢就会停止。"

《淮南子》中说："游泳的人不能拯救溺水的人，因为他们的手脚都用于自己的行动上了；烧伤的人不能救火，因为他们的身体有疼痛的地方。树林中没有卖柴薪的，湖面上没有卖鱼的，因为这些地方都有多余的对应之物。因此，在太平盛世，奸诈小人也会遵守正道，利益诱惑不了他。而在混乱年代，正人君子也会干奸诈的事情，刑罚都禁止不了他。”因此《庄子》中说：“尧、舜治理国家的时候，天下没有穷困不得志的人，并不是因为他们充满智慧；桀、纣治理国家的时候，天下没有明白事理的人，并不是因为他们缺乏智慧。这是时势造成的。”《新语》中说：“靠近河流的土地湿润，靠近大山的树木高大，这是同种类型相互影响的缘故。长江、黄河、淮河和济水向东流，因而众多河川没有向西流的，这是小的效仿大的，少的随从多的结果。”

由此可知，世上的正人君子不一定本来就是正人君子，世上的奸诈小人不一定本来就是奸诈小人，世上的礼仪和谦让不一定原本就是礼仪和谦让。对于时势对人的影响，不能不认真加以考察。

前沿诠释

在本篇中，赵蕤阐述了社会环境与人的品性之间的辩证关系。人的品性并非与生俱来，一成不变，而是在后天的各种环境作用下慢慢受感染而形成的。由此可知，企业环境应是企业管理者留意的一个方面。良好、向上的企业环境可以培养员工的良好习惯，促进企业环境的优化，进而形成良性循环；反之，则会给企业造成困难。作为高层领导者应该懂得以身作则，通过自身的表率作用带动整个企业的运转，形成良好的企业环境。

李·艾科卡“自我牺牲”感染员工

克莱斯勒如今已经成为美国第三大汽车公司，它生产的汽车风靡全球。其之所以能够取得如此骄人的成绩，应当是全体高管乃至底层员工团结一致、共同努力的结果。然而，深入了解，你便会发现，在克莱斯勒公司里，几乎所有人都把功劳归于现今的总裁李·艾科卡，他们甚至高呼：“李·艾科卡就是克莱斯勒的大救星！是把克莱斯勒从地狱中拯救出来的伟大领袖！”

人们十分好奇：究竟李·艾科卡是用什么样的商业秘诀，让这个原本濒临破产的企业奇迹般地复活，继而又创新高，成为汽车行业的巨头的呢？事实上，李·艾科卡为了克莱斯勒做出了常人难以接受的“自我牺牲”。正是这种一心为公司的无私奉献精神，深深地打动了克莱斯勒的全体员工，使他们得到领导灌输给他们的一种顽强不屈、为公司奋斗不止的力量，企业的氛围也从濒临破产的死寂沉沉一下子转化为背水一战的亢奋昂扬。

我们来看一下事情的经过吧。20世纪70年代，54岁的李·艾科卡被他忠心耿耿效力多年的福特公司解雇，备受打击的他并没有因此而灰心丧气，反而开始寻找新的机会。当时，美国有许多大公司看重李·艾科卡在福特创造的巨大声誉，纷纷邀请他到自己那儿去，深爱汽车行业的李·艾科卡最后毅然做出一个决定——去当时濒临破产的克莱斯勒汽车公司担任总经理。

李·艾科卡对克莱斯勒的境况的预料似乎过于乐观。当他就任总经理职位后，眼前的问题让他大为惊愕：公司内部的高管意见分歧十分厉害，在决策问题上争吵不休，互不让步；高管都如此，更别说底下的员工了，他们也是各自为政，毫不团结。整个公司就如一盘散沙，没有凝聚力。当时，克莱斯勒公司的亏损已经相当严重，如果不能在短期内将这种经营状况恶化的局势扭转，公司离破产就不远了。李·艾科卡并没有放弃希望，他知道在克莱斯勒公司辉煌的时期，公司上下形成了挥霍奢侈的不良风气，如今，企业资金周转不良，如果继续让这种不良风气弥漫下去，势必会雪上加霜。然而，如何纠正员工这种不良作风，节省开支呢？李·艾科卡苦思冥想。他不忍心让员工失业，因而否决了公司内部管理人员提出的裁员的举措。最后，他在公司颁布一项新的举措——共同牺牲。李·艾科卡带头，将自己36万美元的年薪降到1美元。可以说，李·艾科卡等于打算无偿地为公司“白忙活”一年。

李·艾科卡自降薪水是当时美国企业的第一例，因而引起了巨大的轰动。习惯于奢靡挥霍的克莱斯勒的员工们十分惊讶：“怎么会有不要薪水免费工作的人呢？而且还是领导者！”不过，领导者的先锋之举总是可以发挥出巨大的作用，李·艾科卡的大幅度降薪最终让员工们从惊愕不已中苏醒过来，转为感动：“领导者都为公司做出了这么大的牺牲，更何况我们这些普通员工呢！”公司的员工开始纷纷追随，他们积极响应李·艾科卡的号召，自愿将自己的薪水大幅度降低。于是，大家“共同牺牲”，把自己的命运同公司的命运捆绑在一起，齐心协力，努力将公司从奄奄一息的困境中拯救出来。

看着大家团结一致、共筑长城的高涨士气，李·艾科卡决定趁士气振奋，一举调整企业内部结构。他先从高层管理部门抓起，通过一系列改革举措，让原本分歧不断的各个部门开始合作，拧成一股绳。之后，他重视企业生产制造，努力开发适应市场的新产品。渐渐地，克莱斯勒公司又有了赢利，再加上这段时期公司的高管和员工的“共同牺牲”，不久，克莱斯勒就还清了前期欠下的巨额债务。从此之后，克莱斯勒迎来了东山再起的曙光。在李·艾科卡的英明领导下，克莱斯勒公司的资产很快得到扩大，并成功地在国外设立了分公司，成为美国乃至全世界为之瞩目的跨国汽车企业。

李·艾科卡用自身的实例向我们诠释了榜样对公司的巨大影响力。在企业中，管理者就是企业环境的源头，管理者用什么样的作风管理企业，企业内部自然会营造出相对应的风气，而这种风气又会深入每个员工的内心，成为他们的品性。所以，任何企业高管都必须做到以身作则，时刻留意自己的行为举止。因为，自己的一点行动往往会在公司中被无限放大，既有可能蔚然成风，也有可能沆瀣一气。至于会形成优良的前者，还是混乱的后者，全看管理者优良与否了。

傲礼第三十九：以傲为礼，可以重人矣

《左传》曰："无傲礼。"《曲礼》曰："无不敬。"然古人以傲为礼，其故何也？欲彰于人德者耳。

经典再现

《左传》曰："无傲礼。"《曲礼》[1]曰："无不敬。"然古人以傲为礼，其故何也？欲彰于人德者耳。何以言之？昔侯嬴[2]为大梁夷门监，魏公子[3]闻之，乃置酒大会宾客，坐定，公子从车骑，虚左，自迎夷门侯生。侯生引公子过市，及至家，以为上客。侯生谓公子曰："今日嬴之为公子亦足矣，嬴乃夷门抱关者也，而公子亲枉车骑。稠人广众之中，不宜有所过，今公子故过之。然嬴欲就公子之名，故久立公子车骑市中，以观公子。公子愈恭，市人皆以嬴为小人，而以公子为长者，能下士也。"

张释之居廷中，三公九卿尽会立。王生老人曰："吾袜解。"顾谓张廷尉："为我结袜。"人或谓王生曰："独奈何廷辱张廷尉？"王生曰："吾老且贱，自度终无益于张廷尉。张廷尉，方今天下名臣，吾故聊辱廷尉，使跪结袜，欲以重之。"诸公闻之，贤王生而重张廷尉。

由是观之，以傲为礼，可以重人矣。

迷津指点

①《曲礼》：《曲礼》是《礼记》中的一部分。"曲"的意思是指细小的杂事，"礼"是指行为的准则规范，"曲礼"就是指具体细小的礼仪规范。

②侯嬴：战国时期魏国人，本是夷门的小吏，后成为信陵君的门客。

③魏公子：指魏国的信陵君魏无忌。

古文译读

《左传》中说："不要傲视礼仪。"《曲礼》中说："不能不敬。"然而，古人也有以傲慢为礼的，这是什么缘故呢？是想使对方的品德能够彰显于世。为什么这样说呢？从前，有个叫侯嬴的隐士，是魏国国都大梁夷门的守门人。魏公子听说（侯嬴是个贤者）后，就设宴大会宾客。等宾客都坐定后，魏公子带领着车马，把车中左边的位子空出来，亲自前往夷门去迎接侯嬴。侯嬴引导魏公子的车马去了一趟杂乱的市场，然后才驶向魏公子府。等到了魏公子府上，魏公子把他奉做上宾。侯嬴对魏公子说："今天，我所做的事已经够难为公子的了。我只不过是夷门看守大门的人，公子居然以尊贵的身份屈尊驾车前去迎接我。街市人多烦乱，我本不应该从那里经过，但是我还是故意让您去了一趟市场。我为了成就您礼贤下士的美名，才故意让您和您的车马停在市场那么长的时间，来观察您的态度。您越是谦恭，市场上的人越是认为我侯嬴是个小人，而认为公子您有长者之风，能够礼贤下士。"

汉朝的廷尉张释之在廷中等待朝见皇帝，三公九卿等都立在朝中。有个叫王生的老人说："我的袜带了松开了。"回头对张廷尉说："替我把袜带子系上。"事后，有人对王生说："为什么你在朝堂上单单要侮辱张廷尉呢？"王生说："我年纪很大了，地位卑微，自己揣度着终生也不能对张廷尉有所帮助。而张廷尉是如今天下有名望的大臣，所以我才故意小小地羞辱他一番，让他跪着为我系袜带子，其实是想让他更被世人看重啊。"其他大臣听了，都认为王生是个贤德的人，同时也更加敬重张廷尉了。

由此看来，以傲为礼，可以使人受敬重。

前沿诠释

侯嬴以傲为礼，成就了魏公子的贤名。这是一种非常高明的谋略，其目的就是用一种自贬身价的方式，烘托对方的高尚品质。古今中外有许多这样的例子，它们给今人以启发：有的时候，适当的慢待再配合其他的举措，可能会收到意想不到的效果。不过，这个火候的把握，可是需要仔细揣摩的。

巧用傲礼，突显语言艺术

先来看一个故事：

唐伯虎是众所周知的明朝著名诗人、画家。一次，唐伯虎到一位王公大臣的家里做客，正好碰上老夫人做生日。只见庭前车水马龙，宾客如云。看到唐伯虎，主人便请他写首祝寿诗。唐伯虎略一沉吟，大笔一挥，第一句诗就出现在众人眼前："夫人原来不是人。"老夫人的五个儿子一看，顿时个个对其怒目相对。但是唐伯虎没看他们，接着写下了第二句："九天仙女下凡尘。"看到此句，刚才还怒目而视的五个儿子顿时眉开眼笑，称赞不已。可看到唐伯虎的第三句话"所生五儿皆为贼”，这五个儿子不但笑容全失，还欲冲上去抓住唐伯虎痛打。唐伯虎毫不在意，边笑边写下第四个句子：“偷得蟠桃献母亲。”这五个儿子到此才恍然大悟，转怒为喜，甚至高兴得手舞足蹈。

其实，在这首诗里，唐伯虎就运用了欲扬先抑的艺术来为这位老夫人贺寿。而这种“欲扬先抑”的方法，就是《长短经》“傲礼第三十九”中所指的“以傲为礼，可以重人矣”。反观我们的生活中，其实对这种方法的运用并不少见，就连学校的老师在管理学生时，也常用这种方法。

丁老师是九年级某班的班主任，班级要新转来一个学生。据了解，这个学生在原学校里表现非常出色，不但成绩好，而且品德好。为了让这个学生能很快地融入班级，不影响学习，丁老师想到了一个办法。

在这个新同学报到的那天，丁老师在对全班同学介绍这位同学时，故意大声地说：“这位同学在原来的学校的成绩排名中，你得从右面找，而且要在右面的最后才能找到。”一听这话，全班的同学都露出轻视的表情，认为丁老师在讽刺这个同学。没想到，丁老师话锋一转：“因为他原来学校的排名都是从右往左排的。”全班同学立时都笑了。

这样一来，同学们不但记住了这个新同学优异的成绩，还对老师的语言艺术留下了深刻的印象。这就是欲扬先抑手法的妙用。在生活中，倘若我们能将这种欲扬先抑的傲礼艺术运用得当，就会为我们的语言艺术增色。

定名第四十：名实相符

夫理得于心，非言不畅；物定于彼，非名不辨。言不畅志，则无以相接；名不辨物，则识鉴不显。原其所以，本其所由，非物有自然之名，理有必定之称也。欲辨其实则殊其名，欲宣其志则立其称。

经典再现

夫理得于心，非言不畅；物定于彼，非名不辨。言不畅志，则无以相接；名不辨物，则识鉴不显。原[1]其所以，本其所由，非物有自然之名，理有必定之称也。欲辨其实则殊其名，欲宣其志则立其称。故称之曰，道、德、仁、义、礼、智、信。

夫道者，人之所蹈也。居知所为，行知所之，事知所乘，动知所止，谓之道。德者，人之所得也。各得其所欲，谓之德。仁者，爱也。致利除害，兼爱无私，谓之仁。义者，宜也。明是非，立可否，谓之义。礼者，履也。进退有度，尊卑有分，谓之礼。智者，人之所知也。以定乎得失是非之情，谓之智。信者，人之所承[2]也。发号施令，以一人心，谓之信。见本而知末，执一而应万，谓之术。

《说苑》[3]曰："从命利君，谓之顺；从命病[4]君，谓之谀；逆命利君，谓之忠；逆命病君，谓之乱。君有过失，将危国家，有能尽言于君，用则留，不用则去，谓之谏；用则可，不用则死，谓之诤；能率群下以谏于君，解国之大患，除国之大害，谓之辅；抗君之命，反君之事，安国之危，除主之辱，谓之弼。"

《庄子》曰："莫之顾而进，谓之佞；希意导言，谓之谄；不择是非而言，谓之谀；好言人恶，谓之谗；称誉诈伪以败恶人，谓之慝；不择善否，两容颊适，偷拔其所欲，谓之险。"

古语曰："以可济否，谓之和；好恶不殊，谓之同；以贤代贤，谓之夺；以不肖代贤，谓之伐；缓令急诛，谓之暴；取善自与，谓之盗；罪不知忽，谓之虐；敬不中礼，谓之野；禁而不止，谓之逆；禁非立是，谓之法；知善不行，谓之狂；知恶不改，谓之惑。"

太公曰："收天下珠玉美女、金银彩帛，谓之残；收暴虐之吏，杀无罪之人，非以法度，谓之贼；贤人不至，谓之蔽；忠臣不至，谓之塞；色取仁而实违之，谓之虚；不以诚待其臣，而望其臣以诚事己，谓之愚；分于道，谓之性；形于一，谓之命；凡人函五常之性，而刚柔缓急，音声不同，系水土之气，谓之风；好恶取舍，动静无常，随君上之情欲，谓之俗。”

或曰：乐与音同乎？对曰：昔魏文侯问子夏曰：“吾端冕而听古乐，惟恐卧。听郑卫之音，则不知倦。敢问古乐之如彼，新乐之如此，何也？”子夏曰：“今君之所问者乐也，所好者音也。夫乐者，与音相近而不同。”文侯曰：“敢问何如？”子夏曰：“夫古乐者，天地顺而四时当，民有德而五谷昌，疾疢不作而无妖祥，此之谓大当。然后圣人为父子、君臣，以为之纪纲；纪纲既正，天下大定；天下大定，然后正六律⑤，和五声⑥，弦歌诗颂，此之谓德音。德音之谓乐。《诗》云：‘貊其德音，其德克明，克明克类，克长克君，王此大邦，克顺克比，比于文王，其德靡悔，既受帝祉，施于孙子。’此之谓也。今君之所好者，溺于音乎？郑音好滥，淫志也；宋音燕安，溺志也；卫音趋数，烦志也；齐音傲僻，骄志也。四者皆淫于色而害于德，是以祭祀弗用。”此音乐之异也。

或曰：音与乐既闻命矣，敢问仪与礼同乎？对曰：昔赵简子问揖让周旋之礼于太叔⑦，太叔曰：“是仪也，非礼也。吉也闻诸先大夫子产曰：‘夫礼，天之经也，地之义也，民之行也。天地之经，民实则之。则天之明，因地之性，生其六气，用其五行，气为五味，发为五色，章为五声。淫则昏乱，民失其性，是故为礼以奉之。人有好恶喜怒哀乐，生于六气，是故审则宜类，以制六志。哀有哭泣，乐有歌舞，喜有施舍，怒有战斗，哀乐不失，乃能协于天地之性，是以长久。’故人能曲直以从礼者，谓之成人。”

或曰：然则何谓为仪？对曰：养国子，教之六仪：祭祀之容，穆穆皇皇；宾客之容，俨恪矜庄；朝廷之容，济济跄跄；丧纪之容，累累颠颠；军旅之容，暨暨詻詻；车马之容，騑騑翼翼。此礼仪之异也。夫定名之弊，在于钩铱析辞。苟无其弊，则定名之妙也。

论曰：班固九流⑧，其九曰杂家，兼儒、墨，合名、法。《傅子》九品，其九曰杂才，以长讽议。由是观之，杂说之益，有自来矣。故著此篇，盖立理叙事，以示将来君子矣。

迷津指点

①原：追究根源。

②承：凭借，辅助。

③《说苑》：西汉刘向所撰，书中记述了先秦至西汉的一些历史故事和传说，

分为20卷，阐述了儒家的道德理念和政治思想，富有一定的哲理性。

④病：给……带来危害。

⑤六律：古代的六个音律，此处专指黄钟、太簇、姑洗、蕤宾、夷则、无射六阳律，至于通常说的六阴律——大吕、夹钟、仲吕、林钟、南吕、应钟这些则被称做“六吕”。

⑥五声：又叫五音，即宫、商、角、徵、羽。

⑦太叔：复姓，相传为春秋时卫文公子太叔仪之后。

⑧九流：先秦时期的学术流派，包括儒家、道家、法家、阴阳家、纵横家、名家、墨家、杂家、农家。

古文译读

内心明白了某种道理，但如果不运用语言，就不能把这种道理通畅地表达出来；事物的性质确定以后，如果不给它命名，就无法把它与别的事物区分开来。语言不能通畅地表达自己的情志，就无法与别人沟通交流；名称不能够使事物相互区别开，就不便于人们对事物进行认识和鉴别。考察事物的本原，追究事物的生成和发展，事物并非本来就有名号称谓，道理也并非本来就有固定的称谓，而要辨认事物的本质，就必须区别它们的名号称谓；要表达你内心的思想，就必须为这些思想确立一定的称谓。所以才有道、德、仁、义、礼、智、信等不同的思想。

所谓道，就是人必须遵循的原则与规律。居家时，知道自己应该做什么，出行时知道要往哪里去，办事知道应该怎么做，行动起来要知道什么时候该停止，这就是道。所谓德，就是人所应该获得的东西。使别人各得其所欲，这就称为德。所谓仁，就是爱人。为人们谋取利益，除去祸害，博爱无私，这就是仁。所谓义，就是适宜。明确是与非的原则，设立肯定与否定的标准，这就是义。所谓礼，就是人们必须要履行的准则。人们或进或退都适度，尊卑、长幼、上下、贵贱都有所差别，这就是礼。所谓智，就是人们的知识和经验。以此来判断得失、是非等情况，这就是智。所谓信，就是人们所信仰、凭借的东西。凭借此发号施令，统一人心，这就是信。看到事物的开端，就能预知它的后果；抓住事物一端就可以应对万方，左右逢源，这就是术。

《说苑》中说：“顺从君主的命令，并有利于君主统治的就是顺。顺从君主的命令，但却对君主的统治有害的就是谀。违背君主的命令，却对君主统治有利的就是忠。违背君主的命令并且对君主的统治有害的就是乱。君主有错误，而且即将危害到国家根本利益，这时有人能够向君王进言，劝他改正过失，君主若采纳，便留下来继续为官，不采纳便辞官回家，这就是谏。向君主进言，如果君主采纳了自己的意见便罢，不采纳的话就要以死相谏，这就是诤。能率领群臣一起向君主进谏，解除国家的祸患，铲除国家的大害，这就是辅。违抗君主的命令，改变君主交办的事情，扭转国家危局，消除君主将要受到的耻辱，这就是弼。”

《庄子》中说：“没人理睬，他仍然一味求进的，叫做佞。迎合君主的好恶而进言的，叫做谄。不辨是非而进言的，叫做谀。总爱说别人的坏话，叫做谗。假装在赞美别人，实际上是诋毁别人的，叫做慝。不辨善恶，两者兼容，暗中却抬高他实际想进言的东西的，叫做险。”

古语说：“用可行的去补救那些不可行的，叫做和。面对自己喜欢或是憎恶的事物，都能一视同仁，叫做同。用贤者取代贤者，叫做夺。用不贤者取代贤者，叫做伐。法令本来宽缓，可是定罪却很苛急，就叫暴。把好的东西都留给自己，就叫盗。自己有罪恶却不知悔改，就叫虐。对别人态度恭敬却不合于礼数，就叫野。有禁令也不停止自己的所作所为，就叫逆。禁止错误的，树立正确的，叫做法。明知是善事却偏偏不做，叫做狂。明知自己干了坏事却不思悔改，叫做惑。”

姜太公说：“敛取天下珠宝、玉石、美女、金银、彩帛，叫做残。网罗暴虐的官吏，滥杀无罪的人，不遵循法度，叫做贼。贤能的人不能被选拔出来报效朝廷，叫做蔽。忠臣不能从政来报效朝廷，叫做塞。阳奉阴违的，叫做虚。不以诚心对待臣子却指望臣子以诚心侍奉自己的，叫做愚。人天生的性格、气质等秉性，叫做性。后天受外界因素影响而逐渐形成的，叫做命。凡是人都有五常（仁、义、礼、智、信）综合的性格，但不同地域的人却有刚、柔、缓、急、音、声的差别，这是与水土之气分不开的，这就叫做风。好恶取舍，动静无常，一切都要迎合当今皇帝的情趣爱好，这就叫做俗。”

有人问：乐和音相同吗？赵子回答说：以前魏文侯问子夏：“我把帽子戴得端端正正地来听古乐，只怕身歪打瞌睡。而听郑卫之音时则一点也不感到疲倦。请问，古乐和新乐之间的差别为什么会那么大呢？”子夏回答说：“现在您问的是乐的问题，而您所爱好的却是音。乐与音虽然有相近的地方，性质却是不同的啊。”魏文侯说：“那请问二者有什么不同呢？”子夏回答说：“古乐，是在天地正常运行，春夏秋冬四时交替有序，百姓有德，五谷丰登，没有疫病流行，也没有什么不吉祥的兆头发生的背景下才会产生，这叫做大当。在这之后圣人就制定了父子君臣的纲纪。等到纲纪公正之后，天下也就完全安定了。而在天下完全安定之后才能校正六律，调和五声，再配上琴瑟，歌唱《诗》和《颂》，这称做德音。只有德音才能称做乐。《诗经》上说：‘清静淡泊，德行能够明辨是非。是非既明，善恶既分。能做师长，也能做人君。统治这个大国，使君臣上下相亲，使百姓和顺。到了文王的时候，因为他德行高尚，没人怨恨他。他自己已经享受上帝的福佑，还要延及子孙受福无穷。’说的就是这个意思。而如今你所喜好、沉溺于其中的，大概是音吧？郑音动听而放荡，会惑乱人的心志；宋音安逸闲适，能销蚀人的情志；卫音繁复，能使人心志烦躁；齐音狂傲偏邪，能使人心志骄恣。这四国之音都会令人沉溺美色，于德有害。所以祭祀时，大都不用它们。”这就是乐与音的区别。

有人又说：音与乐的区别我已经听你讲明白了，请问仪与礼相同吗？赵子回答说：过去赵简子向太叔询问有关揖让和应酬宾客的礼节，太叔回答说：“您所问的是仪而不是礼。吉曾听郑国先大夫子产说过：‘所谓礼，是天经地义、人民行为的准则。天地大经，人民在生活中都无时无刻不在遵循着。效法天的光明，凭借地的高下刚柔之性来行事。生成阴、阳、风、雨、晦、明这六气，运用金、木、水、火土这五行，散发出酸、咸、辛、甘、苦五味，化作青、黄、赤、白、黑这五色，显现为宫、商、角、徵、羽这五声。如果这里的六气、五行、五色、五味、五声一旦过分，就会迷失本性，导致百姓因此丧失正常的性情。所以制定出礼，来作为人民遵奉的准则。人有好、恶、喜、怒、哀、乐六种情感，这都生于六气，所以要研究六种感情应遵循的原则，并且归于一定的种类，以约束六种情感。哀，表现为哭泣，乐，表现为歌舞，喜，表现为施舍，怒，表现为战斗。哀与乐不失度才能与天地的本性相协调，这样才能长久。’所以，如果人的行动无论曲直都能符合礼的要求，就可以称他为成人了。”

有人又问：那么究竟什么是仪呢？赵子回答说：培养太学生并教给他们六仪：祭祀时的仪容要庄严肃穆；接待宾客时的仪容要庄重恭敬；在朝廷时的仪容要威严整齐、步趋有礼；在丧礼上的仪容要悲哀；军队的仪容要号令整齐，果敢刚毅；车马的仪容要队列整齐。这就是礼和仪的区别。为事物定名的弊端在于，词汇难以明确某些怪僻事物的本质和特性，从而使得名实不符。假如没有这种弊端，那么定名的方法就是一种完美的方法。

作者论说：班固在《汉书·艺文志》中，把学派分为九流，其中第九就是杂家。杂家兼取儒墨二家之长，融会名法于一家之说。《傅子》曾用九品论人，其第九品叫做杂才，杂才长于讽谏论辩。由此看来，杂说的益处，是早有根据的。所以著此文章，用杂家思想阐明道理，叙述史事，以供将来的君子借鉴。

前沿诠释

本篇阐述了定名的重要性。所谓“定名”，一般可以说是使事物名副其实。在现实生活中，有很多名实不相符的事情。也许我们对这些事情早已司空见惯了，但是如果你想成为一个成功的管理者，那面对这种事就绝对不可小觑。一个精明的人，不会因为虚名而放弃事物的本质，同样，他也不会忘记称谓具有的重大指示意义，会巧妙地利用它，从而使之辅助自己的判断。

试刀美利坚的柯菲德

西门子公司是世界上最大的机电公司之一，1847年由维尔纳·冯·西门子建立。起初，由于西门子本人技术过硬，而且有较强的政治背景，公司一向不需要为客户和市场发愁。然而，随着德国开始政治和商业的自由化运动，西门子公司逐渐陷入了困境。因为，长期以来，西门子公司只知道研发技术，却对市场和客户一窍不通。于是，来自欧洲的大量订单被其他公司抢走，西门子公司经营状况不佳，面临着严重的债务危机。1992年，冯必乐接手了西门子公司，采取一系列的改革措施，公司的形势才有所好转。然而西门子公司在美国市场却还是一直处于亏损状态，柯菲德的出现扭转了这种局面。

克帝斯·柯菲德是西门子公司的新锐领导之一。他出生于1958年，在1987年进入西门子的营销部门，开创了西门子管理咨询集团。10年后，柯菲德被任命为公司“Top+”项目总监，成为冯必乐的得力助手。

如果说1992年是冯必乐事业的转折点，那么2002年就是柯菲德事业的转折点。2002年，他像当初的冯必乐一样临危受命，出战美利坚，担任西门子驻美国分公司CEO，迎来了自己职业生涯中最辉煌的时刻。

美国曾是西门子最重要的市场，然而西门子作为一个老牌的德国企业，自身存在着诸多问题，一直无法适应当地的市场，因而屡屡受挫。柯菲德上任这年，西门子美国分公司已经亏损了5亿多美元。柯菲德决心扭转这种局面，一到任就开始寻找亏损的原因。通过调查，柯菲德发现，一直以来，西门子驻美国分公司的最大问题就是旗下公司各自为战，根本不懂得合作。而且这些公司在业务上受他们在德国的顶头上司的掌控，而非美国的上司——美国分公司的CEO有名无实，没有什么实权。于是，柯菲德进行改革首先要做的就是强化自己的权力，不能只是做一个傀儡。在此期间，他要求各部门之间加强协作，比如，推销员在向医院推销X光设备时，还必须顺带推销电话、电脑等其他产品。另一方面，对于美国的高级经理，柯菲德不断加强自己的权威，强化权力。他要求这些经理必须直接对他负责，公司业务情况必须先向他汇报，而且在向他汇报成绩的时候，必须严格按照他制定出来的利润数据样板来汇报。通过这些铁腕手段，柯菲德上任不久，就树立了一个CEO应有的权威，大刀阔斧地进行了改革。仅一年的时间，西门子美国分公司就赢利5.61亿美元。能取得如此大的成绩，不能不说是柯菲德这个CEO的功劳。

对一名管理者而言，权力与威信是缺一不可的。如果只徒有其名而没有实权，那就难以服众，虽令不行。就像之前西门子美国分公司的CEO一样，有名无实，他说的话毫无权威可言，没有人会听他的。柯菲德深深地明白这一点，所以他才将首要任务定为强化自己的权力。只有他这个CEO做得名副其实，他所制定的政策才会得到不折不扣的实施，而他也才能进行有效的领导。

其实，在管理中就是这样，既要有名又要有权。如果你所担任的仅仅是一个有名无实、处处都要受制于人的职位，那就肯定不能有所作为。同样，如果把别人安排在这个位置上，也是一种浪费。举例来说，作为一个经理，假如你设立了几个副经理的职位，但却从来没给过他们权力，什么事都要亲力亲为，那么这就是浪费人力资源，他们也就是充当个摆设而已，没有实际价值。所以要想进行有效的管理，就必须使自己和下属都做到名副其实，既要有名，又要有权；既要有权，又要有威。

卷九·兵权

本卷共二十四篇，含《出军》《练士》《结营》《道德》《禁令》《教战》《天时》《地形》《水火》《五间》《将体》《料敌》《势略》《攻心》《伐交》《格形》《蛇势》《先胜》《围师》《变通》《利害》《奇正》《掩发》《还师》，是用兵理论的总结，是对《孙子兵法》的军事思想的阐述。

出军第四十一：将能而君不御者胜

故知合军聚众，在于阃外，受推毂之寄，当秉旄之重，无天于上，无地于下，无敌于前，无君于后，乃可成大业矣。故曰："将能而君不御者胜。"

经典再现

夫兵者，凶器也；战者，危事也。兵战之场，立尸之所，帝王不得已而用之矣。故曰：救乱诛暴，谓之义兵，兵义者王。敌加于己，不得已而用之，谓之应兵，应兵者胜。争恨小故，不胜愤怒者，谓之忿兵，兵忿者败。利人土地宝货者，谓之贪兵，兵贪者破。恃国之大，矜[1]人之众，欲见威于敌，谓之骄兵，兵骄者灭。是知圣人之用兵也，非好乐之，将以诛暴讨乱。夫以义而诛不义，若决江河而溉萤火，临不测之渊而欲堕之，其克之必也。所以必优游恬泊者何？重伤人物。故曰：远人不服，则修文德以来之。不以德来，然后命将出师矣。

夫将者，国之辅也，人之司命也。故曰：将不知兵，以其主与敌也；君不择将，以其国与敌也。将既知兵，主既择将，天子居正殿[2]而召之，曰："社稷安危，一在将军，今某国不臣，愿烦将军应之。"乃使太史卜斋择日，授以斧钺[3]。君入太庙，西面而立，将军北面而立。君亲操斧，持其首，授其柄，曰："从是以上至天者，将军制之。"乃复操柄，授与刃，曰："从是以下至渊者，将军制之。"将既受命，拜而报曰："臣闻国不可从外理，军不可从中御，二心不可以事君，疑志不可以应敌。臣既受命，专斧钺之威，臣不敢还诸。"乃辞而行，凿凶门而出。

故《司马法》曰："进退唯时，无曰寡人。"《孙子》曰："将在军，君命有所不受。"古语曰："阃[4]以内，寡人制之；阃以外，将军制之。"《汉书》曰："唯闻将军之命，不闻天子之诏。"故知合军聚众，在于阃外，受推毂[5]之寄，当秉旄[6]之重，无天于上，无地于下，无敌于前，无君于后，乃可成大业矣。故曰："将能而君不御者胜。"此之谓也。

迷津指点

①矜：依仗，依恃。

②正殿：主殿，位置处于正中的主要殿宇。

③钺：中国先秦时代的一种武器，长柄斧头，常用来表现持有者的权力。

④阃（kǔn）：城门的门槛。

⑤推毂：推车前进。

⑥旄：古代用牦牛尾装饰的旗子，代表军权。

古文译读

兵械这类东西是凶器，战争是非常危险的事。战场是遍布尸体的地方，因此帝王除非在不得已的情况下才会使用兵器，发动战事。所以说：拯救乱局、诛伐暴虐的，称为“义兵”，为正义而战，就可以称王。敌人侵犯自己，不得已而起兵抗争的，称为“应兵”，这种反抗侵略、保卫国家的战争一定能够获胜。因小事情结怨，愤怒不已而发动战争的，称为“忿兵”，士兵作战时心怀怨恨就会失败。贪图他国土地和财物而起兵的，称为“贪兵”，士兵贪婪则必然要被人打败。倚仗国大人多，想向敌人展示威风的，称为“骄兵”，士兵若骄傲轻敌，就会被消灭。由此可知，圣人用兵，不是因为自己偏好打仗，而是要以此来诛杀暴虐、讨伐逆乱。以仁义之师诛杀不义者，就如同决开江河水流浇灭萤火一样，就如同在深不可测的悬崖边上将敌人推下去一样，克敌制胜是必然的。为什么要求掌管军队的人要内心从容恬适呢？那是因为滥用武力会给人民的生命和财产造成重大伤害。所以说，如果居于远处的人不顺服，那么就要完善文教德化使他们归顺。如果完善了文教德化之后，还不能使他们归顺，那么就要命令将军出兵，用武力使他们归顺。

将帅，是国君的辅佐，能够主宰人命。所以说，为将的不懂用兵打仗，就如同把自己的君主交给了敌人；为君的不懂得选择深谙兵法的将领，就等于是把自己的国家交给了敌人。将帅谙熟兵法，君主已经选好大将，此时，天子就要在正殿召见即将任命的大将，告诉他说：“国家的安危都寄托在了将军身上，现在某国不愿臣服，希望将军前去讨伐。”接着命令太史准备占卜。选择吉日，斋戒，把斧钺授给将军。国君进入太庙正殿的大门之后，要面向西站立，将军要面向北站立。这时，国君亲手捧斧，持着斧的首端，而将柄端交给将军，说：“从这里往上直到天宇，都由将军全权管理。”接着又拿起钺，手持钺柄，将钺刃交给将军，说：“从这里往下直到大海的深处，也都由将军全权管理。”将军接受了任命之后，要向君主拜谢：“臣听说，国家大事处理决断都必须依靠君王自己，不能被外界干预，军队中的事也是如此，必须依靠将领自主决策，不可由宫中的人随军指挥，三心二意不能侍奉君王，心怀疑虑不可应敌作战。臣既然接受了任命，专制象征军权的斧钺的尊严，不战胜敌人，臣不敢班师交权。”于是将军辞别国君而行，通过一道象征必死决心的凶门向前线进发。

所以《司马法》中说：“行军打仗时进攻退守唯一的依据就是时机，不能考虑国君的意见如何。”《孙子兵法》中说：“将帅统兵在外，如果军事形势不允许，君主的命令可以不听。”古语说：“宫门以内的事情，由国君决定；宫门以外的事情，由将帅决定。”《汉书》中说：“在军中，只听将军的命令，不闻天子的圣旨。”由此得知，集结军队以后，在城外接受天子推动车轮的寄托（古代军队出征，君主要亲自推一下车轮相送，以示勉励），担当统率三军的重任。全军将士都要做到上不被天时限制，下不受地势阻隔，前方敌人无法阻挡，后面不受君王的牵制，唯军令是从，这样才可以成就一番伟大的功业。所以说：“将军自由发挥自己的才能，而国君也不去随意干预，这样才能取得胜利。”说的就是这个意思。

前沿诠释

本篇讲述的是发动战争对于国家的重要意义，突出了“将在军，君命有所不受”这一原则，告诉人们，要想使作战胜利，就必须发挥将领的自主性。这一理论推广到现代管理中，就可以引申为：作为一个管理者，要懂得选择和使用人才，根据不同的情况任用人才，让每个人都能最大限度地发挥优势，施展才干。同时，在选定人才以后，要懂得赋予其权力，让其放手去做事。这样才能获得下属的忠心，使他们更好地发挥作用。

亲贤臣、远小人的武则天

武则天是封建社会中唯一的一位女皇帝，她夺取政权后，在治国方面颇有成就，使得国家得以继续繁荣地发展。而她所建立的武周政权上承“贞观之治”，下启“开元盛世”，有着极为重要的历史地位。武则天之所以能够取得这么大的成就，除了当时特定的社会、政治、经济等方面的原因外，还与其积极网罗人才、知人善任、用人不疑有着极大的关系。

在武则天的用人之道中，信任将领和臣子是非常重要的一点。公元687年，唐西部边境地区遭到吐蕃贵族的骚扰，武则天派大将率军对抗。此时，有人奏请按旧制派一名御史监军，武则天却说：“古者明君遣将，阃外之事悉以委之。此闻御史监军，军中事无大小皆须承察，以下制上，非令典也，且何以责其有功。”于是坚决不设监军。她废除御史监军的做法，一方面给军事指挥人员以很大的权力，便于应付紧急情况，灵活作战；另一方面，这对军事将领来说也是一种莫大的信任，从心理上给他们以鼓励，更便于他们发挥自己的能力指挥作战。

武则天（624—705），中国历史上唯一的一位女皇帝，唐高宗时为皇后，同时也是一位女诗人和政治家。

而从刘仁轨的身上，我们可以清楚地看出武则天对臣子的信任。刘仁轨年少时恭谨好学，博涉文史，唐太宗曾经夸赞过他的刚正。武则天执政之后，任命他为尚书左仆射，同中书门下三品，专知留守事。后来刘仁轨发现武则天有重用武氏宗族的苗头，便以年老体衰为由上书请辞，并陈述“吕后见嗤于后代，禄产贻福于汉朝”的历史教训，以此规谏武则天。诸武的问题在武则天执政时期一直是非常敏感的，议者稍有不慎，往往会招致杀身之祸。但是，武则天认为刘仁轨一片忠贞，非但没有怪罪，还称赞刘仁轨“忠贞之操，始终不渝，劲直之风，古今罕比”，同时还真诚地说：“初闻此语，能不周然；静而思之，是为龟镜。”武则天还挽留刘仁轨，希望他能继续在朝为官。这种对待臣子推心置腹的态度，实在是难能可贵。

大胆重用，严加淘汰，是武则天用人策略中另一个突出的特点。武则天以非凡的胆略，采用多种方式招纳贤才，势必就会得到许多备选人才。但不可否认，其中也会有一些鱼目混珠之徒。于是如何保证所选之人尽职尽责、不负众望，便成了君主选择人才时非常重要的问题。针对这一点，武则天采取了大胆重用和严加淘汰相结合的用人原则。690年，武则天将存抚使所推荐的人不问贤愚，一概加以任用，使得当时官员的数量大为增加。保守落后的官僚贵族们甚至讥之为“车载斗量”。然而，武则天的真正目的在于在为官的实践中检验这些人，以便看清谁才是真正值得她信任之人。果然，一段时间之后，那些浑水摸鱼之徒显露出了本来面目，武则天便毫不犹豫地淘汰了他们，而兼有德才的贤能之士，则被留下委以重任。正是通过这样的策略，武则天招揽到了一批贤臣为己所用。像武将中的裴行俭、刘仁轨、娄师德，文臣中的姚崇、狄仁杰、魏元忠、杜景俭，还有敢于直谏的李昭德、王及善、徐有功、朱敬则等，这些都是通过武则天的检验后被她信任并重用的将相臣子。正是由于有众多这样的贤士为武则天效力，才使得她的统治逐渐稳固，社会日渐安定。

对人才用而不疑，对小人疏远控制，这也是武则天的用人原则之一。她曾经明白表示，用人就应当“尊重贤良，厌恶奸佞”。在选拔人才时，武则天坚持对认准的人才大胆使用，不过如果对方并不适宜担任某一职务，她会毫不犹豫地罢免。她一方面注重人才的选择和使用，另一方面也注意对奸邪之人进行必要的控制，使人才在一定程度上得到保护，才能得到施展。

从武则天对待骆宾王的态度上即可窥见其爱才的一面。人称“初唐四杰”之一的骆宾王曾参加过扬州刺史徐敬业反抗武则天的叛乱，还曾经写过一篇文采飞扬的《为徐敬业讨武曌檄》，揭露和痛斥了武则天的罪恶，说她“秽乱春宫”，“杀姊屠兄，杀君鸩母，为人神所同嫉，为天地所不容”。檄文最后写道：“请看今日之域中，竟是谁家之天下?”武则天读罢檄文不仅没有发怒，还禁不住感叹道：“宰相之过也，人有如此才，而使之流落不偶乎。”由此看出，即便是反对她的人，她也是深爱其才的。

历来，人们对武则天的评价褒贬不一，她的心机、她的凶狠，也一度被人诟病。然而，她的治国方略和开阔的眼界却让人不得不欣赏和佩服，她善于选人和大胆用人的做法更是给现代人以深刻的启发。

练士第四十二：知之者胜，不知之者不胜

夫王者帅师，必简练英雄，知士高下，因能授职，各取所长。为其股肱羽翼，以成威神，然后万事毕矣。

经典再现

夫王者帅师，必简练英雄，知士高下，因能授职，各取所长。为其股肱羽翼①，以成威神，然后万事毕矣。腹心一人，谋士五人，天文三人，地形三人，兵法九人，通粮四人，奋威四人，鼓旗三人，股肱四人，通材三人，权士三人，耳目七人，爪牙五人，羽翼四人，游士八人，术士二人，法算二人，方士二人。

军中有大勇敢死乐伤者，聚为一卒②；有勃气壮勇暴强者，聚为一卒；有学于奇正长剑雕弧接武③齐列者，聚为一卒；有破格舒钩、强梁④多力，能溃破金鼓、绝灭旌旗者，聚为一卒；有能逾高超远、轻足善走者，聚为一卒；有故王臣失势，欲复见其功者，聚为一卒；有死罪之人，昆弟为其将报仇者，聚为一卒；有贫穷忿怒，将快其志者，聚为一卒；有故赘婿⑤人虏，欲昭迹扬名者，聚为一卒；有辩言巧辞，善毁誉者，聚为一卒；有故胥靡⑥免罪之人，欲逃其耻者，聚为一卒；有材伎过人，能负重行数百里者，聚为一卒。

夫卒强将弱曰“弛”，吏强卒弱曰“陷”，兵无选锋曰“北”，必然之数矣。故曰：兵众孰强，士卒孰练，知之者胜，不知之者不胜，不可忽也。

迷津指点

①股肱羽翼：得力的助手。

②卒：古代军队的一级编制，一般百人为卒。此处可理解为“队”。

③接武：前后足迹相联结。武，足迹。这里意为步伐稳健整齐。

④强梁：强横、强悍、强暴。

⑤赘婿：男子到女家成婚。古人认为这是一种耻辱。

⑥胥靡：刑徒，囚犯。

古文译读

君王统率军队，一定要简选训练英雄人物，了解将士能力的高低，根据人才的才能授予职位，各取所长，为他们配置得力助手，以组成一支威武神气的军队。这样万事就具备了。军中内部的分工配置为：心腹一人，谋士五人，通晓天文气象的三人，懂地理的三人，通晓兵法的九人，管理粮草的四人，振奋军威的四人，执掌鼓旗的三人，得力干将四人，学识渊博的三人，懂得权谋的三人，管情报的耳目七人，爪牙五人，羽翼四人，探察敌情的间谍八人，术士二人，管财务的二人，医药方士二人。

要把军中有超常勇气，不畏死伤的，编为一队。把士气高昂，强壮勇敢，敢于面对强敌的士兵，编为一队。把受过奇正训练、擅长剑弓、陈列有素的人，编为一队。把善于突破封锁，强悍有力，能够击破敌人金鼓，拔取敌人旌旗的，编为一队。把腿脚麻利、能跳善走的，编为一队。把王公大臣中失去威势，想从军再次建立功业的，编为一队。把兄弟阵亡、一心想杀敌报仇的，编为一队。把那些因贫穷而愤怨，心中抑郁，想通过战场杀敌使心志痛快的，编为一队。把那些因被招婿入赘，或曾做过俘虏，想用军功来掩盖耻辱、远扬名声的，编为一队。把能说会道，精通诋毁和夸耀的，编为一队。把曾获罪免刑，想参军来洗刷耻辱的，编为一队。把身怀绝技，能背负重物行走数百里的，编为一队。

士卒强悍，军官反而怯弱的军队叫做“弛军”；军官强悍，士卒怯弱的叫做“陷军”；向敌军进攻，没有精锐部队做骨干，则被叫做“败军”，军队如果出现以上的这三种情况，必然会失败。所以说，哪一方军队的武器精良、实力强大，哪一方军队的士兵训练有素，对此了若指掌的将帅，就能够赢得战争的胜利；对以上诸因素不甚了解的将帅，就必然会失败。这些问题绝对不能忽视。

前沿诠释

这一篇主要围绕军队编制方面的问题展开论述。一个优秀的将军，需要懂得根据士卒身体的强弱、身材的高低、社会地位、思想心理等的不同状况，将之分成不同的类别，编组成不同的分队，形成最优化配置，以期发挥出最强的整体实力。士卒的选拔和编组直接关系到军队战斗力的强弱，企业的团队建设也是如此。人员的选拔与安置，对企业的兴衰同样起着举足轻重的作用。管理者需要对此予以高度的重视。

创建最佳团队的子产

子产是春秋时期郑国杰出的政治家，被人们称为“春秋第一人”。他思想开明，富有才干，在担任郑国执政大夫的20余年间，采取了许多改革措施，使郑国的政局得到稳定，国家兴旺发达。

子产非常反对大国的强权制度，在郑国担任国相时就推行了与之相反的政策，从法制到经济方面进行了一系列改革，使原本弱小的郑国慢慢强大起来。而能够取得这样的成绩主要得益于他的用人技巧。他能够清楚、准确地判断出每一个人的才能，并进行恰当的安排，真正做到人尽其才。公孙晖就是其中一个很好的例子。

公孙晖是一个无论处理政务还是出访外交都十分能干的大臣。子产任用他协助自己改革内政、开展外交活动。而公孙晖的表现也非常出色，尤其是在外交方面。

郑国原本是春秋“小五霸”中的第一个霸主，在春秋初期率先称雄于中原。然而，随着时代的发展，诸侯争霸愈演愈烈，郑国的势力逐渐衰微，被夹在晋楚两大强国之间，成为各大诸侯国激烈争夺的焦点，随时都可能被吞并。作为郑国的外交官，公孙晖深知郑国要想在大国争霸的夹缝中求生存，表现过于抢眼不行，过于弱势也不行，必须讲究外交策略，趋利避害。因此公孙晖对与叛国相邻的四个诸侯国的形势十分关注，经常派人搜集消息，利用大国之间的矛盾冲突制造有利于郑国的态势。他在与大国的交锋中敢于斗争，不畏强暴，以坚定的立场、过人的勇气和婉转的言辞令大国折服，使弱小的郑国在诸侯激烈争霸的险恶环境中得以生存。

子产（？—前522），复姓公孙，名侨，字子产，春秋时期郑国的政治家和思想家。

大臣冯简子也是一个头脑冷静、聪明机智、多谋善断的人，在任何情况下都能够最快、最准、最冷静地判断事情。因此，子产需要做出大的决定时，都会去询问他的意见。裨谌是一个谋略家，最擅长的就是野外的谋略，于是子产就常陪着裨谌到野外听他出谋划策，以增长自己的见识。子太叔是一个心细且精明、毫不虚浮之人，子产便派他去处理许多重要政务。因为用人得当，子产在执政期间很少会犯错误。

而最能表现子产人尽其才的用人原则的，是郑国的一套行政机制。子产执政时期，郑国发表的公文有一套特定程序：由善于谋划的裨谌起草文稿，由擅长文章的世叔研究细节、仔细审核，由长于外交辞令的子羽对文章加以修饰，而子产自己则在最后总揽大局、修改润色，四个人通力协作制定完毕之后才将公文发布。这种做法和现代的分工协作有很大相似之处，在当时看来，这是十分先进的，难怪邻国国君来访时一看这样的政务处理方式，便对郑国国君夸道："你得到子产这样的臣子真是郑国的福气啊！"

上面的种种事例说明，作为领导核心的子产，深知自己属下的所有优点和缺点，并将之安排到最合适的位置上加以利用，由此组建起了最优秀的团队。如果把整个郑国比做一部运行良好的机器，那么子产及其下属就像大大小小的零件，每个人都有着无法取代的作用，正是在这些零件的推动下，郑国才变得强大起来。

子产的管理经验对于现代企业管理来说，也是适用的。管理者必须清楚自己的下属具有哪些优势和劣势，在这个前提下进行岗位分配，才能使员工找到适合自己的位置，从而对工作产生热情，将工作保质保量地完成。

结营第四十三：法天结营，物莫能害

凡结营安阵，将军居青龙，军鼓居逢星，士卒居明堂，伏兵于太阴，军门居天门，小将居地户，斩断居天狱，治罪居天庭，军粮居天牢，军器居天藏。此谓法天结营，物莫能害者也。

经典再现

太公曰："出军征战，安营置阵，以六为法。将军自居九天之上，竟一旬[①]复徙，开牙门[②]，常背建[③]向破，不饮死水，不居死地，不居地柱[④]，不取地狱[⑤]，无休天灶[⑥]，无当龙首[⑦]。"故曰：凡结营安阵，将军居青龙，军鼓居逢星，士卒居明堂，伏兵于太阴，军门居天门，小将居地户，斩断居天狱，治罪居天庭，军粮居天牢，军器居天藏。此谓法天结营，物莫能害者也。

迷津指点

①一旬：十天。

②牙门：古时驻军，主帅或主将帐前树立牙旗以为军门，因此，营门又称"牙门"。

③建：北斗星柄所指的方向叫建。

④地柱：四周低、中间高的地方。

⑤地狱：四周高、中间低的地方。

⑥天灶：谷口。

⑦龙首：山顶。

古文译读

姜太公有言："出兵打仗，安营扎寨，布置阵法，当以六为法度。将军身居九天之上（即青龙之位），十天以后，重新敞开牙门，通常要背朝建的方向攻击敌人。不能饮用不流动的死水，不能在死地设帐，也不能在四面低中间高、四面高中间低的地区以及谷口或山顶扎营。"所以说，凡是结营布阵，将军居青龙之位，军鼓居逢星之位，士卒居明堂之位，将伏兵设在太阴之位，将军门设在天门之位，小将居地户之位，在天狱之位执行军法，在天庭之位判决罪人，将军粮存放在天牢之位，将军械存放在天藏之位。这就是所谓的依天道结营安寨，这样，外物就很难对军队造成伤害。

前沿诠释

由此篇内容可知，在行军打仗时要依据一定的自然条件安排营寨，即“法天结营”，才能达到“物莫能害”的目的。将这一道理运用于企业管理中，即是指人事安排的恰当与否。在公司运营过程中，人事安排如同排兵布阵。作为管理者，不仅要将人才招揽于麾下，更要根据不同才能和工作的需要，将他们分别安排在适当层次的组织机构中，这样才能做到人尽其才，能者多劳。

狂帅穆里尼奥的用兵之道

何塞·穆里尼奥，这位不可一世的葡萄牙足球教练已经被人们奉为神话一般的人物。他在自己的执教生涯中，曾率所任职的球队连续4个赛季赢得国内联赛冠军，还带领球队征战欧洲联盟杯和欧洲冠军联赛，又在2004年和2005年两次被国际足球历史和数据统计协会评为世界最佳教练，被誉为当代球坛最成功的主帅之一。执掌帅位以来，穆里尼奥与国际足坛风光无限的巨星们上演过无数次风云际会。面对这些个性十足又往往自视甚高的球员们，穆里尼奥是如何使他们组成一个密不可分、无坚不摧的团队，让他们在各自的位置上发挥出最好的作用来的呢?

足球场上风云变幻，在很多时候，大牌球星的名气并不等同于战绩，因为无论如何知名，也并非每个人都是“全能先生”，大部分人都是在自己擅长的一个方面才能取得好成绩。球星们的强项都是不同的，有些人快如闪电，反应迅速；有些人长于中路，脚法神奇；有些人习惯单打独斗，有些人更喜欢助攻……因此对于球队教练来说，如何将合适的人安排在合适的地方就显得尤为重要。

与穆里尼奥桀骜不驯的外表相对应的，是他的实用主义的行事风格。虽然他以激情澎湃闻名于世，但与众多高调的主帅不同的是，他极其善于用人和配置队伍。因为他深深知道，11枚棋子的排布不亚于沙场布阵，如果摆错了位置，就只能是哑炮一枚。

2004年，穆里尼奥率领切尔西队赴美国征战冠军世界踏步足球循环赛，首次亮相即以4：2大胜苏格兰超级联赛冠军凯尔特人队，当时立下首功的凯日曼和斯梅尔金都是新加盟的球员，而且是切尔西新人中身价最低的，转会费高达2400万英镑的德罗巴没有出场，2000万欧元加盟的罗本和费雷拉也只是作为替补出场。然而穆里尼奥的决定无疑是明智的，切尔西队的后防向来薄弱，他此次选择了斯梅尔金出任后卫，这位被穆帅称为“来到切尔西后最大的发现”的球员不辱使命，为球队的胜利立下了汗马功劳。

在锋线球员的选择上，穆里尼奥也有深入的考虑。塞黑前锋凯日曼虽然身价不高，但是他在锋线上的机智和灵巧十分难得。依靠着绝佳的跑位和门前的冷静，这名身材和速度都不突出的前锋在进球率上甚至能和巴斯滕与罗纳尔多相媲美，也因此他成了穆里尼奥的主力前锋。同时，穆帅使“小飞侠”罗本在前场的钻营能力得到了最大发挥。在比赛中，我们可以看到他游刃有余地活跃在对手边后卫与中卫之间防守的薄弱地带，随时准备给予敌人致命一击。

与球员的名气比起来，穆里尼奥无疑更在意他们实际的使用价值，同时他也有自信将场上的某个位置交给他看中的那个人。在他执教切尔西时，阿布提出要收购齐达内、贝克汉姆等足坛巨星，狂放不羁的穆帅扔出了典型的穆氏名言：“在这里你只需要一个明星就够了，那就是我！”这既是管理者的豪情，也说明了管理者的能力。穆里尼奥能够用最小的成本去组建一支最强大的团队，其秘诀不在于每个成员都是最出色的，而在于使每个成员都在自己位置上发挥出最好的水平。

在球队阵型的选择上，穆里尼奥曾表示：“我喜欢后防线上有4名球员，但我的球队也会做好踢三后卫的准备。”根据对手的风格，灵活地变换阵法也是穆帅的制胜法宝之一。在他的机智百出面前，也难怪他的对手会采取相当于“把大巴停到球门前面”这样不入流的对策了。

2010年，穆里尼奥转战皇马。上任伊始，他就明确表示将以“追求平衡、整体为重”作为以后的行动指南，并且继续他一贯的排兵布阵风格。

虽然球迷们习惯于用目光追随那些耀眼的巨星，看他们的一招一式、一举一动，但不可否认，足球是11个人的艺术，或者从某种程度上来说，是12个人的战场。端坐于场边的主教练恰恰掌控着全局。一名好的教练必须统筹协调，使每个部分灵活运转，达到整体大于部分之和的最佳效果。

从一代名帅穆里尼奥的足球方法论中，我们可以引申出一个结论：一个成功的管理者绝不是保守的死脑筋，而要擅长根据天时、地利、人和来选择对己有利的阵容。他应当首先明确在这个职位上应该有个怎样的人才，然后从团队中找到合适的成员来填补这个空缺。就如同一幅拼图，只有当每一小块都找到了合适的位置时，才能最终显示出完整的图画。

道德第四十四：积恩不已，天下可使

军井未达，将不言渴；军幕未办，将不言倦；冬不服裘，夏不操扇，是谓礼。将与之安，与之危，故其众可合而不可离，可用而不可疲。接之以礼，励之以辞，则士死之。

经典再现

夫兵不可出者三：不和于国，不可以出军；不和于军，不可以出阵①；不和于阵，不可以出战。故孙子曰："一曰道。道者，令人与上同意者也。故可与之死，可与之生，而人不畏危。"黄石公曰："军井未达，将不言渴；军幕未办，将不言倦；冬不服裘，夏不操扇，是谓礼。将与之安，与之危，故其众可合而不可离，可用而不可疲。接之以礼，励之以辞，则士死之②。"是以含蓼③问疾，越王霸④于诸侯；吮疽恤士，吴起凌于敌国。阳门⑤恸哭，胜三晋之兵；单醪⑥投河，感一军之士。勇者为之斗，智者为之忧，视死若归，计不旋踵者，以其恩养素畜，策谋和同也。故曰：畜恩不倦，以一取万。语曰："积恩不已，天下可使。"此道德之略也。

迷津指点

①阵：战争双方对垒的阵列。

②死之：为之（主将）而死。

③蓼：一种气味很浓的药草。

④霸：有的版本作"伯"，"霸"与"伯"通。伯者，长也，寓称雄于诸侯，可谓霸也。

⑤阳门：春秋时期宋国城门名。《礼记·檀弓下》："阳门之介夫死，司城子罕入而哭之哀。"

⑥醪：酒的泛称。

古文译读

用兵时，在三种情况下不可以出兵：国内不团结，不可以派出军队；军中不团结，不可以摆出阵列；军阵中不团结，不可以出兵作战。所以孙子说："凡用兵打仗，'道'是第一重要的。所谓'道'，就是指让全国民众、将士与国君的意愿保持一致。如此，百姓才能在战争中出生入死，而不怕危险。”黄石公说：“没有找到水井之前，主将就不能说口渴；军帐没有驻扎安稳，主将就不能说疲惫。冬天不穿皮衣，夏天不用扇子，这样的将领叫做礼将。主将与战士同安危、共患难，则全军将士就会上下一心不可分离，可以持久作战而不知疲惫。对士卒以礼相待，用昂扬的言辞勉励他们，那么士卒们就会为主帅出生入死。”因此，越王勾践因为亲尝苦药慰问将士病情，越国才能称雄于诸侯；名将吴起因为关爱士卒，为生疮的士兵吮吸脓疮，所以他的军队作战才能所向无敌；司空子罕为阳门一个普通城门看守之死恸哭不已，全军感动，最终使晋国的军队望而却步；楚庄王将他人进献的一樽美酒倒入河中，让全军共饮，最终感动了所有的将士。那些身怀勇力的战士们拼死战斗，富有谋略的人才发挥才智为之解忧，所有的人视死如归，每战必克，每计必成，那是因为君王和将领们平常对人民和士卒有恩德，上面的决策和自己的心意是一致的。所以说，平时对人民和士卒施恩不倦，那么在战场上就可以以一敌万。常言道：“永不停息地积恩施德，就可以驱使全天下的人民。”这就是运用道德的谋略。

前沿诠释

“积恩不已，天下可使”，无论是古代驰骋疆场的将领，还是今天在商场中参与竞争的商务人士，如果能够对下属真情相待，在生活中处处给予关怀，往往能够得到下属的忠心，最终上下同心，打造一个无往不胜的优秀团队。高明的管理者都明白，“人心”才是赢得胜利的最关键因素，于是“积恩”自然而然地就成了他们共同的选择。

积恩，其实也是一种艺术

正如《长短经》中所说“积恩不已，天下可使”，善于积恩，会积恩，是中外历史上许多有一番作为的管理者的突出特点。但积恩的方式不同，结果也不同。倘若方法不对，不但不会达到“天下可使”的目的，还会适得其反。

作为一家美容院的老板，小梦一直在努力地经营着自己的美容院，而且希望把它做成连锁店。不过，让她苦恼的是，无论自己怎么做，都很难留住美容师，在自己的店里工作超过一年的美容师几乎没有。她不明白，自己每逢员工生日就送礼物，过节也发过节费，为什么还会这样呢?

其实，出现这种情况不是因为小梦待员工不好，而是因为她待员工太好了，这种好让员工觉得她在对自己施恩，自己的报酬不是凭本事获得的，而是靠她的施舍。就拿在这里工作了快一年的小杜来说，她之所以离开就是因为这个原因。

小杜来美容院工作时，正是春末，眼看着夏天快到了，由于没时间去买夏装，她便把长袖T恤袖口挽起，想着过段时间再去买。结果有一天，小杜到了美容院，还没来得及换工服，老板小梦也到了。中午吃饭的时候，同事们聚在一起，三五成群地闲聊时，小梦却突然出现了，手里是一套夏装。她大声对小杜说："这套衣服给你穿吧，我穿小了。你看看你，都夏天了，还穿春天的衣服。"本来小梦是好意，但当着所有同事的面这么一说，小杜的脸一下就红了。看着大家饱含深意的眼神，小杜觉得自己成了小梦救济的对象，心里格外别扭。

还有一次，小杜的母亲生病住院了，小杜手里的钱不太够，就去向老板小梦借。小梦在借给小杜钱的时候，多给了小杜二百元钱，说是给小杜的妈妈买营养品吃，小杜心里很感激。结果过了一段时间，小杜从同事处得知，老板小梦在和其他同事聊天时，说到了自己借钱的事儿，也提到了她给自己母亲二百元钱的事。小杜心里很郁闷，本来不想声张借钱的事，这回老板帮自己宣传了。

这样的事儿多，小杜就越发不舒服了。最后，在朋友的鼓动下，她决定换一家美容院工作。因为在小梦这里，她总觉自己好像在仰人鼻息地生活。

试想一下，小梦不是不懂施恩，问题是她没能很好地注意施恩的方式。倘若她在送衣、送钱时，找一个两人独处的时间，而且在事后三缄其口，注意照顾小杜的心理感受，或许小杜在感动的同时，会心甘情愿地为其工作。

由此可见，施恩也是一门艺术，管理者除了要感同身受地去理解员工，还要注意施恩的方式。美国总统卡特就是一个善于施恩的高手。

1980年4月，在营救驻伊朗的美国大使馆人质的作战计划失败后，时任美国总统的吉米·卡特随即在电视上发表声明，声称一切责任在自己。此举使卡特总统的支持率骤然上升了10%以上。在此之前，美国人对卡特总统的评价并不高，甚至有人评价他是"误入白宫的历史上最差劲的总统"。

卡特总统此举，其实就是在施恩。要知道，做下属的最担心的就是做错事，特别是花了很多精力又出了错。而在这个时候，老板的一句"一切责任在我"，对于下属而言，会带来一种怎样的感受呢？这种施恩，不但体现了老板的大度和容人，也体现了老板的施恩艺术。

卡特总统的例子提醒我们，管理者在施恩时，要抓住契机，既能体现出自己的责任感，也能让下属发自内心地为你的行为感动，这样就不愁下属不为你所用了。

同样，素有“经营之神”之称的日本松下电器总裁松下幸之助也是一个善于施恩的人。他的施恩行为，表现在日常生活的细节中。

有一次，松下幸之助在一家餐厅招待客人，当时在座的一共有6个人，大家都点了牛排。等大家都吃完主餐，松下幸之助让助理去请烹调牛排的主厨过来，而且格外强调：“不要找经理，找主厨。”其实，助理已经注意到松下幸之助面前的牛排只吃了一半，估计下面的这番谈话会很尴尬。

主厨忐忑不安地来了，因为他也知道这个客人的来头很大。看到松下幸之助面前的半份牛排，他连忙问：“是不是牛排有什么问题？”松下幸之助首先肯定了主厨烹调的水平，然后告诉他，自己年龄大了，之所以只吃了一半，是因为胃口不如从前。听完松下幸之助的话，在场的人面面相觑，好一会儿才明白，原来松下幸之助是担心剩下的牛排被送回厨房后，主厨会难过。

小小的细节，从一个侧面反映了松下幸之助的施恩艺术。试想，如果我们是那位主厨，听到他的这番话，会有怎样的感受？而在座的客人，又会有怎样的感受？

所以，管理者在施恩时，一定要付出真情，用真情感动下属，下属才能心甘情愿地为你工作。而在付出真情的同时，采用好的施恩方式，就会达到锦上添花的效果。

禁令第四十五：刑上极，赏下通

经曰："兵以赏为表，以罚为里。"又曰："令之以文，齐之以武，是谓必取。"故武侯之军禁有七：一曰轻，二曰慢，三曰盗，四曰欺，五曰背，六曰乱，七曰误。此治军之禁也。

经典再现

孙子曰："卒未专亲而罚之，则不服，不服则难用。卒已专亲而罚不行，则不可用矣。"故曰："视卒如婴儿，故可与之赴深溪；视卒如爱子，故可与之居死地。厚①而不能使，爱而不能令，乱而不知理，譬若骄子，不可用也。"经曰："兵以赏为表，以罚为里。"又曰："令之以文，齐之以武②，是谓必取。"故武侯③之军禁有七：一曰轻，二曰慢，三曰盗，四曰欺，五曰背，六曰乱，七曰误。此治军之禁也。

若期会不到，闻鼓不行，乘宽自留，回避务止，初近而后远，唤名而不应，军甲不具，兵器不备，此谓轻军。受令不传，传之不审，以惑吏士，金鼓不闻，旌旗不睹，此谓慢军。食不廪粮，军不部兵，赋赐不均，阿私所亲，取非其物，借贷不还，夺人头首，以获功名，此谓盗军。若变易姓名，衣服不鲜④，金鼓不具，兵刃不磨，器仗不坚，矢不著羽⑤，弓弩无弦，主者（疑有误）吏士，法令不从，此谓欺军。闻鼓不行，叩金不止，按旗不伏，举旗不起，指麾不随，避前在后，纵发乱行，折兵弩之势，却退不斗，或左或右，扶伤舆死，因托归还，此谓背军。出军行将，士卒争先，纷纷扰扰，军骑相连，咽塞道路，后不得前，呼唤喧哗，无所听闻，失行乱次，兵刃中伤，长将不理，上下纵横，此谓乱军。屯营所止，问其乡里，亲近相随，共食相保，呼召不得，越入他位，干误次第，不可呵止，度营出入，不由门户，不自启白，奸邪所起，知者不告，罪同一等，合人饮食，阿私所受，大言惊语，疑惑吏士，此谓误军。斩断之后，万事乃理。所以乡人盗笠，吕蒙先涕而后斩⑥；马逸犯麦，曹公割发而自刑⑦。故太公曰："刑上极，赏下通。"孙子曰："法令孰行，赏罚孰明，吾以此知胜。"此之谓也。

迷津指点

①厚：厚待。

②令之以文，齐之以武：文，惠也；武，法也。即要用恩惠来感化他们，要用武力来约束他们。

③武侯：即诸葛亮，在世时被封为武乡侯，谥曰忠武侯。

④衣服不鲜：衣冠不整。

⑤矢不著羽：弓箭不安羽毛。

⑥乡人盗笠，吕蒙先涕而后斩：吕蒙袭占荆州后，为了安定民心，传令军中："如有妄杀一人，妄取民间一物者，定按军法。"一次吕蒙巡查时，发现一个和他同乡的士兵"取民间箬笠以盖铠甲"，虽是因公取物，但号令已出，吕蒙为了服众，杀掉老乡，换来了"三军震肃"。

⑦马逸犯麦，曹公割发而自刑：官渡之战时，为笼络民心，曹操下令："全军将士，上至统帅，下至马夫，行军训练，不准践踏庄稼，不准打骂百姓，不准调戏女子，违令者斩首。"但有一次曹操的坐骑在行军途中受惊践踏了麦田。经将士劝说，曹操割发代首自罚，以儆效尤，从而换来将士上下一心。

古文译读

孙子说："如果在士兵没有专一亲附将帅之前便处罚了他们，士兵就会不服气。士兵不服气，就会难以控制使用他们。而在士兵已然专一亲附了将帅之后，却总是赏罚不明，那么这支部队就不能用来打仗了。"所以说，假若将帅能够像对待婴儿那样对待自己的士兵，士卒就会愿意跟随他共赴危难；假若将帅能够像对待自己喜欢的孩子一样对待自己的士兵，那士兵们就会愿意与他们的将帅同生共死。但是，如果厚待自己的士兵却不能使用他们，一味溺爱士兵却不能号令指挥他们，违犯了军纪军法也不严惩，这样的军队，就好比是娇惯坏了的孩子，是不能用来打胜仗的。经书中说："治军以赏为表，以罚为里。"又说："要用文德来教育感化他们，要以军纪法令来统一他们的行动，这样就一定能够取胜。"所以诸葛孔明的治军策略中有七条禁令：一是"轻"，二是"慢"，三是"盗"，四是"欺"，五是"背"，六是"乱"，七是"误"。这七种情况在治军过程中是必须要禁止的。

如果已约期而士兵不能按期到达，听到鼓声士兵们却不进攻，趁着间隙便滞留不进，该做的和禁止做的事情都尽量回避。交战开始的时候积极走在前方，但是随着战事紧张便落后不前，点名却不回答，盔甲没有在身，兵器也不准备，这叫做"轻军"。接收到军令却不向下传达，或是传达命令的时候不细心审慎，导致下级军官疑惑不已，不认真听金鼓的号令，不仔细看旌旗的指示，这叫做"慢军"。不储存粮食，驻扎之后却不按照兵法部署军队，奖赏不公、分配不均，偏袒自己喜欢的下属亲信，夺取原本并不属于自己的财物，借别人的东西却不归还，抢夺他人斩敌的首级用以邀功，这就是所谓的“盗军”。更名改姓，衣冠不整，不准备金石旗鼓，不去打磨兵器刀刃，武器也不修整，箭尾也不插羽毛，弓弩上没有弓弦，军中上下不听法令，这就是所谓的“欺军”。听到击鼓却不进攻，鸣金了却不收兵，旗帜按下却不卧倒隐蔽，旗帜举起来了仍卧地不起，不跟随帅旗指挥的方向前进，逃避敌人的锋锐，躲在队伍的后面，横行无序，随意放箭，以至于挫伤了兵弩的威势，总是向后退缩而不去攻打敌人，有时跑到左边，有时跑到右边，有时候还借着搀扶受伤士兵，运送死去士兵的机会，趁机归营，这叫做“背军”。军队出征，士兵们争相向前，纷纷扰扰，步兵和骑兵相混杂，以至于堵塞了道路，后面的部队也不能向前，还大声纷扰喧哗，什么也听不清楚，没有行列秩序，次序混乱，手中的兵刃相互碰撞误伤他人，长官却不能治理，上下纵横纷乱，乱作一团，这就是所谓的“乱军”。大军驻扎在外，安营扎寨之时，便四处打听同乡，关系亲近的人便彼此相互跟随，一起吃喝；呼召他人不得，便越入他人防区，破坏军队秩序，不听他人的制止，不从正门出入军营，离营出去却不向上级请示；奸邪之事发生后，知道实情的隐瞒不向上级汇报，这也是要承担同等罪责的；聚众饮食，徇私受贿，大声说话，故意发出惊吓人的言论，使将士疑惑，这就是所谓的“误军”。只有果断处斩违反禁令的人，才能把军中治理得井井有条。所以，三国时吕蒙治军，在同乡人偷了百姓一顶斗笠之后，虽然难过，却还是挥泪将其斩杀；自己的坐骑受惊踏坏了麦田之后，曹操割发代首以示惩罚。所以姜太公说：“刑罚要从最上层开始执行，赏赐要通达下层。”孙武也说过：“只要观察作战时哪一方的法令执行得好，哪一方赏罚分明，我就能据此判断双方谁可以取得胜利。”这些话说的就是这个道理。

前沿诠释

从本篇文章里，我们可以看到古代著名将帅治军的重要方略之一——体恤士卒，严明军纪，这为他们赢得了更多的拥戴。这一道理应用于现代管理中，便是指作为一个管理者，既要像家人一样关心体恤下属，又不能过分骄纵溺爱下属：关心体恤下属，下属就会忠心效命，与自己同甘共苦；若过分骄纵，则会导致自身权威的丧失，从而无法有效管理下属。因此，一个合格的管理者要兼具权威性和亲和力，赏罚分明，刚柔并济。

关心体恤下属的沃尔玛公司

沃尔玛公司是一家成功的零售业连锁企业，是全球营业额最高的公司，同时又是世界上雇员最多的企业，曾经连续三年在美国《财富》杂志评定的全球500强企业中居首位。

在谈及沃尔玛的成功理念时，沃尔玛百货有限公司高级副主席唐·索德奎斯曾经说过："毋庸置疑，沃尔玛的成功是基于这样一种坚强的信念：让每一位员工实现个人的价值。我们的员工不应该只是被当做会用双手干活的工具，而更应该被看做一种丰富智慧的源泉，我们的同事创造非凡。"在沃尔玛的员工手册中，公司创始人山姆·沃尔顿的儿子——沃尔玛百货公司董事会主席罗博·沃尔顿首先写道："欢迎加入沃尔玛大家庭！在我和我的兄弟姐妹们的成长历程中，我们总是在父亲的商店里帮忙——扫地、搬箱子，甚至操作冰淇淋机。我记得我的感觉是：商店的员工就像家庭中的一员，他们总是努力工作并乐于助人。虽然公司已经从几家店发展到今天的3000多家，但是我每天依然能够感受到以往'大家庭'的温暖。对于像我们这样大的商业集团而言，保持归属感，为向我们的国家和社会作出积极贡献而共同工作是能够做到的。让我们竭尽全力、不断进步，并为我们是沃尔玛大家庭——一个真正关心您的家的一员而感到骄傲！感谢您一直保持着出色的表现！"

作为世界零售业的巨头，其创始人山姆·沃尔顿管理的高明之处首先就体现在对公司员工的关心、体恤和尊重上。在员工管理方面，他始终坚持一个原则：善待和尊重每一名员工。沃尔玛公司是个很特别的公司，这里的领导有很多时候是为员工服务的。在公司为各级领导制定的"公仆领导"10项基本原则中明确表示，公司领导要"和员工共同分享利益，像伙伴一样对待他们；激励你的员工；尽可能和员工进行交流；感谢员工为公司做的每一件事情；听取员工的意见……"这些都体现了沃尔玛公司对员工的尊重与关怀，以及"公司要照顾好员工，让他们感到像是在一个大家庭里"的员工理念。

沃尔玛在全球500强企业中拥有最多的雇员，被称为全球最大的私人雇主，但公司并没有把员工当做"雇员"来看待，而是将他们视为"合伙人"和"同事"。在沃尔玛，没有一个领导会把员工当成"打工的"，他们总是以真诚的态度和亲切的感情对待下属，而不是靠恐吓和训斥来管理员工。山姆·沃尔顿认为，好的领导者要在待人和业务的所有方面都加入人的因素。而在他和一代代管理者的努力下，沃尔玛已经形成了这一传统。

如果你光临沃尔玛总部及各个连锁店，你就会发现：员工们佩戴的工牌上，除了印制着姓名之外，还有一行醒目的字：“我们的同事创造非凡（OUR PEOPLE MAKES DIFFRENCE）”。这体现了公司上下一致的追求，以及对“人”的重视。同时，工牌上也从来不标明职务。在公司内部没有上下级之分，下属对上司也可以直呼其名，从而营造了一种上下平等、随意亲切的气氛。

为了鼓励员工的干劲，沃尔玛总部和各个商店的橱窗中都悬挂着先进员工的照片，来表示对他们的赞许。对于特别优秀的管理人员，沃尔玛总部还会授予他们“山姆·沃尔顿企业家”的称号，另外还把表现突出的员工的姓名和照片登在沃尔玛公司的内部刊物——《沃尔玛世界》上，让每个优秀的员工都能得到荣誉和称赞。公司不惜一切物力、财力来关心体恤员工，力求让员工感受到在沃尔玛工作就像是在家里做家务一样亲切。正是这种无微不至的关怀和真心实意的尊重，使得美国沃尔玛零售连锁集团的每一位员工，都将沃尔玛当做自己的家一样来对待，在每天的工作中都精神抖擞、心情愉悦。

但是，沃尔玛也并不是一味地娇惯员工，公司内部有着严格的规章制度来约束员工的行为。沃尔玛在公司的员工手册中明确表明了关于遵守公司规章制度的强硬立场。沃尔玛禁止员工以任何形式向供应商、供应商代表或潜在的供应商代表索取、要求或接受任何具有经济价值的礼品及馈赠；还规定员工不可以骚扰、恐吓他人，违者将会受到严厉的纪律处分，甚至被解雇。

这些严格的规章制度，一方面护持了公司的权威性，使领导者在管理下属的时候具有一定的威严，不至于使员工肆无忌惮，无法管理，另一方面，也使得公司的企业文化更加健全，并不只有温情的人文关怀，还体现着一种严格的管理理念。

正是这些赏罚分明的措施，使得沃尔玛员工对公司有着一种强烈的使命感和责任感。在公司全体员工的努力下，沃尔玛得以傲立世界零售业之首。

教战第四十六：金鼓约令，整齐士卒

故领三军，教之战者，必有金鼓约令，所以整齐士卒也。教令操兵起居，旌旗指麾之变。

是知鼓鞞金铎，所以威耳；旌旗麾章，所以威目；禁令刑罚，所以威心。

经典再现

孔子曰："不教①人战，是谓弃之。"故知卒不服习，起居不精，前击后解，与金鼓之指相失，百不当一，此弃之者也。故领三军，教之战者，必有金鼓约令，所以整齐士卒也。教令操兵起居②，旌旗指麾之变。故教使一人学战，教成合之十人。十人学战，教成合之百人，渐至三军之众。大战之法，为其校阵，各有其道。左校青龙，右校白虎，前校朱雀，后校玄武，中校轩辕。大将之所处，左锋右戟，前盾后弩。中央鼓旗，兴动俱起。闻鼓则进，闻金则止。随其指麾，五阵③乃理。

故曰：治众如治寡，分数④是也；斗众如斗少，形名⑤是也。言不相闻，故为鼓铎；视不相见，故为旌旗。夫金鼓旌旗，所以一人耳目也。是知鼓鞞金铎，所以威耳；旌旗麾⑥章，所以威目；禁令刑罚，所以威心。耳威于声，不可不清；目威于色，不可不明；心威于罚，不可不严。三者不立，虽胜必败。故曰：将之所麾，莫不从移；将之所指，莫不前死。纷纷纭纭，斗乱而不可乱；混混沌沌，形圆而不可败。此用众之法也。卒服习矣，器用利矣，将军乃秉旌麾众而誓⑦之。于是气励青云，虽赴汤蹈火可也。此教战之法也。

迷津指点

①教：训练。

②操兵起居：操兵是指使用兵器。起居是指坐、站、进、退、分、合等行军动作。操兵起居即操持兵器，练习各种战斗动作。

③五阵：以鼓和旗为主的阵法。以（青）木、（红）火、（黄）土、（白）金、（黑）水五行布阵，变化相生，以此决定胜负。大凡五阵的布置方法，以五五为基本格局。

④分数：部曲叫分，什五叫数，都是军队编制的名称。

⑤形名：旌旗叫“形”，金鼓叫“名”。

⑥麾：通“挥”，指挥。

⑦誓：古代军队作战前的宣誓。有虞氏在国中宣誓，夏后氏在军前告诫，殷商在军门外宣誓，周在即将交战时宣誓。

古文译读

孔子说：“不对战士进行训练就让他去打仗，这就相当于把他丢弃给敌人一样。”由此可知，士兵们不经过训练，对战斗时的各种动作不熟悉，前面的军队一遭到攻击，后面的军队便已瓦解，作战行动与金鼓之声不协调，一百人也抵不上一个人，这就相当于把他们抛弃给了敌人。因此率领庞大的军队，教导士兵习武打仗，一定要有金鼓号令，以此统一他们的行动，整顿军队。教导士兵使用兵器和行动的方法，帮助他们明晰旌旗指挥的变化。因此教会一个人作战技能和方法，教成之后让他会合十个人进行演习；（同样的道理）教会了十个人，就可以让他们会合百人进行演习，由此渐渐扩展到整个军队。重大战役的作战方法，首先要懂得布阵。布阵的方法各有不同。左边校官的青龙旗指示东方，右边校官的白虎旗指示西方，前边校官的朱雀旗指示南方，后边校官的玄武旗指示北方，中间校官的轩辕旗统率中央。大将所在的地方，左面应该有锋利的剑，右面应该有长长的戟，前面应该有易守难攻的盾，后面应该有蓄势待发的弩。处在中央的是战鼓和军旗，全军都要根据金鼓旌旗的号令行动。士兵听到击鼓声就要进攻，听到鸣金声就要收兵。只有跟随金鼓旌旗的号令而行动，五阵才能有条不紊。

所以说，治理百万大军如同治理小分队一样，这是因为军队的组织编制合理、管理科学；指挥大部队就如同指挥小部队一样，这是因为指挥的号令明确有效。战场上前后听不到彼此说的话，因此要用鼓铎来传达命令；各队之间以及队内首尾不能看见彼此的身影，因此要以旌旗作为信号。金鼓旌旗，是用来统一军队作战行动的。因此我们就知道，敲打金铎，是用来使士兵听清号令的；挥动旌旗，是用来使士兵看清指挥的；禁令刑罚，是用来警戒军心的。士兵会因威武的金鼓之声而振奋起来，对军令就不可能听不清；士兵会被鲜艳的军旗刺激起来，就不可能不明白军令；战士被严明的刑罚所震慑，就不可能不严守军令。假使这三个权威不能够树立，即便是本应取胜的军队，最终也将走向失败。所以说，将帅的指挥旗一有所动，军队没有不跟从行动的；将帅一有所指，军队没有不拼死向前的。旌旗纷纷，人马纭纭，阵势庞大纷乱，要使自己的军队严整不乱；战场上一片混沌，必须周密部署，使敌人无隙可乘。这就是指挥大军作战的方法。士兵都经过了训练，熟悉了布阵战法，将武器打磨得锋利无比，军中物资也准备充分了，将帅便可以手执令旗聚众誓师。将帅和士兵同仇敌忾、气冲云天，即使是赴汤蹈火也将义无反顾。这就是训练军队的方法。

前沿诠释

从本篇文章中，我们可以得知，想在战场上获得胜利，必须在平时进行严格而有序的训练，让士兵熟悉布阵战法。 这一道理在现代社会也是适用的。“台上一分钟，台下十年功”，只有平时进行扎实的训练才能保证团队很高的工作能力。此外，团队还要注意做到遵守秩序、有条不紊，这样才能使自身拥有良好的协调能力，达到好的合作效果，从而在竞争中攻无不克，战无不胜。

华盛顿德才兼备树丰碑

美国第一任总统乔治·华盛顿是一位德才兼备的领导者。他领导了美利坚独立战争，建立了美利坚合众国，在军事上和制度上给他的国家乃至世界人民留下了众多宝贵的财富。

华盛顿自小在智力上和道德上受到父亲的熏陶，孩提时代就表现出色，他正直诚实，办事非常公道，渴望成为一名驰骋疆场、威风凛凛的勇敢军人。在之后的岁月，华盛顿一直以这样的信念不断督促自己，激励自己，最终成为美国历史上著名的领袖。

18世纪后期，北美大陆的人民对宗主国英国的压迫日益不满，寻求独立的呼声越来越高。1775年4月18日，波士顿人民在莱克星顿打响了独立战争的第一枪，美国独立战争正式开始。1775年5月10日，由北美大陆十三个殖民地代表出席的第二届大陆会议在费城举行，时年43岁的华盛顿被任命为大陆军总司令。担任大陆军总司令成为华盛顿英雄生涯的开端，此时的他可谓受命于危难之际，从此他的命运与整个北美人民的命运紧紧联系在了一起。

战争之初，美军经历了一段十分艰难的时期。因为大陆军装备匮乏，且大多数人是临时招募来的农民，没有受过军事训练，纪律涣散。而且，当时美军的后勤供给极度困难，士兵们经常衣不蔽体，食不果腹，有时一连五六天吃不到面包，只好吃马料；在寒冷的冬季，仍然有很多士兵没有鞋穿，不得不赤脚行军。相反，他们的对手英军却训练有素，装备精良，后勤供应充足。在这样的差异下，美军不断战败，丢掉了纽约等要塞。1777年9月，就连当时的首都费城也失守了，甚至有些意志不坚的将领率军队向英军投降。

然而，即使在极端严峻的形势下，华盛顿也没有妥协，更没有放弃，他忠于北美人民的信念从未动摇。为了改变大陆军的面貌，他以非凡的军事才能将原来松松垮垮、缺乏纪律的涣散的军队重新整编，进行严格训练，并推动他们在战斗实践中锻炼成长，逐渐建立起一支强大的正规军。

华盛顿不断激励着战士们的反抗精神。在每次战斗中，他都骑着自己的白马冲锋陷阵。他向战士们指出："美利坚人是自由的还是奴隶？我们的土地应当归自己还是被劫夺、被毁坏？现在你们眼前有两条路：一条是勇敢地反抗！一条是驯服！"以此来激励战士们为争取自由平等而奋起反抗。

在整个独立战争期间，华盛顿和大陆军克服了许多难以想象的困难，经受住了一次次冲击，与当时世界上最强大的军事力量抗争，始终坚持不懈。

1776年7月4日，《独立宣言》的发布为独立战争增加了新的动力。在华盛顿和大陆军的奋力反击下，1783年9月3日，英国正式承认美国独立，北美独立战争最终以北美人民的胜利告终。

然而，这时候的美利坚合众国事实上只是一个松散的联邦制国家，中央政府虚弱无力，没有实权。1787年的制宪会议上，华盛顿当选为美利坚合众国第一任总统。作为美利坚的首位总统，华盛顿肩负起了组建联邦政府机构的重任。他严格选拔人才，并为新政府制定了一系列有力的条约。他对各部官员的选择有两个条件：第一要受到人们的欢迎和爱戴，也就是要有良好的品德。第二要对人民有影响力，也就是要有高威信力。二者缺一不可。面对政府建立之初的党派之争，他总是冷静地加以调解，积极促进联邦党人和共和党人进行论辩，希望能够不带偏见地将对美国有利的观点集中起来，共同为建设美利坚合众国添砖加瓦。因为华世顿的个人魅力，美利坚合众国少走了很多弯路。

华盛顿对于美国的作用就像是一名"教战者"，他以自己的热情与才智指导着北美大陆军与新兴的美国政府的成长。他所推广倡导的民主、自由、独立的理念一直以来深入人心，成为世界政治的前进方向。而他在组织和纪律上的影响也使他像丰碑一样，一直捍卫着美国的民主法制，成为世人敬仰的对象。

天时第四十七：知地知天，胜乃可全

虽云任贤使能，则不占而事利；令明法审，则不筮而计成；封功赏劳，则不祷而福从；共苦同甘，则犯逆而功就。然而临机制用，有五助焉：一曰助谋，二曰助势，三曰助怯，四曰助疑，五曰助地。此五者，助胜之术。故曰：知地知天，胜乃可全。不可不审察也。

经典再现

孙子曰：“二曰天时。天时者，阴阳寒暑时制也。”《司马法》曰：“冬夏不兴师，所以兼爱吾人。”太公曰：“天文三人，主占风气，知天心去就。”故经曰：“能知三生，临刃勿惊，从孤击虚，一女当五丈夫。”故行军必背太阴，向太阳，察五纬[①]之光芒，观二曜[②]之薄蚀，必当以太白为主，辰星为候。合宿有必斗之期，格出明不战之势。避以日耗，背以月刑。以旺击困，以生击死。是知用天之道，顺天行诛，非一日也。

若细雨沐军，临机必有捷。回风相触，道还而无功。云类群羊，必走之道；气如惊鹿[③]，必败之势。黑云出垒，赤气临军，六穷起风，三刑生雾，此皆见师之出，而不见其入者也。若烟非烟，此庆云也；若星非星，此归邪也；若雾非雾，此泣军也；若雷非雷，此天鼓也。庆云开有德，归邪有降人，泣军多杀将，天鼓多败军。是知风云之占，岁月之候，其来久矣。

故古者初立将，始出门，首建牙之时，必观风气之气。若风不旁勃，旌旗晕晕，顺风而扬举，或向敌终日，军行有功，胜候也。若逆风来应，气旁勃，牙杠折，阴不见日，旌幡激扬，败候也。若下轻其将，妖怪并作，众口相惑，当修德审令，缮砺锋甲，勤诚誓士，以避天怒。然后复择吉日祭牙旗，具太牢[④]之馔，震鼓铎之音，诚心启请，以备天问，观其祥应，以占吉凶。若人马喜跃，旌旗皆前指高陵，金铎之声扬以清，鞞鼓之音宛以鸣，此得神明之助。持以安于众心，乃可用矣。虽云任贤使能，则不占而事利；令明法审，则不筮而计成；封功赏劳，则不祷而福从；共苦同甘，则犯逆而功就。然而临机制用，有五助焉：一曰助谋，二曰助势，三曰助怯，四曰助疑，五曰助地。此五者，助胜之术。故曰：知地知天，胜乃可全。不可不审察也。

迷津指点

①五纬：指金、木、水、火、土这五大行星。

②二曜：指太阳和月亮。

③惊鹿：惊恐奔逃的鹿。

④太牢：指古代君王用于祭祀的牲口，猪、牛、羊三者全备为“太牢”，亦称“大牢”。

古文译读

孙子说：“决定战争胜负的第二个因素是天时。所谓天时，是指昼夜、晴雨、寒暑等气候季节的变化情况。”《司马法》中说：“寒冬盛夏不兴师动众，是因为爱护士兵使其免受严寒酷暑之苦。”姜太公说：“军中在天文方面要选三人，负责占卜天象、气候，从而掌握气候变化规律，料算天时是否适宜。”所以经书上说：“能明了战争的过去、现在，并能预测将来发展，这样的人即使处于危险之中，也不会惊惧，仍能泰然自若。跟从君王出征打仗，一个女子能顶五个男子。”所以行军一定要背向太阴，面向太阳，详察金、木、水、火、土这五个星球的光芒，细观日食、月食的情况。一定要以太白金星为主，以辰星为客，综合判断。二星如果同时出现在一处则必定有战斗，如果二星出现在不同方向，就是不战的预兆。作战要躲避太阳下的消耗，月亮下的刑戮，以旺盛攻击困乏，以生气攻击衰朽。由此知道，充分利用天时的条件，顺应天时去诛伐，并不是一日就能成功的事情。

如果出征时细雨蒙蒙，一旦交锋，必能获胜；如果遇上顶风，必定劳而无功；如果天上云如群羊，是败走的预示；如果云气如惊鹿，是必败的预示；如果黑云从营垒上升起，赤色云气降临军队的上空，狂风怒起，大雾弥漫，这都是只见军队出发，而不见军队凯旋的征兆。像烟又不是烟的，叫“庆云”；像星星又不是星星的，叫“归邪”；像雾又不是雾的，叫“泣军”；像雷声又不是雷声的，叫“天鼓”。出现了“庆云”，是有德的标志；出现了“归邪”，预示军中有投降之人；出现了“泣军”，预示着将领多被杀；出现了“天鼓”，预示着多打败仗。由此可知，占卜风云的吉凶，观测时令气候，由来已久了。

所以古代刚刚任命了大将，建旗出军之时，必定要先观测风云之气。如果清风徐徐，旌旗猎猎，顺风飘扬，或是旗帜飘动方向一直指向敌军，这表明此战师出有功，这是胜利的征候。如果逆风突起，气势磅礴，旗杆被刮折，天昏地暗不见日光，旌幡狂舞，这是失败的征候。如果士卒不尊敬主将，就会不断发生怪事，战士之间谣言四起，相互蛊惑，在这种情况下，应当加强道德修养，详审法令，修缮盔甲，磨砺武器，勤劳军务，诚待士卒，来避免上天的震怒。然后选择吉日，祭拜牙旗，备好全猪、全牛、全羊，震响鼓铎之声，诚心告启，预备回答上天的责问，同时观察上天的反应，并占卜出兵的凶吉。如果人欢马叫，旌旗都随风指向高陵，金铎的声音激扬清亮，鞞鼓的声音婉转鸣响，这就证明出军得到了神明的佑助。把这些告之全军就可以安抚军心，军队就能用以作战了。虽然说如果任贤使能，不用占卜事情也会顺利；如果军令严明、军法严密，不需占卜也能成功；封赏有功劳的人，不用祷告吉祥也能随之而来；军中上下同甘共苦，即使遭遇逆境也能成功。然而，根据战场的具体形势，制定作战方针时，还要考虑“五助”：一是有助于成功的作战计谋和策略，二是有利的战场态势，三是旺盛的士气，四是有助迷惑敌人，五是有利的地形条件。这五项，是帮助取得战争胜利的辅助方法。所以说，上知天文，下知地理，才能有大获全胜的把握。不能不认真研究它们。

前沿诠释

在此篇中，作者指出，“天时”是将领指挥作战的重要考虑因素，顺应“天时”能获得上天的鼎力相助。这种说法虽然带着封建迷信的色彩，然而，“天时”确实对军事有着重要影响。将这一道理运用在当今的企业管理上，依然能给我们带来巨大的启示。“天时”在当今企业管理中已被赋予了特殊的意义——客观规律和时局，所谓“顺天者昌，逆天者亡”，“天时”就是一种时代潮流，而这正是决策者在企业运作的任何环节中都需要慎重考虑的。顺应“天时”是使企业成功运作的基本要素，这一道理对面临重大抉择的企业管理者具有巨大的指导作用。

包玉刚顺应“天时”冲上船王之位

古人常常借助良好天气帮助自己取得战役的胜利，而当今之人也会借助良好的“天时”来赢得商业战争的胜利。这种“天时”便是市场形势。“船王”包玉刚巧算“天机”的成功事例就值得我们深思。

包玉刚所创办的环球航运集团一开始只是一家很不起眼的海上运输公司。当时，大多数有经验的海运公司都在1955年采用“散租”的方式来提供租赁载货船只的有偿服务。所谓“散租”，就是指将公司拥有的所有船只以短暂的租用时间作为收费单位对外提供租赁。它的巨大好处在于，由于租赁的单位时间短暂，根据租赁期与租赁费用成反比的关系，租赁费用就会相应地大幅度提高，因此，海运公司往往可以通过少量的订单便获得巨大的利润。其次，海上运输的行情随时都在变动，较短的租赁时间可以使海运公司在调整价格方面拥有巨大的灵活性，可以随时提高运价。因此，在那个时代，人们都认为海运业以这种方式赚钱是最容易的。

然而，面对如此多的前人经验，包玉刚却不顾他人的劝阻，毅然选择了与“散租”背道而驰的另一种租赁方式——“长租”。长租对于船主来说利润并不大，因为租赁时间一拉长，势必会将租金压到一个比市场平均价格低很多的水平。包玉刚放弃了“短租”这种短期获得暴利的方式，转而选择每次获得较少收益的方式，把自己的船为期3年、5年，甚至10年地租给别人。这种做法在外人看来，似乎与经济原理中的利益最大化格格不入，许多人纷纷嘲笑包玉刚的这一举动。然而，包玉刚才是真正审时度势的优秀企业决策者。他很清晰地分析到自己企业所面临的“天时”，即企业所处的内外环境、市场形势。他知道，企业的任何决策都必须顺应自己所面临的现实情况，方能取得优势地位。包玉刚剖析说：“其他的航运公司都采用‘散租’的方式，是因为他们在航运市场上混了很多年，积累了一定的人脉，拥有了一定的稳定客源，他们甚至有些还能得到国家的扶助。这些公司实力十分强大，有较稳固的靠山，所以他们不惧怕风险，可以大胆地通过这种方式获得较大利润。而我们不同，我们只是一家刚刚起步的小公司，什么事情都是靠我们自己白手起家弄起来的，没有过硬的后台，也没有固定的客源。这样一来，如果我们盲目跟风，采用他们的‘散租’方式，便会给公司带来巨大的风险。到时候很可能不但钱赚不到手，反而因客源稀少而将投资成本倒贴进去。现在市场随时都会变，租船市场不稳定，一旦船租不出去，我们就要投入大量的资金用于船只闲置时的维护，所以现在长租最有利。”他的分析很快就得到了证实。

到了20世纪70年代，世界航运业突然衰落，航运价格大幅度下跌，全球的航运公司都陷入了困境中。然而，当时只求长期租赁不求租金昂贵的包玉刚的环球航运集团却在这场风暴中安然无恙。这一切都得益于包玉刚当年的英明决策。在船运萧条期开始时，包玉刚手上已经拥有众多签订了租赁时间长达四五年的客户，也就不存在再吸纳客户的问题。包玉刚当初颇具前瞻性的决策使规模还很小的环球航运集团避免了一次大危机。

这次风暴过后，许多竞争者看到包玉刚“长租”方式的益处，便纷纷效仿起来。然而，此时的包玉刚又做出了一个令人匪夷所思的决策。这次，他决定放弃之前租出旧船的模式，改成新船出租、旧船自用的模式。包玉刚做出这一决策自有其考虑，他想到：要成为世界船王，就不能仅仅依靠租赁船只这一项目获得收益，必须拓展公司的其他经营项目。这也是包玉刚认真分析当时的动态环境后作出的相应决策。他表示，如今的环球航运公司已今非昔比，公司规模已经壮大起来，必须从租赁的船只中抽出一部分用于自我经营。由于新船的市场租金较高，便作为对外租赁的船只；而对公司而言，旧船的用处和新船相差不大，所以自己要充分利用，借此熟悉外界的航运业务，拓展市场规模。

不久后，包玉刚再一次以优异的成绩证明自己对客观环境的正确认识和运用，他的公司日益发展壮大，船队规模逐渐走到世界前列，自己也成为名副其实的“世界船王”。

包玉刚善于利用不同时期的经济形势，不断调整自己的经营战略，在短短20年的时间里，他所创办的环球航运集团便登上世界船运业之首的位置，成为世界瞩目的企业明星。

“天时”是古人作战时不可忽视的因素之一，企业运作也是如此。充分考虑客观环境才能作出正确决策，给自己带来丰厚的收益。相反，忽视了客观环境，任意妄为，就会导致自身运营与客观环境不相适应，最终受害的也只会是自己。

地形第四十八：地形者，兵之助

地利者，远近、险易、广狭、死生也。故不知山林、险阻、沮泽之形者，不能行军。地之道也，皆将之至任，不可不察。

经典再现

《孙子》曰：“三曰地利。地利者，远近、险易、广狭、死生也。”故不知山林、险阻、沮泽之形者，不能行军；不用乡导，不能得地利。故用兵有散地，有轻地，有争地，有交地，有衢地，有重地，有圮地，有围地，有死地。诸侯自战其地，为散地；入人之地而不深者，为轻地；我得则利，彼得亦利者，为争地；我可以往，彼可以来，为交地；诸侯之地三属，先至而得天下之众者，为衢地；入人难反之地深，倍城邑多者，为重地；行山林、险阻、沮泽，凡难行之道者，为圮地；所由入者隘，所从归者迂，彼寡可以击吾众者，为围地；疾战则存，不疾则亡者，为死地。是故散地则无战；轻地则无止；争地则无攻；交地则无绝；衢地则合交；重地则掠；圮地则行；围地则谋；死地则战。

又有六地：有通，有挂，有支，有隘，有险，有远。我可以往，彼可以来，曰“通①”。居通地，先处其高阳，利粮道，以战则利。可以往，难以反，曰“挂”，挂形曰：“敌无备，出而胜之；敌有备，出而不胜，难以反，不利。”我出而不利，彼出而不利，曰“支②”。支形曰：“敌虽利我，我无出，引而去也，令敌半出而击之，利。”隘③形曰：“我先居之，必盈之而待敌；若敌先居之，盈而勿从也，不盈而从之。”险形曰：“我先居之，必居高阳以待敌；若敌先居之，则引而去之，勿从也。”夫“远形④势均，难以挑，战而不利”。凡此六者，地之道也，皆将之至任，不可不察。

故曰：深草蓊秽者，所以遁逃也；深谷阴险者，所以止御车骑也；隘塞山林者，所以少击众也；沛泽杳冥者，所以匿其形也。丈五之沟，渐车之水，山林石径，泾川丘阜，草木所在，步兵之地，车骑二不当一。丘陵漫衍相属，平原广野，此车骑之地，步兵十不当一。平原相远，仰高临下，此弓弩之地，短兵十不当一。两阵相近，平地浅草，可前可后，此长戟之地，剑盾三不当一。萑苇竹萧，草木蒙茏，枝叶茂接，此矛鋋之地，长戟二不当一。曲道相伏，险扼相薄，此剑盾之地，弓弩三不当一。故曰“地形者，兵之助”。又曰“用兵之道，地利为宝”。赵奢趋山，秦师所以覆败；韩信背水，汉兵由是克胜。此用地利之略也。

迷津指点

①通：指平原、丘陵等交通便利的地带。

②支：持久的意思，此处指敌我双方都不便长久相持的地方。

③隘：指狭窄险要的地形，隘形是指两山中间的通道。

④远形：指离本国较远，双方势均力敌，彼此都没有便宜可占的地区。

古文译读

孙子说：“打仗时第三重要的因素就是地利。所谓地利，是指路程的远近、地势的险易、地域的宽狭以及是否有利于攻守进退等地形条件。”因此如果不知道山林、险阻、沼泽的险要情况，就不能行军；不用向导，就不能有效地借助地形取胜。根据用兵的原则，战地可分为散地、轻地、争地、交地、衢地、重地、圮地、围地、死地。诸侯在自己的领地上与敌人作战，这样的地方就叫做“散地”；进入敌方国土，尚未到达纵深的地区，就叫做“轻地”；我军先占领就对我军有利，敌军先占领就对敌军有利的地区，叫做“争地”；我军可以去，敌军可以来的地区，叫“交地”；敌我双方和其他诸侯国接壤，先到就可以结交诸侯并得到援助的地区，叫“衢地”；深入敌国境内，又越过很多城邑的地方，叫做“重地”；山林、险阻、沼泽等道路比较难以行进的地区，就叫做“圮地”；前进时候的道路狭窄，退出时候的道路迂远，使得敌人容易以少胜多的地区，就叫做“围地”；速战速决尚有可能生存，否则就会被敌人消灭的地区，就叫做“死地”。由以上分析可以得出这样的结论：遇“散地”不宜作战；遇“轻地”不可停留；遇“争地”应抢先占领，如果敌方已经占据，就不要强攻；在“交地”则要使军队各部互相连接，防止被敌人切断；在“衢地”则应结交其他诸侯国；在“重地”则应就地掠夺敌人的粮草；在“圮地”就要迅速通过；在“围地”就要巧设奇谋，出奇制胜；在“死地”就要奋勇抗击，决一死战。

从战术意义上可以把地形分为“通”“挂”“支”“隘”“险”“远”六种。敌我都可以畅通无阻的，叫做“通”。在“通”这种地形作战的原则是：抢先占据地势高并且向阳的地方，务必保证粮道畅通，这样与敌交战就会比较有利。凡是易进难返的地方叫做“挂”。在“挂”这种地形作战的原则是：敌军如无防备，就要出击战胜它；反之，敌人有了防备，则我出击不能取胜，又难以撤回，于我不利。敌我双方出击都不利的地形叫做“支”。在“支”这种地形作战的原则是：就算敌人引诱，也不要出击，最好是带领部队假装撤退，待敌人追出一半时，突然发起进攻，这样对我军有利。在“隘”这种地形作战的原则是：先占据险隘之处，并用重兵把守隘口，等待敌人到来；如果敌军已经抢先占据并且用重兵防守隘口，那么，我方就不要进攻；如果敌军没有派重兵把守隘口，那我军就可以攻击。在“险”这种地形作战的原则是：要抢先占据地势高而向阳的地方，等待敌人到来，如果敌人已先占领这些地区，那就主动撤退，不要进攻。在“远”这种地形作战的原则是：敌我双方距离较远又势均力敌，就不应该挑战，勉强作战的话，对我军不利。上面所讲的就是关于利用地形的六条原则，是统兵之人的重大责任，不能不认真研究。

所以说：草木繁茂的地区，便于隐蔽和逃遁；山谷幽深、阴暗的地形，可以用来阻挡敌军的战车、骑兵；占领隘口、要塞、山林这类地形可以以少击多；低湿幽暗、迂阔幽远之处，可以隐蔽部队。一丈五宽的河沟，沟中的水能把车马淹没，山林、石径、丘陵、溪川，遍地草木，这样的地方适合用步兵作战，在这类地形中，两辆战车或两名骑兵也不敌一名步兵；而绵延相连的丘陵和广阔的平原则是适于战车、骑兵作战的地方，在这类地区，十个步兵抵挡不了一个骑兵；远离平原、居高临下的地形适于弓弩手作战，在这种地方短兵相接，十个士兵还不如一个弓箭手；如果两军阵地相距较近，地势平坦，浅草覆面，这样的地区适于使用长戟作战，在这种地形里，三个使剑盾的士兵也不敌一个使长戟的士兵；芦苇竹蒿丛生、草木茂盛的地方，则比较适宜用长矛作战，在这种地形里，两个使长戟的士兵都比不过一个使长矛的士兵；如果到了道路曲折险要、起伏不定、险而狭窄的地区，那就是剑盾的天下了，三个使弓弩的士兵也比不过一个使用剑盾的士兵。所以说：“地形是用兵作战的辅助条件。”还有人说：“在用兵的原则中，充分运用有利地形是夺取胜利的一大法宝。”当年赵奢占据北山，秦军因此全军覆没；韩信背水一战，汉军因此大获全胜。这些都是利用地形作战的基本原则和方法。

前沿诠释

古代用兵，不仅要看天时，更要看地利，其中的学问不可谓不大。地形条件往往制约着作战方针和兵种的选择。因此为将帅者必须知晓这一用兵法宝。对应到现代，正如带兵打仗要凭借地形之利一样，一个优秀的管理者不光要具备出众的个人能力，还要懂得借助外部力量。环境有利时要果断占据要塞，环境不利时要顺势而为，须知走出困境的方法不是破除一切障碍，而是令环境为我所用。

借光，让环境为自己所用

俗话说，“商场如战场”。聪明的管理者要善于利用周围环境，使之成为自己进行商战的助力。这也是《长短经》“地形第四十八”中所说的兵法的巧妙运用。许多商场的成功人士，都非常善于利用自己周围的环境使之为自己的商业目的服务，这就是人们所说的“借光计”。像我们在现实中看到的，众多富豪借鸡生蛋、借壳上市、借船出海，都是在借用周围的环境为自己服务。

当然，借光计虽好，可以达到四两拨千斤的目的，但关键是如何借。我们先来看一个小故事。

众所周知，狐狸是动物中比较聪明的。虽然它个子小，没什么力气，但在森林中却可以生活得很滋润。原因无他，就是因为它善于使用借光计。其实，在最早的时候，狐狸也意识到了自己的这个弱点，于是它苦思冥想，想到了一个好办法。那就是借光，而且要借老虎的光。它找到老虎，说服它和自己做朋友。有了力大无比的森林之王老虎这个朋友，狐狸就跟在老虎的身边四处行走，享受着百兽对老虎的那种尊敬。为了让百兽深刻地认识到自己地位非凡，狐狸还经常在其他动物面前狂吹自己与老虎之间的特殊交情，给动物们制造出一种假象，那就是对它的安危老虎是给予了极大关注的，即使老虎不在它的身边，其他的兽类也不能欺负它，甚至还要尊敬它。就这样，凭着这种借光计，狐狸在弱肉强食的森林中生活得如鱼得水。

狐狸的“借光计”说明，只要合理利用周围的环境，就可以达到自己的目的。许多大财阀正是采用借光计让自己获利的。

想当年，美国的洛克菲勒集团看到联合国即将在国际政治上扮演的重要地位，于是主动将自己的一小块地皮“租”给联合国用以办公。此后，随着联合国的地位的提高，洛克菲勒集团这块地皮周围的地价大幅提升，洛克菲勒集团由此获利丰厚。日本松下集团更是善用借光计的个中高手，当初，他们借“皇太子婚庆”的机会，推广了自己生产的电视机。同样，英国的一家旅游公司也借着本国皇太子的婚庆宣传了自己。当然，中国的借光高手也很多，中国的长城饭店就是借助美国里根总统访华的机会，提升了自己的社会形象。当然，这样的例子还有很多，像摩托罗拉公司之所以在中国能取得巨大的成功，借光计在其中也发挥了重要的作用。

此外，一些商业活动也采用了借光计。大家不妨看一看超市中的产品，像食品包装上的“中国营养学会推荐”字样，保健品包装上的“中科院监制”字样等，其实就是借助消费者对于权威机构、组织的信任，促使其产生消费行为。

总之，巧用周围环境，善于借光，绝对是商场上的一种制胜之道。至于这借的艺术，那就是一门学问了，需要商战中的人士好好琢磨一下。

水火第四十九：水火之变，可以制胜

经曰："以水佐攻者强，以火佐攻者明。"是知水火者，兵之助也。

经典再现

经曰："以水佐攻者强，以火佐攻者明。"是知水火者，兵之助也。故火攻有五：一曰火人，二曰火积，三曰火辎，四曰火库，五曰火燧。行火必有因，烟火素具，发火有时，起火有日。时者，天之燥也；日者，宿在箕[①]、壁、参、轸也。凡此四宿者，风起之日也。太公曰："强弩长兵，所以逾水战。"孙子曰："水可以绝。"谓灌城也。又曰："绝水必远水。客绝水而来，勿迎之于水内，令敌半渡而击之，利。欲战，无附于水而迎客也。"谓处水上之军。故曰以水佐攻者强。

何以言之？昔韩信定临淄，走齐王田广。楚使龙且来救齐，齐王广、龙且并军，与信合战，夹潍水阵。韩信乃夜令人为万余囊，盛沙壅水上流；引军半渡，击龙且，佯不胜，还走。龙且果喜曰："固知信怯也。"乘追信，渡水，信使决壅囊，水大至，龙且军太半不得渡，即急击之，杀龙且，龙且水军东散走。此反半渡之势。

卢绾佐彭越攻，下梁地十余城。项羽闻之，谓其大司马曹咎曰："谨守成皋，即汉挑战，慎勿与战。"汉果挑楚军，楚军不出，使人辱之，大司马怒，渡汜水，卒半渡，汉击，大破之。此欲战无附于水势也。故知水火之变，可以制胜，其来久矣。秦人毒泾上流，晋军多死；荆王烧楚积聚，项氏以擒；曹公决泗于下邳，吕布就戮；黄盖火攻于赤壁，魏祖奔衄[②]。此将之至任，盖军中急[③]者矣，不可不察。

迷津指点

①箕：和后面的壁、参、轸一样都是星宿名。

②奔衄：溃败。此处指的是赤壁之战中曹操战败逃亡的情况。

③急：情况严峻急迫。

古文译读

经上说："用水辅助进攻，进攻的威势很大；用火辅助进攻，进攻的效果会很明显。"所以说，水与火是用兵打仗的强有力的辅助工具。火攻分为五种：一是火烧敌人的士兵战马，二是焚烧敌人的粮草，三是焚烧敌人的辎重，四是焚烧敌人的仓库，五是焚烧敌人的运粮通道。但是用火攻必须具备一定的条件，火攻的器材必须在平时就准备好，放火要选择有利时机，起火时要选择有利的日期。所谓有利的时机，指的是天气晴朗、干燥的日子；所谓有利的日期，指的是月亮运行至箕、壁、参、轸四个星宿位置时，因为这些日子，就是起风的时候。姜太公说："强劲的弓弩和长兵器，用于水战比较适合。"孙武说："水可以堵绝。"意思就是说在进攻时用河水来淹灌敌军的城池。又说："如果军队渡过江河后，一定要在离河稍远的地方驻扎，因为这样军队才可以进退自如。如果敌军渡过河水来袭击，不要等敌人上岸后再发起攻击，而要趁他们有一部分渡过了河，一部分没有来得及渡河时攻击，这时进攻比较有利。准备和敌军交战，就不要在江河的附近列阵作战。"这是水战的原则。所以说，用水辅助进攻，威势很大。

为什么这么说呢？当年韩信平定临淄的时候，齐王田广败逃。楚王派龙且前往救援。齐王田广、龙且把军队合并与韩信作战。两军分别在潍水两岸列阵，隔水相望。韩信在夜里命令士兵制作了万余条口袋，在口袋里面装上沙子堵在河水的上游。接着韩信让军队渡河攻击龙且，在军队渡到一半时诈败逃走。龙且看到这个情形就高兴地说："我就知道韩信胆怯了。"于是下令军队乘势横渡潍水追击韩信。此时韩信便下令决开沙袋，一时间河水从上游汹涌而来，龙且的军队大半未能上岸，韩信的军队立即反击，杀掉了龙且，龙且的残军向东溃逃。这正是韩信将"半渡而击"反过来用的成功案例。

卢绾辅佐彭越攻克了梁地的十余座城池。项羽听闻这个消息后，便留大司马曹咎继续镇守成皋，并且对他说："一定要小心固守成皋，即使汉军到我们的阵前挑战，也千万不可以迎战。"过了不久，汉军果然前来向楚军挑战。一开始曹咎还遵守项羽的命令，坚守不出。汉军便让人前去羞辱曹咎，曹咎大怒，冲动之下率领楚军渡汜水攻击汉军。楚军渡河渡到一半时，汉军突然发动攻击，楚军大败。这就是兵法所说若想同敌人决战，就不要背水列阵的例子。所以说，如果作战时灵活运用水、火，就可以出奇制胜，这是很久以来的认识了。秦人在泾水上游投毒，晋军因此死了很多士兵，秦军才得以胜利；荆王焚烧楚军的粮草，项氏才会被擒获；曹操在下邳决开泗水，吕布因而战败被擒；黄盖在赤壁采取火攻，曹操兵败奔逃。懂得利用水、火帮助作战，是将领的重要责任，是用兵作战时应当首先考虑的事情，不可不认真研究考察。

前沿诠释

从这篇文章中，我们了解到，一个军事指挥家一定要把握好战机，巧妙运用水火之利，才可以在战争中获得更多的优势。同样，在现代社会，作为一个管理者，也一定要把握有利的时机，巧妙施用策略。俗话说得好："机不可失，时不再来。"想做一名成功的管理者，不仅要凡事先做好准备，还要注意把握有利时机。当你把握住事情进行的最佳时机时，事情就容易做成，否则就可能与成功失之交臂。

善观风色的希尔顿

现在，很多人都把旅行时入住希尔顿旅店当做一种享受。希尔顿俨然已经成为高档旅店的代名词，而且，这一"旅店帝国"已经扩展到全世界，在几十个国家开设了几百家豪华旅馆。希尔顿家族也成为美国的大财团之一。从1919年开办第一家旅店到现在，旅店大王希尔顿的资产已经发展为数十亿美元。

1907年，美国发生了经济大恐慌，在这年的圣诞节，康拉德·希尔顿的父亲在美国新墨西哥州圣·安东尼奥镇堆满杂货的土坯房里开办了一家家庭式旅店，以维持生计。这家小旅店便成为希尔顿最早的锻炼自己的场所。之后几十年，希尔顿连锁旅店迅速扩大，从一家旅店扩展到100多家，遍布世界五大洲的各大城市，成为全球规模最大的旅店之一。

希尔顿之所以能成为亿万富翁，在一定程度上应归功于他善于把握时机，懂得在不同的经济形势和行业形势下进行决策。这一点在他小时候就已经初露端倪。

希尔顿在七八岁的时候，就已经开始给父亲帮忙，后来上学时又相继做过助理店员、学徒等一系列工作。希尔顿长大以后觉得自己的经验积累得差不多了，希望能有较大的发展空间。但是光有理想是不够的，他深知锻炼自己的重要性。于是，他适时地向父亲提出想成为他店里的一名正式职员，父亲同意了。于是希尔顿开始跟着父亲学做生意。父亲的坦率性格、对待客人的真诚感染了希尔顿，使他日趋成熟起来。在希尔顿21岁那年，父亲任命他为圣·安东尼奥店的经理，同时给了他一部分股权。在此期间，他学会了处理各种各样的业务，学会了与人讲价以及和各种人打交道，还有如何保持平和的心态。这些宝贵的经验都为他日后的成功奠定了坚实的基础。

希尔顿31岁的时候，他的父亲事业失败，他离开家乡新墨西哥州到外面发展。他来到了石油出产地得克萨斯州，希望在这里有所作为，然而此时他身上只有3美金。当时美国掀起了一股淘金狂潮，无数人被其诱人的前景吸引，纷纷投身于淘金大军中。希尔顿也不例外，他天真地以为自己一定会找到别人找不到的金矿，从而获得巨额的财富，实现梦想。可是他错了，当时的金矿业人人都想分一杯羹，但是像他这样的穷小子，一没有人脉，二没有设备，是不可能找到金矿的。所幸的是，希尔顿早早地认清了形势，及时抽身。但是问题又来了，离开金矿业，他还能干什么呢？善于观察的希尔顿很快就瞄准了旅店这个行业。

毫无疑问，希尔顿拥有超乎寻常的商业嗅觉。他牢牢地把握住了有利时机，投身到了旅店业中。这一次决定，就诞生了一位未来的世界大亨。希尔顿在当地买下蒙布勒旅馆，主要以石油工人和行商为服务对象，从此成为一名旅店店主。这便是世界旅店大王的创业起点。

此外，希尔顿善于把握时机这一点在经济危机中也发挥了巨大的作用。经济危机初始，旅店业受到很大的影响，希尔顿为此苦恼不已。他多方考察，发现了一线生机。他对员工提出了一条要求，那就是：不可把心里的愁怨摆在脸上，永远都要对顾客微笑，即使旅店本身遭受了困难也是如此。因此，尽管旅店业在金融危机中一片萧条，希尔顿旅店的服务员脸上还是带着微笑。在经济萧条过后，希尔顿旅店凭借着“微笑服务”建立的口碑，率先进入了新的繁荣时期。这让人不得不佩服希尔顿对于时机的把握。

旅店大王希尔顿白手起家，由于善于把握时机，善于利用时机，最终实现了自己的梦想，这无疑是我们走向成功的典范。

五间第五十：五间俱起，莫知其道

故知三军之亲，莫亲于间，赏莫厚于间，事莫密于间。非圣智莫能用间，非密微莫能得间之实。此三军之要，惟贤将之所留意也。

经典再现

《周礼》①曰："巡国传谍者，反间也。"吕望云："间，构飞言，聚为一卒。"是知用间之道，非一日也。故间有五间：有因间，有内间，有反间，有生间，有死间。五间俱起，莫知其道。因间者，因其乡人而用之者也；内间者，因其官人而用之者也；反间者，因敌间而用之者也；生间者，反报者也；死间者，为诳事于外，令吾间知之，而待于敌间者也。

昔汉西域都护班超②，初为将兵长史，悉发诸国步骑二万五千击莎车。莎车求救龟兹③，龟兹王遣左将军发温宿、姑墨、尉头，合五万人助之。超召部曲及于阗、疏勒王议曰："兵少不敌，计莫如各解散去。于阗从此东，长史亦从此西归，夜半闻鼓声便发。"众皆以为然。乃阴缓擒得生口，生口归，以超言告龟兹。龟兹闻之喜，使左将军将万骑于西界遮超，温宿王将八千骑于东界遮于阗王。人定后，超密令诸司马，勒兵励士，至鸡鸣，驰赴莎车军营，掩覆之。胡皆惊走，斩首五千级，莎车遂降。

又耿弇讨张步，步闻之，乃使其大将费邑军历下，又分兵屯祝阿，别于太山、钟城列营数十以待弇。弇渡河先击祝阿，拔之。故开围一角，令其众得奔钟城。钟城人闻祝阿已溃，大惧，遂空壁亡去。费邑分遣其弟敢守巨里，弇进兵，先胁巨里，多伐树木，扬言填塞坑堑。数日，有降者，言邑闻弇欲攻巨里，谋来救之。弇乃严令军中趣治攻具，后三日当悉攻巨里；阴缓生口，令得亡归。归者以弇期告邑，邑至日果自将来救之。弇喜谓诸将曰："吾所修攻具者，欲诱致邑耳。今来适吾所求也。"即分三千人守巨里，自引精兵上岗坂，乘高合战，大破之，临阵斩邑。此用因间之势也。

晋时，益州牧罗尚遣隗伯攻李雄于郫城，迭有胜负。雄乃募武都人朴泰，鞭之见血，使谲罗尚，欲为内应，以火为期。尚信之，悉出精兵，遣隗伯等率领从泰。李雄先使李骧于道设伏，泰以长梯倚城而举火，伯军见火起，皆争缘梯。泰又以绳汲上尚军百余人，皆斩之。雄因放兵，内外击之，大破尚军。此用内间之势也。

郑武公欲伐胡，先以其子妻胡。因问群臣曰："我欲用兵，谁可伐者？"大夫关其思曰："胡可伐。"武公怒而戮之曰："胡，兄弟之国，子言伐之，何也？"胡君闻之，以郑为亲己而不备郑。郑袭胡，取之。此用死间之势也。

陈平以金纵反间于楚军，间范增④，楚王疑之。此用反间者也。

故知三军之亲，莫亲于间，赏莫厚于间，事莫密于间。非圣智莫能用间，非密微莫能得间之实。此三军之要，惟贤将之所留意也。

迷津指点

①《周礼》：儒家经典，西周时期著名政治家、思想家、文学家、军事家周公旦所著。

②班超：字仲升，东汉著名的军事家和外交家，曾长期任西域都护。

③龟兹：即库车，古称"龟兹国"，我国古代西域大国之一。

④范增：秦末居巢人，秦末农民战争中为项羽主要谋士，被尊为"亚父"，后因为陈平施反间计而与项羽不和，怒而离去。

古文译读

《周礼》中说："在别国巡回传播对这个国家不利的情报，叫做反间。"吕望说："把那些擅长离间他人，制造流言飞语的人组成一支独立的队伍。"因此我们可以看出，在战争中运用间谍，并不是一朝一夕的事情。常用的间谍共有五种类型：有"因间"，有"内间"，有"反间"，有"生间"，有"死间"。如果将这五种间谍一起使用，就能使敌人误入歧途，摸不着头脑。所谓"因间"，是指利用敌国的普通人来做间谍。所谓"内间"，是指收买敌国的官吏做间谍。所谓"反间"，是指将敌方派来的间谍收买，作为己方的间谍。所谓"生间"，就是派出间谍到敌方侦察情报，然后回国报告。所谓"死间"，就是故意散布出虚假情报，让我方间谍知道真情，然后等待敌人的间谍来搜集情报回国报告。

汉时，西域都护班超刚刚被提升为将军长史时，他将手下的步兵、骑兵共二万五千人都派出去攻打莎车国。莎车向龟兹国请求支援。于是，龟兹王派左将军把温宿、姑墨、尉头三国的五万人联合起来救援莎车。班超知道后，集中所属部队，与于阗、疏勒两国的国王商议说："我军的兵力较少，不能与敌人进行正面对抗，我考虑不如先让各部解散吧。于阗的军队从这里向东，我从这里往西。半夜时听到鼓声大家就出发。”大家都信以为真。班超命令放松对龟兹国俘虏的看护，俘虏借机逃脱，他们回去后把班超的布署告诉了龟兹王。龟兹王听后大喜，派左将军率领一万名骑兵在西面伏击班超，温宿王率领八千名骑兵在东面伏击于阗王。夜深人静后，班超却秘密命令各部激励士兵，准备行动，到了鸡鸣时，率大军疾驰奔赴莎车军营，来势迅猛地破袭莎车。诸国援兵闻讯大惊，纷纷退去。班超的军队斩杀了五千多敌人，于是莎车被迫投降。

类似的故事还有，耿弇率兵讨伐割据齐地的张步，张步听说之后，便派遣大将费邑驻扎在历下，又分兵屯守祝阿，另在太山、钟城列营数十，准备迎击耿弇。耿弇渡过黄河，先是攻击祝阿，破城之后又故意打开包围的一角，让被围困的祝阿士兵逃到钟城。守在钟城的军队听说祝阿守军已经被打得溃败，十分惊恐，于是全城人纷纷逃亡，钟城成为一座空城。费邑派弟弟费敢把守巨里，耿弇发兵威胁巨里，大量砍伐树木，声称要用林木填满护城坑堑。没过多久，便有人从巨里城中来投降，他们说费邑听说耿弇要攻打巨里，准备前来救助。耿弇于是命令士兵们加紧准备进攻用的器具，说三天之后全军进攻巨里。同时耿弇又故意放松对俘虏的看守，让他们逃了回去。俘虏们逃回去以后，便将耿弇进攻巨里的时间告诉了费邑。到了那天，费邑果然亲自带领部队前来救援巨里。耿弇十分高兴地对将领说：“我之所以要让你们准备攻城的器械，正是为了引诱费邑前来救援巨里。现在他来了，正是我求之不得的。”于是他分兵三千监视巨里，自己却领着最为精锐的部队驻扎在高岗、山坡，居高临下，大破费邑，还在阵前斩杀了费邑。这便是使用“因间”的成功战例。

晋时，益州牧罗尚派遣隗伯率兵进攻郫城的李雄，双方互有胜负。李雄于是招募武都人朴泰，用鞭子将朴泰打得鲜血淋漓，然后让他去向罗尚诈降，作为内应，以举火为信号。罗尚相信了朴泰的话，调动全部兵力，让隗伯率领，跟随朴泰去袭击李雄。李雄先派遣李骧在通往郫城的路上埋伏，朴泰登上长梯并靠着城墙举起火把。隗伯的士兵们一见火把，都争着攀梯而上。朴泰用绳子吊上来几百名隗军士兵，把他们都杀掉了。李雄乘机从城内出兵，内外夹击，大破罗尚的军队。这是使用“内间”的成功战例。

郑武公准备攻伐胡人，却先把女儿嫁给胡人首领做妻子。他借机询问大臣：“我准备对外用兵，你们说哪个国家是可以讨伐的对象呢？”大夫关其思说：“胡人可以讨伐。”郑武公大怒，杀掉了关其思，并说：“胡人是我们的兄弟，你却说可以讨伐，有什么用意？”胡人首领听说这件事之后，认为郑国和自己很友好，就没有防备郑国。于是郑国乘机袭击，消灭了胡人。这是使用“死间”的成功战例。

陈平用重金收买楚人，离间范增和楚王的关系，楚王因此怀疑他，范增愤然而去。这是使用“反间”的例子。

由此可知，统帅与将士的关系没有比间谍更亲密的了，给的奖赏没有比给间谍的更优厚的了，所办的事情也没有比用间谍更为机密的了。不是才智过人的将帅不能使用间谍，不是老谋深算的人不能从间谍活动中得到真实的情报。使用间谍是军中至关重要的工作，是贤明的将领要格外留意的事情。

前沿诠释

从本篇中我们可以看出，间谍在战争中有着非常重要的作用，在某些特定时刻，他们甚至对战争的成败起到了决定性作用。间谍的使用，使战争不再是简单的军事对抗，而成为双方智力的较量。但是，间谍必须机智果敢，且绝对忠诚，以防止被敌人欺骗和利用。这一制胜因素在我们现在的生活中如何使用就更加值得思量了，或许我们不对他人使用间谍，但“防人之心不可无”，无论是从政还是从商都要小心谨慎，以防被间谍骗去了情报，或是被人误导，作出错误的决定。

勇获双赢的间谍郑国

在一般人的理解中，间谍往往只可能为己方带来利益，让另一方遭受巨大损失。然而，在战国末期，却有一位名叫郑国的间谍，身负保家救国的重大使命前往敌国，最终的结果却出人意料地圆满：他不仅完成了身负的使命，也为敌方立下了大功劳。

战国后期，七雄并立，实力最弱的韩国总是被几大强国欺侮，而实力最强大的秦国则对其他六国虎视眈眈，一直有吞并它们的念头。距离秦国较近的韩国便终日战战兢兢。为了使自己的国家能够存活，韩国国君在万般无奈之下想到了利用间谍的方法。他派遣水利工程师郑国前往秦国进行游说，希望他们能够大修水利，把主要精力放到经济建设上来。韩王打着一个小算盘：如果此计成功，我们韩国就可以安心几年了。这是因为，古代机械设备落后，兴修水利这样的大工程十分耗时耗力，所以如果秦国把重心转移到水利建设上来，就没有过多的精力来攻伐了。

郑国便去了秦国，与其他间谍不同的是，他的任务不是盗取敌国的工程技术，而是把本国的工程技术传授给敌国。当时，由于秦国国君嬴政尚年幼，国家大权掌握在丞相吕不韦的手中。郑国进咸阳见了吕不韦，向他论述了兴修水利的种种好处。他说，秦国地处关中地区，土壤肥沃，先天条件优良，是称霸的基业，只可惜有些耕地缺少灌溉，水旱不调，因而无法开垦或粮食产量不高。而关中有泾水和渭水这些河流，与其让水白白流入黄河，不如修建一个水利灌溉工程，引水浇灌良田，这不仅能解决用水紧张的问题，更是利国利民的大功绩。

吕不韦听后，反复思量，认为郑国的话十分有道理，于是采纳了郑国的建议，还任命郑国为总工程师，负责关中地区灌溉工程的建设。他还安排了许多官员前去协调管理。从这时起，郑国的间谍任务正式开始了。

郑国虽然肩负着间谍的使命，但他也是一个有着水利工程人员职业道德的人。因此，他认真地为秦国设计了一整套设施完善且规模宏大的水利蓝图，具体为：先从关中平原北面的泾水开凿沟渠，接着一路向东，最后汇入渭水的支流上。同时，为了能达到最佳的灌溉效果，要将干渠修建在较高的地域，还要穿越很多条天然河流。这项工程虽然有着相当大的难度，但对于富裕的秦国来说，要完成却也不在话下。

为了这项浩大的水利建设工程能够顺利完工，吕不韦投入了大量的劳动力、粮食以及金钱。也正因为如此，短期内秦国再没有余力向外扩张。郑国认为自己的目的已经基本达到了，因此也更加尽心尽力地为秦国指导修建这一水利工程。然而，正当工程热火朝天地进行时，郑国劝修水利工程的目的却被秦国人探知了，郑国顷刻间由座上宾变成了阶下囚。吕不韦十分愤怒，想处死郑国。此时的郑国并未慌张，而是拿出了作为工程师的尊严，义正词严地说："这的确是我国的一个计策，但我们只是想将韩国的灭亡推迟几年。水利工程虽然暂时占用了秦国的人力、物力、财力，但是却让秦国的每一代人都能受益，难道这也有错吗？"

听了郑国的这番话，吕不韦慢慢平息了自己心中的愤怒，他仔细分析，发现郑国的话的确有些道理，再加上工程已修到一定程度，此时若半途而废，秦国的损失将是巨大的。于是，他释放了郑国，让他继续主管这项工程，只不过派了更多的人监督他，以免他在工程的修建上做什么手脚。

事情被拆穿，郑国明白了自己的处境，因此，更加不遗余力地发挥自己的才干，为秦国修建这条引水渠道。经过近十年的辛苦工作，水渠终于竣工。干渠总长300里，还拥有众多支渠，将泾河水通过干渠分流到各支渠，灌溉着关中平原的数万顷土地。正因为得到了这样良好的灌溉，关中地区粮食的亩产量竟比中原地区多了两倍。

此时，年轻的秦王嬴政已经清除了吕不韦的势力，独揽大权。由于水渠的建成，关中粮食丰产，秦军兵强马壮，从此不再为粮食供给担忧。在丰厚粮仓的支持下，秦军冲出了函谷关，开始了一系列征战，最终统一全国，建立了中国历史上第一个大一统的封建王朝。

与此同时，对统一有着卓越贡献的这条水渠，也被命名为郑国渠。对间谍郑国而言，虽然他不能彻底拯救祖国的灭亡，却完成了一项名垂千古的大工程，也算得其所愿了吧。

商场上的无间道

其实，用间之计不仅可以用在充满硝烟的战场上，也可以用在没有硝烟的战场——商场上，尤其在竞争激烈的国际商战中，竞争的双方除了比新技术、新产品和优质服务外，谁能获得及时、准确的信息，谁就能离成功更近一步。于是，商战中的“无间道”就上演了。这其中，主角就是那些商业间谍。

商场用间，不但可以助企业获取有效的信息，倘若运用得当，还能让自己及时获得有关竞争对手的情报，从而采取相应的对策，赢得竞争的主动权。

提到德国的啤酒，大家都不陌生。作为世界上掌握着先进的啤酒制造技术的国家，德国人对自己的这项技术采取了很多保密措施。但是，再保密，一旦遇到高明的用间者，这秘密也不是秘密了。

对德国人的啤酒制造技术，日本人觊觎已久。日本一个企业的经理天天琢磨着怎么把这项技术盗来，后来，他发现这家啤酒厂的老板每天上班都是乘坐一辆黑色的轿车进出工厂大门，于是想出了一个主意。那天，当啤酒厂老板的黑色轿车行驶过来时，这个日本经理就假装在横过马路时突然跌倒，还把自己的一条腿伸到了轿车的车轮下。根据德国当时的法律，车祸肇事者要坐牢。为了免受坐牢之苦，这位德国老板就把这个日本经理送进了医院进行抢救。同时，他在请求这个日本经理原谅的同时，提出愿意帮助他解决生活问题。打蛇随棍上，德国老板此举正中日本经理的下怀。就这样，日本经理在这家德国啤酒厂做了三年的看门人，将啤酒厂内的生产流程、工艺配方等一一了解透彻后就衣锦还乡了。

三年后，日本人自己生产的啤酒上市。德国啤酒商发现日本人不再购买他们的啤酒，而且他们在东南亚的啤酒市场上的占有额也逐渐减少。百思不得其解时，德国啤酒厂总经理偶然到日本拜访他的同行，看到那家日本啤酒厂的老板正是在自己那里当了三年看门人的断腿人。

同样，当年日本人决定开拓摩托车市场时，也是使用了间谍。他们从全国各地的小厂里选出200多名有经验的工程技术人员，安排这些人到世界各地去搜集有关摩托车生产的技术情报。

这些技术人员每到一个工厂，就向厂长说："我们要开拓摩托车市场，有可能请你设计，也有可能向贵厂订购产品。不过，请你先介绍一下贵厂摩托车的优点，并让我们把样品带回去，我再说服我的上司。"听到可能会买自己的产品，这些厂商自然非常高兴，于是就毫无保留地把最先进的技术告诉了他们，甚至有的厂商还领着这些日本技术人员参观了车间、实验室。而这些日本技术人员呢，就把自己的所见所闻详细地记录下来，甚至买了样品带回日本。仅仅在一年内，这些技术人员就走访了全球80多个工厂，带回了100多辆样车。

随后，日本人把样车逐一拆卸研究，取其优点，然后进行设计，并且建立了自己的摩托车厂。当日本人生产的耐用、轻便、便宜的摩托车问世后，国外那些摩托车厂商才明白自己受了骗，可惜后悔已经晚了。

当然，用间并不是日本人的专利，苏联人盗取美国波音公司的飞机制造技术这件事便将无间道运用到了极致。

当初，苏联人想制造飞机，但飞机的制造技术颇为繁杂，不是轻易就可以造成的。于是，苏联人便想到了一个便捷的方法。他们先是对外声称自己要在美国挑选一家飞机制造公司为自己生产100架巨型客机。这是一个极具诱惑力的项目，利润相当可观。于是，美国三大飞机制造商——波音、洛克希德和麦克唐纳·道格拉斯公司纷纷主动上门，想独揽这个项目。波音公司为了抢到这笔生意，更是率先出击。他们应苏联人的要求，允许20名苏联专家到飞机制造厂参观、考察。而且，波音公司不仅允许苏联专家参观飞机装配线，还让他们钻到机密的实验室里认真"考察"，甚至还让一些苏联专家拍了大量的照片。就这样，这些苏联专家以考察之名，得到了波音公司生产飞机的大量资料，以及巨型客机的详细制造计划。而且，那些去考察的苏联专家都穿了特制的鞋，这种鞋的鞋底能吸住从飞机部件上切削下来的金属屑。等他们回到苏联后，把这些金属屑一分析，制造飞机的合金的秘密就不攻而破了。随后，苏联人就制造出了自己的伊柳辛式喷气式运输机。

综合以上所述，我们可以说，用间的手段无处不在，倘若使用得恰当，便可以达到事半功倍的效果。

将体第五十一：将者，勇智仁信必也

将者，勇智仁信必也。故将能清能静，能平能整，能受谏，能听讼，能纳人，能采善言，能知国俗，能图山川，能裁厄难，能制军权。

经典再现

《万机论》[1]曰："虽有百万之师，临时吞敌，在将也。"《吴子》曰："凡人之论将，恒观之于勇。勇之于将，乃万分之一耳。"故《六韬》[2]曰："将不仁，则三军不亲；将不勇，则三军不为动。"孙子曰："将者，勇智仁信必也。"勇则不可犯，智则不可乱，仁则爱人，信则不欺人，必则无二心。此所谓五才者也。三军之众，百万之师，张设轻重，在于一人，谓之"气机"。道狭路险，名山大塞，十人所守，千人不过，是谓"地机"。善行间谍，分散其众，使君臣相怨，是谓"事机"。车坚舟利，士马闲习，是谓"力机"。此所谓"四机"者也。夫将可乐而不可忧；谋可深而不可疑。将忧则内疑，谋疑则敌国奋。以此征伐，则可致乱。

故将能清[3]能静，能平能整，能受谏，能听讼，能纳人，能采善言，能知国俗，能图山川，能裁厄难，能制军权。危者安之，惧者欢之，叛者还之，冤者原之，诉者察之，卑者贵之，强者抑之，敌者残[4]之，贪者丰之，欲者使之，畏者隐之，谋者近之，谗者覆之，毁者复之，反者废之，横者挫之，服者活之，降者说之。获城者割之，获地者裂之，获国者守之。获厄塞之，获难屯之，获财散之。敌动伺之，敌强下之，敌凌假之，敌暴安之，敌悖义之，敌睦携之，顺举挫之，因势破之，放言过之，四纲罗之。此为将之道也。

故将拒谏则英雄散，策不从则谋士叛，善恶同则功臣倦，将专己则下归咎，将自臧则下少功，将受谗则下有离心，将贪财则奸不禁，将内顾[5]则士卒淫。将有一则众不服，有二则军无试，有三则军乖背，有四则祸及国。

《军志》曰："将谋欲密，士众欲一，攻敌欲疾。将谋密则奸心闭；士众一则群心结；攻敌疾则诈不及设。军有此三者，则计不夺。将谋泄则军无势；以外窥内则祸不制；财入营则众奸会。将有此三者，军必败。将无虑则谋士去；将无勇则吏士恐；将迁怒则军士惧。虑也谋也，将之所重；勇也怒也，将之所用。"故曰："必死，可杀也；必生，可虏也；忿速，可侮也；廉洁，可辱也；爱人，可烦也。

此五者，将军之过，用兵之灾。”

故凡战之要，先占其将而察其才，因刑用权，则不劳而功兴也。其将愚而信人，可谋而诈；贪而忽名，可货而赂；轻变，可劳而困；上富而骄，下贫而磔，可离而间；将怠士懈，可潜而袭；智而心缓者，可迫也；勇而轻死者，可暴也；急而心速者，可诱也；贪而喜利者，可袭也，可遗也；仁而不忍于人者，可劳也；信而喜信于人者，可诳也；廉洁而不爱人者，可侮也；刚毅而自用者，可事也；懦心喜用于人者，可使人欺也。此皆用兵之要，为将之略也。

迷津指点

①《万机论》：魏国重臣蒋济撰写，共有八卷。原书已散逸，严可均《全三国文》中辑有一卷。

②《六韬》：作者不可考，一般认为成书于战国时代，是一部以太公与文王、武王对话的形式编成的，集先秦时期军事思想之大成的著作。

③清：廉洁奉公。

④残：戕害，杀戮。

⑤内顾：思恋妻妾。

古文译读

《万机论》中说：“即使有百万人的军队，但在战斗打响后要消灭敌人，关键还在于将领的巧妙指挥。”《吴子》中说：“常人在评论将领时，常把‘勇’看成一个重要的衡量标准。其实，‘勇’对于一个将领来说，只占他所具备品质的万分之一而已。”所以《六韬》中说：“为将的不仁爱，三军就不会亲和团结；为将的不勇猛，就难以调动全军。”孙子说：“作为一个将领，就要具有勇敢、聪慧、仁爱、诚信、忠诚五种品格。”有勇，就有军威，不可侵犯；有智，就不会被纷繁复杂的战场形势扰乱了头脑；有仁，就懂得爱护士卒；有信，就不会欺诳他人；有必，就不会产生二心。这就是通常所称的“五才”。三军上下，百万军队，士气的盛衰，战斗力的强弱，关键在于将帅一人的指挥才能，这就是关系到士气之盛衰的“气机”。道路狭窄险峻，名山大塞阻隔，十个人把守，千人也休想通过，这就是利用地形的“地机”。善于使用间谍，分散敌人兵力，使敌国君臣相互怨恨，这就是陷敌于不战自乱的“事机”。战车坚固，舟船轻便，战士武艺娴熟，战马久经训练，习惯于奔驰，这些是发挥战斗力的“力机”。以上就是将帅应该掌握应用的

“四机”。为将的要乐观，不可忧愁；谋略要深远果断，不可犹豫迟疑。将帅忧心忡忡，士兵就会产生怀疑，失去信心；制定策略优柔寡断，就会使敌国振奋。对战事充满忧虑，谋划犹豫不决，必导致内乱。

所以为将的要清正廉洁，不扰百姓，处事公平，待人平等，要能接受意见，能判断是非曲直，能广纳人才，能听取善言，能了解风土人情，能熟悉山川地形，能在艰难环境中泰然处之，能控制全军。另外，为将的还应该做到：使陷入危难中的人安全，使陷入恐惧的人充满信心，使叛逃者返回，使含冤者获得平反，使申诉的案件得到明察，使位卑者得到厚待，使跋扈者受到抑制，使敌对者消失，使贪婪者能够满足，充分使用想立功的人，畏惧做前锋的人就让他隐藏在部队的后面，有谋略的人就亲近他，对爱说谗言的就不相信他，对诋毁人的言论要仔细核查，反叛者就要废黜，横暴者要打击，服罪的人要给条生路，归降的人要收留款待他。占领城池者要给予封赏，夺取土地的要裂土封赏，获取敌国后要派贤人守卫。夺取了要塞，就要防守；夺取险要之地，就要屯兵把守；夺取了财物，就要分散给众人。敌人有行动，就要注意侦察；敌人士气强盛，就要想办法消磨他；敌人攻势凌厉，就要避开他；敌人越是暴怒，就越要安定我军；敌人越是悖逆，我军越要行义举；敌人和睦，就要离间他们；顺应天命人心，挫败悖逆天命人心的敌人。要善于分析客观形势，利用有利条件消灭敌人，要会传递假情报使敌人出错，然后围而歼之。上述种种，都是作为一个将领必须具备的能力。

所以说，将领不听从别人的意见，英雄豪杰就会离他而去；不采纳谋士的计策，谋士就会背叛他；善恶不分、赏罚不明，有功之臣就会倦怠；将领专断刚愎，下层官兵就会把过错归咎于将领；将领好大喜功，居功自傲，下层官兵就不会积极立功；将领听信谗言，下层官兵就会产生离异之心；将领贪图钱财，奸盗之事就难以禁绝；将领思恋妻妾，沉湎女色，士卒就放荡淫乱。以上种种，将领犯了其中一项，士卒就会不服；犯了其中两项，军纪就会无法执行；犯了其中三项，军心就会背离；犯了其中四项，就会危及国家。

《军志》中说：“将领的谋略要机密周全，全军要团结如一人，攻击敌人时要迅速。”将领的谋略机密周全，敌方的奸计就无法得逞；全军上下团结如一人，就会众志成城；攻敌迅速，敌人就来不及布设诈谋。这三条能在军中施行，作战计划就不会失败。谋略如果被泄漏出去，军队就会失去有利的作战形势；敌人刺探到我方的内部情况，祸患将不可制止；敌人如果携带财物进入我军营，奸佞之人就会贪图财物结党营私。将领如有这三种行为，军队作战一定会失败。将领不善谋虑而又不能听从谋士的建议，谋士就会离去；将领不勇敢，军士就会怯战；将领时常迁怒于人，军士就会心不自安。深谋远虑，是将帅所倚重的；勇气、愤怒，是将帅应该特别留意并巧妙利用的。”所以说：“有勇无谋，只知死拼，就可能被敌诱杀；临阵畏怯，贪生怕死，就可能被敌俘虏；急躁易怒，就可能遭到侮辱谩骂的刺激；廉洁好名，过于自爱，就可能经不起侮辱；爱护民众，就可能被烦扰而不得安宁。以上五点，是将帅应该避免的五个弱点，也是用兵打仗的祸患。”

所以说，用兵打仗最重要的工作，首先应该对敌军的将帅有一个基本的了解并认真考查其才能。根据不同类型的将领，采取相应的权变方法，这样就能以较小的气力换来较大的战功。如果敌方将领愚钝而轻信别人，可使用计谋欺诈他；如果敌方将领贪婪而不顾名声，可用重金贿赂他；如果敌方将领不善深谋远虑、狐疑多变，就设法使他劳顿困窘；如果敌方将领富贵而骄纵，下层官兵就会贫穷而有异心，就可以离间他们；如果敌方将领倦怠，士卒松懈，就可以对他们实施突袭；如果敌方将领聪明但反应迟缓，就要趁他尚未决断之时突袭；如果敌将勇猛又不怕死，就可以设计激怒他，使其贸然轻进，然后消灭他；如果敌将急躁易激动，立功心切，就要诱敌深入；如果敌将贪婪好利，就要用财物贿赂，再设计伏击他；如果敌将因仁爱而不忍心于下层的疾苦，就要设计烦劳他；如果敌将为人诚信，又轻信他人，就可以设计欺骗他；如果敌将自身廉洁，为人却近于刻薄，就要凌侮他；如果敌将刚愎自用，喜欢自以为是，就要用花言巧语恭维他；如果敌将内心懦弱，惯于依赖他人，就要让人去诓骗他。以上所说的这些，都是用兵的重要原则，是为将帅者所必须了解的韬略。

前沿诠释

从这篇文章中，我们可以看出一个合格的将领应当具有哪些才能，引申到现代经营管理中，就可以用来说明管理者在团队中的重要地位，以及作为一个管理者应当具备怎样的素质和才能。管理者是团队中的领头羊，是团队创新和决策的定音锤。然而，就如同勇猛并不是将领要具备的唯一品质一样，管理者也不是只凭激情就可以成就一番事业的。孙子所说的“勇、智、仁、信、必”五种品质，无论是在古代硝烟弥漫的战场上，还是在现代没有硝烟的商场上，都是一个成功的领导者所必须具备的。

铁血首相俾斯麦

在德国历史上，俾斯麦是德意志民族不能被忘记的一位伟大的领导人、杰出的政治家和外交家，是德国人永远引以为傲的一位重要历史人物。不为其他，只因为他是“铁血首相”，他统一了德国，同时也为德国的未来发展积累了宝贵的政治财富。

在俾斯麦的政治生涯中，最能证明其领导才能的就是他领导的使德国实现统一的三次王朝战争。而这一成就，是建立在俾斯麦将强力推行的“铁血政策”和灵活的外交政策相结合之上的。它充分体现了俾斯麦作为一名国家领导人所具有的领导能力、远见和才能。

当时的德国四分五裂，分为十几个邦国，其中普鲁士最为强大，成为统一德国的执行者，其首相俾斯麦也开始了自己的征战历程。面对外敌的干扰，俾斯麦准确地预见到德意志北方的邻居丹麦居心不良，虽然此时奥地利阻碍着德意志联邦的统一，但是它作为联邦的成员，和普鲁士又是“盟友”，因此，俾斯麦和奥地利合作，主动向丹麦挑起战争，共同打败丹麦，消除了其对德意志的控制和掠夺。这就是1864年的第一场王朝战争。从此，德意志开始了统一之旅。

但是，正如没有永远的敌人一样，同样也没有永远的朋友，即使是在联邦的名义之下，奥地利和普鲁士还是站在了对立面，而这一切皆是俾斯麦所乐见的。因为，要实现德意志的统一，奥地利无疑是最大的障碍。所以，俾斯麦不惜挑起战争，也要将奥地利排挤出去。普鲁士在牺牲领土等利益的情况下，和周围的邻国——俄国、法国、意大利等建立外交盟约，以此刺激奥地利，迫使其撕毁双方的合作条约，从而落下率先发动战争的口实。俾斯麦的这些外交行动使得普鲁士在战争一开始，就站在有利的位置上，同时也阻断了来自国外的入侵，可以全心全意地将奥地利排挤出德意志。最后的结局告诉所有人，俾斯麦又成功了。这就是1866年的第二次王朝战争。最终俾斯麦促使普鲁士实现了德意志北部的统一，他向目标又迈近了一步。

虽然北方地区已经实现了统一，但是要实现德意志的完整统一，就不可能放任受法国控制的南方诸州不管。因此，在实现德意志完全统一的历史使命的驱使下，俾斯麦通过西班牙王位继承问题制造争端，迫使拿破仑三世对普鲁士宣战，爆发了1870年的普法战争。而普鲁士则借此机会将德意志民族团结起来，支持对法作战。从战争一开始，普鲁士就获得了德意志民族的绝对拥护，后来它击败法国，夺回了南方诸州，同时也实现了德意志的完全统一。这就是第三次

俾斯麦，普鲁士首相兼外交大臣，德国近代史上杰出的政治家和外交家，被称为“铁血首相”。

王朝战争。至此，德意志完成了统一。

自古以来，战争发动者往往被看做非正义的一方，而俾斯麦也正看中了这一点，总是将普鲁士打造成“被宣战”的一方。在实现德意志统一的三场王朝战争中，俾斯麦每一次都将自己打造成正义的一方，昭告世人：普鲁士是被对方逼的，对方主动侵犯，而普鲁士的所作所为只是为了实现德意志民族的完全独立，是一场从一开始就正义到极点的战争！

同时，俾斯麦还相信军队的力量，相信战争的绝对征服，所以在实现德意志统一的道路上，俾斯麦没有选择外交桌上的谈判，或者是和约的签订。因为他相信，只有自己一手打下来的，才是真正属于自己的，属于德意志的。所以，他坚持战争，崇尚武力，运用冰冷的黑色武器，将一切掌握在手中。

但是，俾斯麦并不是没有政治头脑和外交头脑的好战分子。在国家面对内忧外患的情况下，俾斯麦很清楚自己的能力有限，要想在国际社会不干涉的情况下，实现德意志的统一，是完全不可能的。因为对于欧洲诸强国来说，没有谁会放着利益不占。因此，俾斯麦大胆而狡猾地利用纠纷和有利时机，或联合，或分裂，或是许以利益诱惑，或是主动制造争端，将德意志的统一置于他国无力干预，或者不能干预的情况下，使自己没有后顾之忧，从而能够真正地为德意志的统一进行全面的部署。

因此，俾斯麦的成功在于他并不是单纯地利用武力，也有政治方面的充分谋划。否则，俾斯麦将只会沦落为一介武夫。“铁和血”，这是俾斯麦实现德意志统一的唯一信条，也是其实现德意志统一一直遵循的政策。事实也证明，俾斯麦的铁血政策取得了辉煌的成效！

俾斯麦向人们传达出了这样的声音：作为一个成功的领导者，要有勇有谋，懂得适时而止，懂得在关键时刻作出正确的选择，不被外界干扰。

料敌第五十二：两国治戎，必先探于敌情

夫两国治戎，交和而合，不以冥冥决事，必先探于敌情。故孙子曰："胜兵先胜而后战。"又曰："策之而知得失之计，作之而知动静之理。"因形而作胜于众，用兵之要也。

经典再现

夫两国治戎，交和而合，不以冥冥决事，必先探于敌情。故孙子曰："胜兵先胜而后战。"又曰："策之而知得失之计，作之而知动静之理。"因形而作胜于众，用兵之要也。若欲先知敌将，当令贱而勇者，将轻锐以当之，观敌之来。一起一坐，其政以理，其追北佯为不及，其见利佯为不知，如此者，将必有智，勿与轻战。若其众讙旗乱，其卒自止自行，其兵或纵或横，其追北恐不及，见利恐不得，如此者，将必无谋，虽众可获。

故曰：敌近而静者，恃其险也；敌远而挑人者，欲人之进也；众树动者，来也；众草多障[①]者，疑也；鸟起者，伏也；兽骇者，覆也；尘卑而广者，徒来也；散而条达者，薪来也；少而往来者，营军也；辞卑而益备者，进也；辞强而进驱者，退也；无约而请和者，谋也；半进半退者，诱也。杖而立者，饥也；汲而先饮者，渴也；见利不进者，劳也；鸟集者，虚也；夜呼者，恐也；军扰者，将不重也；旗动者，乱也；吏怒者，倦也；粟马食肉，军无悬甀，不及其舍者，穷寇也；谆谆翕翕，徐言入入者，失其众也；数赏者，窘也；数罚者，困也；数顾者，失其群也；来委谢者，欲休息也。兵怒而相近，久而不合，又不相去，必谨察之。

敌来新到，行阵未定，可击也；阵虽定，人马未食，可击也；涉长道，后行未息，可击也；行坂涉险，半隐半出，可击也；涉水半渡，可击也；险道狭路，可击也；旌旗乱动，可击也；阵数动移，可击也；人马数顾，可击也。凡见此者，击之而勿疑。然兵者诡道也，能而示之不能，用而示之不用。故匈奴示弱，汉祖有平城之围[②]；石勒藏锋，王濬有幽州之陷[③]。即其效也，可不慎哉？

迷津指点

①众草多障：稠密的草丛中多处设置障碍，指的是敌军在逃离时担心我军追击，故作障碍，以使我军怀疑草丛中有伏兵。

②平城之围：又名白登之围。汉高祖六年，刘邦出征匈奴，结果被匈奴围困于白登山（今山西大同东北马铺山）。

③幽州之陷：即西晋幽州之战，汉嘉平四年即西晋建兴二年（314），汉征东大将军石勒率军袭取幽州（治蓟，今北京城西南），擒杀西晋大司马、幽州牧王濬的战役。

古文译读

两国或临战，或以外交媾和，此时形势不明，不能稀里糊涂作出决断，一定要先探明敌情。所以孙子说："能够打胜仗的军队，首先要创造取胜的条件，有了必胜的把握，而后才在战场上与敌人交锋。"又说："认真分析以求明了敌人作战计划的优劣；诱使敌人行动，仔细观察以求了解敌人活动的规律。"根据敌情变化灵活运用战法，把胜利摆在众人的面前，这是用兵打仗的重要原则。如果要先了解敌方将领的情况，最好是派一名勇敢的下层军官，带领一支轻便精锐的人马去与敌人交锋，借此来观察敌人的反应。如果敌军或进或止，节奏稳妥，不急不躁；追击败军时，假装赶不上；看见财物时，假装没看见。这样的部队，它的将领一定非常聪明，不可以轻易与他们交战。如果敌军喧哗不已，旌旗散乱，士兵行动自由散漫，兵阵纵横无序；追击败军时，唯恐赶不上，看见财物，唯恐得不到。这样的军队，它的将领一定属于无谋之辈，即使敌军人数众多，也不足为忧，同样可以获胜。

所以说，敌军到我近前却很安静，是有险峻的地形可依凭；敌人距我较远而来向我挑战，是企图引诱我军前行；大片树丛摇动，是敌军隐蔽潜行；草丛中多处设置障碍，是敌人布下的迷阵；群鸟惊起，说明敌人有埋伏；野兽惊骇奔走，说明敌军大举来袭；尘土飞扬得低而广的，是敌军步兵来袭；尘土分散又成条状缕缕上升，而且前后连绵，这是敌军在运送粮草；尘土少而时起时落，是敌军在安营扎寨。使者言辞谦卑却加紧战备，是在准备进攻；言辞强硬又做出进攻的姿态，则是要撤退；没有事先约定就来求和，必有图谋；敌军呈半进半退之势，是引诱我军向前；敌军倚着兵器站立的，是饥饿的表现；供水的士兵把水汲上来自己抢先喝，是军中缺水、士兵干渴的表现；敌军战士见到好处却不向前争夺，是因为过度疲劳；敌营上聚满鸟雀，说明营垒空虚；敌营夜间有惊呼声，说明敌军恐慌；敌人滋扰纷乱，是将领没有威望；旌旗摇动不定，说明敌军中混乱；敌军将领时常发怒，是过度疲倦的表现；敌人用粮食喂马，杀牲口吃肉，收拾起炊具不再返回营地，是准备决一死战的穷寇；将领低声下气和士兵说话，说明已经失去部下的拥戴；频繁奖赏士卒，说明敌军处境窘迫；再三重罚下属，说明敌军已陷于困境；行路东张西望、左顾右盼，是与大部队失去了联系；敌军借故派使者来谈判，言辞委婉的，是想休兵息战；敌军盛怒前来对阵，却久不交战，又不撤退，必须谨慎观察其意图。

敌军刚刚来到，还没来得及布阵，可以向他们发动攻击；敌军虽已列阵，但人马还未来得及进食，可以向他们发动攻击；敌军长途跋涉后，部队还未休息，可以向他们发动攻击；敌军在山坡上行军，或通过险要的地形，处在半隐半显状态时，可以向他们发动攻击；敌人渡水渡到一半时，可以向他们发动攻击；敌军正在险狭之路上行进，可以向他们发动攻击；敌军旌旗乱动，可以向他们发动攻击；敌人营盘频繁移动，可以向他们发动攻击；敌军前后张望，左顾右盼，可以向他们发动攻击。凡是见到以上情况，就要毫不迟疑地发动攻击。然而，还要注意，用兵打仗，常使用诡诈欺骗的手段，本来能攻打却要显出不攻的样子，要打却要显出不打的样子。匈奴故意示弱，汉高祖不了解实情，轻率出击，结果被围困在了平城；石勒故意藏起锋芒，王濬不知道实情，结果丢掉了幽州。这都是诡诈用兵的证明，所以用兵打仗不谨慎细心能行吗？

前沿诠释

“知己知彼，百战不殆”是战场上的制胜法宝。在瞬息万变的战场上，为将者要有过人的洞察力和分析力，透彻了解敌我双方的优劣态势，敏锐地察觉对手的真正实力与战场的变化，这样才能根据实际形势寻找出最有力的攻击方式，从而出战必胜。在商场上又何尝不是如此呢？如果经营者能善于观察推理，看穿对手的意图，寻找到有利的时机，做出正确决策，同样能在这个残酷的战场上立于不败之地。

韬略过人的努尔哈赤

公元16世纪，努尔哈赤带领族人们转战于白山黑水之间，用武力和智谋统一女真各部，创建了军政合一的八旗制度，临大敌不惧，受重创不馁，以勇悍立威，受部众拥戴，制定满洲文字，创建大金政权，推动了女真社会的发展和满族共同体的形成，为清朝的建立奠定了稳固的基础，不愧一代雄主之称。其中，努尔哈赤的谋略令人难以忽视。

万历四十七年二月，明王朝筹饷200万两，征调47万人马，命“熟谙辽事”的兵部右侍郎杨镐为辽东经略，坐镇沈阳，指挥四路大军，分进合击，企图一举消灭后金。面对明朝来势汹汹的大军，努尔哈赤临危不惧。当时努尔哈赤的军队不过3万，但都是精锐。而明朝军队呢？明末政治腐败，驻守辽东的明军早已战斗力低下，名义上虽有8万多人，实则能作战的不过1万多人，而且兵备松弛，士气颓靡，“累年以来，不修兵具，朽戟钝戈，缓急不足为用，金鼓几于绝响，偶令之截杀，股栗腕战，面孔殊无生色”，这样的军队实在是不堪一击。所以明政府只好从全国各地征召军队，然而这些人也好不到哪去，许多人跪在地上哭得稀里哗啦，不愿出关，不少将领“哭而求调”。相对于明军的上下离心，努尔哈赤却是做了充足的准备。他善于用间，当明军在辽东聚集、虚张声势之时，他即派人打入明军内部搜集情报。明军驻防、调动、粮草、进兵等情况，他都了然于胸。史书记载：“明兵未发，而师期先泄，建州得预为备。”仗还没开始打，情报已先为对方知晓，这仗其实已经不用打就知道结果了。这便是孙子所言：“胜兵先胜而后战。”努尔哈赤掌握了明军的战略部署和行动计划，正确地分析了形势，然后对部下说：“明军先从南路来犯，是想让我调兵向南，而后他再从西面派大批部队袭击。如今我偏不让他如愿，西面既是他的主力，那么我就专门攻打西面，如果取胜，其他的也就不用怕了。”因此努尔哈赤只派了500人抵御南路的刘铤军，而把全部兵力集中起来打击从西而来的杜松的8万明军主力，正可谓是“凭尔几路来，我只一路去”。那么努尔哈赤是怎样以劣势兵力对付杜松的8万人，并且在战场上稳占优势，取得主动权的呢？

努尔哈赤（1559—1626），出生于辽东建州左卫苏克素护部赫图阿拉城，后金政权的建立者，清朝建立后被追尊为清太祖。

当时的明军主帅杜松出身将门，久经沙场，以骁勇善战著称，然而此人性躁气盛，有勇少谋，酗酒贪功。他的这个缺点就被努尔哈赤利用了。当杜松率明军赶到浑河岸边时，天色已黑，他便率军连夜渡河。不料努尔哈赤早已命人在上游壅沙阻水，明军一入河中，便命人在上游掘沙放水。明军被溺死千人，辎重及大炮火器均被大水阻挡而未渡。而后，杜松率兵在萨尔浒山麓结寨扎营，留兵2万，亲自率领1万兵马渡过苏子河界凡渡口，企图攻击后金军队。如此安排，导致本就兵力分散的明军更加分散了。此时，努尔哈赤见杜松将3万兵马分作两处，便当机立断地说：

“现在申时，天色已晚，当命左翼四旗先破萨尔浒山上之兵。此兵败走，则吉林崖之兵自丧胆矣。” 努尔哈赤亲率37000名精锐，以在局部上绝对压倒明军的优势兵力，直扑明军萨尔浒大营。明军仓促应战，被杀得丢盔弃甲，人仰马翻。残余明军溃逃时争抢渡河，淹死者不计其数。努尔哈赤又率后金军队紧追不舍，将明朝残兵败将尽数歼灭。统帅杜松杀得两眼发红，矢尽力竭，最终落马而亡。

这便是历史上著名的萨尔浒战役，是明朝和后金攻守之势的转折点。从此，后金在军事上压制了明朝一方。在作战中，努尔哈赤通过分析形势，了解了对方的战略谋划，并充分利用对方的弱点，选择有利的战机，打了一场以少胜多的漂亮仗。由此可见，了解自己的对手有时候比增强自身实力更为重要，要根据敌人的情况随时调整作战策略，才能成为“常胜将军”。

势略第五十三：善战者恒求之于势

战胜之威，人百其倍；败兵之卒，没世不复。故水之弱至于漂石，此势略之要也。

经典再现

孙子曰："勇怯，势也。强弱，形也。"又曰："水之弱至于漂石者，势也。"何以明之？昔曹公征张鲁，定汉中，刘晔①说曰："明公以步卒五千，讨诛董卓，北破袁绍，南征刘表，九州百郡，十并其八，威震天下，势慑海外。今举汉中，蜀人望风，破胆失守，推此而前，蜀可传檄而定②也。刘备，人杰也。有智而迟，得蜀日浅，蜀人未附。今破汉中，蜀人震恐，其势自倾。以公之神明，因其倾③而压之，无不克也。若小缓之，诸葛亮明于理而为相，关羽、张飞勇冠三军而为将，蜀人既定，据险守要，则不可犯也。今不取，必为后忧。"曹公不从。居七日，蜀降者说蜀中一日数十惊，备斩之而不能禁也。曹公延问晔曰："今尚可击否？"晔曰："今已小定，未可击也。"

又太祖征吕布，至下邳，布败，固守城，攻不拔。太祖欲还，荀攸④曰："吕布勇而无谋，今三军皆北，其锐气衰。三军以将为主，主衰则军无奋意。夫陈宫有智而迟，今及布气之未复，宫谋之未定，进急攻之，布可收也。"乃引沂泗灌城，城溃，生擒布。以此观之，当是时，虽诸葛之智，陈宫之谋，吕布之勇，关、张之劲，无所用矣。此谓"勇怯，势也。强弱，形也"。

故兵有三势，善战者恒求之于势。势之来也，食其缓颊⑤，下齐七十余城；谢石渡淝，摧秦百万之众。势之去也，项羽有拔山之力，空泣虞姬；田横⑥有负海之强，终然刎颈。故曰：战胜之威，人百其倍；败兵之卒，没世不复。故水之弱至于漂石，此势略之要也。

迷津指点

①刘晔：字子扬，淮南成德人，三国时期魏臣。

②传檄而定：檄，讨敌文书；定，平定。比喻不需要出兵，只用一纸文书，就可以降伏敌方，安定局势。

③倾：倒塌。

④荀攸：字公达，东汉末年曹操的五谋臣之一，荀彧之侄，被曹操称为“谋主”。

⑤缓颊：婉言劝解或代人说情。

⑥田横：秦末群雄之一，在刘邦统一天下之后不肯称臣，率门客逃往海岛，刘邦派人招抚，田横被迫赴洛阳，但在途中自杀。

古文译读

孙子说：“战士的勇敢与怯懦，是军事形势造成的，军队的强大与弱小，是由军事实力决定的。”又说：“水性至柔，却能把石块冲走，这是水势非常强大的缘故。”用什么来证明这个道理呢？从前，曹操征讨张鲁，平定汉中地区，刘晔曾经建议说：“您凭借五千名步兵讨伐了董卓，攻破北方的袁绍，征服了南方的刘表。全天下的州郡，已有十之八九被兼并，您因此威震天下，名扬海外。现在您又平定了汉中地区，蜀人已闻风丧胆，城池纷纷失守，照这样的情形向前推进，蜀地用一纸檄文便足以平定。刘备是人中豪杰，虽然有大智慧，但是决策迟缓，占据蜀地的时间尚短，蜀人尚未完全依附他。现在我军已经攻破汉中，蜀地之人得知后异常震惊恐慌，形势必然会不稳。凭借您的英明神武，如果趁着蜀中形势不稳加紧攻伐，必然百战百胜。如果稍有迟缓，蜀地有洞察天下形势、明于事理的诸葛亮为相，有英勇的关羽、张飞为将，一旦安定下来，据守险要之地，那就不能轻易进攻了。如果今日不攻取，必成后患。”曹操没有接受这一建议。七天后，降魏的蜀人说曹军攻拔汉中后，蜀人非常惧怕，一天内发生数十次骚乱。刘备斩杀了多名骚乱者，仍不能禁止。这时，曹操叫来刘晔问道：“现在还可以进攻蜀地吗？”刘晔说：“现在蜀地已初步安定下来，不宜再进攻了。”

曹操，征伐吕布，进至下邳。吕布打了败仗，坚守下邳城不出。曹操因为不能一举攻克下邳城，准备撤军，荀攸说：“吕布虽勇猛，却没有智谋。现在他的各路军队都打了败仗，锐气受到重挫。各路军队以将帅为中心，主帅锐气衰减，他率领的军队也必然会失去战斗力。吕布的谋士陈宫虽然富有智谋，但决策迟缓。现在趁着吕布的元气尚未恢复，陈宫的计策尚未确定，只要我军连续不断地猛攻，就可以除掉吕布。”曹操听从了荀攸的建议，引来沂水、泗水淹灌下邳城，城被大水冲毁，吕布被曹操生擒。从上面的情况看，在那种形势下，就算有诸葛亮的智慧，陈宫的计谋，吕布的骁勇，关羽、张飞的劲健无敌，也是没有用的。这就是所谓“士兵的勇敢与怯懦，是军事形势造成的；军队的强大与弱小，是由军事实力决定的”。

所以说，用兵打仗有“三势”，一为“气势”，二为“地势”，三为“因势”。善于用兵打仗的人，往往会不断寻求最有利于自己的形势。有利的形势到来以后，郦食其一番劝说，就拿下了齐国七十余城；谢石在淝水一战中，也打垮了前秦数百万大军。如果大势已去，项羽即使有拔山之力，也只能与虞姬相对而泣；田横纵然凭恃大海的强盛，最终还是落得被迫自杀的结局。因此，胜利带来的威势，会让士兵增加百倍的斗志；而遭受了失败的士卒，就会再难振奋。所以说，水性虽然至柔，却能冲走巨大的石块，这就是“势略”的要旨。

前沿诠释

无论是带兵打仗的将领，还是在商场上驰骋的精英，都必须深谙势略之道。时势是用兵、从政、悟道等各种功业的重要推动因素。所以，能够敏锐地察觉自身所处的形势和外部环境，勇敢地决断，是决策者应有的素质，而其中最重要的是善于依势而行，抓住机遇，不断超越。

审时度势、灵活应对的善变“高人”

《长短经》“势略第五十三”中提到“兵有三势，善战者恒求之于势”之理。这种道理，不只在古代的战争中能让指挥者根据形势的变化调整战略，从而达到“战胜其威，人百其倍”的效果，在现代商战中，倘若经商者能根据情况的变化灵活调整自己的经营方向和策略，同样可以达到灵活应对市场变化，取得丰厚利润的目的。石业儒商王伯瑶就是这样的一个善变高手。

王伯瑶是福建人，早年曾在一所学校任英语教师。当改革的大潮涌来时，他毅然投身商海，成就了自己的一番事业。在成功的过程中，王伯瑶被大家称为善变高人，原因就是他极其善于根据形势的变化调整自己的经营策略。

20世纪80年代末，泉州的石材业迅速发展起来。当时的王伯瑶只是南安六中的一名英语教师，偶尔利用业余时间帮哥哥做一些粮食贸易。在做粮食贸易的过程中，他发现石材业是一个成长中的高利润行业。于是在1992年，他开始了第一次“变”，那就是投身商海。他投资40多万元，建立了自己的石材加工厂。不同于当地的许多企业家，王伯瑶立足于石材销售，从石材销售中获得了自己的第一桶金。

如果说选择以销售为获利点是王伯瑶善变的特点，那么巧妙选择销售地区，则表现了他的灵活应对的特点。由于之前从事过粮食贸易，王伯瑶了解如何安排运输才能最快、成本最低地把货物运到甘肃、新疆等地。于是，他把自己的石材销售重点放在了西北，而不与其他人争那些热点地区。就这样，西北市场被他打开了。而更为巧妙的是，他在打开西北市场的同时，还把新疆优质的矿石运回，再转卖给其他石材企业，从中赚取了丰厚的利润。

现在，王伯瑶创立的销售网络已经不仅仅局限于西北，而是遍布上海、北京、重庆等各大城市，辐射全国。可以说，这和他当时能审时度势，以西北为切入点，进而扩展全国的销售网络战略有关。

在王伯瑶进军石材市场几年后，许多同行才意识到了销售远远重于生产，开始建立自己的销售网络，此时王伯瑶却改变了策略，将更多的注意力转移到生产环节中。因为他认为，当所有人都具备相当的销售网络时，产品就是决定胜负的关键。

针对当时泉州的产品同质化现象严重、形状单一的问题，王伯瑶下决心开发异型材。于是他耗资几百万元引进了一条意大利生产线，开始生产异型材，从而获得了丰厚的利润。而继异型材之后，大板、薄板材料由于建筑装饰行业的发展而被广泛应用，于是王伯瑶又投资1000万元引进了进口设备，从国外进口石材，加工后再销往国内市场。由于他的产品品质优异，重建人民大会堂、上海东方明珠广播电视塔、重庆朝天门广场、北京历史博物馆等许多大型工程时，都使用了王伯瑶的异型材。

当异型材的生产越来越成熟的时候，王伯瑶又将目光投注到了人造大理石的生产上。看到人造大理石的广阔市场后，他不但与其他人联手包销了广东富云石业的人造大理石，而且与人合伙投资1.5亿元，上马3条生产线，兴建人造大理石生产基地。

在王伯瑶善变的经营方针下，溪石发展有限公司的前景越来越光明，王伯瑶本人也获得了“福建经济年度杰出人物”的荣誉。

有人说，泉州企业家不但敢闯敢拼，而且头脑灵活、富于机变。这是泉商能在激烈的商战中立于不败之地的秘诀，也是王伯瑶的成功原因所在。他能巧打商海战略，审时度势，灵活变化，这才使得溪石发展有限公司的发展之路越来越宽广。

攻心第五十四：绝其所恃，是谓攻其心也

是故圣人之伐国攻敌也，务在先服其心。何谓攻其心？绝其所恃，是谓攻其心也。

经典再现

孙子曰："攻心为上，攻城为下。"何以明之？战国时有说齐王曰："凡伐国之道，攻心为上，攻城为下；心胜为上，兵胜为下。是故圣人之伐国攻敌也，务在先服其心。何谓攻其心？绝其所恃，是谓攻其心也。今秦之所恃为心者，燕、赵也[①]。当收燕、赵之权，今说燕、赵之君，勿虚言空辞，必将以实利，以回其心，所谓攻其心者也。"

沛公[②]西入武关[③]，欲以二万人击秦峣关[④]下军。张良曰："秦兵尚强，未可轻也。臣闻其将屠子贾竖[⑤]，易动以利。愿沛公且留壁，使人先行，为五万人具食，益张旗帜诸山之上，为疑兵；令郦食其持重宝啖[⑥]秦将。"秦将果欲连和，俱西袭咸阳，沛公欲听之。良曰："此独其将欲叛，士卒恐不从，不从必危。不如因其懈击之。"沛公乃引兵击秦军，大破之。此攻心者也。

迷津指点

①秦之所恃心者，燕、赵也：战国早期秦国对外主要策略之一，是假装与燕、赵两国交好而对抗齐国。

②沛公：即汉高祖刘邦，因为他在秦朝时曾经在沛县当过亭长，所以人们叫他沛公。

③武关：位于陕西省丹凤县东武关河的北岸，与函谷关、萧关、大散关成为"秦之四塞"。

④峣关：因临峣山而得名，自古为关中平原通往南阳盆地的交通要隘，故址在今陕省商县西北。

⑤贾竖：对商人的蔑称。

⑥啖：引诱。

古文译读

孙子说：“把攻心作为上策，把攻城作为下策。”用什么来证明这一道理呢？战国时有人劝齐王说：“攻打一个国家的策略，要以攻心为上策，以攻城为下策；以征服敌人的心理为上策，以战胜敌人的军队为下策。所以至圣至智的人讨伐他国，战胜敌人，最重要的是先使其心臣服。什么叫‘攻心’呢？断绝他所凭借的依靠就是‘攻心’。现在秦国心理上的依靠是燕国、赵国，所以应该争取燕、赵两国。现在想说服燕国、赵国的国君，不能只用空洞的言辞，要给他们实际的利益，从而让他们回心转意，这就是所谓的‘攻心’之法。”

刘邦向西攻打武关，想用两万人来对战峣关的守军。张良建议说：“秦兵的实力较强，我们不能轻敌。我听说峣关守军的军官是一个屠夫的儿子，商贩出身，容易受到利益的诱惑。希望沛公暂时安营扎寨，不要妄动，派人先去准备五万人的饮食供给以张声势，再在一些山头上插满我军的旗帜，以为疑兵，然后叫郦食其带着值钱的宝物去贿赂秦军的将领。”秦军将领果然打算和刘邦联合起来一同向西攻打咸阳。沛公打算答应秦将的要求，张良又说：“这只是将领想叛变罢了，恐怕他们的兵士不会听从，一旦部下不听从，就危险了。不如我军乘秦军正处懈怠之际进攻。”沛公于是领兵袭击，大破秦军。这就是所谓的攻心之术的成功战例。

前沿诠释

从这段文字中我们可以看出，作为一个领导者，团结下属的方法不能只是简单地使用威慑令下属服从，而是应该使人心服。单凭威慑力，虽然可以暂时使下属服从，但从长远来看，会造成上下不同心、人心涣散。因而领导者要善于“攻心”，用自己的德行，用自己的勤勉，用自己的亲和力使下属心服口服。而对于其他人来说，学会运用“攻心”之术，赢得人心，也是一种不错的策略。

深谙攻心之术的郭江龙

在现代企业管理中，攻心术是管理者最常用的方法之一。倘若一个管理者不会使用攻心术，夸张一点说，他的管理就是不完美的。为什么这么说呢？因为攻心术体现了一个管理者对人的心理的把握，也体现了他的领导才能。德州仪器中国区董事总经理郭江龙就是一个深谙攻心之道的管理者。

德州仪器是一个有着70多年历史的集成电路的生产厂家，其一直在半导体行业保持着领军地位。作为半导体行业中最早进入中国市场的供应商之一，德州仪器一直受到被“挖墙脚”的威胁——公司的人才常常被民营企业和进入中国的外资企业挖走。如何留住人才，就成了郭江龙要考虑的首要问题。在这个过程中，郭江龙的攻心术就发挥了巨大的作用。

郭江龙清楚地知道，德州仪器的很多员工每个月都会接到猎头的电话，甚至他本人也曾成为被“猎”的对象。几经思考，郭江龙决定在公司实施一系列的攻心战术。

战术一：让激励发挥其效力。

郭江龙是于1997年5月从台湾来到大陆的。因为经历过在台湾的人才挑战，体会过人才流失后的困境，郭江龙于2000年专门聘请了在人力资源行业非常有经验的刘秋廉担任了人力资源总监，专门进行人才的管理。

同时，为了留住优秀的人才，郭江龙和刘秋廉采取了态度激励的方法，将激励分为三个层次进行：第一，恐惧式激励——工作干不好就加以惩罚；第二，诱因式激励——干得好就给予奖励。这两种激励都是外界给予的，是被动的。而人能够发自内心地、坚持不懈地去做一件自己特别想做的事情时，他是在进行自我激励，也就是态度激励。这是第三个层次，也是最为关键的。

确定了这个方针之后，德州仪器开始了态度激励管理，并取得了明显的成效。那些优秀的员工发现自己的能力得到了认可，而那些企图浑水摸鱼的员工则意识到自己需要不断地学习。

战术二：进行人员培训。

为了改变员工们的态度和行为方式，在郭江龙的指导下，人力资源部为公司员工制订了培训计划。经过这种有针对性的培训，许多人的自身素质都得到了提高，管理人员的管理水平也发生了极大的变化，公司的凝聚力更强了。

战术三：让书走进员工心中。

郭江龙本人喜欢读书，也意识到了读书对人的影响。于是，他将“送书”打造成了德州仪器的一个特色。多年来，他让自己形成了一个习惯：一年送员工两本书。

为了表示自己对送书的态度的郑重，他在送给员工的每本书的扉页上，首先写上这位员工的名字，再写上两句话，然后签上自己的名字，最后还要盖上签名章。比如，他在从台湾买来送给一线和二线经理的《从A到A^+》上，写上了“冷静专业的脑，温暖开放的心”；在送给中层经理的《执行力》上，写上了“执著创愿景，行动成霸业”。

经过几年的努力，德州仪器中国区的员工，尤其是中层管理人员的心态在改变。他们对外界事件的看法和对自我的看法，从消极变得积极，视野也发生了巨大变化。大家对这个企业的热爱程度不断加强，家的感受越来越强烈，人才流失的现象也就自然减少了许多。

在德州仪器打响的这场留住员工的攻心战中，郭江龙用自己手下的人力资源部，用自己深谙的攻心之术，打赢了这一仗。虽然现今德州仪器的人才流失率已经降低很多，但郭江龙认为，对于一个管理者，攻心之战永无止境。

当然，要成为一名攻心术高手并不简单，需要我们用心去了解身边的人，用心做每一件事。简言之，攻心的前提就是用心。

伐交第五十五：连鸡不俱栖，可离而解

孙子曰："善用兵者，使交不得合。"

经典再现

孙子曰："善用兵者，使交不得合。"何以明之？昔楚莫敖将盟贰、轸，郧人军于蒲骚，将以随、绞、州、蓼[1]伐楚师。莫敖[2]患之。斗廉[3]曰："郧人军于其郊，必不诫，且日虞四邑之至。君次于郊郢以御四邑，我以锐师宵加于郧。郧有虞心而恃其城，莫有斗志，若败郧师，四邑必离。"莫敖从之，遂败郧师于蒲骚。

汉宣帝时，先零与罕、开[4]羌解仇，合党为寇。帝命赵充国[5]先诛罕、开。充国守便宜，不从。上书曰："先零羌虏欲为背叛，故与罕、开解仇，然其私心不能忘，恐汉兵至而罕、开背之也。臣愚以为其计，常欲赴罕、开之急，以坚其约。先击罕、羌，先零必助之。今虏马肥，粮方饶，击之恐不能伤害，适使先零得施德于罕、羌也。坚其约，合其党。虏交坚党合，诛之用力数倍。臣恐国家忧累，由此十数年，不一二岁而已。先诛先零，则罕、开之属，不烦兵服矣。"帝从之，果如策。

魏太祖初伐关中，贼每一部到，太祖辄喜。贼破之后，诸将问其故。太祖曰："关中道远，若各依险阻，征之不一二年，不可定也。今皆来集，众虽多，莫能相服。军无适主，一举可灭。为攻差易，吾是以喜。"语曰："连鸡不俱栖，可离而解。"曹公得之矣。此伐交者也。

迷津指点

①随、绞、州、蓼：都是春秋初期的诸侯国。

②莫敖：楚国官名。《淮南子·修务训》作"莫嚣"，原为楚国最高官职。

③斗廉：春秋初期楚国大夫。

④先零与罕、开：汉朝时期的少数民族部落。

⑤赵充国：西汉著名将领，熟悉匈奴和羌族情况，曾率兵击匈奴，汉宣帝时封营平侯。

古文译读

孙子说："精通用兵打仗的人善于向敌国施加威势，能够破坏敌人的外交，使其无法与他国结盟。"怎么来证明这一道理呢？从前，楚国的莫敖要与贰国、轸国结盟，不料郧人却在蒲骚驻军，打算和随、绞、州、蓼几国联合起来进攻楚国，莫敖为此担忧不已。斗廉说："郧人在城郊驻军，一定不会很好地戒备，且日日盼望着随、绞等国的军队的到来。您的军队在城郊驻扎，抵御随、绞等四国军队，我率领精锐乘夜攻打郧军。郧人等待援军到来，又倚仗坚固城池，缺乏斗志。只要打败了郧人的军队，四国的盟约就会望风而散。"莫敖听从了这个建议，于是在蒲骚打败了郧人的军队。

汉宣帝时，先零羌与罕、开羌之间和解，于是就联合起来反叛汉朝。宣帝命令赵充国先去讨伐罕、开羌部落。赵充国出于对形势的考虑，并没有听从，他上书给宣帝："先零羌想背叛汉朝，所以和罕、开羌解开了仇怨。然而他们内心的怨恨并未消除，先零羌仍担心汉朝军队到来时罕、开羌会背叛。我推测先零羌是这样打算的，他要为罕、开羌解急，使其盟约更坚固。如果先攻击罕、开羌，先零羌一定前来援助。现在敌人马肥粮足，攻击他们恐怕也不能给他们以致命的打击，反倒使先零有机会施恩惠给罕、开羌部落，使其盟约更牢固，更紧密团结。这样一来，要想平乱就得花更多的力气。我担心国家将受二羌的牵累长达十数年，而不是一两年。如果先讨伐先零羌，那么罕、开羌则不等我发兵，就会顺服于我。"宣帝听从了赵充国的建议。事实果然不出赵充国所料。

魏太祖曹操讨伐关中叛贼，每当一个地方的贼寇到来，太祖就非常高兴。平乱之后，各路将领问其中的奥妙，太祖说："关中路途遥远，如果贼寇固守不出，要讨伐他，不用一两年时间是不行的。现在他们自动前来，人虽多，但心不齐，没有统一的指挥，可以一举消灭，比逐一消灭他们容易得多，我因此而感到高兴。"俗语说："如果用绳子绑在一起的鸡不能一起上架栖息，那就可以分开它们，逐个瓦解。"曹操是深知此中道理的。这就是所谓的"伐交"的典型例子。

前沿诠释

外交作为国家与国家之间一种常见的交往模式，是一国实现其战略目的的有效手段。古人在外交上积累了丰富经验，如"不战而屈人之兵"，"故上兵伐谋，其次伐交，其次伐兵，其下攻城"等理论。随着时代的进步，其魅力已经渗透到了军事斗争之外的各个领域。深谙其精髓的政客更是将其作用发挥到了淋漓尽致的地步。而在政治之外，我们把“伐交”应用于人际和商场的纵横捭阖当中，同样有奇效。

远交近攻助雀巢公司脱险境

远交近攻的策略，在特殊时期、特殊背景下，有着较为明显的战略意义。在商场中，远交近攻策略可以用于一些危机攻关中。世界著名的公共关系专家帕根就是利用这种策略，帮助雀巢公司摆脱困境的。

作为全球规模最大的跨国食品公司，雀巢公司已经兴盛了120多年。其生产的产品，尤其是速溶咖啡，风靡全球，成为许多人的最爱。然而，20世纪70年代末到80年代初，一种关于雀巢食品的竞销，导致了“发展中国家母乳哺育率下降，婴儿死亡率上升”这一说法开始出现。而其竞争对手，更是利用这种舆论煽风点火，以致到了80年代，一场世界性的抵制雀巢奶粉、巧克力及其他食品的运动开始了。

当时，由于这种舆论的影响，雀巢产品在欧美市场上几乎没有立足之地，雀巢公司陷入了严重的危机之中。为了摆脱困境，帕根被请来帮助雀巢公司渡过这一难关。

经过调查、分析，帕根发现，雀巢公司之所以出现这种情况，是因为该公司以大企业、老品牌自居，拒绝接受公众的意见。而且，该公司的推销活动向公众保密，使得公司与公众之间的信息交流不畅通。这就是误解和谣言并起的根源所在。于是，帕根制订了一个详细周密的公共关系计划。在这个计划中，帕根确定了与抵制雀巢产品最强烈的美国进行沟通的策略。此后，雀巢公司虚心听取来自美国社会各界的批评意见，开展了大规模的游说活动，组织了有权威的听证委员会，审查了雀巢公司的销售行为等。经过这种近攻的策略，舆论开始改变了态度。在“近攻”取得初步胜利的基础上，帕根又建议当时接任雀巢公司总经理之职的毛奇实施了“远交”策略，即开辟发展中国家的市场，将其作为雀巢产品的最佳市场。

随后，在开拓市场的过程中，雀巢公司吸取了从前的教训，把第三世界国家当做建立互利关系的伙伴，每年花费60亿瑞士法郎从发展中国家购买原料，同时拨出8000万瑞士法郎来帮助这些国家提高农产品的质量。不仅如此，雀巢公司还聘请了100多名专家，在第三世界国家举办各种职业培训班。如在印度的旁遮普邦，雀巢公司建立了一家奶品工厂，设立了一个免费的兽医服务处，以批发价格向农民供应药品，并提供低息贷款支持开掘新水井，增加用水的供应。这样一来，当地更多的草料长起来了，牛犊的存活率得到了提高，牛奶供应者获了利，向雀巢公司的售奶量增多。同时，这个奶品工厂的发展带动了电力、电信、农机、交通事业的发展，使昔日的贫瘠之地，变得欣欣向荣。

正是通过这一系列的活动，雀巢公司在发展中国家里树立起了良好的形象，因而销路大增，取得了“远交”的胜利。

远交近攻策略帮助雀巢公司解脱了困境，到1984年时，雀巢公司的年营业额已经高达311亿瑞士法郎，雄踞世界食品工业之首。

格形第五十六：攻其所必趋

孙子曰："安能动之。"又曰："攻其所必趋。"攻其所爱则动矣。是以善战者无知名，无勇功，不争白刃之前，不备已失之后，此之谓矣。

经典再现

孙子曰："安能动之。"又曰："攻其所必趋。"何以明之？昔楚子围宋，宋公使如晋告急。晋狐偃曰："楚始得曹而新婚于卫，若伐曹、卫，楚必救之，则齐、宋免矣。"果如是计。魏伐赵，赵急请救于齐。齐威王以田忌为将，以孙膑为师，居辎车①中为计谋。田忌欲引兵之赵，孙子曰："夫解杂乱纷纠者不控拳，救斗者不搏撠。批亢捣虚，形格势禁，则自为解耳。今梁、赵相攻，轻兵锐卒必竭于外，老弱疲于内。君不若引兵疾走大梁，据其街路，冲其方虚，彼必释②赵而自救。是我一举解赵之围，而收弊于魏也。"田忌从之，魏果去邯郸。

又曹操为东郡太守，治东武阳，军顿丘。黑山贼于毒等攻东武阳，太祖欲引兵西入山，攻毒本屯，诸将皆以为当还自救。曹操曰："昔孙膑救赵而攻魏；耿弇欲走西安，攻临淄。使贼闻我西而还，则武阳自解；不还，我能破虏家，虏不能拔③武阳必矣。"乃行，毒闻之，果弃武阳还。曹操要击，大破之。

初，关羽围樊襄阳，曹操以汉帝在许近贼，欲徙④都。司马宣王及蒋济说曹操曰："刘备孙权，外亲内疏，关羽得志，权必不愿也。可遣人劝蹑⑤其后，许割江南以封权，则樊围自解。"曹操从之，羽遂见擒⑥。此言攻其所爱则动矣。是以善战者无知名，无勇功，不争白刃⑦之前，不备已失之后，此之谓矣。

迷津指点

①辎车：军中载辎重、可以在里面休息的车子。

②释：解除，消除。

③拔：攻伐，攻取。

④徙：迁。

⑤蹑：追踪，跟随，轻步行走的样子。

⑥见擒："见"表被动，被擒拿。

⑦白刃：原意是锋利的刀，这里指战争搏杀。

古文译读

孙子说："敌军驻扎安稳，我能设法调动它。"又说："只要袭击他必然要去援救的地方就行了。"用什么来证明呢？昔日，楚国军队围攻宋国，宋王遣使者向晋国告急。晋国的狐偃说道："楚国刚刚攻占曹国，新近又和卫国联姻，若我们攻打曹国和卫国，楚军肯定会去救援，这样宋国和齐国之困就可以解除了。"后来事情的发展果然像狐偃预料的那样。魏国攻打赵国，赵国急忙请求齐国救援。齐威王派遣田忌为将、孙膑为军师前去营救齐国。在前往齐国途中，二人在战车中商量，田忌打算直接领兵去救援赵国。孙膑对田忌说："用拳头是不能解开乱丝的；劝解搏斗的双方，不能参与搏击。只要抓住其中要害和空虚之处，受形势的限制，纷争自己就会解开。目前，魏国和赵国激战，魏国的精锐部队一定全部都开赴赵国，留守本国的必然是老弱病残。您倒不如带兵直接攻向大梁，占领魏国都城的后援道路，袭击它空虚的后方。那么，魏军必然会放弃攻打赵国，折返回来援救自己的国都。要是这样的话，我们既可以解赵国之围，也间接使魏国遭受了损失。"田忌同意了孙膑的计策，立刻带领军队向大梁逼近，魏军果然从邯郸撤军回救大梁。

曹操在东郡做太守的时候，郡治在东武阳，驻军地点则在顿丘。黑山的贼寇于毒等向东武阳发动进攻。曹操准备从西面领兵上山，袭击于毒的老巢。各部的将领都觉得应当领兵返回东武阳自救。曹操说："当年孙膑围魏救赵，耿弇想逼西安守军离开于是去攻打临淄。贼寇倘使听闻我向西攻击其大本营的消息而回师，那么我就可以解决东武阳的危难了；假如贼寇没有撤退，我也能拿下敌人的大本营，但是敌人一定不能攻取东武阳。"于是曹操引兵西进，于毒得到这个消息之后，果然放弃攻打东武阳撤兵了。曹操则在半路伏兵拦截，大败于毒。

当初，樊城和襄阳被关羽领兵围困，曹操因为当时汉帝正在许都，距这两地很近，便打算迁都。司马懿和蒋济都对曹操说："刘备和孙权这两个人虽然外表看起来亲密友好，但是事实上，他们内心里十分疏离。关羽太过强大，孙权心里一定不高兴。我们可以派人说服孙权紧跟在关羽之后，准备随时攻击关羽，并且许诺把江南之地分封给孙权，这样一来，襄樊之困自然就解除了。"曹操认可并实施了这个建议，果然关羽失了荆州并被孙权所擒。这里主要表达的是进攻敌人的要害之处，就能调动敌人。因此，真正有军事头脑的人一般没有智谋的名声，没有攻城略地的功劳，不在白刃搏杀的沙场争斗，不在攻击的机会失去之后才防备，讲的就是这个道理啊。

前沿诠释

本篇通过四个事例向我们阐释了这样一个道理：一个真正有谋略的军事家善于观察战场形势，抓住敌人的要害，在不暴露形迹的情况下，攻击敌人不得不去营救的地方，最终击败敌人。在历史上，很多军事家就成功地运用此谋略击败了难缠的对手。

“谋略将军”汉尼拔

“攻敌所必趋”这一谋略在欧洲战争中也曾经被运用。美丽的海滨国家迦太基就曾发生过这样的战例。

公元前219年，迦太基人在中东地区建立了迦太基国。这是一个文明古国，汉尼拔正是从中走出来的闻名世界的将领。汉尼拔生长的时代正逢古罗马共和国崛起。在幼年时，汉尼拔就随父亲哈米尔卡·巴卡进军西班牙，并且发下宏愿，要终身与罗马为敌。由于有了这样的志向，他自小便接受各种严格、艰苦的军事锻炼，因而在后来的军事及外交活动中表现卓越。

汉尼拔·巴卡（前247—前183或前182），北非古国迦太基著名军事家。

汉尼拔在长期的军事斗争过程中，屡次运用“攻敌所必趋”这一策略。其中，在迦太基和罗马一战中，他带领着5万大军翻越阿尔卑斯山到达亚平宁平原，一路攻城拔塞，势不可当，打得罗马军队望风而逃。当时，罗马军有个统帅叫费边，也是一个十分优秀的将领。他早就听说过汉尼拔的厉害，于是便主张大军一路退却，沿途坚壁清野，把房子烧掉，把粮食烧掉，把井毁掉，让汉尼拔的军队得不到供给，喝不到水，吃不上饭。这样一路破坏之后，罗马人溃不成军，费边也被罗马人所嘲笑。但是后来人们渐渐地发现，费边的办法很有效，对汉尼拔所率部队起到了很大的抵制作用。随着供给线的拉长，汉尼拔所率部队越来越得不到供给，在这种情况下，汉尼拔逐渐变得焦躁起来。而费边觉得自己等待的时机马上就要到了。

此时，费边决定去攻打对于汉尼拔的军队来说至关重要的一个城市——卡普兰。卡普兰这个城市对于汉尼拔率领的已经极度疲惫、饥饿的军队来说非常重要，那里是他们唯一能够得到补给的地方了。因此当费边带领罗马军团去攻打卡普兰的时候，汉尼拔有点着急了：如果失去这个城市，这场战争前景堪忧。于是，汉尼拔准备立刻回兵救援。但是他发现，如果他的军队在这个地方与罗马军队交战，并不一定就能取得胜利。就在这万分危急的时刻，他想出了一个办法，就是率领全部军队掉过头去攻打罗马，这很有点像“围魏救赵”策略的“攻敌所必趋”。得知汉尼拔率领他的部队正在围攻罗马城，费边手下的将领们着急了，他们纷纷向费边要求立刻回师去救罗马，顿时罗马人军心涣散，这也预示了他们的失败。后来，这场迦太基对罗马的战争以汉尼拔的胜利告终。

汉尼拔虽然未必知道“攻敌所必趋”这句话，但他的此次行动却很准确地把握住了这句话的精髓——袭击罗马城，使得罗马军队不得不回师，打乱其行军计划，此举可谓妙矣。

蛇势第五十七：齐勇若一，政之道也

孙子曰："善用兵者，譬如率然。率然者，常山之蛇。击其头则尾至，击其尾则首至，击其中则首尾俱至。"

经典再现

语曰："投兵散地，则六亲不能相保；同舟而济，胡、越何患乎异心？"孙子曰："善用兵者，譬如率然。"何以明之？汉宣帝时，先零为寇，帝命赵充国征之，引兵至先零所在。虏久屯聚，解弛，望见大军，弃车重，欲渡湟水，道厄狭，充国徐行驱之。或曰："逐利行速。"充国曰："此穷寇不可迫也。缓之则走不顾，急之则还致死。"诸将校皆曰："善。"虏果赴水，溺死者数百，于是破之。

袁尚既败，遂奔辽东，众有数千。初，辽东太守公孙康恃远不服。曹公既破乌丸[1]，或说公遂征之，尚兄弟可擒也。公曰："吾方使康斩送尚、熙首，不烦兵矣。"公引兵还，康果斩送尚、熙，传其首。诸将或问曰："公还而康斩尚、熙，何也？"公曰："彼素畏尚、熙，其急之则并力，缓之则自相图，其势然也。"

曹公征张绣，荀攸曰："绣与刘表相恃为强，然绣以游军仰食于表，表不能供也，其势必离。不如缓军以待之，可诱而致也；若急之则必相救。"曹操不从，进至穰，与绣战，表果救之，军不得矣。

故孙子曰："善用兵者，譬如率然。率然者，常山之蛇。击其头则尾至，击其尾则首至，击其中则首尾俱至。"或曰："敢问兵可使如率然乎？"孙子曰："可矣。夫吴人之与越人相恶，当其同舟而济则相救如左右手。是故方马埋轮[2]，不足恃也；齐勇若一，政之道也。"此之谓矣。

迷津指点

①乌丸：即乌桓，古族名，东胡族的一支。秦末，东胡被匈奴击破后，部分迁至乌桓山，因而得名。

②方马埋轮：把马并排放在一起，把车轮埋起来，以示固守不退。

古文译读

古语说："将士卒放在散地与敌人交战，士卒即便是亲属也不能彼此保护。如果是同舟共济，即使是曾经相互仇视的胡人和越人，又何必担心他们会存有异心？"孙子说："善于带兵打仗的人，总体的兵力部署就要像能首尾相顾的常山蛇率然一样。"怎样说明这一道理呢？汉宣帝时，先零羌部落叛变，汉宣帝命令赵充国前去讨伐。赵充国率兵到达先零羌的所在地。先零羌经过长时间的据守，终于支持不住，开始瓦解，看到汉军逼近，他们便慌忙丢弃了装备物资，想渡过湟水逃跑。但是他们败逃的道路险狭，赵充国则是在后面慢慢地驱赶着他们。有人说："追逐敌人的辎重财物，行军速度要加快。"赵充国说："逃跑的这些人是'穷寇'，不能把他们逼急了。如果慢慢地追逐，他们就只顾着逃跑不再回头；如果把他们逼急了，他们就会狗急跳墙，拼死一战。"听了赵充国的话，部下都说："讲得太好了！"果然，先零羌人在渡河的时候就淹死了数百人，赵充国便趁机将他们打得大败。

三国的时候，袁尚被曹操打败，逃奔到了辽东，但他手下仍有数千人。当时的辽东太守公孙康依仗着辽东地方僻远，不服从袁氏的统治。曹操此时已经打败了乌丸，于是有人劝说曹操接着征讨辽东，那么就能够擒获袁尚兄弟。曹操回答说："我要让公孙康自己杀掉袁尚、袁熙，送来他们的首级，就不用自己动兵征讨了。"于是曹操便领兵回师。后来，公孙康果然杀掉了袁尚兄弟，并将他们的首级送给了曹操。于是有将领就问曹操："您领兵返回，公孙康却杀了袁氏兄弟，这是为什么呢？"曹操说："公孙康平时就比较畏惧袁氏兄弟。我如果把他们逼急了，他们就会联合起来抵抗；如果松缓一下形势，他们就一定会自相残杀。这是由形势决定的。"

曹操要去征讨张绣，荀攸劝谏说："张绣与刘表两人相互依赖，相互援助，所以双方的力量都因此而有所增强。但是张绣是流寇，他没有自己的地盘，衣食都是依靠刘表供给，刘表是不会一直供给他的，最终两人一定会分离。不如先暂缓征讨，观察一下情况，引诱张绣前来归降。如果把他们逼急了，二人一定会相互救援的。"曹操不听劝告，进军到了穰，与张绣作战。刘表果然前来援助张绣，曹操败北。

孙子说："善于带兵打仗的人，要能够使各部分彼此相顾，就像'率然'一样。'率然'是常山的一种蛇，你打它的头部，尾部就会前来救援；你打它的尾部，头部就会前来救援；如果你打它的中部，头部和尾部都会前来救援。”有人说：“请问用兵时可以形成‘率然’一样的形势吗？”孙子回答：“可以的。吴国人和越国人之间虽然相互仇视，但当他们同乘一条船渡河时，如果遇到大风，也能像左右手一样相互援救。因此，把马并排放在一起、埋住车轮以示固守的决心，也不足为恃。使士卒齐心协力，像一个人那样，这才是指挥军队等应遵循的原则。”说的正是这个道理。

前沿诠释

一只蚂蚁的力量非常小，而一群蚂蚁的力量则是巨大的，因为大家共同努力，相互合作，自然能享受到成功的大餐。本篇内容其实强调了一个道理：协作的重要性。而实现协作的最好方法，自然是使大家处于患难与共的位置，也可以说是寻求合作的双方的共同利益。掌握了这一点，对于我们做事有很大的帮助。

强强联手，彼此获利

“蛇势第五十七”中所说的这种两军同舟共济的局面，在商场也并不少见。上海浩博椅业有限公司和英国ESG集团强强联手的事例，就可以说明这种观点在商场上的通行。

2010年6月，国内最大的体育器材生产商之一上海浩博椅业有限公司，参与了伦敦奥运会国家游泳馆座椅项目的竞争。在激烈的竞争中，浩博椅业击败来自美国、澳大利亚、英国、德国等国家的竞争对手，拿到了2万张游泳馆看台座椅的订单。

但没想到的是，此次竞争之后，上海浩博椅业有限公司和英国ESG集团这两个互为竞争对手的公司却走到了一起。其中的原因是什么呢？

一切还要从金融危机说起。当2008年下半年世界性的金融危机发生后，英国ESG集团也出现了一些问题。公司在继续投资和开拓市场时资金短缺，加之金融危机影响了产品的销售，导致其产品的海外市场销量下降。当时，中国庞大的市场吸引了ESG集团，他们希望能够从这里找到新的事业增长点。但是ESG此时没有什么资金来研究市场，他们想：要想进入中国市场，在中国人的地盘上做生意，最好的方式就是和中国人合作，这是既省钱又快捷的方式。于是，击败自己的竞争对手上海浩博椅业有限公司就成为了他们寻求的合作目标。

浩博椅业有限公司此时也有提高技术和开拓海外市场的想法。作为座椅生产公司，浩博的产品质量过硬，曾为30多个国家和地区的3000多个场馆设施提供座椅，其中2008年北京奥运会的15个场馆以及鸟巢VIP坐椅就是浩博提供的。而英国ESG集团有着较高的设计能力和水平，是英国的龙头企业。该集团曾为悉尼、雅典等大型奥运赛事做过服务，有着与世界各地的合作方打交道的成功经验以及优秀的人才和管理经验等。这些优势也让浩博心动。

按当时的情况来看，如果二者联合，那真是产、供、销的强强合作。如果浩博椅业有限公司注入资金与英国ESG集团强强联手，则双方都受益。因此，在考虑到彼此的优势互补情况之后，两家公司最终走到了一起。浩博椅业有限公司以1亿元人民币（现金+产品的形式），收购了有35年历史的世界行业巨头英国ESG集团。

合并后的公司开始计划向项目金额超过5亿元人民币的伦敦奥运会场馆的20万张移动看台座椅项目进军。同时，浩博椅业有限公司由于技术力量和海外销售力量的增强，也将目光由地上投注到了天上，准备投资生产航空座椅、内饰和机场登机廊桥等专业设备。不仅如此，浩博椅业有限公司还将随着中国高铁时代的来临，生产高铁列车配套产品。因而，二者的合作，真正地实现了双赢。

先胜第五十八：先为不可胜，以待敌之可胜

孙子曰："善用兵者，先为不可胜，以待敌之可胜。"

经典再现

孙子曰："善用兵者，先为不可胜，以待敌之可胜。"何以明之？梁州贼王国围陈仓[1]，乃拜皇甫嵩、董卓各率二万人拒之。卓欲速进赴陈仓，嵩不听。卓曰："智者不待时，勇者不留决。速战则城全，不救则城灭。全灭之势，在于此也。"嵩曰："不然。百战百胜，不如不战而屈人之兵。是以先为不可胜，以待敌之可胜。不可胜在此，可胜在彼。彼守不足，我攻有余。有余者动于九天之上，不足者陷于九地之下。今陈仓虽小，城守固备，非九地之陷也；王国虽强，而攻我之所不救，非九天之势也。夫势非九天，攻者受害；陷非九地，守者不拔。国今已陷受害之地，而陈仓保不拔之城。我可不烦兵动众而取全胜之功。将何救焉？"遂不听。王国围陈仓，自冬迄春八十余日，城坚守固，竟不能拔。贼众疲弊，果自解去。嵩进兵击之，卓曰："不可。兵法：穷寇勿追，归众勿迫。今吾追国，是迫归众、追穷寇也。困兽犹斗，蜂虿有毒，况大众乎？"嵩曰："不然。吾前不击，避其锐也；今而击之，待其衰也。所击疲师，非归师也。国众且走，莫有斗志，以整击乱，非穷寇也。"遂独进兵击之，使卓为后拒。连战，大破，国走而死。卓大惭恨。

青州黄巾众百余万入东平[2]，刘岱欲击之。鲍永谏曰："今贼众百万，百姓皆震恐，士卒无斗志，不可敌也。观贼众群辈相随，军无辎重，惟以抄掠为资。今若畜士众之力，先为固守，彼欲战不得，攻则不能，其势必离散。然后选精锐，据其要害，击之可破也。"岱不从，果为贼所败。

晋代王开攻燕邺城[3]，慕容德拒战，代师败绩。德又欲攻之，别驾韩谭进曰："昔汉高祖云：'吾宁斗智，不能斗力。'是以古人先胜庙堂，然后攻战。今代不可击者四，燕不宜动者三。代悬军远入，利在野战，一不可击也；深适近畿，顿兵死地，二不可击也；前锋既败，后军方固，三不可击也；彼众我寡，四不可击也。官军自战其地，一不宜动；动而不胜，众心难固，二不宜动；隍池未修，敌来无备，三不宜动。此皆兵机也。深沟高垒，以逸待劳，彼千里馈粮，野无所掠，久则

三军縻费。攻则众旅多弊，师老衅生，详而图之，可以捷也。”德曰：“韩别驾之言，良、平之策也。”此先胜而后战者也。

迷津指点

①陈仓：古县名，治所在今天的陕西宝鸡市东，是关中、汉中之间的要塞，历来是军事重地。

②东平：国名，治所在无盐，即今天的山东东平东，所辖范围大致相当于今天的山东济宁市、汶上、东平等地。

③邺城：古都邑名，故址在今河北临漳县城西南大约10公里的邺镇。

古文译读

孙子说：“善于带兵打仗的人，首先需要做的就是创造条件，使自己不会被敌人战胜，然后再等待和寻找可以战胜敌人的时机。”如何说明这一点呢？梁州贼寇王国率兵围困了陈仓，皇帝就派遣皇甫嵩、董卓为将，命他们各自率领两万人去讨伐。董卓想要领军迅速赶赴陈仓，但是皇甫嵩不认同。董卓说：“智者不会错过时机，勇者不会犹豫不决。速战就能够保全陈仓，如果不及时去援救，陈仓就可能会被攻占。陈仓究竟是被保全还是被攻占，就在此一举了。”皇甫嵩说：“我认为不是这样的。百战百胜，远远比不上不战而使敌人屈服。所以我们首先应该创造条件，使自己不会被敌人战胜，然后再等待和寻找机会去战胜敌人。使得自己不会被敌人战胜，那么主动权就在自己手上；能否战胜敌人的关键，就在于敌人是否暴露出可以战胜的弱点。敌人采取守势，是因为他们的兵力不足；我们向前进攻，是因为兵力有余。兵力有余时向敌人发起进攻，就如同从九天而下一样，使敌人无从防备；兵力不足时，就不应该暴露自己，像陷在深深的地下一样，使敌人摸不清我方的虚实，不敢贸然向我方进攻。现在，陈仓地方虽然小，但是防守牢固，守城的器具齐备，并没有到‘九地之陷’的地步；王国虽然强盛，但是去进攻我军不准备援救的地方，也就没有具备‘九天之势’。倘若不具备‘九天之势’，那么进攻的就要受害；如果不至于陷入‘九地之陷’的困境，婴城固守，就不可攻拔。王国现在已经陷入了受害的境地，而陈仓可以保全而不可攻拔。这样一来，我军不用兴师动众，就可以大获全胜，又为什么一定要迅速进攻呢？”于是，皇甫嵩便拒绝了董卓快速进军的建议。王国率军围困陈仓，从冬到春围了有八十多天，但是陈仓防守牢固，始终未能攻破。王国的军队疲惫不堪，果然自行撤退了。这时候，皇甫嵩要进兵攻打王国，董卓说：“不可以，兵法上说：‘穷寇勿追，归众勿迫。’现在我们去追击王国，就是在逼迫撤退的军队，追击走投无路的穷寇。野兽处于困境中还要搏斗，马蜂蝎子也是有毒的，更何况是众多的兵士呢？”皇甫嵩说：“你说得不对。以前我不进攻王国，是要避开他的锐气；现在进攻他，是因为他的气势已经衰颓。我们现在进攻的是疲乏之师，而不是归师；王国的军队虽然人数众多，但是都在逃跑，斗志低迷，我们以严整之师攻击这样混乱的军队，也并不是在追击穷寇。”于是皇甫嵩不顾董卓的拦阻，单独领兵攻击王国，让董卓殿后。果然，皇甫嵩连战告捷，大败敌军，王国也在逃跑中被杀。董卓因此感到十分惭愧，并且在心中开始记恨皇甫嵩。

青州的黄巾起义军一百多万人涌入东平，东平的刘岱打算发起进攻。鲍永劝谏他说：“现在黄巾军有百万之众，百姓大多惊恐害怕，士兵也没有斗志，这样是很难同他们相抗衡的。我看黄巾军人数众多，一群群相随着，但是军中却没有物资装备，只能四处抢掠，获取军用物资。现在我们如果积蓄力量，先稳固防守，这样，黄巾军即使想交战也不可能，想要攻城又没有器械，时间长了，其凶猛的气势就会逐渐被瓦解。然后，我们再挑选精锐部队，占据险要地势攻击它，就一定可以战胜它。”刘岱不听鲍永的建议，强行进攻，结果被黄巾军打败。

晋代王开率军攻打南燕的鄴城，慕容德率军抵抗，晋军大败。慕容德还想接着进攻，别驾韩谭劝他说：“当年汉高祖曾经说过：‘我宁可去和对手较量智慧，也不愿去和他较量力气。’因此古人用兵，都是先在庙堂上出谋划策，确有胜利的把握，然后才采取军事行动。现在不能够进攻晋军的原因有四个，我军不能够出击的原因有三个：晋军孤军深入，有利于旷野作战，这是一不可攻；晋军深入到我国国都附近，把士兵布置在了‘疾战则存，不疾战则亡’的‘死地’，这是二不可攻；他的前锋虽然失败，可后面阵地仍然牢固，这是三不可攻；敌人兵力众多，我军兵力少，这是四不可攻。我军在自己的领地上作战，这是不宜出击的第一个原因；一旦出击却不能取胜，军心就会不稳定，这是不宜出击的第二个原因；护城壕沟未能修整，敌人一旦进攻，就会来不及防备，这是不能出击的第三个原因。这些都是用兵的关键因素。我们应该深挖沟，高垒墙，让士兵得到充分休整后再迎击敌人。而敌人却要从千里外运输粮食，田野里又难有所获，时间长了，三军必被粮食军需所困扰。他们向我军进攻，就会士气衰竭，出现许多漏洞。而我们周密计划，抓住机会发动攻击，就一定能获胜。”慕容德说：“韩谭的建议，就如同当年的张良、陈平的计策一样精妙啊。”以上都是首先创造稳操胜券的条件，然后再作战的事例。

前沿诠释

诚如孙子所言：“善用兵者，先为不可胜，以待敌之可胜。”一个善于带兵作战的将军，一个能够抓住市场的商人，甚至一个善于调动人的积极性的管理者，都应当根据特定的情况调整自己的步伐，并抓住特定的机会行动，同样也要根据情况等待时机到来，而不能急躁冒进。

商场拼搏，伺机而动

机遇常常降临在每一个有准备的人头上。翻开人类奋斗的史册，我们可以看到，有的人因为抓住了机遇而“柳暗花明又一村”，有的人则因为没能根据特定情况调整自己的步伐，以至与机遇擦肩而过，为此抱憾终生。

所以，当机遇降临时，我们必须将其抓住，而在等待机遇的过程中，我们也必须学会根据情况调整自己的心态，让自己在苦苦的等待中来一次飞跃。看看下面的这个小故事，或许有助于我们更好地理解伺机而动。

某拍卖公司即将一次性拍卖30多个黄金铺位。拍卖开始时，最先被拍卖的是最好的铺位，起价是30万元。拍卖师的话音刚落，一个中年人就把铺位的价格抬到了80万元。刹那间，整个拍卖场鸦雀无声。所有的竞拍者都吓了一跳，认为那个中年人发疯了。这时，拍卖师开始高声叫着：“80万，有没有超过80万的？80万第一次，80万第二次……好，成交。”伴随着“当啷”一声，中年人拍得了第一个铺位。随后，这个人就匆匆离场。之后，第二个铺位虽然稍微逊色，但开价也是30万元。由于有了第一个铺位的拍卖过程，竞拍者们有了心理准备。当拍卖师一开价后，就有人举出了40万元，最后，第二个铺位以100万元的价格被人拍走。就这样，一上午的时间，30多个铺位被拍卖一空，就连最差的铺位也拍出了35万元。

事后来看，那第一个竞拍者实际是最大的赢家。当事后有人采访他时，这位竞拍者说：“凭我的经验预测，倘若按常规来竞拍这个铺位，我要付出远超100万元的价格。既然我对这个铺位是志在必得，那么如果在一开始就持观望态度，显然对我极其不利。所以，拍卖师一开价，我就把价格抬到自己认为理想的位置。当然，我也很紧张，怕别人再抬高。幸好别人都没有思想准备，使我省了不少钱。”说完，这位精明的商人就笑了。

在这个故事中，这位商人采取的是抓住时机的战略。正是由于他能在时机到来时，一击即中，不但拍得了好的铺位，还节省了一大笔金钱。商场上就是这样，在机会到来之前，我们要学会调整自己的策略，以便抓住特定的时机，在他人还没有采取行动之前，就及时把握、大胆出击、抢占鳌头，如此一来，幸运之神就会降临到你的头上。

围师第五十九：围师必阙

孙子曰："围师必阙。""围城必示之门，所以开其生路也。"

经典再现

孙子曰："围师必阙。"何以明之？黄巾贼韩忠据宛[1]，朱儁、张超围之，结垒起土山以临城，因鸣鼓攻其西南，贼悉众赴之，乃掩其东北，乘城而入。忠退保小城，乞降。诸将欲听之，儁曰："兵有形同而势异者。昔秦、项之际，民无定主，故赏附以劝来耳。今海内一统，惟黄巾造寇，纳降无以劝善，讨之足以惩恶。今若受之，更开逆意，贼利则进战，钝则乞降，纵敌长寇，非良计也。"因急攻之，不克，儁登土山，顾谓张超曰："吾知之矣。贼今外围周固，连营逼急，乞降不受，欲出不得，所以死战也。万人一心，犹不可当，况十万乎？其害甚矣。不如撤围，并兵入城。忠见解围，势必自出，出则意散，易破之道也。"既而解围，忠果出战，遂破忠等。

魏太祖围壶关[2]，下令曰："城拔皆坑之。"连月不下，曹仁言于太祖曰："围城必示之门，所以开其生路也。今公许之必死，将人人自为守。且城固而粮多，攻之则士卒伤，守则引日持久。今顿兵坚城之下，以攻必死之虏，非良计也。"太祖从之，城降。此围师之道也。

迷津指点

①宛：即宛城，古城名，故址在今河南南阳。

②壶关：县名，故址在今山西东南部、太行山西麓。

古文译读

孙子说："包围敌人的时候，一定要留有缺口。"怎么来说明这一点呢？黄巾军的将领韩忠占据了宛城，朱儁、张超率军围困了他们，并且垒土成山，鸣鼓声假装攻打宛城的西南方向，于是韩忠的手下便都赶向西南迎战。趁此机会，朱儁、张超却乘虚进攻宛城的东北，突入城中。韩忠退进了小城之中，乞请投降。其他将领都觉得应该答应他们的投降请求，但朱儁说："用兵打仗有事情相同而形势不同的情况。当初秦政暴虐、项羽起兵之际，百姓没有固定的君主，所以可以用奖赏归附的人这种方法来争取民众。现在天下一统，只有黄巾军起兵反叛，如果同意他们投降，就不能劝勉人从善，而讨伐则能够达到惩恶的目的。倘若我现在接受了敌人的投降，就相当于再次纵容了叛逆。另外，叛贼看形势有利就进攻，形势不利便乞降，这等于怂恿敌人长期为寇，也不是好的主意。”因此朱儁、张超就命令军士加紧进攻，然而却不能取胜。于是朱儁登上土山，观看城中情况，回头对张超说：“我现在明白原因了。敌人外围被紧紧围困，攻势猛烈，乞求投降却又不被接受，又逃不出去，所以才拼死抵抗。万众一心，尚且不可抵抗，更何况敌人达十万之众呢？这样下去危害更大。我们不如撤去包围，然后集合各路部队入城。韩忠看见包围解除，一定会自己出城，他们出城之后斗志就会减弱，这个时候打败叛贼就容易得多了。”既而，汉军解围，韩忠果然从小城中出来作战，朱儁、张超大破韩忠。

曹操包围壶关时，下命令说：“如果攻下了壶关城，就把城里的人全部活埋了。”结果接连几个月都不能攻克。这时，曹仁对曹操说：“我认为，包围城池的同时一定要留出一个缺口，这是为了给逃跑者一条活路。现在您却下命令说要活埋全城的人，这样，城中的人就会全都坚守阵地。再者壶关城池坚固，城中粮食又多，强行进攻只会造成我方更大的伤亡，但是城中的防守却能旷日持久。现在我方屯兵在坚固的城墙下，进攻发誓要进行死战的敌人，这并不是上策。”于是，曹操听从了曹仁的建议，壶关城的守军果然就投降了。以上所讲就是围困敌人的原则和办法。

前沿诠释

自古以来，人们都强调“与人方便，自己方便”，本篇要说的就是这个道理。它在军事上表现出来的更多的是一种战略智慧，为敌人留条生路，他们就不会死拼，这样才会有攻破或是招降的希望。在今天，无论是在战争中还是在行业竞争中，只有给别人留一线生机，方能予自己方便，这个方便有的是马上显现的，有的则要假以时日。

QQ与360竞争下的两败俱伤

提到此篇中所说的道理，就不能不令人想到轰动一时的QQ与360之间的行业竞争。这两家公司之间的竞争，竟然闹到了对簿公堂的地步。但是结果是怎样的呢？

360系列软件是奇虎360公司推出的安全软件产品，因为各种原因，奇虎的360安全软件与腾迅旗下的聊天工具软件QQ一直水火不容。

2010年，当奇虎360推出一款针对腾讯QQ软件的名为“360隐私保护器”的工具软件后，二者之间的斗争由暗转明。

奇虎360方面称，“360隐私保护器”可实时监测并曝光客户端软件窥视用户计算机隐私的行为。同时，奇虎360的武器“扣扣保镖”也重磅出击。该武器在QQ体检、查杀QQ盗号木马等板块的基础上，新增了阻止QQ强行静默扫描用户硬盘的功能。

安上此武器的结果怎样呢？QQ的正常升级受阻，同时不断提醒用户360在影响其进程，只有关闭360安全卫士，QQ才能正常工作。

就这样，双方的矛盾不断升级，腾讯公司发出公告称正式起诉360不正当竞争，要求奇虎及其关联公司停止侵权、公开道歉并做出赔偿。而奇虎360也向媒体表示：“QQ窥私事发后，腾讯发假新闻说360涉黄，并用技术手段全面封杀360隐私保护器的下载地址，阻止网民下载，对此，360将提起反诉。”而在用户的电脑上，双方不断进行“弹窗大战”，甚至采用强制性的“你死我活”，只要用户不卸载另一方，就无法正常使用这一方的功能。

听说此消息后，很多网友关闭常用的QQ，转用MSN等办公聊天工具；那些不舍QQ的网友，则卸载360软件，转安其他程序。更多的网友则是抱怨生活受到干扰，甚至有愤怒的网友发起号召，要大家联合抵制这两家公司，乃至提出经济索赔。

就这样，二者的技术屏蔽大战都不想给对方留一个缺口，都想将对方赶尽杀绝，结果不仅自己的市场占有率下降，还大失人心。

中国有句俗话称“杀敌一千，自损八百”，这两家在苦战的同时，其实也在各自消耗着力量，驱赶着各自的用户，结果两败俱伤。这其实就违背了兵家所说的“围师必阙”的道理。“围城必示之门，所以开其生路也”这个道理，其实在很多方面都是适用的。

与人方便，自己方便

在当今的行业竞争中，大家各出奇招，希望对自己的对手一击即中，自己独享利益。岂不知，中国自古以来就有“杀敌一千，自损八百”一说，也有“与人方便，自己方便”之语。无论哪种方法，强调的都是《长短经》“围师第五十九”中所说的“围城必示之，所以开其生路也”的道理。

关于这个道理，在现实生活中的应用可谓比比皆是。看看下面这件事，我们便会对此产生更深的理解。

某街道上新开了一家新海饭店，开张后生意可谓非常红火。同行对其加以探究，然后发现，这家饭店的生意如此之好，除了物美价廉这一原因之外，还有一个重要的因素，那就是它的对门恰好是一家副食品批发部。凡到此店进餐的人，都可以到这家副食品批发部买便宜的香烟、啤酒。

当初，这家饭店刚开业时，一些员工见到顾客不买本店的烟酒非常生气，曾建议经理不让顾客自带烟酒。可这位经理不这么看，他说："做生意讲究互利互惠，不能总想着堵别人的财路，只顾发展自己，这样做的结果只能是两败俱伤。"于是，他不但不反对顾客自带烟酒，还在大门口贴上"可自带烟酒，对门批发部有售"的告示。

这家饭店的这种做法让来此就餐的顾客很是吃惊。在吃惊之余，他们更敬佩经营者的豁达，于是逐渐成了这里的回头客。而对门的副食品批发部的老板，也为这位饭店经理的做法感动，每逢顾客来自己的店里买东西，就热情地送到饭桌上。于是两家的生意都兴旺起来。

所以说，在竞争日益激烈的商场中，经营者不一定非把对手当做敌人，拼个你死我活，有的时候，不妨放开一条路，或许你的收获会更大。因为实际上，人与人的利益往往是你中有我，我中有你，互相依存的。因此，有远见的经营者会遵循这一原则领导企业发展，努力寻找与竞争对手的利益共存点，有时候甚至主动示弱，以寻求合作发展的机会。这样一来，经营者在赢得竞争对手尊敬的同时，其发展的道路也会越走越宽。

变通第六十：因形而作胜于众

“善动敌者，形之，敌必从之。”料敌在心，察机在目，因形而作胜于众，善之善者矣。此变通之理也。

经典再现

孙子曰：“善动敌者，形之，敌必从之。”何以明之？魏与赵攻韩，齐田忌为将而救之，直走大梁，魏将庞涓去韩而归，齐军已过而西矣。孙膑谓田忌曰：“彼三晋之兵，素悍勇而轻齐，齐号为怯。善用兵者，因其势而利导之。兵法曰：‘百里而趋利者，蹶上将军。’使齐军入魏地为十万灶，明日为五万灶，明日为二万灶。”涓喜曰：“吾固知齐卒怯也，入吾地三日，士卒亡已过半。”乃弃其步兵，与轻锐倍日并行逐之。膑度其暮至马陵，道狭而多险，可伏兵，乃斫大树白书之曰：“庞涓死此树下。”令善射者万弩，夹道而伏，期曰：见火举而发。涓夜至斫木下，见白书，乃钻火烛之，读书。齐军万弩俱发，魏军大乱。涓乃自刭，曰：“果成竖子之名也。”

虞诩[1]为武都郡，羌率众遮诩于陈仓崤谷。诩令吏士各作两灶，日增倍之。羌不敢逼。或问曰：“孙子减灶而君增之，兵法日行三十里以戒不虞，今且行二百里，何也？”诩曰：“虏众既多，吾徐行则易为所及，疾行则彼不测之。且虏见吾灶多，谓群兵来。至孙子见弱吾示强，势不同也。”故曰：料敌在心，察机在目，因形而作胜于众，善之善者矣。此变通之理也。

迷津指点

①虞诩：东汉大臣，曾任武都郡太守。

古文译读

孙子说：“善于调动敌人的将领，就要会用假象欺骗敌人。那样一来，敌人一定会上当，听从你的调动。”有什么可以证明这一点呢？魏国与赵国联合攻打韩国，齐王派遣田忌率军救援，田忌却率兵直奔魏国的国都大梁。魏国大将庞涓得知以后，便急忙离开韩国回救大梁。这个时候，齐国的军队已经进入魏国国境并且继续向西去了。孙膑对田忌说：“他们三晋的战士平时就勇猛凶悍，轻视齐国；而齐军又一向被认为怯懦。善于统兵作战的人，要能够顺应形势加以正确的引导。兵法上说：‘走一百里路程而争利的军队，如果没有后援，先头部队及其将领就一定会受挫。’因此，应该让我们的军队在进入魏国境内的第一天，筑十万人吃饭用的灶台，第二天筑五万人吃饭用的灶台，第三天筑两万人吃饭用的灶台。”庞涓看到这一变化后，高兴地说：“我就知道齐军很怯懦，没想到他们进入魏国以后仅仅三天的时间，逃兵的数量竟然已经过半。”于是庞涓便甩下他的步兵，带着精锐轻骑，昼夜兼程，追赶齐军。孙膑估计，按照庞涓的行军速度，他在天黑的时候就会赶到马陵。而马陵这个地方道路狭窄险峻，是个设伏的好地方。于是孙膑便命人把一棵大树的树皮砍下一块，露出里面白色的木质，在上面写下一行字：“庞涓死此树下。”同时，他还命令一万名弓箭手埋伏在道路两边，并且约定：晚上看见点起火来，就一起放箭。天黑后，庞涓果然来到了这棵树下，他隐约看到上面有字，就命人点起火把，借着火光去看上面的字。这时，齐军万箭齐发，魏军一片混乱。庞涓无路可逃，拔剑自刎，说：“果然成就了孙膑这小子的名声。”

在虞诩担任武都郡守的时候，羌族首领率领人马在陈仓的崤谷一带拦截虞诩率领的部队。虞诩让军士每人各筑两个灶台，一天增加一倍。羌兵看到每天增多的灶台，就不敢贸然进逼。有人问虞诩：“孙膑当年是每天减少灶台，您却反其道而行，每天增加；兵法上说，每天最好要行进三十里，这样才能防备不测，您却行进了二百里，这是为什么呢？”虞诩说：“敌军人数众多，我军如果行动迟缓的话，很快就会被追赶上，而快速行军的话，敌军很难预测我军的虚实。再加上敌人看到我们的灶台每天在不断增多，就以为我们的大部队已经到来。至于孙膑是故意显示他的弱小，而我则是故意显示强大，这是因为彼此形势不同。”所以说，要用心估量敌情，要用眼睛观察决定军事形势的关键之所在，然后根据不同的战场形势制定不同的策略，这才是上上之策。这就是变通的道理。

前沿诠释

善于变通，是虞诩能活用孙膑先例，巧妙吓退羌兵的原因。可见变通对于做事的重要性。《周易》云：“穷则变，变则通，通则久。”通过变化规则来应对身边情况的变化，往往能够让事情变得顺畅起来。管理者善于变通，则管理灵活，下属的积极性就会被调动起来；被管理者善于变通，处理问题灵活，就能根据形势的变化调整自己的思路，使做事达到事半功倍的效果。

美国船王变通获身家数十亿

提到美国船王丹尼尔·洛维格，就不能不让人想起他那种变通的经营方法。也正是这种变通的方法，让他在获得人生的第一桶金后，不断发展，进而获得了数十亿美元的资产。

说起洛维格的变通手段，在他小的时候就能够表现出来。洛维格9岁时，就曾经借了父亲的一些钱，把自己看到的一艘沉没的小汽艇捞上来修好，靠出租这艘小汽艇赚了一笔钱。这件事情，也让他树立了将来要成为船王的理想。

1937年，40岁的洛维格来到纽约。他此次来纽约的目的是找一家银行贷款，把一艘船买下来，改装成油轮。银行看到他那磨破了的衬衫领子，再加上他没有任何可以抵押的东西，断然拒绝了他的申请。

无奈之下，洛维格找到一家石油公司，想方设法和对方签订了租赁合同，合同中声明自己将把准备购买的船租给石油公司。接着，他拿着这份租赁合同再次找到了银行，并见到了银行的总裁。

他告诉这位总裁，自己买到货轮后，将立即改装成油轮租赁给一家石油公司，同时出示了与石油公司签订的合同。而合同中石油公司每月付的租金，将用来分期偿还他要借的那笔贷款。他还强调，自己将把租赁合同抵押给银行，由银行去向石油公司收取租金，以保证分期付款的信用。

银行的总裁想了想，觉得虽然洛维格本人一文不名，但那家石油公司却是相当可靠的，于是他接受了洛维格的建议，留下了租赁合同，以按月收取的租金来抵分期付款的钱。就这样，丹尼尔申请到了自己的第一笔贷款。

于是，洛维格用贷到的钱买下了旧货轮，把它改装成油轮，租给了石油公司。紧接着，他又把这艘船抵押，贷了另一笔款买了一艘船。就这样，周而复始，洛维格自己没掏一分钱就拥有了一支船队。

后来，洛维格对同种方法又作了进一步发挥。他自己设计了一艘船，在船还没有开工制造的时候就找到愿意租赁它的客户，并将其租赁给对方。接着，他把与客户签的租赁合同拿到银行获取贷款。然后，再去造船。而贷款又是那种延期偿还贷款。这也就是说，在新船下水以前，洛维格基本不用还款；等到新船下水后，所借款项才由客户以租金的形式逐月付给银行。

对于银行来说，发放这笔贷款的风险比较小，而且又有客户和造船公司两个经济上独立的公司担保，假设有一个出了问题不能履行贷款合同，另一个不一定会同时出现问题。所以，银行贷出的钱多了一层保障。再加上此时的洛维格已经拥有大笔的财产和良好的信誉，因此银行很爽快地批准了贷款。就这样，洛维格又贷到了一笔钱。

洛维格的事业迅速发展起来，船队规模不断扩大，他自己也成了世界闻名的船王。

洛维格之所以能有后来的成功，不仅在于他能够克服困难，最终达到自己的目的，更重要的是，他能够用变通的方法使对方忽略他一文不名的弱点，看到其背后那些闪光的诱惑。

杜德拉变通思维投资赚钱

委内瑞拉人拉菲尔·杜德拉是一位善于变通的投资家。他使用变通的手法，使公司不断发展壮大。

20世纪60年代中期，杜德拉只是一家很小的玻璃制造公司的老板。不甘于一生在玻璃行业奔波的他，想回到自己最初的专业——石油工程上。他认为，这才是不但可以赚大钱，而且能施展自己才干的行业。

一天，杜德拉从一个朋友那里得到一个消息，说是阿根廷打算从国际市场上采购价值达2000万美元的丁烷气。这个消息让他充满了希望，他认为自己进入石油界的良机到了。于是，杜德拉立即动身前往阿根廷，想通过各种关系争取到这份合同。

到达阿根廷后，杜德拉才发现，英国石油公司和壳牌石油公司这两个行业老大的人早就来到此处，已经开始进行公关工作了。面对两个强劲的对手，自身对石油行业并不熟悉，资本又不如别人雄厚，如果是别人面临这一困难可能就此打了退堂鼓，但杜德拉没有灰心，他决定采用变通的方法得到这个合同。

一个偶然的机会，杜德拉了解到阿根廷本地牛肉过剩，急于找外销的门路。他灵机一动，知道自己战胜英国石油公司及壳牌石油公司，得到合同的机会来了。

他立即找到阿根廷政府的相关人员，对他们说："如果你们向我买2000万美元的丁烷气，我就买你们2000万美元的牛肉。"正在为过剩的牛肉而头疼的阿根廷政府听到这个条件，无疑喜出望外。于是，阿根廷政府和杜德拉签了合同。就这样，杜德拉毫不费力地抢在英国石油公司和壳牌石油公司之前，拿到了那份合同。

接下来，杜德拉还要为自己承诺的买牛肉一事奔波。他在拿到合同后，本应当立即寻找丁烷气的货源，但他却首先飞往西班牙。原来他早就听说西班牙有一家大船厂由于缺少订单而濒临倒闭。而西班牙政府却不想让这家船厂关门，试图挽救它。

杜德拉便找到西班牙政府的有关人员，同他们商谈，他说：“假如你们向我买2000万美元的牛肉，我便在你们的船厂订制一艘价值2000万美元的超级油轮。”西班牙政府官员一听此话，求之不得，双方当即拍板成交。杜德拉通过西班牙驻阿根廷使馆与阿根廷政府联络，请阿根廷政府将自己所定购的2000万美元的牛肉直接运到西班牙来。

把2000万美元的牛肉转销出去之后，杜德拉还要继续寻找丁烷气的货源。他到了美国费城，找到太阳石油公司。杜德拉将购买油轮的合同展示给太阳石油公司的负责人，对他说：“如果你们能出2000万美元租用我这条油轮，我就向你们购买2000万美元的丁烷气。”很快太阳石油公司也接受了杜德拉的建议。

就这样，杜德拉运用变通的手法，一步一步成功地打进了石油业，实现了跻身石油界的愿望。后来经过多年的苦心经营，他终于成为委内瑞拉石油界的巨子。

杜德拉和洛维格一样都是具有大智慧、大气魄的商业奇才，他们同样掌握了变通的艺术，也学会了运用变通的手法在困境中寻找机会，找到自己需要的资源。运用变通的手法获得成功的商业界人士并不少，根据不同的处境，采用不同的方法解决问题，是从事各种事业的人们都值得注意的法则。

利害第六十一：陷之死地而后生，投之亡地而后存

孙子曰："陷之死地而后生，投之亡地而后存。"又曰："杂于利而务可伸，杂于害而患可解。"

经典再现

孙子曰："陷之死地而后生，投之亡地而后存。"又曰："杂于利而务可伸，杂于害而患可解。"何以明之？汉将韩信攻赵，赵盛兵井陉口，信乃引兵未至井陉口三十里止舍。夜半传发，选轻骑二千人，持一赤帜从间道萆[①]山而望见赵军，诫之曰："赵见我走，必空壁逐我，若疾入赵壁，拔赵帜，立汉赤帜。"令其裨将传飧[②]，曰："今日破赵会食。"诸将皆莫信，佯应曰："诺。"信谓军吏曰："赵已先据便地为壁，且彼未见我大将旗鼓，未肯击前行，恐吾至阻险而还。"信乃使万人行，出倍水阵。赵军望见，大笑之。平旦，信建大将之旗鼓，鼓行出井陉口，赵开壁击之，大战良久。于是信与张耳弃旗鼓，走水上，水上军开壁入之。复疾战，赵空壁争汉鼓旗，逐韩信、张耳。韩信、张耳已入水上军，军皆殊死战，不可败。信所出奇兵二千骑，共候赵空壁逐利，则驰入赵壁，皆拔赵帜，立汉赤帜二千。赵军不得信等，欲还归壁，壁皆汉赤帜而大惊，以为汉皆已得赵王将矣。遂乱遁走，赵将虽击斩之，不能禁也。于是汉兵夹击，大破之。斩成安君[③]泜水上，擒赵王歇。诸将效首虏，毕贺，因问信曰："兵法右背山陵，前左水泽。今者将军令臣等反背水阵，曰'破赵会食'。时臣等不服，然竟以胜。此何术也？"信曰："此在兵法中，顾诸君不察耳。兵法不曰'陷之死地而后生，置之亡地而后存'？且信非得素抚循士大夫也，所谓驱市人而战，其势非置之死地，使人人自为战。今与之生地，皆走，宁尚可得而用之乎？"诸将曰："善。非所及也。"

魏太祖征张绣，一朝引军退。绣自追之，贾诩曰："不可追也。"绣不从，果败而还。诩谓绣曰："促更追之，战必胜。"绣收散卒，赴追太祖，战果胜。还，问诩曰："绣以精兵追退军，而公曰必败退；以败卒击胜兵，而公曰必克，皆如公之言。何其反而皆验也？"诩曰："此易知耳。军势百途，事不一也。将军虽善用兵，非曹公敌也。魏军新退，曹必自断其后。追兵虽精，将既不敌，彼士亦锐，故

知必败。曹公攻将军无失策，力未尽而还，必国内有故也。既破将军，必轻军速进，留诸将断后。诸将虽勇，亦非将军敌也，故虽用败兵而胜也。”绣乃服其能。此利害之变。故曰：“陷之死地而后生。”“杂于害而患可解。”此之谓也。

迷津指点

①萆（bì）：通“蔽”，隐藏。

②飧：简单的饭食。

③成安君：即陈余，秦汉之际赵王歇部下。

古文译读

孙子说：“让军队陷入面临死亡危险的‘死地’，反而可以得生；把军队投放到险恶的‘亡地’，反而可以保存。”又说：“充分考虑作战时有利的情况，有助于顺利完成作战任务；充分考虑到作战时不利的情况，就能防止可能出现的祸患。”用什么来说明这一道理呢？汉将韩信率兵攻打赵国，赵军驻井陉口迎战。韩信领兵到距离井陉口三十里的地方安营扎寨。到了半夜的时候，韩信突然下达命令，选了两千名轻装骑兵，让他们每人手持一面红色旗帜，从小道悄悄地登上可以俯瞰到赵军营垒的山岭，并且告诫他们说：“赵军看见我军败走，就必然会全军出营追赶，这个时候，你们就趁机迅速扑入赵军营垒，拔掉他们的旗帜，插上我军的红色旗帜。”然后，他又让部将传令做饭，并且说：“今天打败赵军后再会餐庆祝。”各将领都不相信这么容易就能取胜，就都随口答应着说：“遵命。”韩信又对部将们说：“赵军已经抢先占领有利的地形修筑了壁垒。他们在没有望见我军主帅的大旗，没有听到我军主帅的鼓声的时候，是绝对不会攻击我军的先头部队的，他们认为我军若遇阻，就会不战而还。”于是，韩信便命令一万汉军先行开拔，背着河水列阵。赵军看见韩信的这种列阵方法，都大笑起来，嘲笑他不懂兵法。天亮之后，韩信竖起主帅的旗帜，击起了主帅的战鼓，率领大军直奔井陉口。赵军这才打开营门，出来迎战，双方恶战了很长时间。这时，韩信与张耳假装不敌，故意扔掉了军旗和战鼓，退回了岸边背河列阵的汉军阵营，河岸的汉军打开营门，

井陉口。井陉口是太行山的险要关隘之一，既是历代兵家必争之地，又是东西交通要道。西汉初期，著名的“背水之战”就发生在这里。

把韩信等人迎了进去。一会儿之后，韩信又领兵出战。这时，赵军果然全营出动，争着抢夺汉军丢弃的战鼓和军旗，争着追赶韩信和张耳。韩信、张耳进入背河扎营的阵地，与河岸上的汉军会合，迎战赵军。因为背水列阵，没有退路，汉军官兵便人人拼死冲杀，不可战胜。而韩信之前派出去的两千名骑兵，就趁着赵军全营出击的时候，迅速攻入他们留下的空营，把赵军的旗帜全部拔掉，然后插上汉军的红色旗帜。赵军向前进击，不能抓住韩信等人，就想退回自己的营中，可是退到近前一看，发现营寨里插的都是汉军的红色旗帜，十分震惊，以为汉军已经把赵王及其他将领都活捉了。于是赵军大乱，纷纷四处逃窜，赵将虽然斩杀了几个逃跑的士兵，但仍然不能约束住他们。就在这个时候，汉军两路夹攻，大败赵军。在泜水河边斩杀了成安君，活捉了赵王歇。各部将纷纷以斩杀的首级和抓到的俘虏向韩信报功，向韩信祝贺胜利，并借机问他："兵法上说，陈兵列阵要右边和背后依托山陵，前方和左方以水泽为屏障。开战以前，将军反而命令我们背水列阵，还说'打败赵军后再会餐庆祝'。当时我们都不信服，然而结果却真的胜利了。这是使用了什么战术啊？"韩信说："兵法上也曾经讲过这种战术，只不过各位没有注意罢了。兵法上不是说'陷之死地而后生，置之亡地而后存'吗？而且，我今天带领的军队，并不是我平时训练并且抚慰过的军队，这就如同是驱使集市上的乌合之众去打仗，如果不把他们置于面临死亡的危险境地，使他们人人拼死力战，就很难得胜了。如果把他们放在可以逃生的地方，一旦遇到危难，他们就会逃走，我还能指挥他们战胜敌人吗？"各位将领都说："实在高明啊。我们是难以赶上的。"

魏太祖曹操曾经征伐张绣。有一大，曹操领兵撤退。张绣想要去追击，贾诩劝他说："不能去追击。"张绣不听，果然失败而回。贾诩对张绣说："赶快整顿兵马再去追击，肯定能够取胜。"张绣这次听了他的建议，集合起散乱的士卒，再次去追击曹操，果然取胜了。胜利归来以后，张绣就问贾诩："第一次我率领精兵追击曹操撤退的军队，你却说会失败。我撤退回来，第二次又率领失败的士卒去追击得胜的曹军，你却说一定能取胜。而两次的结果都如你所料，为什么两次都不合常理，却都应验了呢？"贾诩说："这个很好解释。军事形势千差万别，因而没有固定不变的战术和方法。将军您虽然善于用兵，但却不是曹操的对手。魏军刚刚撤退，曹操一定是亲自率领精兵殿后。你的追兵虽然精锐，但将领既然不是对方的对手，而且对方殿后的军队也非常精锐，所以你追击一定会失败。曹操这次进攻你的时候并没有什么失误，但是还没有全力进攻就撤退了，肯定是因为他的国内出现了问题。曹操打败你的追兵后，就必然会轻军快进，留下其他大将断后。而留在后面的将领虽然也很勇敢，但却不是将军您的对手。所以，你即使率领败兵去追击也能够取得胜利。”张绣因此十分佩服贾诩的才能。这就是利与害之间的相互转化。因此说：“让军队陷入面临死亡危险的‘死地’反而可以得生。”“充分考虑到作战时不利的情况，就能防止可能出现的祸患。”说的就是这个道理。

前沿诠释

“置之死地而后生”是一句知名度非常高的习语，它来自于兵法中陷于“死地”时的作战方针。我们都知道，人在绝境中往往会爆发出惊人的力量。当士兵被置于“死地”时，他们往往能获得生存。这一点，古今的许多事例都可以证明。无论是为将者指挥战争，还是经商者创办企业，都应懂得这个道理。

步入绝境，泰亥梅克斯公司起死回生

提到《长短经》“利害第六十一”中的“陷之死地而后生，投之亡地而后存”的观点，就不能不想到享誉全球的泰亥梅克斯公司。

作为世界钟表业中的一个主要制造商，美国泰亥梅克斯公司如今在全球已经拥有20多个工厂，但这仍不能满足该公司的产品在世界市场的需求，因此，该公司准备在更多的国家建立自己的工厂。

其实，泰亥梅克斯公司的发展历程也不是一帆风顺的，它曾经陷入过困境，但最终另辟蹊径，求得了更大的发展空间。

在第二次世界大战前，泰亥梅克斯公司的前身是瓦塔拔里钟表公司。该公司曾经生产了一种名叫英格塞尔的1美元一块的怀表。由于这种怀表质量差，公司的产品销售遇到了困难。到了1942 年，这家公司已经处于破产的边缘。查克姆·莱霍姆科尔于此危难之际受命就任该公司经理一职。

查克姆·莱霍姆科尔于1895年生于挪威，后在哈佛大学、麻省理工学院获得学位。上任后，他首先对世界手表业进行了深入细致的调查研究，同时对自己公司的生产设备、技术状况和人员素质进行了分析。经过多方的调查研究之后，莱霍姆科尔很快制订了使这个公司走出困境的计划。那就是让公司转型，使之成为战时美国最大的定时信管生产公司。正是此举，让这家公司开辟了军需品的新市场，从而起死回生。

但好景不长，第二次世界大战结束了，定时信管的需求开始大大减少，公司又不得不回到老路上——生产钟表。但这时，公司原来的产品定位——1美元一块的低档怀表，已经被来自瑞士的廉价钟表取代。公司该何去何从？莱霍姆科尔经过慎重思考，决定把该公司生产定时信管时用的精密加工技术和高度机械化技术结合起来，生产质优价廉的钟表。

莱霍姆科尔要求公司的工程师设计出能进行大量生产的高级手表，改变该公司以往生产低档价廉质劣怀表的经营传统。同时，他以“好、准、低”即“质量好、走得准、价格低”，作为公司手表的定位。在莱霍姆科尔的督导下，公司组织工程师和专家进行了精心的研究和试制，终于获得成功，一种新手表被制作出来，并被命名为泰亥梅克斯。这款新手表采用硬质合金轴承代替宝石轴承，实行严格的加工标准和零件的互换性，具有结构简单、制造精密、质量要求高等特点。公司的名称也从此被更名为泰亥梅克斯公司。

1950 年，该公司又生产出零售价格分别为每块 6.95 美元和 7.95 美元的两种男用新手表。此时，新的市场销售问题又摆在了众人面前。要知道，当时市场上的瑞士手表价格较高，只作为一种装饰品在珠宝商店出售。虽然这种新手表价格低廉，但珠宝商却不大愿意代销，即便愿意代销，他们提出的销售条件也相当苛刻，使公司几乎无利可图。

莱霍姆科尔和自己的销售人员经过细致的分析，决定另辟销售途径，放弃珠宝店，将手表放到杂货店推销。当然，杂货店很愿意经销这种价廉质优的手表。同时，为了配合销售，莱霍姆科尔还通过新闻媒介做了大量的宣传广告，使更多的人知道泰亥梅克斯手表不但质优，而且价廉，从而乐于购买。

当时的一系列实验，让这种手表打开了全国的市场。莱霍姆科尔为了使顾客信任该表的质量，把手表拴在马蹄上，然后让马奔跑几十公里，最后取下后看手表，时间仍然走得很准；接着，他们又把手表泡在水中，几小时甚至几天后取上来检验，发现时间也是很准，且没有渗水现象。

现在，泰亥梅克斯手表已经销往世界各地，产品不断更新，手表制造技术达到了世界先进水平。

从泰亥梅克斯公司的发展历程看来，陷之死地后是否能后生，投之亡地如何后存，在于如何去寻找新的出路，而不是坐以待毙。这才是问题的关键。

奇正第六十二：兵以正合，事以奇胜

是知奇正者，兵之要也。经曰："战胜不过奇正，奇正之变，不可胜穷，如环之无端，孰能穷之？"此之谓矣。

经典再现

太公曰："不能分移，不可语奇。"孙子曰："兵以正合，事以奇胜。"何以明之？魏王豹反汉，汉王以韩信为左丞相击魏。魏王盛兵蒲坂[①]，塞临晋[②]。信乃益为疑兵，陈船欲渡临晋，而伏兵从夏阳以木罂渡军袭安邑。魏王豹惊，引兵迎信。信遂虏豹，定魏为河东郡。是知奇正者，兵之要也。经曰："战胜不过奇正，奇正之变，不可胜穷，如环之无端，孰能穷之？"此之谓矣。

迷津指点

①蒲坂：古邑名。今陕西永济西蒲州，战国时属魏地。

②临晋：古县名。治所在今陕西大荔东朝邑旧县东南，东汉末移至今大荔。

古文译读

太公说："领兵作战的时候不能相机调动使用军队，就谈不上出奇制胜。"孙子说："凡是指挥作战，一般都是以主力部队和敌人交战，同时根据具体情况以奇兵包抄、偷袭，从而出奇制胜。"用什么来说明这一点呢？魏王豹背叛汉王，汉王任命韩信为左丞相去征讨魏王豹。魏王豹将大军集结在黄河东岸的蒲坂，扼守临晋关。于是韩信就故意布置疑兵，把大批船只陈列在临晋关附近的黄河上，做出要乘船渡河的态势，暗中却命令伏兵借助木质容器从夏阳渡河，偷袭魏王豹的后方重镇安邑。得知这一情况后，魏王豹大惊，于是率军出来迎战韩信。韩信大胜，俘虏了魏王豹，平定了魏地，把他所占据的土地定为河东郡。由此就可以知道，"奇"和"正"是用兵打仗的重要原则。兵法上说："用兵打仗，基本的战术不过是'奇''正'两种，然而'奇''正'的变化，却是无穷无尽的。它们之间的相互转化，就像圆环一样无始无终，谁能够穷尽它呢？"说的就是这个道理。

前沿诠释

韩信智败魏王豹之战，在中国古代军事史中已经成为经典战例。在此役中，韩信表现出来的智谋令人佩服，而他采用的奇正战术，更是达到了出奇制胜的效果。这种变化的战略战术，不但体现了战争的多变性，也体现了指挥者的聪明才智。而这种战例，在我国古代的战争中并不少见，在近现代的其他领域，也可以看到对奇正战术的灵活运用。

“维珍”多方扩张，终致英航无力还手

在战场上运用奇正之术可以收到良效，在商场上运用奇正之术同样可以出其不意，达到以弱胜强的目的。英国维珍大西洋航空公司在与英国航空公司的商战中，就是运用奇正之术获胜的。

1982年，美国律师伦道夫·费尔兹和前莱克航空公司的首席机长阿兰·希拉里决定创办英国大西洋航空公司，想接手莱克航空公司的业务。但遗憾的是，这次经营失败了。这次的失败，让他们不得不重新思考应该如何经营航空业务。最后，他们把目光投向了维珍集团的创办人理查德·布兰森想与其联手创办一家飞越大西洋的航空公司。对航空公司非常感兴趣的布兰森同意了他们的建议。于是这几人联手成立了维珍大西洋航空公司。

其实，直到1984年，英国航空公司一直在英国的航空领域一家独大。它以近乎垄断的地位，令其他竞争者难以望其项背。就在此时，缺乏资金、能力、政治影响、经验的维珍大西洋航空公司，竟然向航空领域这块大蛋糕伸出了手。英国航空公司轻蔑地认为：又一个不知死活的家伙来了。

的确，维珍大西洋航空公司在刚刚成立时面临着许多不利因素。无论是从经验、资金，还是其他方面，它似乎都不具备与英国航空公司竞争的能力。但经过一段时间的竞争之后，英国航空公司管理层发现，自己对于“维珍”竟然有些无可奈何。其原因就要从其创始人理查德·布兰森的这句话说起：“如果一个市场被两个寡头垄断，对我来说它就有正当竞争的空间。不仅是有兴趣，我还喜欢搅浑水，尤其是当大公司提供价贵质次的产品时，我就想从他们的收入中分一杯羹。”

理查德·布兰森遵循着这种商业哲学，并将之应用到与英国航空公司争夺市场份额上。而“维珍”独特的品牌优势，也为维珍大西洋航空公司的竞争提供了许多得天独厚的条件。

“维珍”原本是靠音乐产品起家的品牌，它的主要产品是唱片。于是，“维珍”与英国航空公司竞争的时候，发挥了其在唱片发行上的巨大优势。“维珍”每卖出一张唱片，就能帮助维珍大西洋航空公司做一次广告。同时，“维珍”也在多方面经营中扩张到无线电、电视、旅馆等行业。而它在这些领域的影响力帮助维珍大西洋航空公司赢得了众多的乘客。

这种组合出击方式，使得英国航空公司叫苦不迭。他们根本无法在每个领域打击“维珍”。结果，维珍大西洋航空公司在五年内，就用声东击西的方式赢得了1000万英镑的利润。而五年后，维珍大西洋航空公司的航线扩展到了亚洲、大洋洲，终于从英国航空公司手中拿到了自己的那块蛋糕。

回顾维珍大西洋航空公司成功的经历，不能不说该公司将“围魏救越”的奇正之术运用得实在巧妙。正如维珍集团的创始人理查德·布兰森所说：“当维珍大西洋航空公司开辟南非航线时，我们可以向那里推出维珍电台和维珍可乐。同样，我们会套用在航空业订票的经验，使火车票的买卖更简易、更便宜。我们能够把在飞机上提供给乘客的娱乐模式移植到火车上。我们让观众在电影院里试饮维珍可乐。我们动用维珍特大型商店里的大量娱乐存货，使消费者在维珍电影院里享受更多的乐趣。”就是这种维珍品牌内部彼此交错的利益合作，使得英国航空公司顾此失彼，不得不接受失败的结果。

掩发第六十三：始如处女，后如脱兔

此掩发之变。故曰："始如处女，敌人开户；后如脱兔，敌不及距。"

经典再现

孙子曰："善战者，其势险，其节短。以利动之，以卒待之。"又曰："善动敌者，形之，敌必从。"何以明其然耶？燕平齐，围即墨城。即墨城中推田单为将以拒燕。田单欲激怒其卒，乃宣言曰："吾惟恐燕将劓[1]所得齐卒，及掘城外坟墓，伤先人，可为寒心。"燕将如其言，即墨人皆涕泣，共欲出战，怒皆十倍。单乃收人金得千镒，令即墨富豪遗燕将书曰："即墨即降，愿不虏吾家族。"燕将大喜，益懈。乃收牛得千头，束苇于尾，烧其端，凿城数十穴，夜纵牛出，以壮士五千人随其后，牛尾热而奔燕，燕军大惊。所随五千因衔枚击之，燕军大败，杀其将骑劫[2]，复齐七十余城。

吕蒙西屯陆口[3]，关羽讨樊，留兵备公安、南郡。蒙上疏曰："关羽讨樊而多留备兵，必恐蒙图其后故也。蒙常有病，乞分众还建邺，以治病为名。羽闻之，必撤备兵，尽赴襄阳。大军浮江，昼夜驰上，袭其空虚，则南郡可取，而羽可擒之。"遂称病笃，权乃露檄召蒙。羽果信之，稍撤兵赴樊。权闻之遂行，先遣蒙在前，伏其精兵于舯艫中，使白衣摇橹，作商贾服，昼夜兼行，至羽所置江边屯候，尽收缚之，是故羽不闻知。遂到南郡，士仁、糜芳皆降。蒙入据城，尽得羽将士家属，皆抚慰，约令军中不得干历人家，道不拾遗。羽还在道路，数使人与蒙相闻。蒙厚遇其使，使周旋城中，家家致问，或手书示信。羽使人还，私相参讯，咸知家门无恙，相待过于平时，故羽士卒无斗心。权至，获羽，遂定荆州。此掩发之变，故曰："始如处女，敌人开户；后如脱兔，敌不及距。"此之谓矣。

迷津指点

①劓：割去鼻子，古代五刑之一。

②骑劫：战国时燕国将领。

③陆口：古地名，在今湖北嘉鱼西南，陆水汇入长江处。

古文译读

孙子说："善于指挥作战的人，所造成的军事态势是险峻的，发起行动的节奏是短促而猛烈的。他会用局部的利益引诱、调动敌人，用严整的军队来等待并打击敌人。"又说："善于调动敌人的将领，会利用假象欺骗敌人，敌人就会听从调动。"用什么来证明呢？燕国出兵讨伐齐国，扫平齐国大部分领土，包围了即墨城。即墨城中的军民推举田单为将领，带领大家抵御燕军的进攻。田单为了激励士气，坚定战士死战的决心，就故意到派人城外宣传说："我们即墨人最担心燕军割去被俘虏的齐国士卒的鼻子，挖掘城外即墨人的祖坟，如果这样凌辱已经死去的先人，实在让人寒心。"燕军的将领听信了流言，果然这样做了。即墨人见此都伤心痛哭，群情激奋，纷纷要求出战，愤怒的情绪超过了平时的十倍。田单又在城中收集了千镒黄金，让城中的富豪送给城外的燕国将领，还附书一封说："即墨愿意投降，只希望你们入城后不要抢掠我们的亲人。" 燕军将领看到信以后非常高兴，就放松了警惕。于是田单又收集了一千多头牛，在牛尾巴上系上苇草，又在城墙上凿了许多洞，在夜里的时候，把牛尾巴上的苇草点燃，将它们从洞中放了出去，然后又让五千名壮士紧跟在牛的后面。牛尾被点燃的苇草烧着，牛径直向燕军阵地冲去。燕军顿时乱成一团。跟随在牛后面的五千名壮士悄无声息地冲上来击杀燕军，将燕军打败，杀了燕将骑劫，收复了被燕军占领的七十多座城池。

当年，东吴将领吕蒙屯兵于陆口，关羽去讨伐樊城，留下一部分人马镇守公安和南郡。吕蒙上书给孙权说："关羽进兵樊城，又留下了许多人马防守，是怕我趁机袭击他的后方。我时常患病，希望您以让我治病为由，率领一部分军队回建邺。关羽听到这个消息，就必定会抽调走守备的部队，全力进攻襄阳。这个时候，我军陈兵江上，昼夜西上，袭击空虚的城池，这样就可以夺取南郡，也能够擒获关羽。"孙权同意了吕蒙的计策。于是吕蒙假装病得很重，孙权便下令召吕蒙回去治病。关羽果然上当，调出了守备南郡的一部分部队攻打樊城。孙权听到这一消息后，立即按照计划发兵，派遣吕蒙做先锋，把精兵埋伏在船里，让战士们穿上老百姓的衣服来摇橹，其余战士都穿上商人的衣服，昼夜兼行，到达了关羽设置在长江边上的关卡处，悄悄地将守卫关卡的士兵捉住并捆绑起来。因此，关羽一点都不知情。吕蒙顺利地到达南郡，守城的士仁、糜芳等人都投降了吴军。吕蒙占据了南郡，对关羽部将和他们的家属关心备至，并且传令军中不准去骚扰城中百姓，城中秩序井然，道不拾遗。关羽从樊城返回，在路上几次派使者和吕蒙取得联系。吕蒙厚待使者，让他们在城中四处察看，到百姓家中挨家挨户问讯，有的家属还让使者捎信给军前的人。关羽的使者返回去以后，军士们纷纷向他打探家中情况。当他们了解到家中一切平安，待遇甚至超过了以往后，都没有战斗的心思了。孙权率军前来，关羽大败，最终被孙权俘获，荆州也因此被平定。这就是“掩”与“发”的相互转变，兵法上说：“开始要像处女一样沉静，诱使敌人放松戒备，暴露出其弱点；然后像逃脱的野兔一样迅速行动，使敌人来不及抵抗。”说的正是这个道理。

前沿诠释

这一篇谈的是对敌的奇谋，恰如文中所说：“始如处女，敌人开户；后如脱兔，敌不及距。”先示之以柔弱，然后迅猛出击，就会有出其不意的效果。古今中外许多战争都证明了这个策略对战争取胜的推动作用。战场如此，商场如此，球场也是这样。让我们来看一看，在球场中，指挥者的身上闪烁的这种掩发的大智慧。

德国队球场绝杀

2008年欧洲足球锦标赛半决赛中，德国队对阵土耳其队时，德国队的主帅和众球员就将掩发战术发挥得淋漓尽致。我们根据球赛前后的情况，看看掩杀的过程。

战术一：恭维、麻痹对手。

在球赛开始前，德国队的主帅和球员纷纷赞扬土耳其队的球员。主帅勒夫释放烟幕弹，在媒体面前高度赞扬对手，称土耳其队虽然伤停众多，但是他们是一支充满激情且技术出色的球队，因此为了表示对对手的尊敬，自己将不会安排防守阵型，一定要和土耳其队打对攻。队长巴拉克更是对土耳其队赞不绝口，认为他们和自己的球队一样具有超强的意志品质，称赞他们的心理素质好，在进入四强以后完全没有了心理压力。

战术二：诱敌深入，消耗对方。

决赛开始的上半场，面对技术力量雄厚的土耳其队，德国队采取了诱敌深入的计策。主帅勒夫在阵容的布置上故意示弱，让土耳其队尽情地攻入自己的腹地，自己的球员则在对方大举压上来时打反击。就这样，在比赛开始的前45分钟，土耳其队射门次数高达15次，而德国队仅有3次。至此，双方打成1∶1。战局似乎在向土耳其队倾斜。

但是后来结果如何呢？下半场时，德国队的掩杀战术的效果展现了出来。下半场时，德国队的射门次数较上半场翻了一番，达到6次，而土耳其队的队员则由于体力透支，射门次数缩减到5次。

战术三：关键时刻显弱，最后一举绝杀。

比赛进行到第79分钟时，德国队已经领先，克洛泽利用鲁斯图的出击失误，头球反超比分，2∶1领先。但是聪明的德国队员知道，比赛的最后10分钟正是土耳其队的黄金时刻。因此，他们再次施展了掩杀的绝招。在比赛进行到第86分钟时，德国队左边路拉姆失误，土耳其队的塞米赫趁机打入一球。此时，德国队和土耳其队战平。这看似凶险的一招，正是德国队想要的，他们是抛给了土耳其队一个破绽来引诱对手。于是在比赛进行到第90分钟时，以意志顽强著称的德国队给了土耳其队最后一击，德国队左后卫拉姆用一脚绝杀将战果锁定。顽强的土耳其队终于在德国队的掩杀战术下彻底崩溃。

分析整个比赛的过程，德国队可谓将掩杀的战术运用到了极致。当时，德国队共上场14人，由于之前的1/4决赛中，队员的体力消耗过大，体能就成了他们致命的弱点。狡猾的狐狸——德国队的主帅勒夫就有意在上半场保留自己的实力，故意示弱，让土耳其人纵情驰骋，在保存自己的实力的同时，消耗对方的体能。

而根据之前与土耳其队对阵的瑞士、捷克和克罗地亚的阵况来看，与土耳其队比赛，对手球队不怕丢球，就怕先进球。所以，深谙心理战术的勒夫，就定下了高调赞对方、开场丢球诱敌的战术。这就是前22分钟中，德国队竟然连一次射门都没有，而土耳其队则不断射中门框的原因。在接下来的比赛中，德国队突然振奋，把局面拉回，而土耳其队此时已经回天乏术了。

由此可见，掩发之术其实就是一种心理战术，可以将敌人拖垮，让自己达到既定目标。在这种情况下，球场就相当于战场！

还师第六十四：还军罢师，存亡之阶

人主深晓此道，则能御臣将；人臣深晓此道，则能全功保首。此还师之术也。

经典再现

孙子曰："兴师百万，日费千金。"王子曰："四人用虚，国家无储。"故曰，运粮百里，无一年之食；二百里，无二年之食；三百里，无三年之食，是谓虚国[①]。国虚则人贫，人贫则上下不相亲。上无以树其恩，下无以活其身，则离叛之心生。此为战胜而自败。故虽破敌于外，立功于内，然而战胜者以丧礼处之，将军缟素，请罪于君。君曰："兵之所加，无道国也。擒敌致胜，将无咎殃。"乃尊其官以夺其势。故曰："高鸟死，良弓藏；敌国灭，谋臣亡。"亡者非丧其身，谓沉之于渊。沉之于渊者，谓夺其威，废其权。封之于朝，极人臣之位，以显其功。中州善国，以富其心。仁者之众，可合而不可离，威权可乐而难卒移。是故还军罢师，存亡之阶，故弱之以位，夺之以国。故霸者之佐，其论驳[②]也。人主深晓此道，则能御臣将；人臣深晓此道，则能全功保首。此还师之术也。

论曰：奇正之机，五间之要，天地之变，水火之道，如声不过五，五声之变，不可胜听；色不过五，五色之变，不可胜观。在乎因机而用权矣，不可执一也。故略举其体之要。

迷津指点

①虚国：使国家空虚。

②驳：不纯、杂乱。

古文译读

孙子说："要出动一百万人的军队，每天的耗费价值千金。"王子说："一个国家中有四个人家徒四壁，那就表明整个国家没有多少储备。"所以说，向百里之外转运粮食供打仗的军队食用，国家的储备就不够吃一年；向二百里外转运粮食供打仗的军队食用，国家的储备就不够吃两年；向三百里外转运粮食供打仗的军队食用，国家的储备就不够吃三年，这就叫做使国家空虚。如果国家空虚，百姓就会贫穷。百姓贫穷，就会使得上层和下层之间不相亲近。上层君王缺少可以利用的国家储备来建立自己的恩德，下层百姓没有基本物资来维持基本的生活，就会产生离散叛逆的心思。在这种情况下，即使军队在外面打仗胜利了，君主的统治也会不稳。所以，虽然在外边打败了敌人，在国内建立了功勋，然而对于胜利者的将帅，仍要以丧礼的仪式来对待，将军要穿上丧服向国君请罪。国君说："我们用兵讨伐的是政治败坏的国家，擒获敌人获得胜利，做将帅的没有什么过错。"于是对有战功的将军封官晋爵，但同时削弱或者剥夺他们的军权。所以说："高飞的鸟死了，精良的弓箭就要收藏起来了；敌国被消灭后，谋臣就该是被除掉的时候了。"这里所说的除掉不是要杀掉他，而是要把他的地位和权势降到最低。所谓的降到最低，就是说要除去他的威势，废除他的权力。对立功的将帅，在朝廷中封赏他，让他位极人臣，用以表彰他的功劳；在中原给他肥沃的土地作为封邑，使他心满意足。对于仁慈的大众，应该加以笼络而不使他们离心，握有威重之权是让人高兴的事情，而威势和权力也是他们最不愿意交出来的东西。因此，大战停止，军队还师于朝之时，也就是关系着君王政权存亡的关键时刻。这个时候，要用尊崇的官位来削弱将军的威势，要用拜爵封国来收回将军的军权。对于辅佐称霸者的人，向来的评价都是众说纷纭。做君主的如果真正明白其中的道理，就能够有效驾驭文臣武将；做臣子的如果真正明白其中的道理，就能保全自己的功劳和性命。这些都是罢兵还师以后应该掌握的原则和方法。

作者论道："奇"与"正"的机谋，五间使用的原则，天时地利运用的灵活，水战火战的攻伐之道，凡此种种，就好像声音虽然只有五种声调，但是它们的组合变化却不可穷尽，听不胜听；基本的颜色也只有五种，然而它们互相调配，就能产生出缤纷的色彩，看不胜看。根据形势使用权谋，随机应变，不可偏执一端。我在这里也只不过是列举了用兵的要点和原则。

前沿诠释

自古以来就有"伴君如伴虎"的说法，也有"狡兔死，走狗烹"一说，都是讲君王如何忌惮有权势的臣子将领的。其实这种种说法中，都包含了本篇所说的道理："还军罢师，存亡之阶，故弱之以位，夺之以国。"纵观历史，古来得天下的君王，无不用此法保帝位的安稳；而建奇功的谋臣武将，莫不以此方法得保周全。所以，处高位，也相当于处危位。

陶朱公功成身退

提到商人的鼻祖，人们就会想到陶朱公范蠡，据说他富可敌国。范蠡其实是一位深谙为臣之道的聪明人。说到这一点，就要看一看关于他功成身退的故事。

作为春秋末期著名的政治家、军事家和经济学家，范蠡聪敏睿智、胸藏韬略。早在青年时期，他就显露出非凡的才华。周敬王二十四年（前496），吴越两国发生了“槜李之战”，春秋五霸之一的吴王阖庐受伤身亡。从此，两国之间战争不断。两年后，吴王阖庐的儿子夫差在夫椒之战中打败越军，越王勾践率残余的五千人马逃入会稽山。

范蠡在此时看到了自己建功立业的机会，于是在勾践穷途末路的时候来到越国，献“卑辞厚礼，乞吴存越”之策。他劝告勾践：“人待期时，忍其辱，乘其败”“持满而不溢，则于天同道，上天会佑之；地能万物，人应该节用，这样则获地之赐；扶危定倾，谦卑事之，则与人同道，人可动之。”并且告诉勾践，只要他能坚持下去，能忍住屈辱，“越必兴，吴必败”。勾践听了十分信服，于是拜范蠡为上大夫。

在此后的三年中，范蠡陪同勾践夫妇在吴国做了三年的奴隶，实践了他“忍以持志，因而励坚，君后勿悲，臣与共勉”的誓言。在范蠡的劝说下，勾践忍受住了做奴隶的屈辱，甚至在夫差生病时为其尝粪便，从而博得了夫差的信任，最终被放回越国。回国之后，范蠡又与同僚文种共同拟定了兴越灭吴的九个策略。

之后，范蠡遍寻越国，找到了美女西施，说服西施献身吴王，从而一计安天下，成就了里应外合兴越灭吴的千古传奇。当吴王夫差国灭身亡的时候，范蠡知道也到了自己离开的时候。于是，当越王勾践尊他为上将军时，他便于“吴王亡身余杭山，越王摆宴姑苏台”的举国欢庆之时，带上深爱的西施隐姓埋名，泛舟五湖，悄然离开了政治舞台。而其离开的原因，在他写给文种的信中，说明了一切：“飞鸟尽，良弓藏；狡兔死，走狗烹。越王为人长颈鸟喙，可与共患难，不可与共乐。子何不去？”认为不可与勾践共富贵，应当早早离去，范蠡的大智慧由此可见一斑。

范蠡泛舟。范蠡帮助勾践兴越国，灭吴国，一雪会稽之耻后，隐姓埋名，着一袭白衣与西施西出姑苏，泛一叶扁舟于五湖之中，遨游于七十二峰之间。

之后，范蠡隐去真姓名，自称鸱夷子皮，在齐国开始了自己的事业。他结庐于海边，率自己的儿子们垦荒耕作，同时开始经商。由于他富有智谋，因此不到几年，就积累了数千万家产。在自己富有的同时，范蠡仗义疏财，施善乡梓，慢慢地，他的贤名、才名传到了齐国。齐王将他请进国都临淄，拜他为主持政务的相国。这时，范蠡感叹："居官至于卿相，治家能致千金，对于一个白手起家的布衣来讲，已经到了极点。久受尊名，恐怕不是吉祥的征兆。"于是，深有自知之明的范蠡再次急流勇退，归还相印，散尽家财，迁离齐国，到了陶地（现在的山东定陶西北）。

陶地东邻齐、鲁，西接秦、郑，北通晋、燕，南连楚、越，是最佳的经商之地。到此之后，没过几年，范蠡再次成为巨富，他自号陶朱公。

史学家司马迁称范蠡"三迁皆有荣名"，时人称他"忠以为国，智以保身，商以致富，成名天下"。仔细思索，难道范蠡的成功，不是因为他深有自知之明，深晓为官之道，方能"全功保首"吗？试想，如果范蠡不知进退，那么勾践在灭吴后，对于知道自己当年屈辱的范蠡，怎能不怀有疑忌之心？如果范蠡不知进退，在他富可敌国的时候，齐王怎么会不在惦记他的财产的同时，欲取其财而亡其人呢？

所以说，纵观范蠡一生，他显然是一位具有大智慧的人，其成功之处就在于拥有一颗深明为臣之道的心，知道贪则亡身的下场，也深知急流勇退的道理。于是，当"飞鸟尽"时，他知道自己这把"良弓"需要巧妙地藏身了。